高等学校创新性数智化应用型经济管理规划教材（金融系列）

省级一流本科专业建设点配套教材

总主编 / 李雪　　主审 / 徐国君

秦桂兰 ◎ 主编

张军花　王国娜 ◎ 副主编

证券投资学

内容提要

本教材是高等学校创新性数智化应用型经济管理规划教材(金融系列)之一,也是省级一流本科专业建设点配套教材。本教材以我国证券市场为研究点,结合金融、证券领域的发展趋势,政策及法律法规的变化,重点阐述证券投资环境、证券投资工具、证券投资分析、证券风险与收益、证券市场监管等内容。本教材具有应用性强、趣味性高、立体化资料丰富的特点,既可作为普通高等教育经济管理类专业教材,也可供金融行业从业人员和其他相关人员参考、学习。

图书在版编目(CIP)数据

证券投资学 / 秦桂兰主编. —上海:立信会计出版社,2022.8(2024.7 重印)

ISBN 978-7-5429-7124-1

Ⅰ. ①证… Ⅱ. ①秦… Ⅲ. ①证券投资—教材 Ⅳ. ①F830.91

中国版本图书馆 CIP 数据核字(2022)第 123273 号

策划编辑　方士华
责任编辑　方士华　韩　星
美术编辑　吴博闻

证券投资学
ZHENGQUAN TOUZIXUE

出版发行		立信会计出版社		
地　　址	上海市中山西路 2230 号		邮政编码	200235
电　　话	(021)64411389		传　　真	(021)64411325
网　　址	www.lixinaph.com		电子邮箱	lixinaph2019@126.com
网上书店	http://lixin.jd.com			http://lxkjcbs.tmall.com
经　　销	各地新华书店			
印　　刷	上海华业装璜印刷有限公司			
开　　本	787 毫米×1092 毫米	1/16		
印　　张	18.25			
字　　数	445 千字			
版　　次	2022 年 8 月第 1 版			
印　　次	2024 年 7 月第 2 次			
书　　号	ISBN 978-7-5429-7124-1/F			
定　　价	48.00 元			

如有印订差错,请与本社联系调换

总 序

教材是高校实现人才培养目标的重要载体,教材及教材建设对高校发展具有举足轻重的作用。与培养模式相对应的教材是培养合格人才的基本保证,是实现培养目标的重要工具。由于历史的原因,在财经类教材的出版方面,相关出版社出版研究型本科或者高职高专、中等职业等层次的教材较多,应用型本科教材较少。虽然近年来一些应用型本科教材也陆续出版,但总体而言,这些教材还是缺乏权威性、普适性、实用性、创新性。造成这种状况的原因主要在于:出版社对财经类应用型本科教材的出版还不够重视,没有进行有效的组织;财经类应用型本科院校多为新建院校,教材建设相对滞后,主观上也较愿意使用研究型本科教材;在教材使用中存在比较严重的混用现象,教材目标读者群不明确,如不少教材既适用于研究型本科院校又适用于应用型本科院校,或者既适用于本科院校又适用于高职高专院校。

由于目前财经类应用型本科教材种类和数量匮乏或质量欠佳,财经类应用型本科院校不得不沿用传统研究型教材。这些教材本身的质量很好、级别很高,但是并不适用于应用型本科院校的教学,教师和学生普遍反映不好用。即使在全国范围看,也还没有相对成套、成熟的适合财经类应用型本科院校的教材。现有教材存在的主要问题包括:①教材的定位和要求过高;②教材的内容偏多、难度偏大;③教材着重于理论解释,相关案例、实训等内容较少,缺乏普适性、实用性。

与此同时,信息技术的快速发展使学生的学习习惯和阅读习惯发生了改变,不断朝个性化、自主学习的方向发展,传统的单一纸质教材已经无法适应这种变化。翻转课堂、慕课、微课等网络课程的兴起,混合式教学的不断推进,也对立体化教材建设提出了新的要求。教材作为一种课堂上的教学工具、一种传播媒介,理应顺势而为,随课堂形式、学生学习方式的改变而改变,朝着数字化、立体化、可视化的方向发展。因此,需要编写适应学生水平、便于学生接受的立体化财经类应用型本科教材。

我们组织具有多年应用型人才培养经验的优秀教师和实务界专家编写了这套教材。本系列教材有《会计基本技能》《出纳实务》《基础会计》《中级财务会计》《成本会计》《管理会计》《会计信息系统》《财务管理》《审计学》《高级财务会计》《商业分析》《税法》《经济法》《金融学》等品种。为了保证教材的质量,本系列教材聘请了知名高校的专家教授进行专门指导和审核。每本教材至少有一名本学科的知名专家或学科带头人提出审核指导意见,至少有一名高等院校教学一线的高级职称教师组织编写,至少有一名行业协会、实务界专家或教学研究机构人员提出编写建议。

本系列教材的特色如下。

1. 应用性

应用型本科的教材建设应坚持培养应用型本科人才的定位，充分吸收和借鉴传统的普通本科教材与高职高专类教材建设的优点和经验，以就业为导向，做到理论上高于高职高专类教材、动手能力的培养上高于传统的本科院校教材。本系列教材体现了应用型本科的定位，体现了素质教育和"以学生发展为本"的教育理念，遵循了高等教育教学基本规律，重视知识、能力和素质的协调发展，根据应用型人才培养模式对学生的创新精神、实践能力和适应能力的要求，在内容选材、教学方法、学习方法、实验和实训配套等方面突出了应用性特征。

2. 针对性

本系列教材的编写符合会计学、财务管理和审计学等专业的培养目标、培养需求、业务规格和教学大纲的基本要求，与各专业的课程结构和课程设置相对应，与课程平台和课程模块相对应。教材在结构纵横的布局、内容重点的选取、示例习题的设计等方面符合教改目标和教学大纲的要求，把教师的备课、试讲、授课、辅导答疑等教学环节有机地结合起来。

3. 立体化

本系列教材为立体化教材，实现了由传统纸质教材向"纸质教材＋数字资源"的转变，通过技术手段将晦涩难懂的理论知识转变为直观的具体知识，以立体化、数字化的方式呈现，包括图文、动画、音频、视频等多种形式，生动、有趣且易懂，不仅可以激发学生的学习兴趣，还有利于教学效果的提升。

4. 趣味性

本系列教材注重趣味性，使用了大量的例题和案例，每章都加入了"思政育人""相关思考""延伸阅读"等内容，使读者能够加深理解，便于掌握相关内容。在案例、例题等的设计选用上重点突出趣味性，易于引发读者的共鸣。

5. 先进性

本系列教材反映了应用型会计人才教育教学改革的内容，能够反映学科领域的新发展。教材的整体规划、每一种教材的内容构建等均体现了创新性。教材还强调了系列配套，包括了教材、学习参考书、教学课件等。立体化教材在内容修订上更具有明显优势，线上资源可以随时根据政策法规、理论知识或工作实务等的变化进行调整，更有利于保持教材内容的先进性。

6. 基础性

本系列教材将打破传统教材自身知识框架的封闭性，尝试多方面知识的融会贯通，注重知识层次的递进，体现每一门科目的基本内容，同时在具体内容上突出实际运用能力，做到"教师易教，学生乐学，技能实用"。

7. 易于自学

自学能力是大学生的一项基本能力。学生只有具备了自主学习的能力，才能最终建立起终身学习的保障体系，这也是应用型本科人才培养的客观要求。应用技术型高校的生源素质与普通高校相比存在一定的差距,除了一部分是高考发挥失误的学生,还有一部分学生在学习习惯、基础知识等方面存在一定的欠缺,这就要求教材能够调动这部分学生的学习积极性,在理论方面尽量通俗易懂,在实践方面尽量采用案例式教学。为了有利于学生课后自主学习,本系列教材配套了学习指导书和教学课件。

因此,本系列教材的定位准确,特色明显,适用于应用型本科院校教学,容易得到学生和市场的认可,便于学生的自学和教师的教学。

"十四五"高等学校创新性数智化应用型经济管理规划教材凝聚了众多领导、教授和专家多年来的经验和心血。当然,由于我们的经验和人力有限,教材中难免存在不足,我们期待着各位同行、专家和读者的批评指正。我们将伴随着经济发展和会计环境的变迁不断修订教材,以便及时反映学科的最新发展和人才培养的最新变化。

本系列教材自2014年出版后,得到市场的认可,深受广大高校师生的欢迎。为了更好地回馈读者,本系列教材从2017年起启动第二版的修订工作,2019年启动第三版的修订工作,2021年启动第四版的修订工作。各种教材的修订版将陆续出版。我们会一如既往地做好教材修订和相关服务工作,希望广大读者对本套系列教材继续给予支持。

李　雪

2022年8月

前　言

本教材为"十四五"高等学校创新性数智化应用型经济管理规划教材(金融系列)之一,具有应用性、及时性、丰富性和立体化的特点,在充分借鉴和吸收传统的普通本科教材与高职高专类教材建设的优点和经验的基础上,以就业为导向,做到了在理论上高于高职高专类教材、在实务操作能力的培养上强于传统的本科院校教材。

资本市场是我国重要的金融市场。资本市场直接融资成为解决资金需求、完善我国融资结构的重要渠道,同时证券投资也是重要的投资渠道。随着市场经济的不断发展,资本市场等要素类市场也在不断地发展,中国的证券市场取得了一定成绩。作为一门研究证券及证券市场为主的课程,证券投资学已成为高等院校经济管理类专业普遍设置的课程。

本教材定位明确,紧扣应用技术型人才培养目标,内容丰富,突出应用。教材分为五大篇共九章。第一篇为投资环境篇(第一章),阐述了证券投资对象及证券市场的构成。第二篇为投资工具篇(第二章至第五章),主要介绍了股票、债券、证券投资基金、金融衍生工具,重点分析了这些金融工具如何发行、交易、投资等。第三篇为投资分析篇(第六章至第七章),在介绍投资工具的基础上,通过基本面、技术面两个角度对证券市场行情及其变化进行了分析。第四篇为风险收益篇(第八章),分析了证券投资中的风险和收益。第五篇为市场监管篇(第九章),介绍了证券市场的监管内容及实施,参照新修订的《中华人民共和国证券法》的规定进行了阐述。本教材增加了大量的案例,每章都有内容简介、学习目的和要求,同时加入了"延伸阅读""相关案例""相关思考""本章小结""本章重要概念"等内容,以培养学生的分析能力和探索能力。

本教材坚持与时俱进,紧跟金融、证券领域的发展趋势,政策变化及法律法规修订。章节框架清晰、明了,引用的相关理论、参考的数据、采用的案例以及延伸阅读等力求最新,表述简洁、通俗易懂。另外,各章加入了二维码,方便读者通过扫码拓展阅读,二维码资源包括视频、文字、网络资源、练一练及答案等。本教材力求与证券市场运行实务紧密结合,主要作为普通高等教育经济管理类专业教材,也可供相关专业人员参考。

本教材由秦桂兰担任主编,张军花、王国娜担任副主编,肖英红、张晓霞、谭晨为编者。具体分工如下:第一章证券与证券市场由张晓霞、谭晨编写,第二章股票及其投资由秦桂兰编写,第三章债券及其投资由张军花编写,第四章证券投资基金及其投资由秦桂兰编写,第五章金融衍生工具由秦桂兰编写,第六章证券投资基本分析由肖英红、张军花编写,第七章证券投资技术分析由张军花编写,第八章证券投资收益、风险及其衡量由秦桂兰编写,第九章证券市场监管由王国娜编写。全书由李雪教授、徐国君教授总纂定稿。

在教材编写中,我们参考了大量的相关教材、论著及互联网资源,在此向有关作者表示感谢!虽然编写过程很艰辛,但经过大家的共同努力,本书愈加完善。在此,向给予大力支持的李雪教授、徐国君教授和各位编者致以深深的谢意!

在本教材编写过程中,编者进行过多次讨论研究,力求内容更加合理丰富。书中若有疏漏不足之处,敬请读者批评指正。

编 者

2022 年 8 月

目 录

第一篇 投资环境篇

第一章 证券与证券投资 ······ 3
- 内容简介 ······ 3
- 学习目的和要求 ······ 3
- 第一节 证券与证券投资 ······ 4
- 第二节 证券市场主体 ······ 11
- 第三节 证券市场的地位及功能 ······ 18
- 第四节 证券发行市场与交易市场 ······ 22
- 本章小结 ······ 36
- 本章重要概念 ······ 36

第二篇 投资工具篇

第二章 股票及其投资 ······ 39
- 内容简介 ······ 39
- 学习目的和要求 ······ 39
- 第一节 股票概述 ······ 40
- 第二节 股票发行与上市 ······ 48
- 第三节 股票交易 ······ 59
- 第四节 股票投资 ······ 80
- 本章小结 ······ 85
- 本章重要概念 ······ 85

第三章 债券及其投资 ······ 86
- 内容简介 ······ 86
- 学习目的和要求 ······ 86
- 第一节 债券概述 ······ 87
- 第二节 债券发行 ······ 94
- 第三节 债券交易 ······ 102
- 第四节 债券投资 ······ 110
- 本章小结 ······ 119
- 本章重要概念 ······ 119

第四章 证券投资基金及其投资 ... 120
内容简介 ... 120
学习目的和要求 ... 120
第一节 证券投资基金概述 ... 121
第二节 证券投资基金设立与交易 ... 131
第三节 证券投资基金费用、估值与利润 ... 139
第四节 基金投资 ... 142
本章小结 ... 146
本章重要概念 ... 146

第五章 金融衍生工具 ... 147
内容简介 ... 147
学习目的和要求 ... 147
第一节 金融衍生工具概述 ... 148
第二节 金融期货 ... 153
第三节 金融期权 ... 163
第四节 其他金融衍生工具 ... 170
本章小结 ... 178
本章重要概念 ... 179

第三篇 投资分析篇

第六章 证券投资基本分析 ... 183
内容简介 ... 183
学习目的和要求 ... 183
第一节 宏观环境分析 ... 184
第二节 行业分析 ... 190
第三节 公司分析 ... 196
本章小结 ... 208
本章重要概念 ... 208

第七章 证券投资技术分析 ... 209
内容简介 ... 209
学习目的和要求 ... 209
第一节 技术分析概述 ... 210
第二节 K线理论 ... 213
第三节 均线理论 ... 221
第四节 切线及趋势理论 ... 225
本章小结 ... 233
本章重要概念 ... 233

第四篇　风险收益篇

第八章　证券投资收益、风险及其衡量 ··· 237
- 内容简介 ··· 237
- 学习目的和要求 ··· 237
- 第一节　证券投资的收益及风险 ··· 238
- 第二节　证券投资收益及风险的衡量 ··· 249
- 本章小结 ··· 258
- 本章重要概念 ··· 258

第五篇　市场监管篇

第九章　证券市场监管 ··· 261
- 内容简介 ··· 261
- 学习目的和要求 ··· 261
- 第一节　证券市场监管概述 ··· 262
- 第二节　证券市场监管实施 ··· 266
- 本章小结 ··· 277
- 本章重要概念 ··· 277

主要参考文献 ··· 278

第一篇
投资环境篇

第一章 证券与证券市场

- ➢ 内容简介
- ➢ 学习目的和要求
- ➢ 第一节 证券与证券投资
- ➢ 第二节 证券市场主体
- ➢ 第三节 证券市场的地位及功能
- ➢ 第四节 证券发行市场与交易市场
- ➢ 本章小结
- ➢ 本章重要概念

内容简介

本章主要讲解了证券及证券投资的含义、分类,证券市场的主体、地位及功能,证券市场的构成体系,我国证券市场发展现状。本章重点为证券市场的主体及其构成体系、证券市场的特征及功能、证券市场的构成、发行市场及交易市场的特征。本章难点为投资与投机的区别、证券交易市场的构成及其定位。

学习目的和要求

通过本章学习,学生应理解证券及证券投资的含义及分类,掌握证券市场主体的内容,熟悉证券市场的地位和功能,了解证券市场的构成体系、证券交易市场不同的板块,了解我国证券市场发展现状。

引例 证券市场的产生与发展

相对于商品经济,证券市场的历史要短暂得多。换句话说,在商品经济的历史长河中,人类经历过一个长期没有证券市场的时代。证券市场从无到有,主要得益于社会化大生产和商品经济的发展、股份制的发展以及信用制度的发展。

纵观证券市场的发展,其大致可分为五个阶段。

1. 萌芽阶段

在资本主义发展初期的原始积累阶段,西欧就有了证券的发行与交易。15世纪的意大利商业城市中的证券交易主要是商业票据的买卖。16世纪的里昂、安特卫普已经有了证券交易所,当时进行交易的是国家债券。16世纪中叶,随着资本主义经济的发展,所有权和经营权相分离的生产经营方式——股份公司出现,股票、公司债券和不动产抵押债券依次进入有价证券交易的行列。1602年,在荷兰的阿姆斯特丹,世界上第一个股票交易所成立。

2. 初步发展阶段

19世纪末20世纪初,资本主义从自由竞争阶段过渡到垄断阶段。有价证券的结构也发生了变化,在有价证券中占主要地位的已不是政府债券,而是公司股票和公司债券。据统计,1900—1913年全世界发行的有价证券中,政府债券占发行总额的40%,而公司股票和公司债券共占60%。

3. 停滞阶段

1929—1933年,资本主义国家爆发了严重的经济危机,导致世界各国证券市场的动荡。在此期间,不仅证券市场的证券价格波动剧烈,而且证券经营机构的数量和业务量也在锐减。

4. 恢复阶段

第二次世界大战后至20世纪60年代,欧美经济与日本经济的恢复和发展以及各国经济增长大大地促进了证券市场的恢复和发展,公司证券发行量增加,证券交易开始复苏,证券市场规模不断扩大。

5. 加速发展阶段

从20世纪70年代开始,证券市场出现了高度繁荣的局面,不仅证券市场的规模更加扩大,而且证券交易日趋活跃。其重要标志是反映证券市场容量的重要指标——证券化率(证券市值/GDP)的提高。

资料来源:中国证券业协会.金融市场基础知识[M].北京:中国财政经济出版社,2021.

第一节 证券与证券投资

一、证券含义及分类

(一) 证券含义

视频:什么是证券

证券是指各类记载并代表一定权利的法律凭证。证券用以证明持有人或第三者有权按照所持证券记载的内容取得该证券代表的特定权益,或证明其曾经发生过的行为。

证券必须具备两个最基本的特征:一是法律特征,即它反映的是某种法律行为的结果,本身必须具有合法性。同时,它所包含的特定内容具有法律效力。二是书面特征,即证券必须采取书面形式或与书面形式有同等效力的形式,并且必须按照特定的格式进行书写或制作,载明有关法规规定的全部必要事项。凡同时具备上述两个特征的书面凭证才可称为证券。

(二) 证券分类

证券按其性质不同,可分为凭证证券和有价证券。

1. 凭证证券

凭证证券又称无价证券,是指本身不能使持券人或第三者取得一定收入的证券。它可分为两个大类:一类是证据书面凭证,即单纯证明某一特定事实的书面凭证,如借据、收据等;另一类是证券持有者有一定使用资格的书面凭证,即持有该证券可行使一定权利,如机票、车船票等。

2. 有价证券

有价证券是指标有票面金额,证明持券人有权按期取得一定收入并可自由转让和买卖的所有权或债权凭证。这类证券本身没有价值,但它代表着一定量的财产权利,持有者可凭此直接取得一定量的商品、货币,或是取得利息、股息等收入,因而可以在证券市场上买卖和流通,客观上具有了交易价格。在证券理论和实务中,通常所说的证券就是有价证券。

有价证券是虚拟资本的一种形式。虚拟资本是指以有价证券形式存在,并能给持有者带来一定收益的资本。有价证券的出现,可以加速资本集中,从而适应商品生产和商品交换规模扩大的需要。有价证券是虚拟资本的形式,它本身没有价值,但是它能够在证券市场上买卖,能为持有者带来一定的收入,因而具有价格。有价证券的价格取决于多种因素,如证券供求关系的变化、宏观经济形势、政局的稳定程度、政策的变化、银根松紧程度、市场预期、市场利率、上市公司的经营状况等。

具体来看,有价证券有广义和狭义之分。广义的有价证券包括商品证券、货币证券和资本证券,狭义的有价证券指的是资本证券,具体分类如图1-1所示。

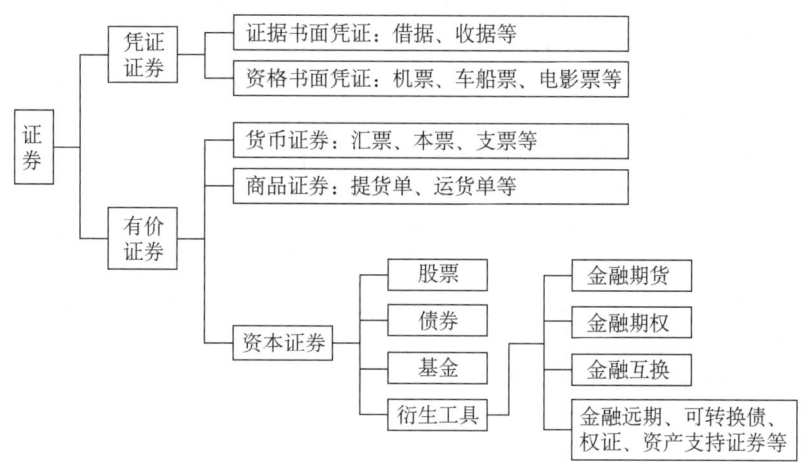

图1-1 证券种类

（1）商品证券是证明证券持有人拥有商品所有权或使用权的凭证，取得这种证券就等于取得这种商品的所有权，可以凭证券提取该证券上所列明的货物。常见的商品证券有提货单、运货单、仓库栈单等。

（2）货币证券是指本身能使持券人或第三者取得货币索取权的有价证券，主要用于企业之间的商品交易、劳务报酬的支付和债权债务的清算等。常见的货币证券有汇票、本票、支票等。

（3）资本证券是指由金融投资或与金融投资有直接联系的活动而产生的证券。持券人对证券发行人具有一定的收入请求权。资本证券主要包括股权证券（所有权证券）和债权证券，如各种股票和各种债券等，另外，还包括期货、期权、权证等衍生证券。

资本证券是有价证券的主要形式。在日常生活中，人们通常把资本证券直接称为有价证券乃至证券，本书所指证券即资本证券。

存托凭证

二、证券投资

（一）证券投资的含义

证券投资是指投资者购买股票、债券、基金等有价证券以及这些有价证券的衍生品，以获取红利、利息及资本利得的投资行为和投资过程，是投资的重要形式。对投资者来说，通过证券投资可以获得证券持有期内与其承担的风险相称的收益。可见，证券投资是收益与风险并存的一项投资活动。

在现代社会中，证券投资在投资活动中占有突出的地位。它是目前多数国家最重要和最基本的投资方式，是再分配资金的重要渠道。证券投资可使社会上的闲置资金转化为投资资金，可使储蓄转化为投资，对促进社会资金合理流动、促进经济增长有重要作用。

 延伸阅读1-1

投资中的"72法则"

你听说过"72法则"（the rule of 72s）吗？如果听说过，那你成为富人的可能性就更高些。"72法则"就是以1%的复利来计息,经过72年,你的本金就会变成原来的一倍。简单地说,"72法则"就是用72除以复利收益率,这样就能算出本钱翻一番的时间。例如,年复利收益率是9%,那么本钱翻一番的时间就是8年(72÷9)。同样的道理,假如复利收益率是12%,则每6年(72÷12)本钱就可以翻一番。如果收益率是18%,则每4年(72÷18)本钱可以翻一番。

在活用"72法则"的时候,投资者应先预测投资效果,即先算出各个投资品种的收益率,再决定投资哪个品种。举例来说,你现在拥有20万元,如果你想在5年内将它变成80万元,那么依据"72法则",你就一定要选择每股复利率为28.8%的投资品种。投资20万元,只有当收益率为28.8%时,经过2.5年,20万元就会变成40万元,再经过2.5年,就有80万元。

聪明的投资者在投资时,总是很注重明确的投资目标时间和目标收益。为了达成自己设定的目标时间和目标收益,他们会利用"72法则",算出自己的投资复利率,以便决定投资品种。总而言之,投资的时间越早,并且每年的追加投资都采取复利投资的方式,将会获得巨大的收益。

资料来源:郑惠敏.神奇的72法则,投资理财必备金融知识![EB/OL].(2018-03-13)[2022-01-25]. http://www.jpm.cn/article-51660-1.html.

(二)证券投资的特点

1. 可分性

可分性亦称可分割性。一种资产如果能以小部分进行买卖,则此资产就为可分资产。我们知道,股份有限公司的一个特征就是公司的资本可被划分为等额股份,并通过发行股票筹集资本。这样,投资者可以根据拥有的现金以及风险偏好等具体情况,买卖其中一定比例的股份。这意味着投资者可以通过股票投资而买入或卖出一个公司的一部分股份。而且,正是由于金融资产投资的可分性,才使得投资组合成为可能。相对而言,买入或卖出一个制造工厂或其他实物资产的一部分就显得困难多了。也就是说,实物资产的投资往往是整体性的。

2. 易变现性

易变现性也是金融资产投资具有而实物资产投资不具有的一个特性。易变现性与流动性的含义一致,它反映了投资者可以在短期内以合理的价格卖掉资产的特点。许多金融资产交易活跃,投资者可以随时买卖而不受时间限制(这里是指在开市期间内)。但实物资产如土地、机械设备等固定资产,从其购入到回收现金往往需要1年以上的时间。当然原材料、低值易耗品等流动资产的投资,也需要一定的周转时间,只是相对固定资产投资而言,时间要短。金融资产投资的易变现性,也意味着金融资产的持有期比相应的实物资产的持有期要短得多。

3. 信息的可获取性

信息的可获取性是指金融资产的投资者可以无代价地获取有关金融资产的信息。《中华人民共和国证券法》(以下简称《证券法》)规定,在证券活动和证券管理中要遵守"公平、公开、公正"的原则,其中,公开原则就是指市场信息要公开,证券市场的透明度要高,除此之外,我国法律对证券的发行和交易中的信息公开作了详细规定。可以说,金融资产的信息很丰富,如招股说明书、上市说明书、定期报告和临时报告等。投资者可以通过证券报、证券期刊等媒体,或者在证券公司的营业场所获得相关信息。相对而言,投资者对有关实物资产信息的获取难度要大且费用高。

4. 分析方法的先进性

在实物资产投资评价中,最关键的问题是要估算出投资方案的预期现金流量及其风险,然后就可以结合投资者的期望报酬率或使用资本所承担的成本的一般水平,计算出投资方案的净现值或现值指数,进而确定该投资方案的取舍。可以看出,这种评价思路集中体现了财务管理的货币时间价值观念。然而,围绕金融资产投资的基本问题是金融资产的定价。因为金融资产投资的收益率取决于该金融资产期初、期末的价格。如果期末价格大于期初价格,不考虑货币的时间价值,则认为该投资获得了正的收益率。在证券市场上,哪位投资者能够最准确地确定某种证券的内在价值,他就能获得最大收益。西方财务学者围绕金融资产定价问题先后提出了由简到繁的一系列的模型与理论,如现金流量折现模型、资本资产定价模型、套利定价理论、有效市场假说、二项式模型等。其中现金流量折现模型与上述投资项目评估思路一致,同样是反映货币时间价值的财务观念。但由于股票价格变动的随机性以及股利发放的不规则性,该模型的应用十分有限。从后面的分析中可以看出,金融资产的定价体现了财务管理中风险与收益均衡的观念。

(三) 证券投资的构成要素

1. 投资场所

投资场所就是金融交易的场所,即金融市场。金融市场具有融通资金、定价、转移和分散风险以及提供流动性等多种功能。对投资者来说,金融市场是买卖股票、债券及其他有价证券的场所。随着现代信息、通信与电子技术发展,许多市场已经电子化,不再是一个具体的场所,而成为一个网络,许多金融工具的交易就是在这样的网络中实现的。因此,我们所说的场所有时其实是一个"机制",一个实现定价和金融交易的机制。我们将特定的交易形式定义为"市场"时,以后发展出来的其他形式就称为"场外市场"。例如,股票交易的典型场所是证券交易所,交易所以外的股票交易场所或机制就被称为"场外交易市场"。

2. 投资者

证券投资者是指以取得利息、股息或资本收益为目的而买入证券的个人和机构。投资者是证券市场的资金供给者。众多的证券投资者保证了证券发行和交易的连续性,也活跃了证券市场的交易。

总体来说,证券投资者可分为个人投资者和机构投资者两大类。个人投资者是以家庭资产进行投资的投资者,是证券市场最广泛的投资者,是投资活动的主体。机构投资者从广义上是指使用自有资金或者从分散的公众手中筹集资金专门进行有价证券投资活动的法人机构,主要包括投资银行或证券公司、共同基金、商业银行、保险公司等金融机构和企业、事业单位,社会团体等。狭义的机构投资者即投资银行或证券公司,它们是证券市场上的重要参与机构,也是证券市场上最活跃的机构投资者。

 相关思考1-1

我国证券市场投资者结构存在哪些问题?

在我国证券市场中,个人投资者是最广泛的投资主体。据中国证券登记结算公司数据统计,截至2021年10月,我国自然人投资者开立A股、B股账户数,已经超过1.94亿户,而非自然人投资者开户数为45.65万户,见表1-1。从开户数量看,个人投资者远远超过了机构投资者。但是从投资的规模看,机构投资者是证券市场的主流。这样的投资者结构(即个人投资者占比大,机构投资者占比小)对证券市场的健康发展有何影响?我国未来的证券市场投资者结构会有何变化?

表1-1 我国A股、B股市场投资者开户数据统计(2021年10月1日—2021年10月31日)

项目	投资者开立的账户数(万户)
一、新增投资者数量	98.07
1. 自然人	97.72
2. 非自然人	0.34
二、期末投资者数量	19 469.72
1. 自然人	19 424.07
其中：	
已开立A股账户投资者	19 365.82
已开立B股账户投资者	237.33
2. 非自然人	45.65
其中：	
已开立A股账户投资者	43.54
已开立B股账户投资者	2.14

注：① 期末投资者数量指持有未注销、未休眠的A股、B股账户的一码通账户数量。
② 新增投资者数量＝本期期末投资者数量－上期期末投资者数量。
资料来源：中国证券登记结算有限责任公司.本月投资者情况统计表(2021年10月).[EB/OL].[2021-11-08]. http://www.chinaclear.cn/zdjs/tjyb1/center_tjbg.shtml.

3. 投资对象

证券投资的投资对象主要是有价证券，即金融市场中的各种金融产品或金融工具。金融工具是资金缺乏部门向资金盈余部门借入资金，或发行者向投资者筹措资金时，依一定格式做成的书面文件。该文件确定债务人的义务和债权人的权利，是具有法律效力的契约。金融工具分为原生性金融工具和衍生性金融工具两大类，前者包括股票、债券、基金、商业票据等，后者包括期货、期权、互换、远期等。

(四) 证券投资的步骤

1. 筹措投资资金

进行证券投资的先决条件是筹措一笔投资资金，其数额的多少与如何进行投资以及如何选择投资对象有很大关系。个人投资者应该根据自己及家庭收入情况，以剩余资金进行证券投资，避免借贷。

2. 确定投资目标

确定投资目标是证券投资过程的重要环节，需要考虑收益和风险两方面。风险和收益呈正比例关系，但投资者把收益最大化作为投资的目标是不科学的，合理的目标应是在风险一定的情况下，实现收益的最大化，或是在收益一定的情况下，实现风险的最小化。

个人投资者和机构投资者由于各自具体的目的和要求不同，其目标也不相同。个人投资者的目标受收入状况、年龄、健康状况、家庭负担、受教育程度、对风险的偏好程度、投资知识和技能等因素的影响。例如，一个高收入阶层的人，有宽裕的资金用于投资，且是风险偏好型投资者，那么他就可能把投资对象定在高收益、高风险证券上，如普通股票。相反，如果他是风险厌恶型投资者，投资对象有可能定在现时收入稳定、本金安全的政府债券上。与个人投资者相比,机构投资者的性质在资金来源、投资目标和投资政策上有很大的不同。例如,商业银行主要是经营资金存贷业务的机构,保证储户资金的安全是其首要责任,它的盈利资产必须具有高流动性和安全性,这就决定了它必须选择安全性和流动性强的政府债券作为投资对象。

3. 了解金融工具的特性和金融市场结构

投资者要广泛了解各种投资对象即金融工具的收益、风险情况。不同种类的金融工具,其性质、期限、担保情况、收益、支付情况、风险及包含的内容各不相同,投资者应在全面了解后,才能正确选择。此外,证券交易大都通过证券经纪商进行,投资者要进一步了解证券市场的组织和机制、经纪商的职能和作用、买卖证券的程序和手续、管理证券交易的法律条例、证券的交易方式和费用等,否则无法进行交易或要蒙受不应有的损失。

4. 进行投资分析

投资者在全面了解证券本身及市场情况后,还要对可能选择的有价证券的真实价值、上市价格以及价格涨跌趋势进行深入分析,才能确定投资何种证券以及买卖的时机。证券的质量决定于其真实价值,价值表现为市场价格,但市场价格受多种因素影响经常变动,并不完全反映其真实价值,因此需要作深入细致的分析,才能作出正确选择。在进行投资分析时,投资者必须充分利用信息,运用基本分析法、技术分析法和证券投资组合理论进行分析。基本分析法的重点在于分析证券,特别是股票的内在价值;技术分析法主要是根据证券市场过去的统计资料来研究证券市场未来的变动;证券投资组合理论则是利用数学公式或方法,计算证券之间的风险通过相关作用影响后的定值,从而求出一个有效的组合。

5. 构建投资组合

投资者要按照自己的投资目标,结合本身对收益和风险的态度,考虑今后对现金的需要和用途及未来的经济环境和本身财务状况的变化等,对投资组合的构建涉及的投资对象以及投资比例作出判断和决策,其中关键在于择券、择时和多元化。投资者应选择合适的证券,在相对价格低点买入,并决定各种证券占多大比重,同时,要考虑证券组合分散程度应限于多少证券数量的范围之内,才能构成最有效的搭配,使其在一定收益水平上风险最小,或者使其风险一定时收益最大。投资组合构成后,投资者还要定期对其进行业绩评估和严密管理。因证券市场变幻莫测,投资者应针对市场变动情况,随时变更证券组合的种类和比例结构,以保持投资组合应有的功效,使投资目标不致落空。投资组合的构筑和管理,对投资额巨大的机构投资者尤为重要。

6. 评价投资绩效

评价投资绩效主要是评价投资组合的结果,并将该结果与基准水平相比较,从而评价投资绩效的优劣。基准是指为了便于绩效评价而事先设定的证券集合的绩效表现。基准通常是指市场上公认的股票价格综合指数,机构投资者也可以自己开发满足客户要求的基准。投资绩效应包含投资的收益和风险两个方面,投资绩效的评价就是将投资组合的收益和风险与基准的收益和风险比较,从而达到评价绩效、分析原因的目的。

三、投资与投机的区别

在一般商品的买卖中投资与投机比较容易区分,但在证券买卖中两者区分比较难。一般来说,投资是指在充分分析之后,能够合理地期望有正的收益率的证券交易活动;而投机一般是指利用市场价格波动,以谋取最大利润为目的的、短期的证券交易活动。

在中国人的传统思维里,投资与投机是两个截然不同的概念,投资是正常行为,投机则是不正当甚至非法行为。从经济学意义上讲,投机几乎与投资同义,投机就是寻找和掌握投资的机会。正是千百万人在市场上寻找投资机会,才能形成市场的均衡价格和社会的平均利润。可以说,投机是投资的一种手段或方式。

视频:投资与投机

 相关思考 1-2

我国股民"炒股"是投机还是投资?

在我国,投资股票往往习惯被称为"炒股","炒股"已经成为老百姓耳熟能详的词。无论你从事何种职业,都有机会成为股民。但大多数股民其实不会在乎上市公司的股东大会何时召开、能不能进入董事会(其实关注也不会轮到自己),他们更多在意的是目前的股价涨了多少、跌了多少,自己每股能挣多少。根据我国的现实情况,试分析一下,这种炒股行为是投机还是投资呢?

在使用投资与投机概念时,人们习惯于用以下方式将投资与投机加以区别。

1. 以时间长短来划分

时间短,在市场上频频买入或卖出有价证券的为投机;长期保留证券,不轻易换手,按期坐收资本收益的为投资。

2. 以风险大小来划分

风险大的为投机,投机为高风险投资;风险相对小的为投资,投资是稳健的投机。

3. 以是否重视证券实际价值来划分

投资者着重对各种证券所代表的实际价值、公司的业绩和创利能力进行分析,然后选择投资对象;而投机者主要注重市场的变化,注意证券市场行情的变化,频繁买进卖出,以获取市场差价。投资者注重证券的内在价值,而投机者则注重证券的市场价格。

正常的投机对平衡证券价格、增强证券的流动性、加速资金周转、维持证券市场正常运转具有积极作用。从某种意义上说,没有投机就没有证券市场。但过度投机会对市场乃至经济造成危害,容易造成盲目性。因此,我们应当禁止不正当的、非法的投机行为。

 相关案例 1-1

"股神"巴菲特

1930年8月30日,沃伦·巴菲特出生于美国内布拉斯加州的奥马哈市。巴菲特从小就极具投资意识,他钟情于股票和数字的程度远远超过了家族中的任何人。1941年,刚刚跨入11岁,他便跃身股海,购买了平生第一张股票。

1966年春,美国股市牛气冲天,但巴菲特却坐立不安,尽管他的股票都在飞涨,但却发现很难再找到符合他的标准的廉价股票了。虽然股市上风行的投机给投机家带来了横财,但巴菲特却不为所动,因为他认为股票的价格应建立在企业业绩增长而不是投机的基础之上。1968年,巴菲特公司的股票取得了它历史上最好的成绩:增长了59%,而道·琼斯指数才增长了9%。巴菲特公司掌管的资金上升至10 400万美元,其中属于巴菲特的有2 500万美元。1968年5月,当股市一片凯歌的时候,巴菲特却通知合伙人,他要隐退了。随后,他逐渐清算了巴菲特公司持有的几乎所有的股票。1969年6月,股市直下,渐渐演变成了股灾,到1970年5月,每种股票价格都要比上年初下降50%,甚至更多。1970—1974年,美国股市就像个泄了气的皮球,没有一丝劲儿,持续的通货膨胀和经济低增长使美国经济进入了"滞胀"时期。此时,一度失落的巴菲特却暗自欣喜。因为他看到财富即将滚滚而来,他发现了太多的便宜股票。1980年,他用1.2亿美元,每股10.96美元买进了可口可乐公司7%的股份。1985年,可口可乐公司改变了经营策略,开始抽回资金,投入饮料生产。其股票单价涨至51.5美元,翻了5倍。

2007年3月1日,"股神"巴菲特麾下的投资旗舰公司——伯克希尔·哈撒韦公司(Berkshire Hathaway)公布了其2006财政年度的业绩,数据显示,得益于飓风"爽约",公司主营的保险业务获利颇丰,伯克希尔公司2006年利润增长了72%,盈利达86.2亿美元(高于2005年同期的85.3亿美元),每股盈利5 588美元(2005年为5 338美元)。1965—2006年的42年间,伯克希尔公司净资产的年均增长率达21.4%,累计增长361 156%;同期标准普尔500指数成分股的年均增长率为10.4%,累计增长幅度为6 479%。2007年3月1日,伯克希尔公司A股股价上涨410美元,收于106 600美元。2006年伯克希尔A股股价上涨了23%,相比之下,标准普尔500指数成分股股价平均涨幅仅为9%。

巴菲特是有史以来最伟大的投资家,他依靠股票、外汇市场的投资成为世界上数一数二的富翁。他倡导的价值投资理论风靡世界。价值投资并不复杂,巴菲特曾将其归结为三点:把股票看成许多微型的商业单元;把市场波动看作你的朋友而非敌人(利润有时候来自对朋友的愚忠);购买股票的价格应低于你所能承受的价位。事实上,掌握这些理念并不困难,但很少有人能像巴菲特一样数十年如一日地坚持下去。巴菲特似乎从不试图通过股票赚钱,他购买股票的基础是假设次日关闭股市或在5年之内不再重新开放。在价值投资理论看来,一旦看到市场波动而认为有利可图,投资就变成了投机,没有什么比赌博心态更影响投资。

资料来源:大炳财经.巴菲特的财运分析:最全最真实巴菲特与伯克希尔的历史业绩数据[EB/OL]. (2020-06-02)[2022-01-26].https://zhuanlan.zhihu.com/p/145434992.

李昌鸿.伯克希尔去年每股收益达5 588美元[N].证券时报,2007-02-27(04).

第二节 | 证券市场主体

证券市场主体主要是指证券市场的参与者,包括证券发行人、证券投资者及证券中介机构。

一、证券发行人

证券发行人是指为筹措资金而发行债券、股票等证券的发行主体。证券发行人是证券发行的主体,如果没有证券发行人,证券发行及证券交易就无从展开,证券市场也就不可能存在。证券发行人主要包括政府及其机构、企业和金融机构。

(一) 政府和政府机构

政府(中央政府和地方政府)和中央政府直属机构是证券发行的重要主体之一,但政府发行的证券一般仅限于债券。政府发行债券所筹集的资金既可以用于协调财政资金短期周转、弥补财政赤字、兴建政府投资的大型基础性的建设项目,也可以用于实施某种特殊的政策,在战争期间还可以用于弥补战争费用的开支。

中央银行是代表一国政府发行法偿货币、制定和执行货币政策、实施金融监管的重要机构。中央银行作为证券发行主体,主要涉及两类证券:第一类是中央银行股票。在一些国家(如美国),中央银行采取了股份制组织结构,通过发行股票募集资金,但是,中央银行的股东并不享有决定中央银行政策的权利,只能按期收取固定的红利,其股票类似于优先股。第二类是中央银行出于调控货币供给量目的而发行的特殊债券。中国人民银行从2003年开始发行中央银行票据,期限从3个月到3年不等,主要用于对冲金融体系中过多的流动性。

(二) 企业(公司)

企业的组织形式包括独资制、合伙制和公司制。现代公司主要采取股份有限公司和有限责任公司两种形式,其中,只有股份有限公司才能发行股票。

企业(公司)直接融资活动主要有股票融资和债券融资两种方式。企业(公司)发行股票所筹得的资金属于自有资本,而通过发行债券所筹集的资金属于借入资本。其中,发行股票和长期企业(公司)债券是企业(公司)筹措长期资本的主要途径,发行短期债券则是补充流动资金的重要手段。随着企业(公司)自身的发展和壮大,企业(公司)对长期资本的需求将越来越大,所以企业(公司)作为证券发行主体的地位有不断上升的趋势。

上市公司融资的途径分为首次融资和再融资两种。上市公司首次融资主要是指首次公开发行股票(initial public offering, IPO),即拟上市公司首次面向不特定的社会公众投资者公开发行股票募集资金并上市的行为。上市公司再融资,是指上市公司为达到增加资本和募集资金的目的而再发行股票或可转换债券的行为,主要方式有向原股东配售股份、向不特定对象公开募集股份、发行可转换公司债券、非公开发行股票。

(三) 金融机构

金融机构作为证券市场的发行主体,既发行债券,也发行股票。中国和日本把金融机构发行的债券定义为金融债券,从而突出了金融机构作为证券市场发行主体的地位,但股份制的金融机构发行的股票并没有被定义为金融证券,而是归类于一般的公司股票,因此本书介绍的金融机构直接融资的方式主要是指金融债券。

金融债券作为债券的一种特殊类型,它具有以下特点:①金融债券表示的是银行等金融机构与金融债券持有者之间的债权债务关系;②金融债券一般不记名、不挂失,但可以抵押和转让;③我国金融债券的发行对象主要为个人,其利息收入可免征个人收入所得税和个人收入调节税;④金融债券的利息不计复利,不能提前支取,延期兑付亦不计逾期利息;⑤金融债券的利率固定,一般都高于同期储蓄利率;⑥我国发行的金融债券所筹集的资金一般都专款专用,如中国建设银行曾发行的投资债券的主要用途就是为国家大、中型建设项目筹措资金。

二、证券投资者

证券投资者,是指以取得利息、股息或资本收益为目的,购买并持有有价证券,承担证券投资风险并行使证券权利的主体,是证券市场的资金供给者。

证券投资者按照不同标准可以进行不同的分类,如表1-2所示。

表1-2 证券投资者主要分类

分类标准	具体类别
投资者身份	机构投资者、个人投资者
持有证券时间长短	短线投资者、中线投资者、长线投资者
投资者的心理因素	稳健型投资者、冒险型投资者、中庸型投资者

延伸阅读1-2

我国证券市场投资者结构及演化

在我国证券市场发展初期,证券市场投资以个人投资者为主,市场投机炒作盛行,价格波动较大,股票价格与上市公司绩效缺乏内在联系。机构投资者在中国的发展较晚,截至1997年年底,我国证券市场机构投资者的开户数占总开户数的比例不到1%。与成熟市场相比,我国证券市场机构投资者整体规模偏小,投资者结构不合理、不平衡的现象十分突出。

培育和发展机构投资者一直是中国证券监督管理部门的工作重点。2001年,证券监管部门提出"超常规、创造性地培育和发展机构投资者";2004年,国务院在《国务院关于推进资本市场改革开放和稳定发展的若干意见》中指出,"要培养一批诚信、守法、专业的机构投资者,使基金管理公司和保险公司为主的机构投资者成为资本市场的主导力量";2014年,国务院在《国务院关于进一步促进资本市场健康发展的若干意见》中提出"壮大专业机构投资者"。经过20多年的发展,我国证券市场初步形成了包括证券投资基金、保险资金、社会保障资金、企业年金、合格境外机构投资者(QFII)、私募基金、风险投资基金、信托基金等多元化的专业机构投资者队伍,合格境外机构投资者(QFII)的额度也不断上升。

2018年,中国证券监督管理委员会(以下简称"中国证监会")发布修订后的《上市公司治理准则》,鼓励机构投资者依法合规参与公司治理,提出中介机构提供服务时应积极关注上市公司治理状况。以股票市场为例,近年来专业投资机构持股市值占比有所提高。根据上海证券交易所2018年的统计年鉴披露:从持股市值占比来看,专业机构投资者持股市值占比为16.13%,而自然人投资者占比21.17%,产业资本持股市值占比高达61.53%。

从交易金额占比来看,个人投资者的成交额占比明显更高,近几年自然人投资者交易额占比均在80%以上。以2018年为例,自然人投资者交易额占比85.24%,而专业机构交易额占比仅为14.76%。虽然机构交易额占比呈上升态势,但从总体上看,专业机构资者力量仍然较小。因此,我国证券市场投资者结构仍然存在较大改善空间。

资料来源:中国证券业协会.金融市场基础知识[M].北京:中国财政经济出版社,2021.

(一) 机构投资者

1. 机构投资者的概念

机构投资者是指使用自有资金或者从分散的公众手中筹集的资金,以获得证券投资收益为主要经营目的的专业团体机构或企业。发达国家的机构投资者主要是以有价证券投资收益为其重要收入来源的投资银行、投资公司、共同基金、养老基金、保险公司、对冲基金、各种福利基金及金融财团等。美国最典型的机构投资者是专门从事有价证券投资的共同基金。我国将机构投资者限定为与个人投资者相对应的一类投资者,只要是在证券市场上从事投资及相关活动的法人机构,均是一般意义上的机构投资者。

2. 机构投资者的分类

1) 政府机构

政府机构参与证券投资的主要目的是调剂资金余缺和进行宏观调控。各级政府及政府机构出现资金剩余时,可通过购买政府债券、金融债券投资于证券市场。

中央银行以公开市场操作为政策手段,通过买卖政府债券或金融债券影响货币供应量进行宏观调控。

我国国有资产管理部门或其授权部门持有国有股,履行国有资产的保值增值职能,通过国家控股、参股来支配更多社会资源。

2) 金融机构

参与证券投资的金融机构包括证券经营机构、银行业金融机构、保险经营机构、合格境外机构投资者、主权财富基金以及其他金融机构等。

(1) 证券经营机构。证券经营机构是证券市场上最活跃的投资者,以其自有资本、营运资金和受托投资资金进行证券投资。我国证券经营机构主要是证券公司。按照我国《证券法》的规定,证券公司可以通过从事证券自营业务和证券资产管理业务,以自己的名义或代理客户进行证券投资。

（2）银行业金融机构。银行业金融机构包括商业银行、农村信用合作社等吸收公众存款的金融机构和政策性银行。

（3）保险经营机构。保险公司是全球最重要的机构投资者之一，一度超过投资基金成为投资规模最大的机构投资者，除了大量投资于政府债券、高等级公司债券，还广泛涉足基金和股票投资。

（4）合格境外机构投资者（QFII）。QFII制度是一国（地区）在货币没有实现完全可自由兑换、资本项目尚未完全开放的情况下，有限度地引进外资、开放资本市场的一项过渡性制度。这种制度要求，若外国投资者要进入一国证券市场，必须符合一定条件，经该国有关部门审批通过后汇入一定额度的外汇资金并转换为当地货币，通过受到严格监管的专门账户投资当地证券市场。

（5）主权财富基金。随着国际经济、金融形势的不断变化，目前不少国家尤其是发展中国家拥有了大量的官方外汇储备，为管理好这部分资金，它们成立了代表国家进行投资的主权财富基金。

（6）其他金融机构。其他金融机构包括信托投资公司、企业集团财务公司、金融租赁公司等。这些机构通常也在自身章程和监管机构许可的范围内进行证券投资。

 延伸阅读1-3

什么是RQFII

2011年12月16日，中国证监会、中国人民银行、国家外汇管理局联合发布《基金管理公司、证券公司人民币合格境外机构投资者境内证券投资试点办法》，开启了人民币合格境外机构投资者（RQFII）的试点。2013年2月，中国证监会、中国人民银行、国家外汇管理局联合发布《人民币合格境外机构投资者境内证券投资试点办法》，将参与RQFII试点机构的范围从中国香港扩大至试点国家和地区范围内的资产管理机构，截至2019年，共有20个国家和地区获得RQFII国家和地区额度。2019年9月10日，国家外汇管理局决定取消合格境外机构投资者和人民币合格境外机构投资者投资额度限制：一是取消QFII和RQFII投资额度限制；二是明确不再对单家合格境外投资者的投资额度进行备案和审批；三是在取消合格境外投资者投资额度限制时，RQFII试点国家和地区限制也一并取消。

资料来源：中国证券业协会.金融市场基础知识[M].北京：中国财政经济出版社，2021.

3）企业和事业法人

企业可以用自己的积累资金或暂时不用的资金进行证券投资。企业既可以通过股票投资实现对其他企业的控股或参股，也可以将暂时闲置的资金通过自营或委托专业机构进行证券投资以获取收益。

4）各类基金

基金性质的机构投资者包括证券投资基金、社保基金、企业年金和社会公益基金。

 延伸阅读1-4

机构投资者：社保基金

在我国，社保基金主要由两部分组成：一部分是全国社会保障基金，另一部分为社会保险基金。两者资金来源性质和用途不同，因此，投资运行和资产配置方式也不相同。

全国社会保障基金是由中央财政预算拨款、国有资本划转、基金投资收益和以国务院批准的其他方式筹集的资金构成,其性质为国家社会保障储备基金,用于人口老龄化高峰时期的养老保险等社会保障支出的补充、调剂。2001年12月13日,财政部和劳动保障部颁布的《全国社会保障基金投资管理暂行办法》规定,社保基金投资的范围限于银行存款、买卖国债和其他具有良好流动性的金融工具,包括上市流通的证券投资基金、股票、信用等级在投资级以上的企业债、金融债等有价证券等。

社会保险基金是指由社会保险制度确定,为了保障公民在年老、疾病、工伤、失业、生育等情况下获得物质帮助而建立,主要由用人单位和个人缴费构成,包括基本养老保险基金、基本医疗保险基金、工伤保险基金、失业保险基金和生育保险基金,用于公民养老、医疗、工伤、失业、生育等各项社会保险待遇的当期发放的基金。社会保险基金对投资风险的控制要求更高,投资范围较窄。现阶段,我国社会保险基金的部分积累项目主要是基本养老保险基金。养老基金限于境内投资,其投资范围包括:银行存款、中央银行票据、同业存单、国债、政策性银行债券、开发性银行债券、信用等级在投资级以上的金融债、企业债、地方政府债券、股票、部分期货等。

资料来源:中国证券业协会.金融市场基础知识[M].北京:中国财政经济出版社,2021.

(二)个人投资者

1. 个人投资者的概念

个人投资者是指从事证券投资的社会自然人,他们是证券市场最广泛的投资主体,具有分散性和流动性。个人进行证券投资应具备一些基本条件,这些条件包括国家有关法律、法规关于个人投资者投资资格的规定和个人投资者必须具备的经济实力。

2. 个人投资者的特点

1)资金规模有限

作为个体参与者,他们用于投资的资金主要来源于自有资金。即使在允许进行信用交易的证券市场中,他们可以按一定的保证金比率向证券商融入资金的数量通常也不会太大。

2)专业知识相对匮乏

个人投资者大多数是在业余时间参与投资,与职业投资机构相比,他们在信息渠道、信息搜集处理能力、投资分析与操作能力、交易成本与效率等方面均处于劣势。

3)投资行为具有随意性、分散性和短期性

个人投资者的投资行为往往缺乏战略考虑,在投资运作过程中较易出现非理性的操作行为。

4)投资的灵活性强

由于投资规模相对较小,进退比职业投资机构更为容易,在投资决策和实施的时滞上比较短,个人投资者比机构投资者有更多的短期投资获利机会。

三、证券中介机构

证券中介机构是指为证券的发行、交易提供服务的各类机构。在证券市场起中介作用的机构是证券公司和其他证券服务机构,通常这两者被合称为证券中介机构。

(一)证券公司概述

证券公司是指依照《中华人民共和国公司法》(以下简称《公司法》)和《证券法》设立的经营证券业务的有限责任公司或股份有限公司。在我国,设立证券公司必须经国务院证券监督管理机构审查批准。世界各国对证券公司的划分和称呼不尽相同,美国对其的通俗称谓是"投资银行",英国则将其称为"商人银行"。以德国为代表的一些国家实行银行业与证券业混业经营模式,通常由银行设立公司从事证券业务经营。日本等国家和我国一样,将专营

视频:证券公司

证券业务的金融机构称为证券公司。

证券公司是证券市场的主要中介机构,在证券市场运行中发挥着重要作用。一方面,证券公司是证券市场投融资服务的提供者,为证券发行人和投资者提供专业化的中介服务,如证券经纪、投资咨询、保荐与承销等;另一方面,证券公司本身也是证券市场重要的机构投资者。此外,证券公司还通过资产管理方式,为投资者提供证券及其他金融产品的投资管理服务等。

(二)证券公司的主要业务

根据《证券法》,我国证券公司的主要业务包括证券承销与保荐业务、证券经纪业务、证券自营业务、融资融券业务、证券做市交易业务等。

1. 证券承销与保荐业务

证券承销是指证券公司代理证券发行人发行证券的行为。发行人向不特定对象公开发行证券,法律、行政法规规定应当由证券公司承销的,发行人应当同证券公司签订承销协议。证券承销业务可以采取代销或者包销方式。

证券保荐是指由保荐人对发行人发行证券进行推荐和辅导,核实公司发行文件与上市文件中所载资料是否真实、准确、完整,协助发行人建立严格的信息披露制度,承担风险防范责任。保荐制度使证券公司负有一定的连带担保责任。发行人申请公开发行股票、可转换为股票的公司债券,依法采取承销方式的,或者公开发行法律、行政法规规定实行保荐制度的其他证券的,应当聘请证券公司担任保荐人。

2. 证券经纪业务

证券经纪业务又被称为代理买卖证券业务,是指证券公司接受客户委托代客户买卖有价证券的业务。在证券经纪业务中,证券公司只收取一定比例的佣金作为业务收入。证券经纪业务分为柜台代理买卖证券业务和通过证券交易所代理买卖证券业务。目前,我国公开发行并上市的股票、公司债券等证券,在证券交易所以公开的集中交易方式进行,因此,我国证券公司从事的经纪业务以通过证券交易所代理买卖证券业务为主。

3. 证券自营业务

证券自营业务是指证券公司以自己的名义,以自有资金或者依法筹集的资金,为本公司买卖在境内证券交易所上市交易的证券,包括在境内银行间市场交易的政府债券、国际开发机构人民币债券、央行票据、金融债券、短期融资券、公司债券、中期票据和企业债券,以及经中国证监会批准或者备案发行并在境内金融机构柜台交易的证券,以获取利润的行为。

证券自营活动有利于活跃证券市场,维护交易的连续性。但是,证券公司在交易成本、资金实力、获取信息以及交易的便利条件等方面都比投资大众更占优势,因此,在自营活动中要防范操纵市场和内幕交易等不正当行为。证券市场具有高收益性和高风险性特征,许多国家都针对证券经营机构的自营业务制定了法律法规进行严格管理。在我国,证券公司开展自营业务,需要取得证券监管部门的业务许可。

4. 融资融券业务

融资融券业务是指证券公司向客户出借资金供其买入证券或者出借证券供其卖出,并收取担保物的经营活动。由融资融券业务产生的证券交易称为融资融券交易。融资融券交易分为融资交易和融券交易两类,客户向证券公司借资金买证券为融资交易,客户向证券公司借证券卖出为融券交易。

证券公司向客户融资融券,应当向客户收取一定比例的保证金,保证金可用证券充抵。

视频:融资融券

证券公司把收取的保证金、客户融资买入的全部证券和融券卖出所得全部资金作为对该客户融资融券所生债权的担保物。证券公司应当逐日计算客户交存的担保物价值与其所欠债务的比例,当该比例低于最低担保比例时,应当通知客户在一定的期限内补交差额。客户未能按期交足差额或到期未偿还债务的,证券公司应当立即按照约定处置其担保物。

 相关案例1-2

融资融券交易案例

1. 融资融券

投资者小筑手里的资金不够,但此时非常看好股票A,觉得它在接下来的一个月内必定会大涨。于是,小筑就拿手里的股票作为抵押,向券商借款买入股票A。果然,刚买入没几天,股票A就大涨。因为小筑是借款买入,所以他见好就收,卖出了股票A,获利了结。随后,小筑就把借款以及相应的利息还给了券商。这个过程就是"融资交易"。

在小筑卖出股票A之后,在各种利好消息的支撑下,股票A继续疯涨,一路高歌猛进。经过各种分析,小筑认为股票A涨不了几天,接下来会有一波下跌行情。于是,小筑就拿出上次在股票A上赚到的资金作为抵押,向券商借入相应数量的股票A,并卖出。此时,一场金融危机悄然来临,市场情绪变得悲观,大盘指数连续几天飘绿。股票A也没幸免,连续几天都在下跌。虽然小筑认为股票A还会继续下跌,但与券商约定的期限快到了,所以小筑只能买入同等数量的股票A还给券商,并支付了相应的费用。这个过程就叫作"融券交易"。

2. 强平之害

需要注意的是,如果到了约定期限,我们账户里没有足够的资金或证券还给券商,我们抵押的资金或证券就会遭到强制平仓,俗称"强平",即券商会强行收走我们抵押的资金或卖出我们抵押的证券。

由于融资融券只需要一定的保证金就可以向券商借入资金或证券,如果我们遭遇了强平,但强平后的资金或证券不足以支付向券商借入的资金或证券,以及相应的利息,我们就会欠券商资金或证券,这时就得想其他办法偿还资金了。

3. 不幸的小筑

我们还是用小筑这两次的操作来举例,看看"猜错了"的后果。

如果在融资过程中,小筑猜错了,股票A没有上涨,而是继续下跌。那么,小筑借款买的股票A不仅砸在了手里,而且还要想办法在一个月之内凑齐欠券商的资金和利息。凑齐了还好,亏损只是浮亏,毕竟手里还有股票。没凑齐,就得遭券商强平。这样,不仅股票亏损,而且还欠券商资金。

如果在融券过程中,祸不单行,小筑又猜错了,股票A没有下跌,而是逆势上涨。那么,小筑找券商借入并卖出的股票A也得砸在手里。比如借入资金再卖出时,股票A的价格是15元。到了还债时,股票价格飙涨到20元。此时,小筑需要买入股票A还债,那么小筑每股就会亏损5元。不仅如此,小筑还要还券商利息。

资料来源:bianji123.什么是融资融券(融资融券是什么意思?)[EB/OL].(2021-09-09)[2022-01-27].https://www.best73.com/zdmzt/184249.html.

5. 证券做市交易业务

证券做市交易业务是指一种以做市商为中介的证券交易业务。做市商制度是指在证券市场上,由具备一定实力和信誉的证券经营法人作为特许交易商,在其愿意的水平上不断向交易者报出某些特定证券的买入和卖出价,并在所报价位上接受机构投资者或其他交易商的买卖要求,保证及时成交的证券交易方式。在做市商制度下,买卖双方不需等待交易对手出现,只要有做市商出面承担,交易双方即可达成交易。

（三）证券服务机构

证券服务机构是指依法设立的从事证券服务业务的法人机构，主要包括证券投资咨询机构、财务顾问机构、资信评级机构、资产评估机构、会计师事务所、律师事务所、信息技术系统服务机构等。证券服务机构的设立需要按照工商管理法规的要求办理注册。

新修订的《证券法》取消了大多数证券服务机构从事证券服务业务必须经过批准的规定，旨在通过取消相关行政许可，落实证券市场"放管服"要求，把更多行政监管资源从事前审批转到加强事中事后监管上来，以促进证券服务业的发展。

（四）证券登记结算机构

中国证券市场实行中央登记制度，即证券登记结算业务全部由中国证券登记结算有限责任公司承接，中国证券登记结算有限责任公司提供沪、深证券交易所上市证券的存管、清算和登记服务，不以营利为目的。按照《证券登记结算管理办法》，证券登记结算机构实行行业自律管理。

在2001年10月1日之前，我国的证券登记结算是由上海证券交易所成立的上海证券中央登记结算公司和深圳证券交易所成立的深圳证券登记有限公司，以及各自的地方证券登记结算公司完成的。2001年3月30日，中国证券登记结算有限责任公司成立，原上海证券交易所和深圳证券交易所所属的证券登记结算公司重组为中国证券登记结算有限责任公司的上海分公司和深圳分公司，这标志着全国集中、统一的证券登记结算体制的组织构架已经基本形成。

延伸阅读1-5

中国证券登记结算有限责任公司主要业务内容

中国证券登记结算有限责任公司（以下简称"公司"）的主要业务内容如下：

(1) 公司为上市公司等证券发行人提供持有名册、证券权益派发、公司行为网络投票、股权激励和员工持股计划等服务。

(2) 公司通过电子化证券簿记系统为证券持有人设立证券账户，提供登记、存管服务及证券交易后交收服务。

(3) 公司为结算参与人设立担保和非担保资金交收账户，为证券、金融衍生品交易提供清算、交收服务。就场内集中交易的证券品种，公司作为中央对手方以结算参与人为单位，提供多边净额担保结算服务。就非场内集中交易的证券品种，公司提供双边全额、双边净额、实时逐笔全额及资金代收付服务。

(4) 公司为公募、私募基金发行人提供基金资产的托管服务。

资料来源：中国证券登记结算有限责任公司官网。

第三节 证券市场的地位及功能

证券市场是股票、债券、基金、期货、期权等金融产品交易的场所，是证券发行与交易形成的场所，它是金融市场中非常重要、非常活跃的市场。

证券市场是市场经济发展到一定阶段的产物，是为解决资本供求矛盾和流动性而产生的市场。证券市场以证券发行和交易的方式实现了筹资与投资的对接，有效地化解了资本的供求矛盾，解决了资本结构调整的难题，对整个经济的运行具有重要影响。

一、证券市场的结构与地位

(一) 证券市场的结构

证券市场结构是指证券市场的构成及其各部分之间的量比关系,其分析对象为证券市场。证券市场的结构可以有许多种,但其主要结构有两种,分别是纵向结构(层次结构)、横向结构(品种结构),具体如图1-2所示。此外,证券市场还可以分为交易场所结构和时间结构。

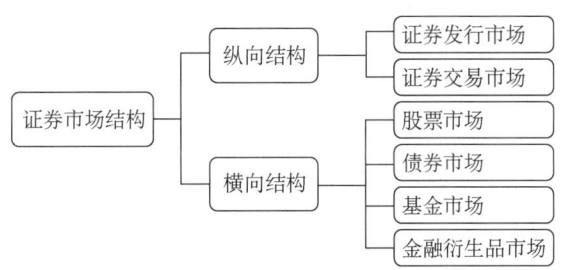

图1-2 证券市场主要结构

1. 纵向结构(层次结构)

这种市场结构是按证券进入市场的顺序或者证券市场的层次形成的,可以分为证券发行市场和证券交易市场。证券发行市场与证券交易市场紧密联系,互相依存,互相作用。发行市场是交易市场的存在基础,发行市场的发行条件和发行方式影响着交易市场的价格及流动性。交易市场又能促进发行市场的发展,是为发行市场发行的证券提供变现的场所,同时交易市场的证券价格及流动性又直接影响发行市场新证券的发行规模和发行条件。

2. 横向结构(品种结构)

这种市场结构是按证券品种形成的,主要有股票市场、债券市场、基金市场以及金融衍生品市场等子市场,并且各个子市场之间相互联系。

股票市场是股票发行和买卖交易的场所。股票市场的发行人为股份公司。股份公司在股票市场上筹集的资金是长期稳定、属于公司自有的资本。股票市场交易的对象是股票。股票的市场价格除了与股份公司的经营状况和盈利水平有关,还受到其他诸如政治、社会、经济等因素的综合影响。因此,股票价格经常处于波动之中。

债券市场是债券发行和买卖交易的场所。债券的发行人有中央政府、地方政府、政府机构、金融机构、公司和企业。债券市场交易的对象是债券。债券有固定的票面利率和期限,其市场价格相对股票价格而言比较稳定。

基金市场是证券投资基金发行和流通的市场。封闭式基金在证券交易所挂牌交易,开放式基金是通过投资者向基金管理公司等机构申购和赎回基金实现流通的。

金融衍生品市场以基础证券的存在和发展为前提,其交易品种主要有金融期货与金融期权、可转换证券、存托凭证、权证等。

3. 交易场所结构

按交易活动是否在固定场所进行,证券市场可分为有形市场和无形市场。通常人们把有形市场称为"场内市场",即有固定场所的证券交易所市场;把无形市场称为"场外市场"或

"柜台市场"(或"OTC市场"),即没有固定交易场所的市场。

4. 时间结构

按照有价证券融资期限的长短,证券市场可以分为短期证券市场和长期证券市场。短期证券市场通常是指期限在1年以内的证券发行和交易市场,属于货币市场;长期证券市场通常是指期限在1年及以上的中长期证券发行和交易市场,属于资本市场。

(二) 证券市场的地位

证券市场在整个金融市场体系中具有非常重要的地位,是现代金融体系的重要组成部分。从金融市场的功能看,证券市场通过信用的方式融通资金,通过证券的买卖活动引导资金流动,促进资源配置的优化,推动经济增长,提高经济效率。从金融市场的运行看,金融市场体系的其他组成部分都与证券市场密切相关。

1. 证券市场与货币市场关系密切

证券市场是货币市场上的资金需求者。证券的发行通常要有证券经营机构垫款,垫款所需要的资金通常依赖于货币市场的资金供给。当证券市场交易旺盛、证券价格上涨时,它又需要更多的资金来补助交易的完成,这又引起货币市场上的资金需求增长及利率上升。

2. 长期信贷的资金来源依赖于证券市场

在资本市场内部,长期信贷市场的发展也必须依赖证券市场。金融机构的长期信贷资金,在很大程度上是通过证券市场来筹集的,如金融机构通过证券市场发行股票筹集资本金、通过证券市场发行金融债券筹集信贷资金等。

3. 金融机构的业务与证券市场密切相关

任何金融机构的业务都直接或间接与证券市场相关,而且证券类金融机构与非证券类金融机构在业务上有很多交叉。

二、证券市场的功能

证券市场是市场经济发展到一定阶段的产物,是为解决资本供求矛盾而产生的市场。证券市场即狭义上的资本市场,在一国金融市场体系中占据重要的地位,发挥重要的作用。

(一) 融资投资

这是证券市场最基本的功能。融资投资功能是指证券市场为资金需求者筹集资金,为资金供给者提供投资场所,从而实现资金的余缺调剂。

一般来说,企业融资有两种渠道:一是间接融资,即通过银行贷款而获得资金;二是直接融资,即发行各种有价证券使社会闲置资金汇集成为长期资本。前者提供的贷款期限有的较短,适合解决企业流动资金不足的问题,而长期贷款数量有限,条件苛刻,对企业不利。后者却弥补了前者的不足,使社会化大生产和企业大规模经营成为可能。政府也可以发行债券,从而迅速地筹集长期巨额资金,投入国家的生产建设或用来弥补当年的财政赤字。通过证券市场发行股票、债券等直接融资方式能解决企业发展中的资金需求问题。

(二) 资本配置

资本配置是指通过证券价格引导资本的流动,从而实现资本的合理配置。证券投资者对证券的收益十分敏感,而证券收益在很大程度上取决于企业的经济效益。从长期来看,经济效益高的企业的证券拥有较多的投资者,这种证券在市场上交易也很活跃。相反,经济效益差的企业的证券投资者较少,市场上的交易也不旺盛。所以,社会上部分资金会自动地流向经济效益好的企业,远离效益差的企业。证券价格的高低是由该证券所能提供的预期报酬率的高低来决定的,证券价格的高低实际上是该证券筹资能力的反映,而能提供高报酬率的证券一般来自那些经营好、资本发展潜力巨大的企业,或者是来自新兴行业的企业。由于一些证券的预期报酬率较高,其市场价格也就相应较高,从而其筹资能力也就较强。从资本配置这一功能可以看出,证券市场会引导资本流向能使其产生高报酬率的企业或行业,从而使资本产生尽可能高的收益,进而实现资本的合理配置。

(三) 分散风险

在证券投资中,分散风险是采用分散投资从而避免投资风险的投资策略。投资的对象不仅有有价证券,还有定期存款和各种保险等。

有价证券有确定收益证券和不确定收益证券两种。投资者在有价证券的投资中,除了看行情,还要看不同的证券各占多大比重更为合适。证券市场不仅为投资者和融资者提供了丰富的投融资渠道,而且还具有分散风险的功能。对上市公司来说,通过证券市场融资可以将经营风险部分地转移和分散给投资者,公司的股东越多,单个股东承担的风险就越小。另外,公司还可以通过购买一定的证券,保持资产的流动性和提高盈利水平,减少对银行信贷资金的依赖,提高公司对宏观经济波动的抗风险能力。

投资者可以通过买卖证券和建立证券投资组合来转移和分散资产风险。投资者往往把资产分散投资于不同的对象,证券作为流动性、收益性都相对较好的资产形式,可以有效地满足投资者的需要。投资者还可以选择不同性质、不同期限、不同风险和收益的证券构建证券组合,分散证券投资的风险。

(四) 宏观调控

证券市场是国民经济的晴雨表,它能够灵敏地反映社会政治、经济发展的动向,为经济分析和宏观调控提供依据。证券市场的动向是指市场行情的变化,通常用证券价格指数来表示。如果在一段时间内,国家政治稳定,经济繁荣,整体发展态势良好,证券价格指数就会上升;反之,如果政治动荡,经济衰退,或发展前景难以预测,证券价格指数就会下跌。1999年,美国的道琼斯指数屡创新高,突破万点大关,正是美国经济持续发展,长期保持较低失业率的良好经济态势的反映。

政府可以通过证券市场行情的变化对经济运行状况和发展前景进行分析预测,并且利用证券市场对经济实施宏观调控。政府利用证券市场进行宏观调控的手段主要是运用货币政策的三大工具:法定存款准备金率、再贴现率和公开市场业务。特别是公开市场业务,完全依托证券市场来运作,通过证券的买入卖出调节货币的供给,影响和控制商业银行的经营,进而实现调节和控制整个国民经济运行的目的。例如,中央银行大量买进证券,商业性金融机构就可以扩大信用规模,流通中的现金量就会增加,证券价格会随之提高,利率水平会相应下降,这些都会起到刺激投资,扩张经济的作用;反之,当中央银行大量卖出证券时,就会对经济产生紧缩效应,可以有效地抑制投资膨胀和经济过热。

(五) 资本定价

证券市场还有资本定价功能。证券是资本的存在形式,证券的价格实际上是证券所代表的资本的价格。

证券价格是证券市场上证券供求双方共同作用的结果。证券市场的运行形成了证券需求者和证券供给者竞争的关系,这种竞争的结果是,能产生高投资回报的资本,市场的需求就大，相应的证券价格就高；反之，证券的价格就低。因此，证券市场是资本的合理定价场所。

第四节 证券发行市场与交易市场

按证券进入市场的先后顺序或者市场的功能划分，证券市场可分为证券发行市场和证券交易市场(或证券流通市场)。证券市场的两个构成部分既有联系又有区别，相互依存，相互制约，是一个不可分割的整体。证券发行市场是证券交易市场的基础和前提，决定着流通市场上流通证券的种类、数量和规模，正是有了证券发行市场的证券供应，才有证券交易市场的证券交易；证券交易市场是证券发行市场得以持续扩大发行的必要条件，维持着投资者资金周转的积极性和流动的灵活性，证券交易市场的存在为证券的转让提供了方便，才使证券发行市场对投资者充满吸引力。

一、证券发行市场

(一) 证券发行的含义

任何一个经济体系中都有资金的盈余单位(有储蓄的个人、家庭和有闲置资金的企业)和资金的短缺单位(有投资机会的企业、政府和有消费需要的个人)，为了加速资金的周转和利用效率，需要使资金从盈余单位流向短缺单位。在社会、经济发展中，为了实现筹集资金、完善公司治理结构和资本结构、提升企业价值、增强企业发展后劲等目的，需要发行各类证券，因此也就产生了证券发行及证券发行市场。

证券发行是指证券发行人以筹集资金为目的，在证券发行市场依法向投资者以出售证券的行为。证券发行分为公开发行和非公开发行。只要发行证券，都必须符合法律、行政法规规定的条件。

(二) 证券发行市场的含义及特征

1. 证券发行市场的含义

证券发行市场又称"初级市场"或"一级市场"，是证券发行人将其新发行的股票或债券等证券销售给最初购买者的金融市场，是资本需求者将证券首次出售给购买者形成的市场，它是新证券和票据等金融工具的买卖市场。该市场的主要参与者是投资银行、经纪人和证券自营商。它们承担政府、公司新发行证券的承购或分销。投资银行通常采用承购包销的方式承销证券，承销期结束后发行人可以获得预定的全部资金。在发行过程中，发行者一般不直接与购买者进行交易，需要有中间机构(证券经纪人)代为办理。

2. 证券发行市场的特征

证券发行市场是一个抽象的非组织化的市场，借助于发行市场，新证券实现从筹资者向投资者的转移。证券发行市场包括政府、企业和金融机构发行证券时，从规划、推销到承销等阶段的全部活动过程。证券发行市场一般具有以下特征：

(1) 证券发行市场通常没有固定场所。证券发行市场可以利用证券交易所的交易系统实现发行，也可以在证券公司或银行等其他金融机构的柜台发行；既可以由发行者自行向投资者出售，也可以由投资银行承销后再向投资者分销，更普遍的做法是由证券机构进行承销。

（2）证券发行市场没有统一的发售时间。证券发行市场上对于发售时间没有统一的要求，一般也没有例行的规定和要求，发行者可以根据自己的需要和市场行情自行选择何时发行。但每次发行都有明确的时间期限，较为集中，一般是1~3个月，且交易量较大。

（3）证券价格的确定复杂。证券的价格往往由发行机构根据发行主体的资产净值情况及发展状况，在充分了解市场需求信息的基础上，采用一定的投标竞价方式确定。证券发行价格一般与证券票面价格较为接近，尤其是债券，通常按照其票面面值发行。

（4）证券发行市场是直接融资的实现形式。证券发行市场的功能就是联结资金需求者和资金供给者，认购人通过购买证券发行人发行的证券提供资金，证券发行人通过销售证券向社会筹集资金，证券发行市场将社会闲散资金转化为生产建设资金，实现直接融资的目标。

（5）证券发行市场的证券具有不可逆转性。在证券发行市场上，证券只能由发行人流向认购人，资金只能由认购人流向发行人，而不能相反，这是证券发行市场与证券交易市场的一个重要区别。

（三）证券发行市场的作用

证券发行市场是非常重要的市场，其作用主要表现在以下三个方面。

1. 为资金需求者提供筹措资金的渠道

证券发行市场拥有大量的运行成熟的证券商品供发行者选择，发行者可以参照各类证券的期限、收益水平、参与权、流通性、风险度、发行成本等不同特点，根据自己的需要和拟选择发行证券的种类，并根据当时市场的供求关系和价格水平确定证券发行的数量和价格（收益率）。证券发行市场还有众多为发行者服务的中介机构，它们可以接受发行人的委托，利用自己的信誉、资金、人才、技术和网点等资源向公众推销证券，帮助发行人及时筹措到所需资金。证券发行市场还可以突破地区限制，为发行者扩大筹资范围和对象，即可以在境内或境外面向各类投资者发行证券、筹措资金，并通过市场竞争逐步使筹资成本合理化。

2. 为资金供应者提供投资机会，实现储蓄向投资的转化

政府、企业和个人在经济活动中可能出现暂时闲置的货币资金，证券发行市场提供了多种多样的投资机会，实现社会储蓄向投资转化，从而促进社会再生产顺利进行。

3. 形成资金流动的收益导向机制，促进资源配置的不断优化

在现代经济活动中，生产要素都跟随资金流动，只有实现了货币资金的优化配置，才有可能实现社会资源的优化配置。证券发行市场通过市场机制选择发行证券的主体，产业前景好、经营业绩优良和具有发展潜力的企业更容易从证券市场筹集所需要的资金，从而使资金流入最能产生效益的行业和企业，达到促使资源优化配置的目的。

 相关思考1-3

发行市场与交易市场有何关系？

发行市场与交易市场是资本市场中的重要层次，发挥着不同的功能。那么两个不同层次的市场，相互间存在怎样的关系？哪个市场层次更重要呢？两者是否存在相辅相成的关系？

二、证券交易市场

证券交易（securities transaction）是指证券持有人依照交易规则，将证券转让给其他投资者的行为。证券交易是一种已经依法发行并经投资者认购的证券的买卖,是一种具有财产价值的特定权利的买卖。证券交易的方式包括现货交易、期货交易、期权交易、信用交易和回购交易等。

(一) 证券交易市场的定义

证券交易市场也称证券流通市场、二级市场、次级市场,是指对已经发行的证券进行买卖、转让和流通的市场。在二级市场上销售证券的收入属于出售证券的投资者,而不属于发行该证券的公司。

证券交易市场是买卖证券的场所,它为证券发行后证券所有权的转移提供了条件。证券交易市场分为两大类:一类是大型、活跃而有秩序的场内交易,即在证券交易所内进行的交易;另一类是没有固定地点的场外交易,主要通过电讯方式进行交易。

(二) 证券交易市场的构成

证券交易市场通常由场内交易市场和场外交易市场构成。

1. 场内交易市场

场内交易市场是指由证券交易所组织的集中交易市场,有固定的交易场所和交易活动时间,在多数国家它还是全国唯一的证券交易场所,因此是全国最重要、最集中的证券交易市场。证券交易所接受和办理符合有关法律规定的证券上市买卖,投资者则通过证券公司(投资银行)在证券交易所进行证券买卖。

视频:证券交易所

证券交易所是证券买卖双方公开交易的场所,是一个高度组织化、集中进行证券交易的市场,是整个证券市场的核心。证券交易所本身并不进行证券买卖,也不决定证券价格,而是为证券交易提供场所和设施,配备必要的管理和服务人员,并对证券交易进行周密的组织和严格的管理,使证券交易顺利进行且有一个稳定、公开、高效的系统。我国《证券法》第九十六条规定,证券交易所、国务院批准的其他全国性证券交易场所为证券集中交易提供场所和设施,组织和监督证券交易,实行自律管理,依法登记,取得法人资格。

证券交易所的组织形式有两种,一种是公司制,另一种是会员制。我国的证券交易所多为会员制。目前,内地有三家全国性的证券交易所,即1990年11月26日成立的上海证券交易所、1990年12月1日成立的深圳证券交易所以及2021年9月3日注册成立的北京证券交易所。

根据修订后的《证券交易所管理办法》,证券交易所的职能包括:

(1) 提供证券交易的场所、设施和服务。
(2) 制定和修改证券交易所的业务规则。
(3) 依法审核公开发行证券申请。
(4) 审核、安排证券上市交易,决定证券终止上市和重新上市。
(5) 提供非公开发行证券转让服务。
(6) 组织和监督证券交易。
(7) 对会员进行监管。
(8) 对证券上市交易公司及相关信息披露义务人进行监管。
(9) 对证券服务机构为证券上市、交易等提供服务的行为进行监管。
(10) 管理和公布市场信息。
(11) 开展投资者教育和保护。

(12) 法律、行政法规规定的以及中国证监会许可,授权或者委托的其他职能。

延伸阅读 1-6

梧桐树协议

1792年5月17日,美国24名经纪人在华尔街68号前的一棵梧桐树下聚会,商订了一项协议,约定每日在梧桐树下聚会从事证券交易并制订了交易佣金的最低标准及其他交易条款。这个协议就叫梧桐树协议。

这是一份被称为包括一切的简短协议,只表达了三个交易守则:

第一,只与在梧桐树协议上签字的经纪人才能进行有价证券的交易。

第二,收取不少于交易额0.25%的手续费。

第三,在交易中互惠互利。

于是,这24位在协议上签了字的经纪人组成了一个独立的、享有交易特权的有价证券交易联盟。这就是后来纽约证券交易所的雏形,1792年5月17日这一天也成为纽约证券交易所的诞生日。

这棵梧桐树于1865年6月14日在闪电和雷鸣中被狂风暴雨所击倒,然而金融华尔街这一现代金融市场中心的大树却已经根深叶茂,不断发展和壮大。

资料来源:交易之友.梧桐树协议的由来[EB/OL].(2020-12-15)[2022-08-21]. https://baijiahao.baidu.com/s?id=1686116309865391973&wfr=spider&for=pc.

视频:梧桐树协议

2. 场外交易市场

场外交易市场又称柜台交易或店头交易市场,是指在证券交易所外由证券买卖双方议价成交的市场,它没有固定的场所,其交易主要利用电讯方式进行,交易的证券以不在证券交易所上市的证券为主,在某些情况下也对在证券交易所上市的证券进行场外交易。

场外交易市场中的证券商兼具证券自营商和代理商的双重身份。自营商可以把自己持有的证券卖给顾客或者买进顾客的证券,赚取买卖价差;代理商以客户代理人的身份向别的自营商买进或卖出证券。近年来,国外一些场外交易市场发生了很大变化,它们采用先进的电子化交易技术,使市场覆盖面更加广阔,市场效率大大提高。场外交易市场,以美国的纳斯达克市场为典型代表。

在交易所买卖股票的经纪人必须是交易所组织成员,在交易所内买卖的股票必须是经过批准的挂牌股票,由于在交易所买卖股票的费用较高,出现了挂牌的交易由非交易所成员经纪人在交易所外从事买卖的渠道。这种在交易所挂牌上市,却在场外市场交易的股票交易市场,称为"第三市场"。

另外,各种投资公司、保险公司、年金基金、互助储蓄协会等专业金融机构大量购买和持有股票,成为股票交易市场上举足轻重的力量。这些大机构或巨型公司愿出高价购买交易所中的席位,以便从事各种股票、债券的买卖活动。这种方式的股票买卖已形成了一个独立的市场,这种市场称为"第四市场"。

延伸阅读 1-7

纳斯达克市场

纳斯达克,全称为美国全国证券交易商协会行情自动传报系统(national association of securities dealers automated quotations,NASDAQ),是美国的一个电子证券交易机构,是由纳斯达克股票市场公司所拥有与操作的。NASDAQ创立于1971年,迄今已成为世界最大的股票市场之一。

纳斯达克是美国全国证券交易商协会为了规范混乱的场外交易和为小企业提供融资平台于1971年2月8日创建的。纳斯达克的特点是收集和发布场外交易非上市股票的证券商报价,它已成为全球第二大的证券交易市场。纳斯达克又是全世界第一个采用电子交易并面向全球的股票市场,它在55个国家或地区设有26万多个计算机销售终端。

纳斯达克指数是反映纳斯达克证券市场行情变化的股票价格平均指数,其基本指数为100。纳斯达克的上市公司涵盖所有高新技术行业,包括软件、计算机、电信、生物技术、零售和批发贸易等。企业想在纳斯达克上市,需符合以下三个条件及一个原则。

1. 先决条件

经营生化、生技、医药、科技(硬件、软件、半导体、网络及通信设备)、加盟、制造及零售连锁服务等,经济活跃期满1年以上,且具有高成长性、高发展潜力者。

2. 消极条件

有形资产净值在500万美元以上,或最近1年税前净利润在75万美元以上,或近3年其中2年税前收入在75万美元以上,或公司资本市值在5 000万美元以上。

3. 积极条件

美国证券交易委员会(SEC)及美国全国证券商交易协会(NASDAQ)审查通过后,需有300人以上的公众持股(NON-IPO①需在国外设立控股公司,原始股东必需超过300人)才能挂牌,公众持股人之持有股数需要在整股以上,而美国的整股即基本流通单位100股。

4. 诚信原则

只要申请的公司秉持诚信原则,挂牌上市是迟早的事,但时间与诚信将会决定一切。

资料来源:宋亦.纳斯达克是什么意思[EB/OL].(2021-12-09)[2022-08-21].https://www.andcaifu.com/news/20211209/163901987417949.html.

一只疯狂财经咩.纳斯达克上市需要什么条件?[EB/OL].(2021-12-31)[2022-08-21].https://baijiahao.baidu.com/s?id=1720634769322253453&wfr=spider&for=pc.

(三) 证券交易市场的特征

1. 投资者是证券交易市场主要参与者

证券交易场所以证券投资者为主要参与者,证券投资者主要指证券持有人以及准备购买证券的货币持有人。此外,证券发行人和证券中介机构也是证券交易市场的参与者,但其职责在于辅助投资者进行和完成交易,而不是证券交易活动的独立参加者。作为例外情况,证券中介机构也可能充当投资者。

2. 证券交易市场既是有形的,也是无形的

证券交易所是典型的有形市场,它有固定的场所、设施、设备和专业人员;其他证券交易场所如柜台交易市场,往往采用分散交易的形式,但一般也要借助证券公司柜台和交易网络才能完成,故也属于广义的有形市场。依照证券交易市场的组成及存在形式,证券交易市场可分为证券交易所和场外交易市场。

3. 证券交易市场与证券发行市场相互依赖

证券交易市场对证券发行市场的依赖性,首先表现为证券交易市场以已发行证券为交

---

① NON-IPO,企业以现在的自身条件,在注册前就已达到SEC和NASDAQ上市的门槛,不需利用市场投资机构的资金,也可以在美国证券市场挂牌上市的一种挂牌方式。

易对象,证券交易市场的交易对象是已发行在外的证券,而不是尚未发行的证券。证券发行市场是证券交易市场的前提。我国股票公开发行多数借助证券交易所的交易网络,采取"网上发行方式",这使得证券发行市场对证券交易市场也存在依赖。证券发行市场发行证券的种类、价格、数量及规模等,均在一定程度上受制于证券交易市场情况。我国《证券法》允许证券发行人与证券公司协商定价,这使发行市场价格与交易市场价格逐渐接轨,两个市场之间的联系变得更加密切。

三、我国证券市场发展历程

1. 1949年以前的证券市场

证券产生的历史,在我国最早可追溯到春秋战国时期,当时国家向大户的举贷和王侯给平民的放债,形成了最早的债券。汉唐以后,国家因军事需要临时向富商举借巨款的事已不再是偶然现象。随着商业的发展,飞钱、会票、当票等商业票据出现,证券的品种更加丰富。明后清前,在一些投资大、收益高且又具有一定风险的行业,如上海沙船业,四川井盐业,云南、广东矿冶业和山西金融业,已经较多地采用"招商集资、合股经营"的经营组织形式。这种组织形式明显地具有资本主义的股份制特征。1840年鸦片战争后,广州、厦门、福州、宁波、上海五口继相对外开埠通商,随着第一批外国洋行进入商埠,有价证券及其交易在我国出现。民国时期是中国近代证券市场发展史中内容最丰富、变化最复杂的重要时期。这一时期,中国近代证券市场走完其形成、发展和衰亡的全过程。1927—1949年,伴随着新民主主义经济的成长,中国共产党领导的根据地除了借助公债形式发行根据地公债,动员根据地的财力、物力支援革命战争和各项建设事业,还采用股份制形式,通过发行股票筹集资金,创办根据地工农银行和建立生产合作、消费合作和信用合作社。这些证券实践活动一直贯穿在以后抗日根据地和解放区的经济活动中。

2. 1949—1978年的证券市场

经济体制改革前的证券市场主要围绕两方面展开:

一是新中国成立初期,在接收官僚资本的基础上,天津证券交易所于1949年6月1日成立;北京证券交易所于1950年2月1日成立。1952年,因两家证券交易所交易量极度萎缩,天津证券交易所并入天津市投资公司,北京证券交易所宣告停业。津、京证券交易所的历史虽然不长,但它们不仅在吸收游资、稳定市场方面发挥了积极作用,而且为我们今天证券市场的发展提供了宝贵的经验:要发展我国的证券市场,必须先发展商品经济、股份制和信用制度。

二是鉴于经济建设的需要,利用国债市场筹措了一定数量的财政资金。证券市场又大体上分为两个阶段:第一阶段是1950—1958年,政府发行了人民胜利折实公债和国家建设公债;第二阶段是1959—1978年,全国性的公债停止发行,但允许省、自治区、直辖市在必要的时候发行地方建设公债。

3. 1978年后的证券市场

(1)探索起步时期。中国内地证券市场是在20世纪70年代末确立改革开放后恢复和起步的,尽管存在市场结构不均衡、市场运作不规范、法制建设起步稍晚等问题,但证券市场的恢复对国民经济的发展仍发挥了积极作用。这期间的流通转让方式主要是私下交易和柜台交易等场外交易方式。

(2) 交易所市场的形成和证券市场快速发展。1990年12月和1991年7月,上海证券交易所和深圳证券交易所分别正式营运,标志着中国证券集中交易市场的形成,证券市场进入了快速发展时期。1993年国务院先后发布了《股票发行与交易管理暂行条例》和《企业债券管理条例》,此后又陆续出台了若干法规和行政规章,初步构建了最基本的证券法律法规体系。

1993年以后,股票市场试点由点及面,扩大到全国,除了A股、B股、H股等也开始发行,债券市场品种多样化,发债规模逐年递增。与此同时,证券中介机构在种类、数量和规模上迅速扩大。

(3)《证券法》出台与监管体制的逐步完善。中国证监会作为国务院直属事业单位,是全国证券、期货市场的主管部门,逐步建立了统一的证券、期货监管体系,对证券、期货监管机构实行垂直管理并对证券业、期货业进行监管。中国证监会接收和设立全国各省市证管办和特派员办事处,建立了由中国证监会及其派出机构组成的集中统一的监管体系。1998年12月,全国人大常委会通过《证券法》,并于1999年7月1日正式实施,奠定了我国证券市场基本的法律框架,使我国证券市场的法制建设进入了一个新的历史阶段。

(4) 证券市场改革深化与稳步发展。2004年1月31日,国务院发布《关于推进资本市场改革开放和稳定发展的若干意见》,充分肯定了我国资本市场取得的巨大成就,明确了资本市场发展的指导思想和任务,提出了支持资本市场发展的有关政策。根据证券市场的发展需要,2004年8月和2005年11月,全国人大常委会对《证券法》进行了两次修订,进一步夯实了中国证券市场发展的法律基础。

2006年9月8日,经国务院同意,中国证监会批准,由上海期货交易所、郑州商品交易所、大连商品交易所、上海证券交易所和深圳证券交易所共同发起设立中国金融期货交易所,该交易所的成立有力推进了中国金融衍生产品的发展,对健全中国资本市场体系结构具有划时代的重大意义。

(5) 设立科创板,首推注册制。2019年6月设立科创板并试点注册制,这是进一步落实创新驱动发展战略,增强资本市场对提高我国关键核心技术创新能力的服务水平,支持上海国际金融中心和科技创新中心建设,完善资本市场基础制度,坚持稳中求进工作总基调,贯彻新发展理念,深化供给侧结构性改革的重要举措。

(6) 新修订的《证券法》正式实施。新修订的《证券法》已于2020年3月1日起施行,中国资本市场进入新证券法时代,标志着中国资本市场在市场化、法治化的道路上又迈出至关重要的一步。新修订的《证券法》全面推行注册制,其中非常关键的就是要以信息披露为核心,要求内容真实准确完整,简明清晰,通俗易懂。

新修订的《证券法》大幅提高了违法惩戒力度,在对违法行为规定没收违法所得的基础上,还给予数额比较大的罚款。新修订的《证券法》加大了投资者权利保护力度,解决了中小投资者维权成本过高的问题。

(7) 推动新三板改革,设立北京证券交易所。新三板自2013年正式运营以来,通过不断的改革探索,已发展成为资本市场服务中小企业的重要平台。自2019年以来,中国证监会推出了设立精选层、建立公开发行制度、引入连续竞价和转板机制等一系列改革举措,激发了市场活力,取得了积极成效。自精选层设立以来,总体运行平稳,各项制度创新初步经受住市场考验,吸引了一批"小而美"的优质中小企业挂牌交易,为进一步深化改革、设立证券交易所打下了坚实的企业基础、市场基础和制度基础。

2021年9月,北京证券交易所成立,并于11月15日正式开市。北京证券交易所的设立,是为了深化新三板改革,是资本市场更好支持中小企业发展壮大的内在需要,是落实国家创新驱动发展战略的必然要求,是新形势下全面深化资本市场改革的重要举措。

 延伸阅读1-8

我国的证券行业发展现状

中国资本市场从2019年开始回暖,科创板正式落地、外资股比限制放开、新三板改革启动等一系列政策和改革措施的落地为资本市场的发展带来活力和潜能,证券行业积极抓住市场机会,迎来新的发展机会和业务增长点。

证券行业是指从事证券发行和交易服务的专门行业,是证券市场的基本组成要素之一,其主要经营活动是沟通证券需求者和供给者直接的联系,并为双方证券交易提供服务,促使证券发行与流通高效地进行,维持证券市场的运转秩序。

1. 证券行业是国家金融业的重要组成部分

2020年3月,新修订的《证券法》的正式实施,标志着我国资本市场已明确全面推行注册制。而在全面注册制下,建立1‰配售佣金制度非常必要,这既有利于注册制下更好保护投资者的利益、推进市场化合理发行定价的形成,也有利于推动证券公司建立真正的配售体系,实现向现代投资银行的转型。

我国证券行业上游主要参与者是证券公司,包含中信证券、中金公司、中信建投、东方财富、招商证券、海通证券、华泰证券、国泰君安、申万宏源、国信证券等。截至2021年3月底,中国证监会登记的证券公司共139家。

下游主要参与者是证券交易所和评级机构。证券交易所即上海证券交易所和深圳证券交易所。评级机构包含中诚信、联合信用等。截至2021年3月底,中国证监会登记的评级机构共14家。

2. 证券行业快速发展,资产规模再创新高

2010—2020年我国证券行业资产规模来看,中国证券公司资产规模呈现震荡形势并不断扩大。2019年,全国证券行业总资产为7.26万亿元,净资产为2.02万亿元。截至2020年年底,证券行业总资产为8.90万亿元,净资产为2.31万亿元,分别同比增加22.50%、14.10%。

3. 证券经纪业务和投行业务营收增速大幅提高

券商经纪业务收入与市场行情高度相关,但交易量和佣金率下滑导致经纪业务收入大幅下降。

2012—2020年我国证券行业投资银行业务(包含证券承销和保荐业务、财务顾问业务)的净收入呈现波动性变化。2016年,我国证券行业投资银行业务净收入达到最大值684.15亿元,随后业务净收入在2017年和2018年出现了连续下降,在2019年止住跌势出现回升。2020年我国证券行业投资银行业务实现净收入672.11亿元,同比大幅增加39.26%。

4. 随着金融市场的改革完善,行业前景良好

国内国际双循环的新发展格局正在加速形成,资本市场的作用日益凸显,"十四五"时期将是中国资本市场实现"规范、透明、开放、有活力、有韧性"的目标、中国证券行业实现高质量发展的关键时期。未来,我国证券业发展将呈现经营规范化、业务多元化、科技应用化、竞争加剧化的四大趋势。

2020年我国证券市场环境较好,两市交易量同比显著回暖;权益类市场表现较好;科创板开板,IPO承销及跟投为证券业带来了一定幅度的增长。

资料来源:前瞻产业研究院.行业深度!一文详细了解2021年中国证券行业市场规模现状、竞争格局及发展趋势[EB/OL].(2021-07-23)[2022-02-20]. https://bg.qianzhan.com/trends/detail/506/210723-2a7a3ebc.html.

四、我国的多层次资本市场体系

在资本市场上,不同的投资者与融资者都有不同的规模大小与主体特征,存在着对资本市场金融服务的不同需求。投资者与融资者对投融资服务的多样化需求,决定了资本市场应该是一个多层次的市场经济体系。

20 世纪 90 年代至今,我国资本市场主要由场内市场和场外市场两部分构成。其中场内市场的主板、创业板(俗称二板)、科创板、全国中小企业股份转让系统(俗称新三板)和场外市场的区域性股权交易市场、证券公司主导的柜台市场等共同组成了我国目前的多层次资本市场体系,如图 1-4 所示。

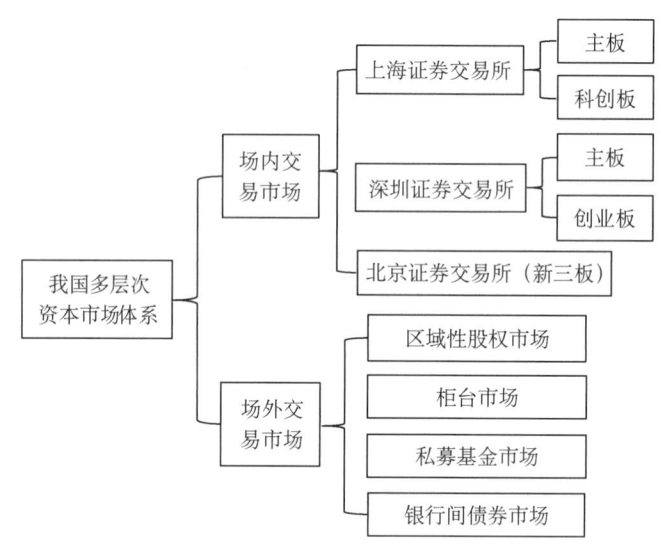

图 1-4 我国多层次资本市场体系构成

(一) 主板市场

主板市场也被称为一板市场,是传统意义上的证券市场(通常指股票市场),是证券发行、上市及交易的主要场所。主板市场是资本市场中最重要的组成部分,很大程度上能够反映经济发展状况,有"国民经济晴雨表"之称。

主板市场对发行人的营业期限、股本大小、盈利水平、最低市值等方面的要求标准较高,上市企业多为大型成熟企业,具有较大的资本规模以及稳定的盈利能力。我国上海证券交易所、深圳证券交易所都设有主板市场。

2004 年 5 月,经国务院批准,中国证监会批复同意深圳证券交易所在主板市场内设立的中小企业板市场,在资本市场架构上也从属于一板市场。而在 2020 年 2 月 5 日,中国证监会批准深圳证券交易所主板和中小板合并。中小企业板自设立起定位于主板内设的板块,在主板制度框架下运行。经过十几年的发展,中小板上市公司总体不断发展壮大,在市值规模、业绩表现、交易特征等方面与主板趋同。合并深圳证券交易所主板与中小板是顺应市场发展规律的自然选择,也是构建简明清晰市场体系的内在要求。

历史性时刻!深主板中小板今日合并!

(二) 创业板市场

创业板市场,又被称为二板市场,是与主板市场不同的一类证券市场,地位次于主板市场,在中国特指深圳创业板市场。创业板市场在上市门槛、监管制度、信息披露、交易者条件、投资风险等方面和主板市场有较大区别。2009年10月23日,中国创业板市场举行开板启动仪式。2009年10月30日,中国创业板市场正式开市。其目的主要是扶持中小企业,尤其是高成长性企业,为风险投资和创投企业建立正常的退出机制,为自主创新国家战略提供融资平台,为多层次的资本市场体系建设添砖加瓦。2012年4月20日,深圳证券交易所正式发布《深圳证券交易所创业板股票上市规则》,并于5月1日起正式实施,将创业板退市制度方案内容,落实到上市规则之中。2020年创业板实施注册制改革,8月24日创业板注册制首批企业挂牌上市,宣告资本市场正式进入全面改革的"深水区"。

创业板市场是专为暂时无法在主板市场上市的创业型企业提供融资途径和成长空间的证券交易市场。创业板市场是对主板市场的重要补充,在资本市场占有重要的位置。中国创业板市场上市公司股票代码以"300"开头。创业板市场与主板市场相比,上市要求更加宽松,主要体现在成立时间、资本规模、中长期业绩等的要求上。创业板市场最大的特点就是低门槛进入,严要求运作,有助于有潜力的中小企业获得融资机会。在创业板市场上市的公司具有较高的成长性,但往往成立时间较短,规模较小,业绩也不突出,但有很大的成长空间。可以说,创业板市场是一个门槛低、风险大、监管严格的股票市场,也是一个孵化创业型、中小型企业的摇篮。

发展创业板市场是为了给中小企业提供更方便的融资渠道,为风险资本营造一个正常的退出机制。同时,这也是中国调整产业结构、推进经济改革的重要手段。二板市场和主板市场的投资对象和风险承受能力是不相同的,在通常情况下,两者不会相互影响。由于它们内在的联系,因此会促进主板市场的进一步发展壮大。对投资者来说,创业板市场的风险要比主板市场高得多,当然,回报可能也会大得多。

(三)科创板市场

科创板市场由国家主席习近平于2018年11月5日在首届中国国际进口博览会开幕式上宣布设立,它是独立于现有主板市场的新设板块,并在该板块内进行注册制试点。

科创板坚持面向世界科技前沿、面向经济主战场、面向国家重大需求,主要服务于符合国家战略、突破关键核心技术、市场认可度高的科技创新企业,重点支持新一代信息技术、高端装备、新材料、新能源、节能环保以及生物医药等高新技术产业和战略性新兴产业,推动互联网、大数据、云计算、人工智能和制造业深度融合,引领中高端消费,推动质量变革、效率变革、动力变革。

科创板根据板块定位和科创企业特点,设置多元包容的上市条件,允许符合科创板定位、尚未盈利或存在累计未弥补亏损的企业在科创板上市,允许符合相关要求的特殊股权结构企业和红筹企业在科创板上市。科创板相应设置投资者适当性要求,防控好各种风险。科技创新具有投入大、周期长、风险高等特点,科技创新离不开长期资本的引领和催化。科创板的设立对于促进科技和资本的融合,具有至关重要的作用。

2019年6月13日,科创板正式开板;7月22日,科创板首批公司上市;8月8日,第二批科创板公司挂牌上市。2019年8月,为落实科创板上市公司并购重组注册制试点改革要求,建立高效的并购重组制度,规范科创公司并购重组行为,中国证监会发布《科创板上市公司重大资产重组特别规定》。截至2021年12月20日,科创板上市公司已达370家,总市值达54 539.16亿元,总股本达1 194.92亿股。

从市场发展看,科创板成为资本市场基础制度改革创新的"试验田"。监管部门已明确,科创板是资本市场的增量改革。增量改革可以避免对庞大存量市场的影响,而在一片新天地下"试水"改革举措,快速积累经验,从而助推资本市场基础制度的不断完善。以最受关注的注册制为例,它在市场中已经被讨论多年。此次明确在科创板试点注册制,既是呼应市场需求,又有充分法律依据,依法全面从严监管资本市场和相应的制度建设也为注册制试点创造了相应条件。注册制的试点有严格的标准和程序,在受理、审核、注册、发行、交易等各个环节会更加注重信息披露的真实全面和上市公司质量,更加注重激发市场活力、保护投资者权益。在科创板试点注册制,可以说是为改革开辟了一条创新性的路径。

从市场生态看,科创板体现了更加包容、平衡的理念。资本市场是融资市场,也是投资市场。科创板通过在盈利状况、股权结构等方面的差异化安排,增强了对创新企业的包容性和适应性。与此同时,投资者也是需要被关注的一方。在投资者权益保护上,一方面,科创板针对创新企业的特点,在资产、投资经验、风险承受能力等方面加强适当性管理,引导投资者理性参与。另一方面,科创板通过发行、交易、退市、证券公司资本约束等新制度以及引入中长期资金等配套措施,让新增资金与试点进展同步匹配,力争在科创板实现投融资平衡、一级市场和二级市场平衡、公司的新老股东利益平衡,并促进现有市场形成良好预期。与投资者携手共成长,科创板定能飞得更高、走得更远。

**相关思考1-4**

科创板与创业板有何不同?

从整体来看,创业板改革并试点注册制,是在充分借鉴科创板改革经验的基础上,基于创业板的情况作出了部分针对性的安排。《创业板首发注册办法》总体借鉴了科创板试点注册制的核心制度安排,充分吸收了科创板以信息披露为核心、精简优化发行条件、增加制度包容性、强化市场主体责任、加大对违法违规行为的处罚力度等做法,在发行条件、审核注册程序、发行承销、信息披露原则要求、监管处罚等方面与科创板相关规定基本一致,但两个板块仍有区别。请读者思考,科创板与创业板有哪些不同之处?

【洞见干货】
创业板与科创板异同!

(四)新三板市场

中关村科技园区非上市股份有限公司进入代办股份系统进行转让试点,而挂牌公司均为高科技公司而不同于原转让系统内的退市公司、原全国证券交易自动报价系统(STAQ)挂牌公司、NET系统挂牌公司,故形象地将该试点称为新三板。

新三板市场会给企业、公司带来好处。新三板市场挂牌公司不再局限于中关村科技园区非上市股份有限公司,也不局限于天津滨海、武汉东湖以及上海张江等试点地的非上市股份有限公司,而是全国性的非上市股份有限公司股权交易平台,主要针对的是中小微型企业。中国证监会于2019年从优化发行融资制度、完善市场分层等五方面对全国中小企业股份转让系统进行全面改革。改革后允许符合条件的创新层企业向不特定合格投资者公开发行股票。同时设立精选层,在精选层挂牌一定期限,且符合交易所上市条件和相关规定的企业,可以直接转板上市。

新三板市场的存在,使得高新技术企业的融资不再局限于银行贷款和政府补助,更多的股权投资基金因为有了新三板市场的制度保障而主动投资。依照新三板市场规则,公司一旦准备登录新三板市场,就必须在专业机构的指导下先进行股权改革,明晰公司的股权结构和高层职责。同时,新三板市场对挂牌公司的信息披露要求比照上市公司进行设置,很好地促进了企业的规范管理和健康发展,增强了企业的发展后劲。新三板市场的存在,使得价值投资成为可能。无论是个人投资者还是机构投资者,投入新三板市场公司的资金在短期内不可能收回,即便收回,投资回报率也不会太高。因此,对新三板市场公司的投资更适合价值投资的方式。

新三板市场制度的确立,使得挂牌公司的股权投融资行为被纳入交易系统,同时受到主办券商的督导和证券业协会的监管,自然比投资者单方力量更能抵御风险。股份报价转让系统的搭建,对投资新三板市场挂牌公司的私募股权基金来说,是一种资本退出的新方式,挂牌企业也因此成为私募股权基金的另一投资热点。对A股来说,它肯定会分流一部分资金。虽然短期挂牌的企业是通过定向增发来融资,但是随着挂牌企业越多,融资规模也就会越大,肯定会吸走市场的一部分资金。

值得注意的是,2021年9月,新三板市场迎来重要的改革。2021年9月2日,习近平总书记在中国国际服务贸易交易会全球服务贸易峰会上的致辞中宣布,我们将继续支持中小企业创新发展,深化新三板改革,设立北京证券交易所,打造服务创新型中小企业主阵地。这是对资本市场更好服务构建新发展格局、推动高质量发展作出的新的重大战略部署,是实施国家创新驱动发展战略、持续培育发展新动能的重要举措,也是深化金融供给侧结构性改革、完善多层次资本市场体系的重要内容,对于更好发挥资本市场功能作用、促进科技与资本融合、支持中小企业创新发展具有重要意义。

 延伸阅读1-9

北京证券交易所开市

2021年11月15日,备受瞩目的北京证券交易所揭牌暨开市仪式举行,81家首批上市公司集体亮相!北京证券交易所正式运行,将进一步增强我国多层次资本市场服务中小企业的能力和水平,在完善资金募集、并购重组和交易估值等基础功能方面,更好地满足创新型中小企业需要,助力中小企业实现健康优质的发展。

1. 多层次资本市场助力经济转型

中国证监会主席易会满在开市仪式上表示,设立北京证券交易所,是立足构建新发展格局、推动高质量发展作出的重大决策部署,对于进一步健全多层次资本市场,加快完善中小企业金融支持体系,推动创新驱动发展和经济转型升级,都具有十分重要的意义。

北京证券交易所董事长强调,北京证券交易所将紧紧围绕打造服务创新型中小企业主阵地这个宏伟目标,积极探索建立适应中小企业创新发展的政策体系、制度体系、服务体系,并在四个方面持续努力:

一是更加包容。让创新型中小企业来得更便捷、更顺畅,扩大服务覆盖面。

二是更加精准。聚焦创新型中小企业在融资、人才引进、资源整合等方面的痛点和难点,优化针对性制度安排,提升企业获得感。

三是更加创新。在遵循交易所建设一般规律的基础上,积极探索融资方式、交易产品和工具创新,便利投融资对接。

四是更具活力。汇聚各方政策、拓宽市场范围、挖掘市场深度、引入多元资金、培育特色中介、完善投资者适当性管理,为创新型中小企业更好更快发展营造良好市场环境,为投资者及市场各方创造出积极向上的市场文化。

2. "成长性"成为首批上市公司亮点

随着一声锣鸣,首批 81 只上市股票在北京证券交易所正式开始交易,包含 71 只精选层平移股票(含 3 家因申请转板上市而停牌)和 10 只首日集中上市新股票。

由于从精选层平移到北京证券交易所的 71 家股票不属于新股票,当日其股票交易将实施 30%的涨跌幅限制,而 10 家"新秀"股票在北京证券交易所上市首日无涨跌幅限制,其表现成为市场关注的焦点。从发行市盈率看,10 只新股的发行市盈率介于 10 倍到 46 倍,其中 6 只股票的发行市盈率低于 20 倍。从发行价格看,10 只新股的发行价格均低于 20 元/股,其中 5 只股票低于 10 元/股。

当日 9 点 30 分开盘后,10 只新股全线高开,N 同心高开 282%居首。截至当天收盘,北京证券交易所 10 只新股集体大涨,最高涨近 500%。

3. 直接融资更适应经济发展模式

从北京证券交易所的筹备过程以及制度比较研究可以发现,其金融监管思路已比较清晰且持续性强,即坚定推进权益市场的"市场化"发展,通过 IPO、再融资有序深入地推进(尤其在新兴行业),改变直接、间接融资的结构,有效增强经济活力,从而推动经济结构转型和升级。

未来中国经济要向消费和科技等方向转型,这些新兴行业和成长创新企业的核心要素是技术、人才和数据,它们具有发展速度快、股权结构复杂以及盈利不确定等特点,由于缺乏银行青睐的、可作为信贷抵押的固定资产,它们与传统金融风控文化较难匹配。只有风险共担、收益共享的市场化融资机制方能满足这些企业的风险定价。因此,直接融资是科技创新行业大势所趋。

资料来源:新浪证券.钜派视角:北京证券交易所正式揭牌开市,资本市场服务创新型中小企业掀开新篇章![EB/OL].(2021-12-08)[2022-01-28].https://finance.sina.com.cn/stock/enterprise/us/2021-12-08/doc-ikyamrmy7488046.shtml.

一文读懂│北京证券交易所上市股票交易规则

北京证券交易所公开发行股票并上市业务规则发布!

(五) 场外交易市场

场外交易市场(OTC)是指通过大量分散的像投资银行等证券经营机构的证券柜台和主要电讯设施买卖证券而形成的市场,有时也称作柜台交易市场或店头交易市场,它构成了债券交易市场的另一个重要部分。就类别而论,在场外交易市场中进行买卖的证券,主要是国债,股票所占的比例很少。场外交易市场主要包括区域性股权交易市场、柜台市场、私募基金市场和银行间债券交易市场。

1. 区域性股权交易市场

区域性股权交易市场是为特定区域内的企业提供股权、债权的转让和融资服务的私募市场,一般以省级为单位,由省级人民政府监管。它是我国多层次资本市场的重要组成部分,亦是中国多层次资本市场建设中必不可少的部分。区域性股权交易市场对于促进企业特别是中小微企业股权交易和融资,鼓励科技创新和激活民间资本,加强对实体经济薄弱环节的支持,具有积极作用。

2. 柜台市场

柜台市场亦称店头市场或场外交易市场(OTC),是证券交易所以外的证券交易市场。柜台市场是证券市场的组成部分,在许多国家,它的交易额超过了全部交易所交易额的总和。这种交易是在证券公司之间或在证券公司与客户间直接进行。柜台市场交易的证券大多为未在交易所挂牌的证券,但也包括一部分上市证券。债券交易以柜台市场交易为主。柜台市场因为买卖双方多通过电话、电报协商完成交易,故又被称为"电话市场"。

3. 私募基金市场

私募基金市场是一个新兴的资本市场,是进行私募股权交易的金融市场,它是一个新的金融子体系。传统私募股权市场上的融资主体主要是创投企业,通过私募融资,这些创投企业能够筹集到资金,度过最困难的发展阶段,因此私募股权市场对于促进技术创新和科技发展具有重要作用。

4. 银行间债券市场

银行间债券市场是商业银行、农村信用联社、保险公司、证券公司等金融机构进行债券买卖和回购的市场。银行间债券市场目前已成为我国债券市场的主体部分。大部分记账式国债和政策性金融债券都在该市场发行并上市交易。中国外汇交易中心暨全国银行间同业拆借中心(以下简称"同业中心"),承担交易功能。中央国债登记结算公司(以下简称"中央结算公司")和银行间市场清算所股份有限公司(以下简称"上海清算所"),承担托管功能。

延伸阅读1-10

我国多层次资本市场体系建设构想

1. 系统构建多层次资本市场中的转板机制

首先,升级转板应允许符合条件的企业自主作出转板决定,自主选择转入的交易所及具体板块。上海证券交易所、深圳证券交易所与股转公司、中国结算公司等机构应加强沟通协调,做好制度衔接,为企业转板提供有力保障。其次,应以新三板精选层挂牌公司升板至科创板、创业板为试点,待经验成熟后再推广至其他板块,也可由科创板或创业板升级至主板。此外,随着转板制度的发展完善与多层次资本市场建设的稳步推进,降级转板机制应突破强制性的藩篱,适时引入自主降板机制,赋予企业更多自主权。

2. 积极培育机构投资者

投资者作为市场中的一个主要因素,关乎市场的发展方向和趋势,特别是有着专业知识的机构投资者。目前我国的资本市场中,散户投资者数量庞大,这并不是一个成熟的资本市场应该具备的特征。通过对国际市场的研究可以发现,国际资本市场从以散户为主体渐渐地过渡到以机构投资者为主,和这些成熟的资本市场相比,我国资本市场还有很长的路要走,存在着结构性矛盾。这就需要重视机构投资者的培育,并在市场中培育合格的机构投资者,例如,进一步开放市场,鼓励机构资金入场,包括公募基金、私募基金、社保基金、养老金以及年金等。应鼓励投资者主动选择购买理财产品等来间接参与股市投资,降低风险。

3. 加大注册制市场监管力度

随着在创业板及全市场推广股票发行注册制,发行监管体制面临重构,建立和完善注册制下股票发行监管制度和规则体系迫在眉睫。首先,中国证监会发行监管部门要加快职能转变,从发行审核转向发行监管,在做好具体发行注册的同时,承担起发行上市全过程监管职能。其次,保持两个交易所及各板块的适度竞争,遵守发行上市的所有法律法规和政策要求,服从监管协调,自觉维护资本市场全局的稳定和繁荣。最后,要压实保荐承销机构责任,注册制的一个关键机制就是保荐承销机构在发行上市全过程履职尽责。

完善多层次资本市场体系,给予不同发展阶段的企业不同的资本市场平台支持,让各类企业都能够享受直接融资的便利,这不仅是多层次资本市场不断优化完善的价值所在,也是多层次资本市场提高直接融资比重、改善融资结构、更有效服务实体经济的重大职责。在"十四五"新发展格局下,健全的多层次资本市场体系将成为推动新兴业态和新动能成长,促进我国经济高质量发展的有力支撑。

资料来源:赵艳娇,王汀汀. 我国多层次资本市场发展现状和问题[EB/OL]. (2021-07-08)[2021-07-18]. https://mp.weixin.qq.com/s/Snh-LkaxsGU6Qcc6j-r-eA.

本章小结

本章的主要学习内容是证券、证券投资及证券市场。通过本章的学习,我们认识了证券及证券投资基本情况,区分了投资与投机的不同,掌握了证券市场的主体、地位及功能,掌握了证券市场的构成体系,了解了我国证券市场发展现状,熟悉了整个证券投资的对象及投资环境,为后续章节学习奠定了基础。

本章重要概念

证券　有价证券　投机　投资　证券投资　证券发行人　机构投资者　证券经纪　证券承销　融资融券　证券交易所　证券发行市场　证券交易市场　多层次资本市场体系　主板市场　科创板　创业板　新三板

练一练

练一练答案

第二篇
投资工具篇

第二章　股票及其投资

> 内容简介
> 学习目的和要求
> 第一节　股票概述
> 第二节　股票发行与上市
> 第三节　股票交易
> 第四节　股票投资
> 本章小结
> 本章重要概念

内容简介

本章主要讲解了证券投资中重要的基础金融工具——股票。本章主要内容包括：股票的含义、性质、特征、分类等基本情况，股票如何发行及上市，股票交易的基本规定、交易原则、交易方式、股票价格指数、影响股市行情因素等，如何从企业角度进行股票投资。本章重点为股票的含义、性质、特征及主要分类，股票的发行与上市制度，股票交易基本规定，退市制度，股票价格指数等。本章难点为股票发行定价、股票交易方式以及如何做好股票投资。

学习目的和要求

通过本章学习，学生应掌握股票的基本知识，熟悉并掌握股票的发行、上市及交易的相关规定，交易方式等，同时能够学以致用，进行股票投资。

引例　中国股市 30 年大事记

1990 年 10 月 26 日，上海证券交易所成立，12 月 19 日正式开业。首批上市股票 8 只（简称"老八股"），债券 31 只。

1992 年 5 月放开涨跌幅并施行 T+0 交易，上海证券综合指数（简称"上证指数""上证综指"或"沪指"）一天暴涨 105%；10 月中国证券监督管理委员会成立。

1993 年 7 月 15 日，青岛啤酒在香港交易及结算所有限公司（简称"港交所"或"香港交易所"）上市，成为中国首只 H 股，创下了当时港股市场的超额认购纪录。

1995 年 1 月 1 日，A 股"T+1"回归并沿用至今；国债期货"327 事件"爆发，首个金融期货产品停摆。

1996 年 12 月 16 日，中国证监会连发"十二道金牌"遏制投机，随后 10% 涨跌幅施行并持续 23 年（科创板开始是 20%）。

1998 年中国第一批规范的基金管理公司诞生，公募基金粉墨登场，成为市场重要参与者。

1999 年"5·19"行情爆发，沪指一个月飙升 65%，7 月 1 日中国首部《证券法》实施。

2001 年开始实施核准制；4 月 23 日 PT 水仙因连续 4 年亏损退市，这是 A 股首家退市公司。

2004 年 6 月 25 日，中小企业板块开市；"国九条"出台，首提解决股权分置问题，保险资金获准入市。

2005 年股权分置改革启动，三一重工推出了股改方案；A 股史上最大牛市启动。

2007 年 10 月 16 日，上证指数创出历史最高点——6124 点；财政部半夜宣布上调印花税税率引发"530 暴跌"。

2008 年美国次贷危机引发全球金融危机，中国股市大跌，中央出台"四万亿计划"。

2009 年 10 月 30 日，创业板开板，首批 28 家公司挂牌上市，为高科技企业提供融资渠道，促进中国科技进步。

2010年3月30日推出融资融券;4月16日中国金融期货交易所推出沪深300股指期货合约,开启双向交易。

2013年光大证券乌龙指遭遇5.23亿元巨额罚款。

2014年沪港通①开通,中国资本市场对外开放迈出重要步伐。

2015年"疯牛"与"股灾"交替,千股涨停与千股跌停频频出现。

2016年熔断制度导致两市全天仅交易15分钟。

2017年A股纳入明晟MSCI新兴市场指数、富时罗素、标普、道琼斯等国际主流指数。

2019年6月13日,实施注册制的科创板正式开板;7月22日,科创板首批25家公司挂牌上市。

2020年3月1日,新修订的《证券法》全面施行;8月24日,创业板实施注册制后的首批18只新股上市。这一年,股市受到新冠肺炎疫情冲击,但上海证券交易所、深圳证券交易所总市值达76万亿元人民币,上市公司4 120家,上证指数站上3333点。

资料来源:金融界.中国证券市场三十年大事记[EB/OL].(2020-10-15)[2022-01-27].https://m.jrj.com.cn/madapter/finance/2020/10/15001431054992.shtml.

每日经济新闻.中国证券市场三十年大事记[EB/OL].(2020-10-15)[2022-01-27].https://www.nbd.com.cn/articles/2020-10-15/1523586.html.

未来30年中国资本市场有三大任务

第一节 股 票 概 述

一、股票的定义

股票是股份有限公司为筹集资金而发行的一种证明股东身份、代表股份资本所有权的凭证及有价证券,是资本市场上借以实现长期融资的金融工具。股票作为一种所有权凭证,一经发行,股票的持有者即成为公司的股东。从这个意义上说,股票实质上代表了持有人(股东)对股份公司享有的一部分所有权,同时也是股东行使股权的凭证。谁持有股票,谁就是该公司的股东。股东凭借股票可以获得公司的股息和红利,参加股东大会并行使自己的权利;与此同时,股东也承担相应的责任和风险。

一般情况下,股票一经购买就不能退还本金。但是股票持有人可以随时把股票转让出去,收回自己的投资。股票的交易价格经常与股票的票面价值不一致,与自己的购买价格也往往不一致。人们可以从这种差价中获得收益,这使得股票投资具有一定的吸引力。

延伸阅读2-1

股票的发展历史

股票至今已有近400年的历史,它伴随着股份公司的出现而出现。公司经营规模扩大与资本供给不足要求用一种方式来让公司获得大量的资本金,于是产生了以股份公司形态出现的,股东共同出资经营的企业组织。股份公司的变化和发展产生了股票形态的融资活动;股票融资的发展产生了股票交易的需求;股票的交易需求促成了股票市场的形成和发展;而股票市场的发展最终又促进了股份公司的完善和发展。

---

① 沪港通是指上海证券交易所和香港交易所允许两地投资者通过当地证券公司(或经纪商)买卖规定范围内的对方交易所上市的股票,是沪港股票市场交易互通互联机制。

股票最早出现于资本主义国家。世界上最早的股份有限公司制度诞生于1602年在荷兰成立的东印度公司。股份公司这种企业组织形态出现以后,很快被资本主义国家广泛利用,成为资本主义国家企业组织的重要形式之一。伴随着股份公司的诞生和发展,以股票形式集资入股的方式也得到发展,并且产生了买卖交易转让股票的需求,这推动了股票市场的形成、完善和发展。1611年东印度公司的股东们在阿姆斯特丹股票交易所进行股票交易,后来有了专门的经纪人撮合交易。阿姆斯特丹股票交易所是世界上第一个股票市场。

二、股票的性质

1. 股票是有价证券

有价证券是财产价值和财产权利统一的表现形式。首先,虽然股票本身没有价值,但是持有股票表示拥有一定价值量的财产,股票是对一个股份公司拥有的实际资本的所有权证书;其次,股票表明股票持有者可以行使股票所代表的权利——参加股东大会、按规定分配股息和红利等。该权利的行使必须以持有股票为条件,股票与它代表的财产权不可分离,两者合为一体。股东权利的转让与股票的转让同时进行,股票的转让就是股东权利的转让。

2. 股票是资本证券

股票是股份公司资本份额的资本化,是一种资本证券。股票代表的是一种虚拟资本,而不是真实资本。股份公司通过发行股票筹措的资金才是公司用于运营的真实资本。股份公司发行股票的实质是为公司的生存与发展筹措资本。对股份公司来说,发行股票就是把公司的实际资本以股票的形式转移给广大的投资者,以获得生存与发展的资金。而对投资者来说,购买股票就是一种投资行为。

3. 股票是要式证券

所谓的"要式"是指严格的固定格式,必须以法定方式作成。要式证券就是指证券必须要符合某种固定格式才能生效。《中华人民共和国公司法》(以下简称《公司法》)规定,股票应当载明以下事项:公司名称;公司成立日期;股票种类、票面金额及代表的股份数;股票的编号。股票由法定代表人签名、公司盖章。由此可以看出,股票是要式证券。同时,股票的制作和发行必须经证券主管机关的审核和批准,任何个人或者团体,不得擅自印制发行股票。上海飞乐音响公司股票如图2-1所示。

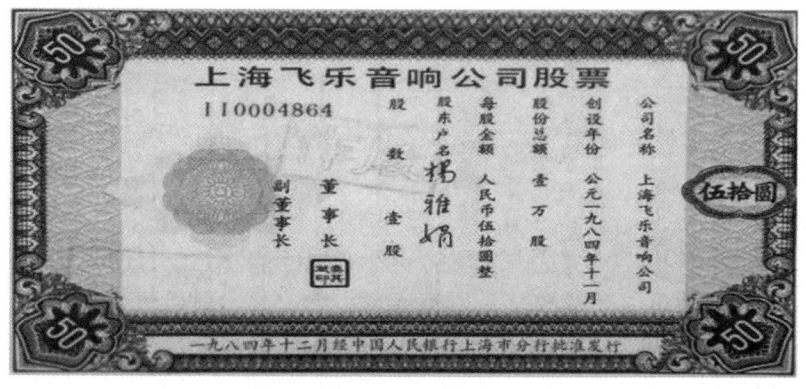

图2-1 上海飞乐音响公司股票(上海老八股之一)

4. 股票是证权证券

证券可以分为设权证券和证权证券。设权证券是指证券所代表的权利本来不存在,而是随着证券的制作而产生,即权利的发生是以证券的制作和存在为条件的。证权证券是指证券是权利的一种物化的外在形式,它是权利的载体,权利是已经存在的。股票代表的是股东权利,它的发行是以股份的存在为条件的,股票只是把已存在的股东权利表现为证券的形式,它的作用不是创造股东的权利,而是证明股东的权利。因此,股票是证权证券。

5. 股票是综合权利证券

股票既不是物权证券,也不是债权证券,而是一种综合权利证券。物权证券是指证券持有者对公司的财产有直接支配处理权的证券,债权证券是指证券持有者对公司享有债权的证券。

股票持有者作为股份公司的股东,享有独立的股东权利。换言之,公司股东将资金交给公司后,股东对其财产的所有权就转化为股权了。股权是一种综合权利,股东依法享有资产收益、重大决策、选择管理者等权利。股东虽然是公司财产的所有人,享有多种权利,但对于公司的财产不能直接处理,而对于财产的直接支配处理是物权证券的特征,所以股票不是物权证券。

另外,一旦投资者购买了公司股票,即成为公司部分财产的所有人,而不是债权人,因此股票也不是债权证券。

三、股票的特征

股票作为一种有价证券,具有以下几方面特征。

1. 不可偿还性

股票是一种无偿还限期的有价证券,它反映的是股东与股份公司之间比较稳定的经济关系。投资者认购了股票后,任何股东都不能退股。股票的有效期与股份公司的存续期间相联系,即股票是与其发行公司共存亡的。对股票持有者来说,只要其持有股票,其股东身份和股东权益就不能改变。如果要改变股东身份,只能到二级市场将股票转卖给第三人,或者等待公司的破产清算。

2. 参与性

根据《公司法》规定,股票的持有者就是股份公司的股东,他有权出席或通过其代理人出席股东大会、选举董事会、参与公司经营决策等(主要是普通股的股东,优先股股东一般不参与公司经营决策)。

股东参与公司决策的权力大小,取决于其所持有的股份的多少。从实践来看,只要股东持有的股票数量达到左右决策结果所需的实际股数时,就能掌握公司的决策控制权。当然权责是对应的,在公司解散或破产时,股东需要按其所持有的股份比例对债权人承担清偿债务的有限责任。

3. 流动性

流动性也可以称为流通性,是指股票的一种变现的能力。经过国家证券管理部门或证券交易所同意,股票可以在证券交易所流通或柜台交易。股票可以在不同的投资者之间通过交易实现变现。通过股票的流通和股价的变动,人们可以对相关行业和上市公司的发展前景和盈利潜力作出判断。那些在流通市场上吸引大量投资者、股价不断上涨的行业和公司可以通过增发股票,不断吸收大量资本进入生产经营活动,起到优化资源配置的效果。

4. 收益性

收益性是指股票能为其持有者带来收益的能力,是股票最基本的特征。它主要表现在股票的持有人可按照持有的股份比例从股份公司获取股息和红利,从而获得购买股票的经济利益。这是股票购买者向股份有限公司投资,持有股票的基本目的。

股息或红利的大小,主要取决于公司的盈利水平和公司的盈利分配政策。但应注意的是,股票挂牌上市后,公司是否盈利以及盈利多少是无法预测的。股票的收益性还表现在买卖股票可以获取差价收益。大多数股票购买者投资股票看重的就是股票能给自己带来这种差价收益,但是很多时候反而只有差价损失。

5. 风险性

风险性是指本金和预期收益遭受损失的可能性。任何金融工具都具有风险性,因此任何投资都有风险。

股票的风险主要来自股票价格的波动。由于股票价格要受宏观经济形势、公司经营状况、供求关系、市场行为、大众心理等多种因素的影响,其波动具有很大的不确定性,因此股票投资行为极具风险性。价格波动的不确定性越大,投资风险也越大。因此,股票是一种高风险的金融工具。

四、股票的种类

作为一种重要的金融投资工具,股票的种类越来越丰富。从不同的角度,人们可以把股票分为不同的种类,从而更好地满足不同投资者和筹资者的需要。

(一) 普通股和优先股

按照股东享有权利的不同,股票可分为普通股和优先股。

1. 普通股

普通股是指股东在公司的经营管理、盈利及财产的分配上享有普通权利的股份,它是公司资本中最基本的股份,也是发行量最大、最重要的股票。普通股是标准的股票,通过发行普通股票所筹集的资金,成为股份公司注册资本的基础。

普通股主要体现出以下特点:①股利不固定,视公司经营好坏及股利政策而定;②股息、剩余财产分配劣于优先股;③股东可参与经营决策(具有投票权);④股东可以优先认购新股;⑤股票可以公开发行、自由转让。

普通股股东作为股份公司的基本股东,依法享有资产收益(分红)、参与重大经营决策、分配剩余财产、转让股份、优先认购新股(配股)等权利。股东行使相关权利时需要遵循相应的法律(如公司法)及公司章程等,因此股东的权利既受到法律的保护,有时也会受到一定的限制。例如,优先认股权是赋予普通股股东的一项权利,是指当股份公司为增加公司资本而决定增发新股时,原普通股股东按照其享有的持股比例,以低于市价的某一特定价格优先认购一定数量新发行的股票。这样做的目的主要有两个:一是能保证普通股股东在股份公司中保持原有的持股比例,二是能保护原普通股股东的利益和持股价值。

相关思考 2-1

所有公司都是同股同权、同股同利?

我国《公司法》第 103 条规定,股东出席股东大会会议,所持每一股份有一表决权。《公司法》第 126 条规定,同种类的每一股份应当具有同等权利。同次发行的同种类股票,每股的发行条件和价格应当相同;任何单位或者个人所认购的股份,每股应当支付相同价额。这些规定简单概括为"同股同权、同股同利",这种股权平等的思想在股份有限公司非常明显。但是,有限责任公司是否也同样体现出"同股同权、同股同利"?请结合有限责任公司情况进行对比分析。

作为股东不仅享有权利,还必须承担一定的义务。《公司法》规定,公司股东的义务主要有:

(1) 应当遵守法律行政法规和公司章程,依法行使股东权利,不得滥用股东权利损害公司或者其他股东的利益。

(2) 向公司缴纳出资或股款义务;股东应当按期足额缴纳公司章程中规定的各自所认缴的出资额。股东以货币出资的,应当将货币出资足额存入有限责任公司在银行开设的账户;以非货币财产出资的,应当依法办理其财产权的转移手续。股东不按照前款规定缴纳出资的,除应当向公司足额缴纳外,还应当向已按期足额缴纳出资的股东承担违约责任。

(3) 不得滥用公司法人独立地位和股东有限责任损害公司债权人的利益。

(4) 公司股东滥用股东权利给公司或者其他股东造成损失的,应当依法承担赔偿责任。

(5) 公司股东滥用公司法人独立地位和股东有限责任,逃避债务,严重损害公司债权人利益的,应当对公司债务承担连带责任。

(6) 公司的控股股东、实际控制人、董事、监事、高级管理人员不得利用其关联关系损害公司利益。如违反规定,给公司造成损失的,应当承担赔偿责任。

(7) 公司股东不得抽回出资。

2. 优先股

优先股是相对普通股而言的,主要是指在利润分配及剩余财产分配方面优先于普通股。优先股在其股东权利上附加了一些特殊的条件,是特殊股票中最重要的一个品种。优先股股票一般是股份有限公司出于某种特定目的和需要而发行的,且在票面上要注明"优先股"字样。

优先股的优先权主要表现在利润分红及剩余财产分配方面。优先股股东的权利范围小,一般没有选举权和被选举权;对公司的经营一般没有投票权,但在某些情况下具有投票权。优先股股东不能退股,只能通过优先股的赎回条款被公司赎回,但是能稳定分红,股息固定,其收益与公司经营好坏无关。

优先股是一种特殊股票,它的存在对股份公司和投资者来说具有一定的意义。对股份公司而言,发行优先股的作用在于可以筹集长期稳定的公司股本,又因其股息率固定,可以减轻利润的分配负担。另外,优先股股东无表决权,这样可以避免公司经营决策权的改变和分散。对投资者而言,由于优先股的股息收益稳定可靠,而且在财产清偿时也先于普通股股东,因而风险相对较小,不失为一种较安全的投资对象。优先股因收入稳定、二级市场价格波动小、风险较低,适宜中长线投资。在国外,大部分优先股为保险公司、养老基金等稳健型机构投资者所持有。当然优先股并不总是有利的,在公司经营有方、盈利丰厚的情况下,优先股的股息收益可能会大大低于普通股。

我国长期以来并不存在优先股,直到2014年,中国农业银行发行了我国第一只优先股。未来,公司发行优先股融资将会越来越多。

相关思考2-2

发行和投资优先股有何重要意义?

长期以来,我国的股份有限公司发行的股票都只有普通股,优先股在我国仅存在于理论中。直到2014年11月中国农业银行发行了我国第一只优先股(一期规模共400亿元),并且于2014年11月28日上午在上海证券交易所正式挂牌,这标志着中国境内资本市场第一只优先股产品圆满完成发行及挂牌工作。中国农业银行优先股的成功发行,为后续公司发行优先股提供了典范。那么,股份公司为什么要发行优先股?这种方式与发行债券及发行普通股相比,有何优势?

另外,从中国农业银行优先股的认购情况来看,保险公司、银行资管、企业、年金、券商、QFII等各类机构投资者相当踊跃,认购率很高。那么,为何优先股会受到投资者的热捧?优先股有何重要意义呢?

中国农业银行发行境内首只优先股

(二) 记名股和不记名股

按照股票是否记载股东姓名,股票可分为记名股和不记名股。

1. 记名股

记名股是指在股票票面和公司股东名册上记载股东姓名或名称的股票。一般来说,如果股票归某人所有,则应记载其持有人的姓名。如果股票持有者因故改名换姓,则应到公司办理变更姓名的手续;只有在股票和股东名册上所记载的股东,才能行使其股东权利;且股份的转让有严格的法律程序与手续,需办理过户,因此相对安全。我国《公司法》规定,发起人、法人发行的股票,应为记名股。

2. 不记名股

不记名股又称无记名股票,是指在股票票面和股东名册上都不记载股东姓名或名称的股票。这类股票的持有人即股东,股票的转让也比较自由、方便、简单,无需办理过户手续。虽然转让便利,但安全性较差。

记名股票与不记名股票只是在股票记载方式上不同,两者所代表的权利仍然一样。但是正是由于形式不同,两者各有优缺点,如不记名股票在认购股票时要求一次缴纳出资,而记名股票可分一次或多次缴纳出资。

(三) 有面额股和无面额股

按照股票票面上是否标明金额,股票可分为有面额股和无面额股。

1. 有面额股

有面额股是指在股票票面上标有一定金额的股票。股票票面上记载的票面金额,一方面为股票发行价格的确定提供依据,如我国《公司法》规定:"股票发行价格可以按照票面金额,也可以超过票面金额,但不能低于票面金额。"另一方面,持有这种股票的股东,对公司享有的权利和承担的义务的大小,依其所持有的股票的面额总值占公司发行股票总面值的比例而定。

2. 无面额股

无面额股是指不在股票票面上标出金额,只载明所占公司股本总额的比例或股份数的股票。无面额股的价值随公司财产的增减而变动,而股东对公司享有的权利和承担义务的大小,直接依股票标明的比例而定。另外,由于无面额股票不受票面金额的限制,发行该股票的公司就能比较容易进行股票分割。

虽然无面额股与有面额股存在形式上的不同,但是,由于股东权力的大小只取决于投资者的持股比例,而与股票是否有面额无关,因此,两者对于各自所反映的股东权利并无差别。

(四) 蓝筹股、成长股、垃圾股

按照股票发行公司的业绩表现,股票可分为蓝筹股、成长股、垃圾股。

1. 蓝筹股

在股票市场上,投资者把那些在其所属行业内占有重要支配性地位、业绩优良、现金流稳定、成交活跃、红利优厚的大公司股票称为蓝筹股。蓝筹股多指长期稳定增长的、大型的传统工业股及金融股。

"蓝筹"一词源于西方赌场。西方赌场有三种颜色的筹码,其中蓝色筹码最为值钱,红色筹码次之,白色筹码最差。投资者把这些行话套用到股票上就有了这一称谓。一般来说,经营管理良好、创利能力稳定、连年回报股东的公司,在行业景气和不景气时都有能力赚取利润,风险较小。蓝筹股在市场上受到追捧,价格较高。

相关思考 2-3

如何区分蓝筹股?

到底什么是蓝筹股?现实中我们如何判断并选择蓝筹股?

一般来说,小盘股不是蓝筹股,因为小盘股往往会被部分投资者控制,即俗称的"庄家"。而蓝筹股由于流通盘、市值都很大,广大普通投资者也能积极参与,市场上很难有"庄家"能操控这类股票。蓝筹股具备高流通性和非庄股性。

大型公司的股票不一定是蓝筹股,蓝筹股却一定是大型公司的股票。大的公司不一定是好的公司,但规模大是成为蓝筹股公司的必要条件。蓝筹股公司在资本市场上受到大宗资本和主流资本的长期关注和青睐,以资产规模、营业收入和公司市值等指标来衡量,蓝筹股公司规模是巨大的。

另外,经过资产重组的公司股票及多元化经营的股票,一般也难成为蓝筹股。

在我国 A 股市场中,哪些行业或板块的股票可以看成是蓝筹股?被看作蓝筹股的股票是一直保持不变还是相对不变?

2. 成长股

成长股,是指发行股票时规模并不大,但公司的业务蒸蒸日上,管理良好,利润丰厚,产品在市场上有竞争力的公司的股票。

选择成长股一般考虑以下要素:①企业要有成长动因。这种动因包括产品、技术、牛市中的成长股管理、企业领导人等重大生产要素的更新以及企业特有的某种重大优势等。②企业规模较小。小规模企业对企业成长动因的反应较强烈,资本、产量、市场等要素的上升空间大,因而成长条件较优越。③行业具有成长性。有行业背景支持的成长股,可靠性程度较高。④评价成长股的主要指标是利润总额的增长率,而不是每股收益的增长水平,后者会因年终派送红股而被摊薄。

3. 垃圾股

垃圾股,是指业绩较差的公司的股票。这类上市公司或者由于行业前景不好,或者由于经营不善等,有的甚至进入亏损行列。其股票在市场上的表现萎靡不振,股价走低,交易不活跃,年终分红也差。

需要注意的是,"垃圾股并不是真正的垃圾"。垃圾股的存在,并不能说这些股票没有一点价值,垃圾股同样具有一定的投资价值。特别是在目前公司上市受到一定约束的情况下,上市公司起码还具有"壳资源"的价值。在实际股市里,有一些垃圾股的股价远远超过绩优股的股价,特别是在1998年市场热炒资产重组个股之时,一度流行"越穷越光荣"的说法。此外,部分股市"大黑马"股票均是从垃圾股中产生的,如我国股市首只百元股票"亿安科技"也是从以前的垃圾股"深锦兴"蜕变而来的。因此,垃圾股炒作还是值得考虑的。

(五) A股、B股、H股、N股、S股、L股

根据股票上市地点的不同,股票可分为A股、B股、H股、N股、S股、L股。

A股即人民币普通股票,是由我国境内股份有限公司发行,以人民币标明面值,供境内机构和个人以人民币认购和交易的普通股股票。

B股即人民币特种股票,是由我国境内股份有限公司发行,以人民币标明面值,以外币认购的人民币特种股票。该股票在境内(上海、深圳)证券交易所上市,供境内外投资者买卖。它的投资人限于:外国的自然人、法人和其他组织,中国香港、澳门、台湾地区的自然人、法人和其他组织,定居在国外的中国公民,中国证监会规定的其他投资人。

H股、N股、S股、L股分别是我国境内股份公司发行的,在中国香港、纽约、新加坡、伦敦上市交易的股票。之所以会出现很多公司在境外很多地方上市,与中国内地的上市制度、上市要求有关。

需要注意的是,H股与红筹股不同。红筹股虽然与H股一样,都在中国香港上市,但是其上市公司注册地在境外,且主要收益来自内地,而H股上市公司注册地是在境内。

 延伸阅读2-2

股票代码分配

在现实的股票交易中,上市的股票都有专门的代码。在不同交易所上市的不同证券(股票、债券、基金、权证等),交易代码都不同。

在上海证券交易所上市交易的A股股票代码一般由"600×××""601×××""603×××"等6位数组成。上市越早的公司股票,股票代码越靠前。

在深圳证券交易所上市交易的A股股票,其交易代码也由6位数组成,一般由"00××××"6位数组成。其中"00"表示A股股票,第3到第6位为顺序编码区,取值范围为0001—9999。2004年深圳证券交易所推出中小企业板,其代码由"002×××"组成。其中,"2"表示中小企业板,后3位数表示上市顺序。

在上海证券交易所挂牌交易的B股股票代码由"900×××"6位数组成,其中"900"代表在上海证券交易所上市交易的B股股票。

在深圳证券交易所挂牌交易的B股股票代码由"20××××"6位数组成,其中"20"表示B股股票,第3到第6位为顺序编码区,取值范围为0001—9999。

另外,创业板上市的股票代码,通常由"300×××"6位数组成。2019年7月科创板开板,而科创板上市的股票代码由"688×××"组成。

资料来源:李英,姜司原.证券投资学[M].3版.北京:中国人民大学出版社,2020.

(六) 国家股、法人股、社会公众股

由于我国上市公司中有很大部分是由原公有制企业改制而来的,按照投资主体的性质不同,股票可分为国家股、法人股、社会公众股。

国家股是有权代表国家投资的部门或机构以国有资产向公司投资而形成的股份。法人股是企业法人或具有法人资格的事业单位和社会团体以其依法可支配的资产向公司投资而形成的股份。国家股和法人股统称为国有股,2005年之前一般不能上市流通,因此被称为非流通股。

社会公众股是社会个人或公司内部职工以个人合法财产投入股份公司而形成的可上市流通的股票。这样,同一家上市公司发行的股票就有流通股和非流通股,这就形成了股权分置。而股权分置存在很多弊端,从2005年开始,我国启动了股权分置改革,这对于完善我国资本市场具有重要的作用。

延伸阅读2-3

我国股市上的股权分置及股权分置改革

我国A股市场上的上市公司的股票分为流通股与非流通股,股东所持向社会公开发行的股票,且能在证券交易所上市交易,称为流通股;而公开发行前股票暂不上市交易,称为非流通股。这种同一上市公司股票分为流通股和非流通股的股权分置状况,为中国内地证券市场所独有。

股权分置不能适应资本市场改革开放和稳定发展的要求,必须通过股权分置改革,消除非流通股和流通股的流通制度差异。股权分置改革是为了解决A股市场相关股东之间的利益平衡问题而采取的举措。股权分置改革是我国资本市场一项重要的制度改革,通过改革,以前不可以上市流通的国有股(还包括其他各种形式不能流通的股票)可以在市场上流通了。

股权分置改革可以发挥以下重要的作用:首先,贯彻落实股权分置改革的政策要求,适应资本市场发展新形势。其次,有效利用资本市场工具促进公司发展。从公司自身角度来说,股权分置改革有利于引进市场化的激励和约束机制,形成良好的自我约束机制和有效的外部监督机制,进一步完善公司法人治理结构。对流通股股东来说,通过股权分置改革得到非流通股股东支付的对价,流通股股东的利益得到了保护。再次,消除了股权分置这一股票市场最大的不确定因素,有利于股票市场的长远发展。最后,解决A股市场相关股东之间的利益平衡问题,对于同时存在于H股或者B股的A股上市公司,由A股市场相关股东协商解决股权分置问题。

资料来源:佚名.股权分置改革[EB/OL].(2020-09-25)[2021-10-09]. https://baike.so.com/doc/2537726-2680790.html.

第二节 股票发行与上市

一、股票发行的含义及目的

股票发行是指股票发行公司将股票出售给投资者,发行公司可以委托承销商进行销售,也可以不通过承销商,由发起人或股东(他们也是投资者)直接向发行公司进行认购。股票的发行是股票市场运行的基础,所形成的市场就是一级市场或发行市场。

公司之所以发行股票,最终目的是筹集资本。新的股份有限公司发行股票不仅能够解决资金不足的困难,而且不用偿还。除了解决长期资金不足及满足公司长远发展的目的,公司发行股票、上市还出于以下目的:

(1)使原股东获益。如果公司出现了可观的盈余,留存了大量公积金,股票价格强势上涨,公司为了使原股东获益,可按低于市价的价格向老股东配送新股,也可以将公积金并入资本金,无偿向股东配送新股。这样,股票发行能维护和增加原有股东的经济利益。

(2)改善公司财务结构。自有资本在资金来源中所占比率的高低是衡量一个公司财务结构和实力的重要指标。企业为了保证自有资本与负债的合理比率,提高企业的经营安全程度和竞争力,可以通过增发新股来提高自有资本比率,改善公司的财务结构。

(3) 增加公司的社会信用。公司股本的大小最能直接说明公司的规模,如果公司自有资本多达数亿元,该公司就被认为是财力雄厚的大公司,社会信用就高。基于此,一些公司虽然目前并无运用资金的迫切需要,也可能会发行新股以扩大公司规模。

二、股票发行制度

股票发行制度是指发行人在申请发行股票时,必须遵循的一系列程序化的规范。具体而言,该制度包括发行监管制度、发行方式、发行定价等方面。健全的股票发行制度是股份制发展和完善的重要条件,也是证券市场建设的基础环节。本节主要介绍发行监管制度。

股票发行制度主要有三种:审批制、核准制和注册制,每一种发行制度都对应一定的市场发展状况。在市场逐步发育成熟的过程中,股票发行制度也在逐渐改变。

(一) 审批制

审批制是完全计划发行的模式,是一国在股票市场发展初期采用的发行制度。该制度为了维护上市公司的稳定和平衡复杂的社会经济关系,采用行政计划的办法分配股票发行的指标和额度,由地方或行业主管部门根据指标推荐企业发行股票。

公司取得股票发行资格必须取得指标和额度,即如果取得了政府给予的指标和额度,就等于取得了政府的保荐,股票发行仅仅是走个过场。因此,审批制下公司发行股票的竞争焦点是争夺股票发行指标和额度。证券监管部门凭借行政权力行使实质性审批职能,证券中介机构主要职能是进行技术性指导。

审批制使得证券市场的供求机制完全是行政化而不是市场化的;地方政府往往倾向于将其控制下的问题较多的国有企业拿去上市融资,造成了我国股票市场发展初期上市公司质量普遍不高的现象;同时审批制还暗藏寻租、腐败的风险。

(二) 核准制

核准制是介于审批制和注册制之间的过渡形式。它是指发行人申请发行股票,不仅要求公开披露与发行股票有关的信息,符合《公司法》和《证券法》所规定的条件,而且要求发行人将发行申请报请证券监管机构决定的审核制度。一方面核准制取消了指标和额度管理,并引进证券中介机构的责任,以判断企业是否达到股票发行的条件;另一方面,证券监管机构同时对股票发行的合规性和适销性条件进行实质性审查,并有权否决股票发行的申请。

核准制实行实质管理原则,即证券发行人不仅要以真实状况的充分公开为条件,而且必须符合证券监管机构指定的若干适合于发行的实质条件。符合条件的发行人经证券监管机构的批准方可在证券市场发行股票。实行核准制的目的在于证券监管机构能尽法律赋予的职能,使发行的股票符合公众利益和证券市场稳定发展的需要。

核准制加强了证券中介机构的责任;没有额度限制,满足了公司持续成长的需要;在发行审核上,强调强制性信息披露和合规性审核,发挥股票审核委员会的独立审核职能。

(三) 注册制

注册制是市场化程度较高的成熟股票市场普遍采用的一种发行制度。证券监管部门公开股票发行的必要条件,只要达到公布条件要求的公司即可发行股票。

注册制实行公开管理原则,实质上是一种发行公司的财务公开制度。它要求发行人提供关于证券发行本身以及与证券发行有关的所有信息。发行人不仅要完全公开有关信息,不得有重大遗漏,而且要对所提供信息的真实性、完整性和可靠性承担法律责任。证券监管机构不对证券发行行为及证券本身作出价值判断,对公开资料的审查只涉及形式,不涉及任何发行的实质条件。发行人只要按规定将有关资料完全公开,监管机构就不得以发行人的财务状况未达到一定标准而拒绝其发行。

证券发行相关材料报证券监管机构后,一般会有一个生效等待期,在这段时间内,证券监管机构会对相关文件进行形式审查。注册生效等待期满后,如果证券监管机构未对申报书提出任何异议,证券发行注册生效,发行人即可发行证券。但如果证券监管机构认为报送的文件存在缺陷,会指明文件缺陷并要求补正或正式拒绝或阻止发行生效。

注册制体现的突出特点:一是公司拥有发行股票筹集资本的绝对自主权。二是实行以信息披露为中心的监管理念。注册制要求公司必须向投资者披露所有能够影响投资决策的信息,监管机构不对企业的资质和投资价值进行实质性判断。三是各市场参与主体勤勉尽责。发行人是信息披露第一责任人,中介机构承担对发行人信息披露的把关责任,投资者依据公开披露信息自行做出投资决策并自担投资风险。四是实行宽进严管,重在事中和事后监管,严惩违法违规行为,保护投资者合法权益。

注册制的理论依据是"太阳是最好的防腐剂,灯光是最好的警察"。由此可见,注册制并不禁止质量差、风险高的证券上市。证券监管机构的职责是对申报文件的真实性、准确性、完整性和及时性做合规性的形式审查,而将发行人的质量留给证券中介机构来判断和决定。这种股票发行制度对发行人、证券中介机构和投资者的要求都比较高。美国、英国、澳大利亚、新加坡、巴西、加拿大、德国、法国、意大利、荷兰、菲律宾等国家均采取注册制。

按照我国新修订的《证券法》,未来我国资本市场将全面推行注册制。目前我国在科创板、创业板、公司债、企业债等发行中都实现了注册制。

三种发行制度各有优劣,各有适用的市场和时期。三种发行制度的比较可见表2-1。

表2-1　　　　　　　审批制、核准制和注册制的比较

不同点	审批制	核准制	注册制
发行指标和额度	有	无	无
发行上市标准	有	有	有
主要推荐人	政府或行业主管部门	中介机构	中介机构
实质判断的主体	证券监管部门	中介机构、证券监管部门	中介机构
发行监管性质	证券监管部门做实质性审核	中介机构、证券监管部门分担实质性审核职责	中介机构实质审核、证券监管部门形式审核

(四)我国股票发行制度演变

我国股票发行监管制度的形成与演变过程带有一定时期特殊历史环境的烙印,与特定的经济环境、市场结构等因素密切相关。在1990年上海证券交易所及1991年深圳证券交易所成立后的时间里,我国股票发行没有实质性的监管制度来进行监管。1992年中国证监会成立以后,证券市场的管理格局和管理方式才开始发生变化。

1993年,我国证券市场建立了全国统一的股票发行审核制度,并先后经历了行政主导的审批制和市场化方向的核准制两个阶段。具体而言,审批制从1993年开始,经历了"额度管理"和"指标管理"两个阶段。2001年,中国证监会取消了审批制,正式实行核准制。最初实行的"通道制"改变了由行政机制遴选和推荐发行人的做法,使主承销商在一定程度上承担起股票发行的风险,同时也使其获得了遴选和推荐股票发行人的权利。2003年年底,中国证监会颁布了《证券发行上市保荐制度暂行办法》,正式推出了证券发行上市保荐制度。"保荐制"的实行标志着核准制进入了比较完善的阶段。保荐制度的重点是明确保荐机构和保荐代表人的责任并建立责任追究制度。

2013年11月,中国证监会公布了《关于进一步推进新股发行体制改革的意见》,标志我国股票发行监管制度逐步迈向市场化。经过多年的酝酿并结合我国资本市场的整体改革,2019年7月,我国新设科创板,并在科创板首推注册制,试行以来,效果良好。2020年3月,我国新修订的《证券法》正式实施,提出逐步全面推进注册制。2020年8月,我国在创业板再次推行注册制发行制度。未来,我国证券市场发行制度将全面转变为注册制。

从核准制到注册制,发行制度发生五大根本性变化

延伸阅读2-4

我国股票发行中实施过的保荐制及发审委制

1. 保荐制

保荐制是指由保荐机构及其保荐代表人负责发行人证券发行上市的推荐和辅导,尽职调查、核实公司发行文件资料的真实、准确和完整性,协助发行人建立严格的信息披露制度。

保荐制度主要包括以下内容:①发行人申请首次公开发行股票并上市,上市公司发行新股,可转换公司债券或公开发行法律、行政法规规定实行保荐制度和其他证券的,应当聘请具有保荐资格的机构担任保荐机构。中国证监会或证券交易所只接受由保荐机构推荐的发行或上市申请文件。②保荐机构及保荐代表人应当尽职调查,对发行人申请文件、信息披露资料进行审慎核查,向中国证监会、证券交易所出具保荐意见,并对相关文件的真实性、准确性和完整性负连带责任。③保荐机构及其保荐代表人对其所推荐的公司上市后的一段期间负有持续督导义务,并对公司在督导期间的不规范行为承担责任。④保荐机构要建立完备的内部管理制度。⑤中国证监会对保荐机构实行持续监管。

保荐制度在规范证券发行上市行为,提高上市公司质量和证券经营机构执业水平,保护投资者的合法权益,促进证券市场健康发展等方面起到了积极作用。

2. 发审委制

在实行核准制阶段,我国拟上市公司发行新股时,需要"排队审核",即要通过中国证监会的发行审核委员会的审核才能发行股票并上市。发行审核委员会(以下简称"发审委")由国务院证券监督管理机构的专业人员和所聘请的该机构外的有关专家组成,以投票方式对股票发行申请进行表决,提出审核意见。

发审委是股票发行制度的重要组成部分,其职权行使与股票发行核准制密切相关。在核准制下,发审委需要对发行申请人进行实质审查,既行使行政权力又作出商业判断。发审委制度直接关系到证券市场的发展和投资者的保护。

资料来源:中国证券业协会.金融市场基础知识[M].北京:中国财政经济出版社,2021.

三、股票发行并上市条件

股票发行并上市有很多种情况,如首次公开发行,上市公司增资发行、配股发行、非公开发行等。不同的发行情况有不同的发行条件、发行方式、定价方式等。

1. 公开发行股票的基本条件

公开发行股票是指发行人向不特定对象发行股票或向特定对象发行股票累计超过200人的行为。采用公开发行好处很多：股票发行数量多，筹集资金的潜力大；投资者范围广，可避免发行股票过于集中或被少数人操纵；公开发行可增强股票的流通性，有利于提高发行人的社会信誉。但是公开发行的条件比较严格，发行程序相对复杂，发行费用较高，耗时相对较长。

我国新修订的《证券法》规定，公开发行新股必须满足一定的基本条件。这些条件包括组织机构、公司经营状况满足要求；无财务会计文件虚假记载或其他重大违法行为等。另外，公司对公开发行股票所募集资金，必须按照招股说明书或者其他公开发行募集文件所列资金用途使用；改变资金用途，必须经股东大会作出决议；擅自改变用途未作纠正的，或者未经股东大会认可的，不得公开发行新股。

公开发行股票的情况很多，不同情况、在不同的市场发行新股并上市，具体条件是不同的。主板市场、创业板市场以及科创板市场，都有不同的要求。

2. 首次公开发行规定

首次公开发行(initial public offerings，IPO)，是指股份有限公司首次公开向投资者发行股票募集资金并上市的行为。

一般来说，一旦首次公开发行完成后，这家公司就可以申请在证券交易所或报价系统挂牌交易，即股票上市。通过公开发行股票，发行人不仅募集到所需资金，而且完成了股份有限公司的设立或转制，成为上市公司。

1）首次公开发行股票的基本条件

按照我国新修订的《证券法》第12条规定，公司首次公开发行新股，应当符合下列条件：

（1）具备健全且运行良好的组织机构。

（2）具有持续经营能力。

（3）最近3年财务会计报告被出具无保留意见审计报告。

（4）发行人及其控股股东、实际控制人最近3年不存在贪污、贿赂、侵占财产、挪用财产或者破坏社会主义市场经济秩序的刑事犯罪；

（5）经国务院批准的国务院证券监督管理机构规定的其他条件。

上市公司发行新股，应当符合经国务院批准的国务院证券监督管理机构规定的条件，具体管理办法由国务院证券监督管理机构规定。

另外，公开发行存托凭证的，应当符合首次公开发行新股的条件以及国务院证券监督管理机构规定的其他条件。

股份有限公司发行新股，应当按照规定，向监管部门提交招股说明书、公司章程、最近3年无保留意见的审计报告等。其中，招股说明书非常重要，主要由保荐人(主要是主承销商)负责按要求写好提交。一般来说，招股说明书有严格的规范要求，必须符合中国证监会的规定。

国泰君安首次公开发行A股股票招股说明书

相关思考 2-4

首次公开发行为何不再要求公司盈利？

在新修订的《证券法》实施以前，公司首次公开发行股票，在主板上市的要求必须连续3年盈利，即使是创业板上市,也要求连续2年盈利。而按照新修订的《证券法》的规定,公司IPO时只需具备持续经营能力即可,即使是科创板或者创业板,都不再要求连续2年或3年盈利,为什么呢?为何做如此大的修改?这会给投资者带来更大风险吗?这对整个股市的涨跌、风险又会带来哪些影响?

2) 首次公开发行新股并上市的规定

股份有限公司无论是在主板还是科创板或创业板上市,都有不同的要求。在实施核准制和注册制不同的制度下,发行、上市的要求是不同的。总体上,核准制下要求更加严格,而注册制下会相对宽松。

我国的主板市场是目前上市要求最严格的,而创业板和科创板相对要求低一些,对于公司盈利能力不再做硬性规定。具体规定如表2-2所示。

表2-2　　　首次公开发行的股票在主板、科创板、创业板上市的不同要求

主板(上海证券交易所)上市要求	科创板上市要求	创业板上市要求
① 股票已公开发行; ② 具备健全且运行良好的组织机构; ③ 具有持续经营能力; ④ 公司股本总额不少于人民币5 000万元; ⑤ 公开发行的股份达到公司股份总数的25%以上;公司股本总额超过人民币4亿元的,公开发行股份的比例为10%以上; ⑥ 公司及其控股股东、实际控制人最近3年不存在贪污、贿赂、侵占财产、挪用财产或者破坏社会主义市场经济秩序的刑事犯罪; ⑦ 最近3个会计年度财务会计报告均被出具无保留意见审计报告; ⑧ 上海证券交易所要求的其他条件	① 符合中国证监会规定的发行条件; ② 发行后股本总额不低于人民币3 000万元; ③ 公开发行的股份达到公司股份总数的25%以上;公司股本总额超过人民币4亿元的,公开发行股份的比例为10%以上; ④ 市值及财务指标符合本规则规定的标准; ⑤ 上海证券交易所规定的其他上市条件	① 拟在创业板上市的发行人应当符合创业板定位; ② 应当符合发行条件、上市条件以及相关信息披露要求,依法经交易所发行上市审核,并报中国证监会注册; ③ 发行人依法设立且持续经营3年以上,具备健全且运行良好的组织机构; ④ 发行人会计基础工作规范,财务报表的编制和披露符合企业会计准则和相关信息披露规则的规定; ⑤ 发行人业务完整,具有直接面向市场独立持续经营的能力

上海证券交易所股票上市规则(2022年1月修订)

上海证券交易所科创板股票上市规则(2020年12月修订)

创业板首次公开发行股票注册管理办法(试行)(2020年6月修订)

相关思考2-5

中国的很多公司为什么愿意去美国上市?

目前,中国的很多公司都在美国上市,如我们熟悉的百度、阿里、京东、拼多多、携程、网易、搜狐、迅雷等,还有贝壳、智联招聘等等。为什么这些公司舍近求远,远赴美国上市呢?美国的上市要求都有哪些?中国的公司去美国上市,要付出什么样的代价?大家可以从中美两国的发行条件、上市制度、资本市场的监管要求等方面进行思考和讨论。

3. 上市公司发行股票

股份有限公司上市后,基于公司的长远发展,会多次发行股票募集资金。无论是主板、创业板还是科创板上市公司,再次发行股票都需要满足一定的条件,遵守相关的规定。

上市公司发行股票是指已经上市的公司向不特定对象公开发行股票或向原股东配售股份的行为,主要指增发及配股。

1) 增资发行

增资发行是已成立的股份有限公司因生产经营需要,追加资本而发行的股份。增资发行按照认购股份者是否缴纳股款而分为有偿增资、无偿增资和有偿无偿混合增资。

(1) 有偿增资是指对新股缴付现金的增资,即指公司对发行的新股以优惠的价格配售

或按照当时市价向社会进行公募。

(2) 无偿增资是指股东不缴付现金即无代价取得新股的增资方法，是"有偿增资"的对称。

(3) 有偿无偿混合增资是指公司增发新股时，将投资者缴纳股款的有偿增资，与不缴纳股款的无偿增资结合的发行方式。

2) 配股

配股是上市公司向原股东发行新股、筹集资金的行为。按照惯例，公司配股时新股的认购权按照原有股权比例在原股东之间分配，即原股东拥有优先认购权。

配股不是上市公司的一种分红，而是一种筹资方式，是上市公司的一次股票的发行。公司股东可以自由选择是否购买所配的股票，如果不参与配股，自己的利益会受到损害。

上市公司配股，应当向股权登记日登记在册的股东配售，且配售比例应当相同。上市公司增发可以全部或部分向原股东优先配售，优先配售比例应当在发行公告中披露。上市公司增发，主承销商可以对参与网下配售的机构投资者进行分类，对不同类别的机构投资者设定不同的配售比例，对同一类别的机构投资者应当按相同的比例配售。主承销商应当在发行公告中明确机构投资者的分类标准。

4. 上市公司非公开发行股票

非公开发行股票也称为定向增发，是指上市公司采用非公开方式向特定对象发行股票的行为。

定向增发相比公开发行，也需要按照规定进行。按照最新修订的《上市公司非公开发行股票实施细则》，上市公司非公开发行股票，应当有利于减少关联交易、避免同业竞争、增强独立性；应当有利于提高资产质量、改善财务状况、增强持续盈利能力。上市公司申请非公开发行股票，应当按照《上市公司证券发行管理办法》的相关规定召开董事会、股东大会，并按规定及时披露信息。股东大会批准本次发行后，上市公司可向中国证监会提交发行申请文件。中国证监会按照《上市公司证券发行管理办法》规定的程序审核非公开发行股票申请。上市公司取得核准批文后，应当在批文的有效期内，按照《证券发行与承销管理办法》（证监会令第37号）的有关规定发行股票。此外，董事会还要开会讨论是否确定具体发行对象。参与询价的发行对象都要符合规定的条件。

四、股票发行方式

1. 常见的股票发行方式

股票发行方式是指股份有限公司发行股票的途径。综合来说，股票的发行方式有两类：

(1) 公开间接发行。公开间接发行是指公司通过中介机构，公开向社会公众发行股票。我国股份有限公司采用募集设立方式向社会公开发行新股时，须由证券经营机构承销的做法，就属于股票的公开间接发行。这种发行方式的发行范围广、发行对象多，易于足额募集资本；股票的变现性强，流通性好；有助于提高发行公司的知名度和扩大其影响力。但这种发行方式也有不足，主要是手续繁杂，发行成本高。

(2) 不公开直接发行。不公开直接发行是指公司不公开对外发行股票，只向少数特定的对象直接发行，因而不需经中介机构承销。我国股份有限公司采用发起设立方式和以不向社会公开募集的方式发行新股的做法,即属于股票的不公开直接发行。这种发行方式弹性较大,发行成本低;但发行范围小,股票变现性差。

相关思考2-6

股票发行方式如何选择?

对于发行人来说,股票发行方式非常多,而各种方式都有优缺点。发行方式是由什么因素决定的呢?是否应该考虑发行人自己在市场上的信誉、发行成本、用款时间?中介机构承担的风险和发行收入有多少?

2. 我国股票发行方式

1) 我国股票发行方式的演变

在我国证券市场建立和发展的历史中,股票发行方式经历了从行政化发行方式向市场化发行方式演进的曲折过程,其间曾在不同阶段尝试采用了若干不同的发行方式,如内部认购、发售认购表、与存款挂钩、上网竞价等。

我国的股票发行主要采取公开发行并上市方式,同时也允许上市公司在符合相关规定的条件下向特定对象非公开发行股票。根据我国《证券发行与承销管理办法(2018年修订)》,我国股份公司首次公开发行股票,可以根据实际情况向社会公开募集股份(公募增发),采取对公众投资者网下发行、网上发行及向战略投资者配售相结合的发行方式,并可根据需要采用回拨机制和超额配售选择权(即绿鞋制度)。

2) 新股发行询价制

2001年,在总结以往股票发行方式经验教训的基础上,形成了"上网定价发行""网下询价、网上定价发行""网上、网下询价发行"这3种主要的发行方式。2004年12月10日,中国证监会公布了《关于首次公开发行股票试行询价制度若干问题的通知》及配套文件《股票发行审核标准备忘录第38号——对首次公开发行股票询价对象条件和行为的监管要求》,同时宣布,首次公开发行股票试行询价制度于2005年1月1日起正式实施。按照规定,发行申请经中国证监会核准后,发行人应公告招股意向书,开始进行推介和询价。询价分为初步询价和累计投标询价两个阶段。发行人及其保荐机构应通过初步询价确定发行价格区间,通过累计投标询价确定发行价格。

询价制度改革和完善了此前的股票发行机制,使以基金为代表的机构投资者拥有了股票发行定价的话语权,可以推动机构投资者队伍进一步发展壮大。另外,询价制度通过吸引信托投资公司、财务公司,以及保险、年金等增量资金进入证券市场,扩大了市场资金来源,为中国资本市场的长远健康发展增加了新的动力。询价制度还促使保荐机构完善内部管理,加大研究投入,建立客户队伍,拓展销售渠道,提高股票定价和销售能力,为提高保荐机构的整体竞争力打下坚实基础。

3) 向战略投资者配售

首次公开发行股票的网下发行应与网上发行同时进行,网下和网上投资者在申购时无须缴付申购资金。投资者应当自行选择参与网下或网上发行,不得同时参与。按照规定,首次公开发行股票在4亿股以上的,可以向战略投资者配售。发行人应当与战略投资者事先签署配售协议。发行人和主承销商应当在发行公告中披露战略投资者的选择标准、向战略投资者配售的股票总量、占本次发行股票的比例以及持有期限等。战略投资者不参与网下询价,且应当承诺获得本次配售的股票持有期限不少于12个月,持有期自本次公开发行的股票上市之日起计算。

另外,发行人和主承销商可以在发行方案中采用超额配售选择权。超额配售选择权的实施应当遵守中国证监会、证券交易所、证券登记结算机构和证券业协会的规定。

延伸阅读2-5

路演与绿鞋机制

一、路演

路演是指股票发行人通过投资银行或者证券公司的帮助,在发行市场上发行股票前,针对投资者进行的推介活动。路演是在投资、融资双方充分交流的条件下促进股票成功发行的重要推介、宣传手段,可促进投资者与股票发行人之间的沟通和交流,以保证股票的顺利发行,并有助于提高股票潜在的价值。

1. 路演方式

(1) 网上路演。网上路演是指证券发行人和网民通过互联网进行互动交流的活动。实时、开放、交互的网上交流,一方面可以使证券发行人进一步展示所发行证券的价值,加深投资者的认知程度,并从中了解投资人的投资意向,对投资者进行答疑解惑;另一方面使各类投资者了解企业的内在价值和市场定位,了解企业高管人员的素质,从而更加准确地判断公司的投资价值。网络路演可全方位展现自己,在很大程度上降低了发行人的时间成本。商家利用网上路演方式将大量公司资料存放在数据库中,供人们随时查阅,便于公众反复浏览、研读,加深了解。

(2) 传统地面路演。发行人要在各地巡回路演,一天要安排很多场推介会,其间工作量很大,效率相对低下。

在传统的地面路演推介会中,证券发行商发放的大量纸质材料不便携带和保存,而且每次路演的时间较短,不利于大众深入了解商家的情况。

传统地面路演会中,发行人和承销商要根据巡回路演后的结果来决定发行价和发行规模,由人工计算评估,准确度低,速度较慢,耗时较长。

2. 路演的作用

(1) 对投资者来说,网上路演为投资者与新股发行公司之间架起了沟通的桥梁。投资者可以通过互联网与发行人和主承销商进行实时互动交流。以往投资者尤其是中小散户只能被动地接受上市公司招股书中的内容,而通过网上路演这一形式,投资者可以直接了解发行公司的基本情况、管理层的素质、未来发展规划等,从而帮助投资者准确判断发行股票的投资价值,为做出正确的投资决策打下基础。另外,投资者可以质疑、提出建议,使投融资双方获取的信息相对均衡,强化了信息披露,保护了中小投资者利益。

(2) 对于上市公司来说,网上路演可以起到促使公司提高规范运作的意识、更加注重中小股东的利益的作用,在中小投资者中树立公司的良好形象。从年报、中报上网披露到增发股份招股意向书上网披露,再到网上路演,更多的上市公司信息将被及时、充分地公布。网上路演在完善上市公司信息披露方面发挥更重要的作用,构成规范信息披露体系的重要组成部分。

(3) 对于主承销商来说,网上路演可以提高整个发行的透明度,把发行纳入整个市场的监督检验之中。从已经进行过的新股发行的网上路演来看,投资者的问题主要是围绕发行价与发行情况、公司的财务情况、公司的募集资金的投入项目情况等。网民的意见有助于主承销商了解市场、把握市场需求。而且随着发行的进一步市场化,可能还将对新股的定价提供一定的参考。

(4) 对监管部门来说,网上路演反映了投资者的心声,也反映了公司方方面面的问题,监管部门可以从中发现一些蛛丝马迹,从而加强对上市公司的监管。

二、绿鞋机制(超额配售选择权)

"绿鞋机制"也叫绿鞋期权,"绿鞋"由美国名为波士顿绿鞋制造公司1963年首次公开发行股票(IPO)时率先使用而得名,是超额配售选择权制度的俗称。绿鞋机制主要在市场气氛不佳、对发行结果不乐观或难以预料的情况下使用。其目的是防止新股发行上市后股价下跌至发行价或发行价以下,增强参与一级市场认购的投资者的信心,实现新股股价由一级市场向二级市场的平稳过渡。"绿鞋机制"可根据市场情况调节融资规模,使供求平衡。

它的功能主要有:承销商在股票上市之日起30天内,可以择机按同一发行价格比预定规模多发15%(一般不超过15%)的股份。如果发行人股票上市之后的价格低于发行价,主承销商用事先超额发售股票获得的资金(事先认购超额发售投资者的资金),按不高于发行价的价格从二级市场买入,然后分配给提出超额认购申请的投资者;如果发行人股票上市后的价格高于发行价,主承销商就要求发行人增发15%的股票,分配给事先提出认购申请的投资者,增发新股资金归发行人所有,增发部分计入本次发行股数量的一部分。

显然,"绿鞋机制"的引入可以起到稳定新股股价的作用。因此,今后对于可用"绿鞋机制"的新股,上市之日起30天内,其快速上涨或下跌的现象将有所抑制,其上市之初的价格波动会有所收敛。

资料来源:佚名.路演和绿鞋机制[EB/OL].(2021-10-03)[2021-12-12]. https://baike.so.com/doc/6109458-6322576.html.

五、股票发行定价

股票发行价格是指股份有限公司发行新股的价格。首次公开发行股票,可以通过向网下投资者询价的方式确定发行价格,也可以通过发行人与主承销商自主协商、直接定价等其他合法可行的方式确定发行价格。发行人和主承销商应当在招股说明书(或招股意向书)和发行公告中披露本次发行股票的定价方式。上市公司发行证券的定价,应当符合中国证监会关于上市公司证券发行的有关规定。

股票发行价格的高低受市场机制的影响极大,取决于公司的投资价值和供求关系的变化。如果股份有限公司发行的股票价格超过了票面金,被称为溢价发行,至于高出票面金额多少,则由发行人与承销的证券公司协商确定,报国务院证券监督管理机构核准,这种决定股票发行价格的体制的特点就是发挥市场作用,由市场决定价格,但是受证券监管机构的监督。

在股票发行价格中,溢价发行或者等价发行都是允许的,但是不允许以低于股票票面的价格发行(即折价发行),因为这种发行价格会使公司实有资本少于公司应有的资本,致使公司资本中存在着虚数,不符合公司资本充实原则。公司以低于票面金额的价格发行股票,实际上就意味着公司对债权人有负债行为,不利于保护债权人的利益。

1. 股票发行定价的方式

股票发行定价既有理性的计算,更有对市场供求感性的判断。股票的价格随着股票市场的景气程度的变化而不断变化,股票发行定价是一个过程,需要一定的方式来实现。股票发行定价方式是指股票发行价格的制度安排,我国通常采用以下几种方式。

(1) 协商定价。协商定价即经过与专业投资者沟通后,由发行人与主承销商协商确定一个固定的发行价格。

(2) 累计投标询价。累计投标询价是指在发行中根据不同价格下投资者认购意愿确定发行价格的定价方法。通常,主承销商将发行价格确定在一定的区间内,并报中国证监会核准，投资者在此区间内按照不同的发行价格申报认购数量。通过累计计算，主承销商得出不同价格的累计申购量，并根据超额认购倍数确定发行价格。

(3) 上网竞价方式。上网竞价是指利用证券交易所的交易系统，由主承销商作为新股发行的唯一卖方，以发行人宣布的发行底价为最低价格，以新股发行量为总的卖出数，由投资者在指定的时间内竞价委托申购，发行人和主承销商以价格优先的原则确定股票发行价。

(4) 一般询价方式。在对一般投资者上网发行和对机构投资者配售相结合的发行方式下，发行人和主承销商事先确定发行量和发行底价，通过向机构投资者询价，并根据机构投资者的预约申购情况确定最终发行价格，以同一价格向机构投资者配售和向一般投资者上网发行。

(5) 首次公开发行中向二级市场投资者配售。首次公开发行中向二级市场投资者配售是指在首次公开发行时，将一定比例的新股向二级市场投资者配售，而投资者根据其持有上市流通证券的市值和折算的申购限量，自愿申购新股。由于只是一定比例的股票向二级市场投资者配售，这一发行方式实际上是将向二级市场投资者配售发行和上网公开发行结合了起来。

2. 影响公司股票发行价格确定的因素

一般而言，公司股票的发行价格取决于以下因素：

(1) 净资产。净资产是股东们在公司的权益，又叫股东权益。每股净资产等于公司净资产除以发行总股本，它是发行定价的参考因素之一。很多公司发行价一般都会不低于每股净资产。

(2) 盈利水平。公司的税后利润水平直接反映了一个公司的经营能力和上市时的价值，每股税后利润的高低直接关系着股票发行价格。在其他条件既定时，盈利水平越高，股票发行价格也越高，呈现正相关关系。

(3) 发展潜力。公司经营的增长率和盈利预测是关系股票发行价格的又一重要因素。在总股本和税后利润既定的前提下，公司的发展潜力越大，未来盈利趋势确定，市场所接受的发行市盈率也就越高，发行价格也就越高。

(4) 发行数量。在一般情况下，若股票发行的数量较大，为了能保证销售期内顺利地将股票全部出售，取得预定金额的资金，价格应适当定得低一些；若发行量小，考虑到供求关系，价格可定得高一些。

(5) 行业特点。发行公司所处行业的发展前景会影响到公众对公司发展前景的预期，同行业已经上市公司的股票价格水平剔除不可比因素后，也可以客观地反映本公司与其他公司相比的优劣程度。

(6) 二级市场的环境。二级市场的股票价格水平直接关系到一级市场的发行价格。在确定发行价格时，要考虑到二级市场股票价格水平在发行期内的变动情况。同时，发行价格的确定要有一定的前瞻性，要给二级市场的运作留有适当的余地。

3. 公司发行股票的定价方法

公司发行股票主要有以下4种定价方法。

(1) 议价法。它指股票发行人直接向股票承销商议定承销价格和公开发行价格。承销价格和公开发行价格的差额即为承销商的报酬。定价依据主要采取同类上市公司比较法。

(2) 竞价法。它是指股票发行人将其股票发行计划和招标文件向社会公众或股票承销商公告,投资者或股票承销商根据各自拟定的标书,以投标方式相互竞争股票承销业务,中标标书中的价格就是股票的发行价格。

(3) 市盈率法。市盈率是股票市场价格与每股收益的比率。通常有两种方法计算每股净利润:一种是完全摊薄法,另一种是加权平均法。

如果事先有注册会计师的盈利预测审核报告,那么通过市盈率定价法估计股票发行价格时,首先应根据审核后的盈利预测计算出发行人的每股收益;其次根据二级市场的平均市盈率、发行人的行业状况(同类行业公司股票的市盈率)、发行人的经营状况及其成长性等拟定发行市盈率;最后依据发行市盈率与每股收益的乘积决定发行价。其计算公式为:

$$每股收益 = \frac{净利润}{发行前总股本数}$$

$$发行价格 = 每股收益 \times 发行市盈率$$

(4) 净资产倍率法。净资产倍率法又称资产现值法,它是指通过资产评估和相关会计手段确定发行人拟募股资产的净现值和每股净资产,然后根据证券市场的状况将每股净资产值乘以一定溢价倍率或折旧,以此确定股票发行价格的方法。

目前,我国上市公司首次公开发行价格主要取决于每股税后利润和发行市盈率两个因素。上市公司的增发新股主要采用市价发行方式,即采用市价折扣法。市价折扣法是指采用该只股票一定时点上和时段内二级市场的一定折扣作为发行底价或发行价格区间的端点,后经过网上、网下询价、竞价等来确定具体的发行价格。

六、股票发行费用

股票发行费用是指发行公司在筹备和发行股票过程中发生的费用,该费用可在股票发行溢价收入中扣除。股票发行费用主要包括以下内容。

(1) 中介机构费。支付给中介机构的费用包括承销费用、注册会计师费用(审计、验资、盈利预测审核等费用)、资产评估费用、律师费等。

根据中国证监会《关于股票发行工作若干规定的通知》,股票发行中文件制作、印刷、散发与刊登招股说明书及广告费用,应由股票承销机构在承销费用中负担,发行公司不得将上述费用在承销费用以外计入发行费用。但在外资股的发行时,境外的承销商往往会在承销费用以外收取一笔文件制作费。

(2) 上网发行费。采用网上发行方式发行股票时,由于使用了证券交易所的交易系统,发行人须向证券交易所缴纳上网发行费。目前,证券交易所对上网发行的收费标准为发行总金额的 3.5‰。

(3) 其他费用,如印刷费用、宣传广告费用等。

第三节 股 票 交 易

一、股票交易的场所

股票交易包括股票在固定的交易场所交易和场外交易市场交易,因此形成了场内交易市场和场外交易市场。能够获得在证券交易所公开挂牌买卖资格的股票(即股票上市)才能在场内交易,而不满足上市条件或不愿意上市的股票,会选择场外市场交易。

证券交易所不仅是买卖双方公开交易的场所,而且为投资者提供多种服务。证券交易所随时向投资者提供在交易所挂牌上市的证券交易情况,如成交价格和数量等;提供发行证券公司公布的财务情况供投资者参考。证券交易所制定各种规则,对参加交易的经纪人和自营商进行严格管理,对证券交易活动进行监督,防止操纵市场、内幕交易、欺诈客户等违法犯罪行为的发生。证券交易所还要不断完善各种制度和设施,以保证证券交易活动持续、高效地进行。

证券交易所是一个高度组织化、集中进行证券交易的市场,是整个证券市场的核心。我国目前比较有影响力的证券交易所有5个:上海证券交易所、深圳证券交易所、香港联合交易所、台湾证券交易所和2021年9月新成立的北京证券交易所。

另外,目前我国的资本市场呈现出多层次的特点。针对不同公司融资需求及公司情况,我国开设了不同的板块,设定了不同的门槛,便于符合不同要求的公司上市、挂牌,从而实现融资。目前我国多层次的资本市场包括主板、创业板、科创板、新三板、区域股权交易中心等。上市公司在符合规定的情况下,可以实现转板。

二、股票交易原则及基本规定

(一)股票交易原则

为了保障证券交易正常运行,我国《证券法》规定,证券交易必须实行公开、公平、公正原则。

公开原则是指证券交易是一种面向社会的、公开的交易活动,其核心要求是实现市场信息的公开化,又被称为信息公开原则。例如,上市公司的财务报表、经营状况等资料必须依法及时向社会公开;上市公司的一些重大事项也必须及时向社会公布等。按这个原则,投资者对于所购买的证券,能够有更充分、真实、准确、完整的了解。

公平原则是指参与交易的各方应当获得平等的机会。它要求证券交易活动中的所有参与者都有平等的法律地位,各自的合法权益都能得到公平保护。证券交易活动中,各种交易主体在资金数量、交易能力等方面可能各不相同,但不能因此而被给予不公平的待遇或使其受到某些方面的歧视。

公正原则是指应当公正对待证券交易的参与各方,以及公正地处理证券交易事务。在实践中,公正原则体现在很多方面,如公正地办理证券交易中的各项手续,公正地处理证券交易中的违法违规行为等。

(二)股票交易基本规定

证券交易是证券市场运行的核心环节。从权利的角度看,证券交易是证券的所有人将证券权利转让给投资者,投资者以支付价款或其他方式受让证券权利的权利变更过程。不同的证券交易有不同的交易规定,股票交易(主要是场内交易)的基本规定主要包括以下方面。

1. 交易单位

股票的交易单位为"股",主板市场最低要求100股,即1手,委托买入数量必须为100股或其整数倍。而科创板最低要求200股。另外,其他的金融工具交易单位各不相同。

当委托数量不能全部成交或分红送股可能出现零股(不足 1 手的为零股)时,零股只能委托卖出,不能委托买入。

2. 竞价成交

(1)竞价原则:价格优先、时间优先。价格较高的买进委托优先于价格较低的买进委托,价格较低的卖出委托优先于价格较高的卖出委托;同价位委托,则按时间顺序优先。

(2)竞价方式:9:15—9:25 进行集合竞价(集中一次处理全部有效委托);9:30—11:30、13:00—14:57 进行连续竞价(对有效委托逐笔处理),14:57—15:00 集合竞价形成收盘价。周六、周日上海证券交易所、深圳证券交易所休市。

3. 报价方式

传统的证券交易所用口头叫价方式并辅以手势作为补充,现代证券交易所多采用电脑报价方式。无论何种方式,证券交易所均规定报价规则。上海证券交易所、深圳证券交易所采用电脑报价方式,接受会员的限价申报和市价申报。

4. "T+N"交割制度

"T"表示交易当天,"T+1"表示交易日之后的第二个交易日。"T+1"交易制度是指投资者当天买入的股票不能在当天卖出,需待第二个交易日进行自动交割过户后方可卖出(债券交易、期货交易允许"T+0"交易)。资金使用上,当天卖出股票的资金回到投资者账户后可以用来买入股票,但不能当天提取,必须到交割过户后才能提款。按照目前的规定,A 股为"T+1"交割,B 股为"T+3"交割。

5. 涨跌幅限制

为保护投资者利益,防止股价暴涨暴跌和投机盛行,证券交易所可根据需要对每日股票价格的涨跌幅予以适当的限制。高于涨幅限制的委托和低于跌幅限制的委托均无效。上海证券交易所、深圳证券交易所主板对股票交易实行价格涨跌幅限制,涨跌幅比例为 10%,其中 ST 股票和*ST 股票价格涨跌幅比例为 5%。

属于下列情形之一的,首个交易日无价格涨跌幅限制:首次公开发行上市的股票;增发上市的股票(上海证券交易所);暂停上市后恢复上市的股票;中国证监会或交易所认定的其他情形。

以上主要是主板市场的情况,其他板块有所不同。科创板、创业板涨跌幅限制为 20%,上市后前 5 个交易日不设涨跌幅。新成立的北京证券交易所规定,新股上市首日不设涨跌幅限制,自次日起涨跌幅限制为 30%。

相关思考 2-7

我国 A 股交易为什么实行"T+1"模式

目前我国 A 股市场实行的是"T+1"模式。但是很多投资者尤其是个人投资者,都非常希望监管层尽快实行"T+0"交易模式。因为"T+0"模式下,散户在买进股票后,当天就可以操作股票。当天不能抛售,等到下一个交易日开市才能抛盘,这样很多人当天买了股票后,如果该股冲高回落,投资者也无逢高减持机会。

但是,"T+0"模式下,个人投资者真的会有更多赚钱的机会吗?"T+0"交易是更明显的短线操作,会引起股市更大的波动。从股市稳定、保护中小投资者、鼓励价值投资等角度来看,目前 A 股市场更适合"T+1"模式。如果真的实行了"T+0"交易,将会助长更多的超短线炒股者,这样会造成股市剧烈波动,投资者风险大幅上升,反而不利于股市的健康发展。

6. 新股申购

现有的新股申购规则是市值配售规则,申购需要的是额度,申购时不需要资金。新股申购条件包括:一是已开立对应市场的A股账户。二是需要有对应市场的新股申购额度。额度是按"T-2"日("T"日为网上申购日)前20个交易日(含"T-2"日)的日均持有市值计算,达到1万元市值(含1万元)才有额度,上海、深圳证券交易市场的市值分开计算。三是申购创业板或科创板的新股还要求开通创业板或科创板权限。四是投资者在股票交易的时间内可以申购,在申购股票时不需要缴纳认购资金,不过"T+2"日确认中签后需确保当日16:00有足够资金用于新股申购的资金交收。如果投资者没有缴纳认购金,则视为放弃。

关于打新股

新股申购时,不需要事先冻结资金,待中签后才需要兑付。当客户累计有3次中签后没有兑付相对应金额申购费的,就会被暂停半年申购新股功能。选择申购的时间段非常重要,一般情况下选择10:30—11:30和13:00—14:00下单是比较好的,不过也不是绝对的。申购新股时可以选择发行数量大的股票,理论上发行的数量越多,中签的机会就越大。新三板精选申购规则不同于主板、创业板和科创板。

7. 分红派息

目前我国深圳证券交易所和上海证券交易所上市公司分红派息的方式有派现金、送红股、转增红股。

投资者领取沪深上市公司红股、股息无须到证券公司办理任何手续,只要在股权登记日当日收市时仍持有该种股票,就享有分红派息的权利。现金派息、送红股、转增红股都会自动转入投资者的证券账户。所分红股在红股上市日到达投资者账户;所派股息需上市公司划款到账后方可自动转入投资者资金账户。

8. 除权与除息

除权与除息是投资者在日常交易中经常遇到的两个名词,这里涉及上市公司分红派息和配股。分红派息是上市公司向其股东派发红利和股息的过程,其主要形式有现金股利和股票股利两种;而配股是指股份公司对老股东按一定比例配售公司新发行的股票,是公司的一种再筹资方式。

除权除息是利好还是利空?

除权是指证券不再含有最近已宣布的送股、配股及转增权益。除息是指证券不再含有最近已宣布发放的股息(现金股利)。公司在进行分红派息和配股时,会规定某一交易日为股权登记日或股息登记日,只有在该日收盘后持有该股票的投资者才有获得分红派息和配股的权利,股权登记日和股息登记日的下一个交易日为除权或除息基准日,该日交易的股票已被除权或除息处理。该日被除权或除息的股票,沪市用XR表示除权,XD表示除息,DR为同时除权和除息,深市无标记。

三、股票交易程序

不同证券的买卖,其交易程序大致相同,有开立账户、委托买卖、竞价成交、清算交割、过户等主要环节,但是不完全相同,具体要求也各有差异。目前我国A股交易的程序,主要有:

1. 开立账户

投资者要进行证券交易,首先要开设证券账户和资金账户。证券账户用来记载投资者所持有的证券种类、数量和相应的变动情况,资金账户则用来记载和反映投资者买卖证券的货币收付和结存数额。上海证券交易所实行全面指定交易制度,深圳证券交易所实行托管券商制度。开立证券账户和资金账户后,投资者买卖证券所涉及的证券、资金变化就会从相应的账户中得到反应。

开立账户坚持合法性和真实性原则。合法性是指只有国家允许进行证券交易的自然人和法人才能开立证券账户。对国家法律法规不允许开户的对象,中国结算公司及其开户代理机构不得予以开户。真实性是指投资者开户时所提供的资料必须真实有效,不得有虚假隐匿。目前,我国证券市场上要求投资者在进行证券交易时采用实名制。投资者应当以本人名义申请开立证券账户,不得冒用他人名义或使用虚假证件开立证券账户。投资者应当使用以本人名义开立的证券账户,不得违规使用他人证券账户或将本人证券账户违规提供给他人使用。

2. 委托买卖

在证券交易市场,投资者买卖证券是不能直接进入交易所办理的,而必须通过证券交易所的会员来进行。换而言之,投资者需要通过经纪商的代理才能在证券交易所买卖证券。投资者向经纪商下达买进或卖出证券的指令,称为"委托"。开户后,投资者就可以在证券经纪商办理证券委托买卖。

1) 股票委托的方式

一般证券公司、证券营业部提供的委托方式如下:

(1) 电话委托,即使用电话按照语音提示进行委托交易。

(2) 网上委托,即使用计算机通过网上证券交易系统进行委托交易。

(3) 手机委托,即使用手机通过网上证券交易系统进行委托交易。

(4) 自助委托,即在营业部大厅自助终端划资金账户卡或键入资金账户号进行委托交易。

(5) 柜台委托,即在证券营业部柜台填写委托单交给工作人员进行委托交易。

现在大部分投资者都使用网上委托方式来进行交易。证券公司现场的自助委托越来越少,这使得很多证券营业部的现场散户大厅和中大户室营业面积都在减少。

2) 股票委托的内容

(1) 股票委托的基本内容。

无论选择哪种委托方式投资者都要填写一些基本内容,这样才能明确地体现投资者的真实委托意愿。这些基本内容有股东账号、日期、交易品种、买卖方向、数量、价格、时间、有效期、签名和其他内容。

交易品种是指客户委托买卖证券的名称,也就是客户具体交易行为所指向的个体。大部分证券品种都有三个名称标注方法:全称、简称和代码。上海证券交易所和深圳证券交易所的股票代码都是一组6位数字,具体实例如表2-3所示。

表2-3 股票代码、简称和全称的示例

交易所	代码	简称	全称
上海证券交易所	600028	中国石化	中国石油化工股份有限公司
	601001	大同煤业	大同煤业股份有限公司
	688981	中芯国际	中芯国际集成电路制造有限公司

(续表)

交易所	代码	简称	全称
深圳证券交易所	000063	中兴通信	中兴通信股份有限公司
	002024	苏宁云商	苏宁云商集团股份有限公司
	300003	乐普医疗	乐普(北京)医疗器械股份有限公司
北京证券交易所	833454	同心传动	河南同心传动股份有限公司

在交易有效期方面,我国现行规定是委托当日有效,即股票委托买卖指令从发出开始生效,没有撤销指令就一直有效,到本日收盘时间仍未成交,此委托就自动撤销。如果第二天还想委托,就必须发出新的指令。

(2)上海证券交易所和深圳证券交易所买卖证券的申报数量规定。

上海证券交易所和深圳证券交易所的委托申报数量不完全相同,两家证券交易所通过竞价买卖证券的申报数量,如表2-4所示;两家证券交易所通过竞价交易买卖证券的单笔申报最大数量,如表2-5所示。

表2-4　　　　　　　　证券交易所竞价交易的股票买卖申报数量

交易内容	上海证券交易所	深圳证券交易所
买入股票	100股(份)及其整数倍	100股(份)及其整数倍
卖出股票	余额不足100股(份)的部分应一次性申报卖出	余额不足100股(份)的部分应一次性申报卖出

表2-5　　　　　　　　证券交易所竞价交易的单笔申报最大数量

交易内容	上海证券交易所	深圳证券交易所
股票交易	不超过100万股	不超过100万股
债券交易	不超过1万手	不超过10万张
债券质押式回购	不超过1万手	不超过10万张
债券买断式回购	不超过5万手	—

(3)上海证券交易所和深圳证券交易所证券买卖申报价格的规定。

按委托价格形式划分,申报价格可以分为市价委托和限价委托。市价委托是指客户向证券经纪商发出买卖某种证券的委托指令时,要求证券经纪商按照证券交易所内当时的市场价格买进或卖出证券。限价委托是指客户要求证券经纪商在执行委托指令时,必须按限定的价格或比限定价格更有利的价格买卖证券。比限定价格更有利的价格是指比限定价格低的价格买入证券,比限定价格高的价格卖出证券的价格。市价指令和限价指令相比,两者的时效性不同。市价指令的时效非常短,即当时成交当时有效,若没有成交,则未成交部分自动撤销,交易者无法自行选择。限价指令的时效是当日有效,第二日自动失效,其未成交部分既可以撤销也可以不撤销,由交易者自己决定。

3. 竞价成交

竞价成交按照一定的竞争规则进行,其核心原则是"价格优先、时间优先"。价格优先原则是指买进证券时,较高的买进价格申报优先于较低的买进价格申报;卖出证券时,较低的卖出价格申报优先于较高的卖出价格申报。时间优先原则要求当存在若干相同价格申报时,应当由最早提出该价格申报的一方成交,即同价位申报,按照申报时间决定优先顺序。

我国证券交易所有两种竞价方式,即在每日开盘前采用集合竞价方式,在开盘后的交易时间里采用连续竞价方式。

1) 交易时间

目前上海证券交易所、深圳证券交易所的交易时间保持一致。具体申报规定为:每个交易日 9:15—9:25 为开盘集合竞价时间可接受会员竞价交易申报;9:30—11:30、13:00—14:57 为连续竞价时间,14:57—15:00 为收盘集合竞价时间。

其中每个交易日 9:20—9:25 为开盘集合竞价时间段,交易所交易主机不接受撤单申报;其他接受交易申报的时间内,未成交申报可以撤销。撤销指令经交易所交易主机确认方为有效。每个交易日 9:25—9:30,交易主机只接受申报,但不对买卖申报或撤销申报做处理。

2) 交易单位

通过竞价交易买入的股票,其申报数量应为 100 股或其整数倍。卖出股票时,余额不足 100 股的部分应当一次性申报卖出。交易单笔申报最大数量应当不超过 100 万股。

3) 交易价位

A 股申报价格最小变动单位为 0.01 元,基金、权证交易的最小变动单位为 0.001 元,上海证券交易所 B 股申报价格最小变动单位为 0.01 美元,深圳证券交易所 B 股申报价格最小变动单位为 0.01 港元。

4) 成交价格确定

证券竞价交易按"价格优先、时间优先"的原则撮合成交。

集合竞价时,所有交易以同一价格成交,成交价格的确定原则为:

(1) 可实现最大成交量的价格。

(2) 高于该价格的买入申报与低于该价格的卖出申报全部成交的价格。

(3) 与该价格相同的买方或卖方至少有一方全部成交的价格。

两个以上申报价格符合上述条件的,使未成交量最小的申报价格为成交价格;仍有两个以上使未成交量最小的申报价格符合上述条件的,其中间价为成交价格。

【例 2-1】 某只股票当日初始交易的集合竞价买卖申报和数量情况,如表 2-6 所示。该股票的上一日收盘价为 12.12 元。根据表 2-6 计算该股票在上海证券交易所的开盘价和成交量分别是多少?如果在深圳证券交易所,该股票当日的开盘价及成交量分别是多少?

表 2-6　　　　　某股票某日在集合竞价时买卖申报价格和数量

买入数量(手)	价格(元)	卖出数量(手)
—	12.50	600
—	12.40	500

(续表)

买入数量(手)	价格(元)	卖出数量(手)
200	12.30	300
300	12.20	200
300	12.10	200
400	12.00	100
600	11.90	—
300	11.80	—
400	11.70	—

解析：根据表2-6的价格所示关系，可以累计计算各个价位的买卖数量及最大可成交量，如表2-7所示。

表2-7　　　　　　　　各价位累计买卖数量及最大可成交量

累计买入数量(手)	价格(元)	累计卖出数量(手)	最大可成交量(手)
0	12.50	1 900	0
0	12.40	1 300	0
200	12.30	800	200
500	12.20	500	500
800	12.10	300	300
1 200	12.00	100	100
1 800	11.90	0	0
2 100	11.80	0	0
2 500	11.70	0	0

根据表2-6与表2-7，符合集合竞价成交量最大的价格就是12.20元，因此，12.20元就是当时集合竞价的开盘价。如果12.20元与12.10元的可成交量是一样的，上海证券交易所的集合竞价开盘价就是12.20元与12.10元的中间价12.15元。深圳证券交易所的开盘价取距离上一日收盘价(12.12元)最近价位的12.10元。成交量就是12.10元的成交量。

连续竞价时，成交价格的确定原则如下：

(1) 最高买入申报价格与最低卖出申报价格相同，以该价格为成交价格。

(2) 买入申报价格高于即时揭示的最低卖出申报价格的，以即时揭示的最低卖出申报价格为成交价格。

(3) 卖出申报价格低于即时揭示的最高买入申报价格的，以即时揭示的最高买入申报价格为成交价格。

需要注意的是，按成交原则达成的价格不在最小价格变动单位范围内的，按照四舍五入原则取至相应的最小价格变动单位。买卖申报经交易主机撮合成交后，交易即告成立。符合交易规则各项规定达成的交易于成立时生效，买卖双方必须承认交易结果，履行清算交收义务。

因不可抗力、意外事件、交易系统被非法侵入等原因造成严重后果的交易，可以采取适当措施或认定无效。

4. 清算交割

清算是指买卖股票的数量和金额分别予以抵消,然后通过证券交易所交割净差额股票或款项的一种程序。清算工作由证券交易所组织完成,各证券商都以交易所为中介来进行清算。交割是指买方向卖方交付价款而卖方向买方交付证券。交割后钱货两清,整个交易过程结束。至于成交后相隔多长时间可以交割,各国证券交易所规定不同,有当日24小时内可以交割的,有第二个营业日交割的等。我国上海证券交易所和深圳证券交易所规定,A股实行"T+1"交割,B股实行"T+3"交割。

1) 清算交割类型

清算交割实际上包含两种情况:其一为证券商与结算公司之间清算交割。证券商一般都必须在结算公司或其委托银行处开设专门结算账户,由结算公司集中清算,并以内部划账、转账等方式交割净余额或金额。其二为投资者与证券商之间的清算交割,即买者支付现金而获得股票,卖者交付股票而取得现金。由于投资者已在证券商处开设证券账户与资金账户,故这种清算交割不必由当事人出面进行实物交割,而是由计算机自动完成就可以了。

按交割日期不同,交割又分为四种:

(1) 当日交割,又称"T+0"交割,即买卖双方在成交当天完成付款交股票手续。这种方式可以使买卖双方较快地得到股票或现金。在"T+0"交割方式下,投资者买进股票成交后,可以马上卖出;卖出股票成交后,可以马上买进。

(2) 次日交割,又称"T+1"交割,即在成交后的下一个营业日才能办理成交的交割手续。

(3) 例行交割,即买卖双方在成交后,按照中国证券登记结算公司的规定或惯例履行付款交股票手续。

(4) 选择交割,即买卖双方自主选择交割日期,这种交割方式通常在场外交易中使用。

2) 上海证券交易所和深圳证券交易所的A股实行"T+1"交割制度

"T+1"交割,指的是投资者当天买入的股票不能在当天卖出,需待下一个交易日进行交割过户后方可卖出。当天卖出股票后,资金回到投资者证券账户上,当天即可以用来买股票。

3) 上海证券交易所和深圳证券交易所的B股实行"T+3"交割制度

沪深B股清算交收制度采用的是"T+3"交割方式,即B股是在第四个交易日交割过户。

5. 过户

过户是股票交易的最后一个阶段,即投资者从证券交易市场买进股票后,到该股票的上市公司办理变更持有人姓名的手续。过户的方法很简单,但十分重要。只有过户后投资者才能获得相应的权益,如分红、支付股息等。事实上,由于现在证券交易的无纸化,清算交割的同时即完成了过户手续。

四、股票交易方式

证券交易方式可以按照不同的角度来认识。根据交易合约的签订与实际交割之间的关系,证券交易的方式有现货交易、期货交易、期权交易和信用交易。在短期资金市场,结合现货交易和期货交易的特点,存在着证券回购交易。如果投资者买卖证券时允许向经纪商融

资或融券,则发生信用交易。常见的证券交易方式主要有以下几种:

1. 现货交易

现货交易指证券买卖双方在成交后1~3个营业日内办理交割手续,买入者付出资金并得到证券,卖出者交付证券并得到资金。所以,现货交易的特征是"一手交钱,一手交货",即以现款买现货方式进行交易。这是最基本、最常见也是最古老的交易方式。

2. 期货交易

期货交易是相对于现货交易而言的。在期货交易中,买卖双方就买卖证券的数量、成交的价格及交割时间达成协议。比如,买卖双方今日签订股票买卖合约而约定30日后履行交易就是期货交易。

3. 期权交易

期权在本质上来讲是一种选择权交易,是指期权的买方向卖方支付一定数额的期权费后,有权在一定时间内以一定的价格(执行价格)出售或购买一定数量的标的物(实物商品、证券或期货合约)。对期权的买方来说,期权赋予买方的只有权利,而没有任何的义务;买方拥有行使买入或卖出标的物的权利,也可以放弃行使权利。此时买方只是损失期权费,同时,卖方则赚取期权费。对期权的卖方来说,只有履行期权合约的义务,而没有任何的权利。期权的买方行使权利时,卖方必须按期权合约规定的内容履行义务。

4. 信用交易

信用交易又称保证金交易或垫头交易,是指证券交易的当事人在买卖证券时,只向证券公司交付一定的保证金,或者只向证券公司交付一定的证券,而由证券公司进行融资或者融券交易,因此也称为"融资融券交易"。

信用交易具体分为融资买进和融券卖出两种。也就是说,客户在买卖证券时仅向证券公司支付一定数额的保证金或交付部分证券,其应当支付的价款和应交付的证券不足时,由证券公司进行垫付,而代理证券的买卖交易。其中,融资买入证券为"买空",融券卖出证券为"卖空"。

信用交易具有重要的意义。信用交易可以创造供给及需求,以满足投资人运用财务杠杆获取更大利润之欲望。证券信用交易不仅是满足投资人需要的产物,更具有活跃股市,增加证券买卖连续性及调节市场供需,稳定证券价格等积极作用。但信用交易基本上以追求短期价差利润为目的,本质上具有投机色彩,难免存在涨时助涨,跌时助跌的弊端。因此为了避免信用交易对证券市场造成剧烈波动,必须对信用交易进行适当的监督管理。

我国过去是禁止信用交易的。2005年10月修订的《证券法》取消了证券公司不得为客户融资融券交易的规定。随后,中国证监会发布《证券公司融资融券业务试点管理办法》,上海证券交易所和深圳证券交易所也公布了融资融券交易试点的实施细则。2010年3月31日,市场期盼已久的融资融券业务根据《证券公司融资融券业务试点管理办法》的规定,终于成功开闸。2015年6月3日,《证券公司融资融券业务管理办法》正式公布实施。

融资融券业务的开展对于活跃我国的股市起到了重要的作用。但融资融券业务具有杠杆效应,由此带来的风险也不可忽视,很可能加剧股票市场的波动性。例如,2015年我国的股市波动,就与融资融券交易有一定的关系,特别是场外的配资公司起到了很大的推波助澜的作用。

相关案例 2-1

信用交易案例分析

我们假定某顾客有资本10万元,他预计股票A的价格要上涨,于是他按照每股100元的市价用自有资本购入1 000股,过了一段时间后,股票A的价格果然从100元上升到200元,1 000股股票A的价值就变成20万元(200×1 000),该客户获利10万元,其盈利与自有资本的比率为100%。如果该客户采用信用交易方式,将10万元资本作为保证金支付给证券公司,再假定保证金比率为50%(即支付50元保证金,可以购买价值100元的证券),这样客户便能购买股票A 2 000股,当价格如上上涨后,2 000股股票A的价值便达到40万元,扣除证券公司垫款10万元和资本金10万元后,该客户可获得20万元(有关的利息、佣金和所得税暂且不计),盈利与自有资本之比率为200%。显然信用交易可以给客户带来十分可观的利润。但是,如果股票行市未按客户预料的方向变动,那么信用交易给客户造成的损失同样也是巨大的。

资料来源:秦桂兰.证券投资学[M].北京:中国财政经济出版社,2017.

五、风险警示与退市

(一) 风险警示一般规定

上市公司财务状况出现异常情况或者其他异常情况,导致其股票存在被强制终止上市的风险,或者投资者难以判断公司前景,投资者权益可能会受到损害。存在其他重大风险的,交易所对该公司股票实施风险警示。

风险警示分为警示存在强制终止上市风险的风险警示(以下简称"退市风险警示")和警示存在其他重大风险的其他风险警示。上市公司股票被实施退市风险警示的,其公司股票简称前被冠以"＊ST"字样;上市公司股票被实施其他风险警示的,其公司股票简称前被冠以"ST"字样,但交易所另有规定的除外。公司股票同时被实施退市风险警示和其他风险警示的,在公司股票简称前冠以"＊ST"字样。

在上市公司的股票交易被实行特别处理期间,其股票报价日涨跌幅限制为±5%;股票名称改为原股票名前加"ST",如"ST 长生生物""ST 康美药业";该上市公司的中期报告必须被审计。

交易所设立风险警示板,上市公司股票被实施风险警示或者处于退市整理期的,进入该板进行交易。

延伸阅读 2-6

挂牌、摘牌、停牌与复牌

挂牌是指证券被列入证券牌价表,并允许进行交易。摘牌是指将证券从证券牌价表中剔除,不允许再进行交易。停牌是指证券仍然位于证券牌价表中,但停止进行交易。复牌是指处于停牌中的证券恢复交易。

在我国,证券交易所对上市证券实施挂牌交易。证券上市届满或依法不再具备上市条件的,证券交易所要终止其上市交易,予以摘牌。

股票、封闭式基金交易出现异常波动的,证券交易所可以对相关证券实施停牌。证券交易所还可以对涉嫌违法违规交易的证券实施特别停牌并予以公告,相关当事人应按照证券交易所的要求提交书面报告。停牌及复牌的时间和方式由证券交易所决定。此外,证券交易所也可以按规定针对出现的特定的证券交易情形,实施盘中临时停牌措施。

资料来源:证券考试命题研究组.金融市场基础知识[M].成都:西南财经大学出版社,2020.

(二) 退市制度

股票退市是指上市公司股票由于未满足证券交易所有关上市标准,而主动或被动终止上市交易的制度。股票退市制度是资本市场重要的基础性制度,有利于健全资本市场功能,降低市场经营成本,增强市场主体活力,提高市场竞争力;有利于实现优胜劣汰,惩戒重大违法行为,引导理性投资,保护投资者特别是中小投资者合法权益。

股票退市主要包括主动退市和强制退市(被动退市)。

1. 主动退市

上市公司为了便捷高效地对公司治理结构、股权结构、资产结构等实施调整或者为进一步实现公司股票的长期价值,可依据《证券法》和证券交易所规则实现主动退市。

上市公司因新设合并或吸收合并,不再具有独立主体资格并被注销;上市公司股东大会决议公司解散;上市公司股东大会决议主动撤回其股票在证券交易所交易,并决定不再在该交易所交易,或者转而申请在其他交易场所交易或转让等情况下,上市公司都可以向证券交易所申请主动退市。

2. 强制退市

证券交易所为维护公开交易股票的总体质量与市场信心,依照规则要求,对交易不活跃、股权分布不合理、市值过低、不再适合公开交易的股票终止交易,特别是对于存在严重违法违规行为的公司,证券交易所可以依法强制其股票退出市场交易。

上市公司强制退市,主要分为交易类强制退市、规范类强制退市、财务类强制退市、重大违法类强制退市。以上海证券交易所规定为例,这四类强调退市情形如下。

1) 交易类强制退市

交易类强制退市主要包括以下情形:仅发行A股股票的上市公司,连续120个交易日通过上海证券交易所交易系统实现的累计股票成交量低于500万股,或者连续20个交易日的每日股票收盘价均低于人民币1元;仅发行B股股票的上市公司,连续120个交易日通过上海证券交易所交易系统实现的累计股票成交量低于100万股,或者连续20个交易日的每日股票收盘价均低于人民币1元;上市公司连续20个交易日每日股票收盘总市值均低于人民币3亿元等。

中弘股份因股价连续低于面值,成首只一元退市股

2) 规范类强制退市

规范类强制退市主要包括以下情形:

(1) 因财务会计报告存在重大会计差错或者虚假记载,被中国证监会责令改正但公司未在规定期限内改正,公司股票及其衍生品种自前述期限届满的下一交易日起停牌,此后公司在股票及其衍生品种停牌2个月内仍未改正的。

(2) 未在法定期限内披露半年度报告或者经审计的年度报告,公司股票及其衍生品种自前述期限届满的下一交易日起停牌,此后公司在股票及其衍生品种停牌2个月内仍未披露的。

(3) 因半数以上董事无法保证公司所披露半年度报告或年度报告的真实性、准确性和完整性,且未在法定期限内改正,公司股票及其衍生品种自前述期限届满的下一交易日起停牌,此后公司在股票及其衍生品种停牌2个月内仍未改正的。

(4) 因信息披露或者规范运作等方面存在重大缺陷,被上海证券交易所要求限期改正但公司未在规定期限内改正,公司股票及其衍生品种自前述期限届满的下一交易日起停牌,此后公司在股票及其衍生品种停牌2个月内仍未改正的。

（5）因公司股本总额或股权分布发生变化，导致连续20个交易日不再具备上市条件，公司股票及其衍生品种自前述期限届满的下一交易日起停牌，此后公司在股票及其衍生品种停牌1个月内仍未解决的。

（6）公司可能被依法强制解散的。

（7）法院依法受理公司重整、和解和破产清算申请的。

3）财务类强制退市

上市公司最近1个会计年度经审计的财务会计报告相关财务指标触及规定的财务类强制退市情形的，交易所对其股票实施退市风险警示。上市公司最近连续2个会计年度经审计的财务会计报告相关财务指标触及规定的财务类强制退市情形的，交易所决定终止其股票上市。

上市公司出现下列情形之一的，交易所对其股票实施退市风险警示：

（1）最近1个会计年度经审计的净利润为负值且营业收入低于人民币1亿元，或追溯重述后最近1个会计年度净利润为负值且营业收入低于人民币1亿元。

（2）最近1个会计年度经审计的期末净资产为负值，或追溯重述后最近1个会计年度期末净资产为负值。

（3）最近1个会计年度的财务会计报告被出具无法表示意见或否定意见的审计报告。

（4）中国证监会行政处罚决定书表明公司已披露的最近1个会计年度经审计的年度报告存在虚假记载、误导性陈述或者重大遗漏，导致该年度相关财务指标实际已触及第(1)项、第(2)项情形的。

（5）认定的其他情形。

4）重大违法类强制退市

上市公司必须遵守相关法律，当其行为涉及违法，将会面临强制退市。例如，上市公司存在欺诈发行、重大信息披露违法或者其他严重损害证券市场秩序的重大违法行为，且严重影响上市地位，其股票应当被终止上市；上市公司存在涉及国家安全、公共安全、生态安全、生产安全和公众健康安全等领域的违法行为，情节恶劣，严重损害国家利益、社会公共利益，或者严重影响上市地位，其股票应当被终止上市。具体规定可见《上海证券交易所股票上市规则》。

视频：长生生物因违法被强制退市

上市公司股票被交易所强制终止上市后，进入退市整理期，因触及交易类退市情形终止上市的公司除外。上市公司股票被交易所作出强制终止上市决定后，自公告终止上市决定之日后5个交易日届满的下一交易日复牌，进入退市整理期交易，并在股票简称前冠以"退市"标识。交易类强制退市公司股票和主动退市公司股票不进入退市整理期交易。

视频：退市整理期制度

六、股票价格指数

1. 股票价格指数的含义、种类

1）股票价格指数的含义

指数为统计学上的概念，是一种表明社会经济现象动态的相对数。运用指数可以测定不能直接相加或比较的社会经济现象，也可以分析社会经济现象总变动中各因素变动的影响程度。指数在经济生活中应用广泛,如日常生活中我们比较熟悉的居民消费价格指数、工业总产值指数和房地产价格指数。

股票价格指数又称"股价指数"或"股指",是指数在证券市场中的应用,用以反映一定时期内某一证券市场上股票价格的综合变动方向和程度,一般由证券交易所、金融服务机构、咨询研究机构或新闻单位编制和发布。

在股票市场上,同一时间里有多种不同的股票在交易,由于受到政治、经济、市场及心理等各种因素的影响,每种股票的价格均处于不停的变动之中。投资者在进行投资决策时,不仅需要了解和关注所投资个股的价格变动情况,而且也必须从众多个股纷繁复杂的价格变动中判断和把握整个股票市场的价格变动水平与变动趋势。最早的股价指数道琼斯指数在1884年就应运而生,迄今已是证券市场中最为投资者所熟知的重要指标。

我国上证综合指数(日K线)如图2-2所示。

资料来源:东方财富网。

图2-2　我国上证综合指数(日K线)

2)股票价格指数的分类

随着证券市场的发展,市场的规模与容量不断扩大,投资者的投资目的和偏好也日益呈现多样化的趋势,单一的股价指数已经不能满足众多投资者的不同需求。因此,股价指数根据编制的方法、采样的范围、计算的方法等不同可以划分为不同的类型,具体如表2-8所示。

表2-8　　　　　　　　　　　股票价格指数的主要分类

分类依据	股价指数种类	
根据编制的原理不同	股价平均数	采用简单算术平均法,衡量样本股总的价格平均水平,如道琼斯30种工业股票价格平均数(DJIA)
	股价指数(狭义)	将样本在计算期的股价与基期的股价相比较而得到的相对数,反映的是股票价格的相对水平。大多数的股价指数都属于此类

(续表)

分类依据	股价指数种类	
根据计算的样本容量不同	综合股价指数	以全部的上市股票为样本编制而成的股价指数,它通常比较全面与准确,但样本不断增加,可比性较差,如我国的上证综合指数和深证综合指数
	成分股价指数	只选取一部分作为样本进行计算的指数,其可比性较好,计算也较简单,如果选择的样本股具有相当的代表性,则指数计算的结果也能够较好地反映股市的变动,如 S&P500 指数和上证 180 指数
根据样本的来源有无行业限制	全市场指数	样本股的来源没有行业限制,全部的上市股票都有可能被选入样本,一般也称为大盘指数
	分类指数	样本股票只能来自特定的行业范围。分类指数是建立在全市场指数的基础之上的。编制分类指数的目的是进一步为投资者选择哪一行业股票进行投资提供参考意见

2. 股票价格指数的功能

编制股价指数有多方面的意义。不只是股票投资者,包括各级政府官员、经济学者及许多公共机构都需要股价指数。由于各个主体希望从股价指数中获取信息的侧重点不同,单一的股价指数很难满足要求,多种股价指数不断出现。一般而言,股价指数主要具有以下三种功能:

(1) 投资者进行投资决策的指南。股价指数可以为投资者选择股票、决定买卖时机、进行技术分析提供有价值的信息,这是股价指数的基本功能。投资者都需要参考股价指数的高低、历史走势与未来趋势来决定进与退,因为股价指数既是股价变化的具体反映,又是影响具体股票价格走势的重要的外部环境。当然,某股价指数是不是具备指引投资者的功能,在很大程度上取决于该指数的准确性。如果股价指数在编制的方法、样本的选择等方面不具备科学性或存在某些先天不足,就很难具备此种功能。

(2) 国民经济的"晴雨表"。股价指数的另一主要功能就是作为一个国家或地区,乃至整个世界经济的"晴雨表",它可以对宏观经济的景气进行测度。需要指出的是,并不是所有的股价指数都可以成为一个好的宏观经济的"晴雨表"。事实是,世界上这么多的股价指数,真正具有此功能的股价指数是很少的,因为至少这个指数应该与宏观经济之间有很强的相关性,并且需要有较长的历史周期的检验。在这方面,美国道琼斯 30 种工业股票价格平均数是最成功的。

(3) 金融衍生产品的标的物。股价指数的另一功能是作为某些金融衍生品的标的物,如指数期货、指数期权。指数期货合约和指数期权合约的交易行为建立在买卖双方对股价指数未来走势的不同判断之上,指数期货和指数期权在资产组合管理方面具有十分重要的作用。为了获取准确的套期保值效果,作为标的物的股价指数要具有良好的稳定性和可比性。例如,我国第一只股票价格指数期货就是沪深 300 股指期货,它以沪深 300 股价指数作为标的物。随后我国又推出了中证 500 股价指数期货、上证 50 股价指数期货。

实际上,股价指数还有一些其他的功能,如保存股市的资料,帮助监管机构评估市场状态,有利于各国证券市场之间的比较等。

3. 股票价格指数的计算

计算股票指数时,往往把股票指数和股价平均数分开计算。从两者对股市的实际作用而言,股价平均数是反映多种股票价格变动的一般水平,通常以算术平均数表示。人们通过对不同的时期股价平均数的比较,可以认识多种股票价格变动水平。而股票指数是反映不同时期的股价变动情况的相对指标,也就是将第一时期的股价平均数作为另一时期股价平均数的基准的百分数。通过股票指数,人们可以了解计算期的股价比基期的股价上升或下降的百分比率。由于股票指数是一个相对指标,就一个较长的时期来说,股票指数比股价平均数能更为精确地衡量股价的变动。

股票价格指数是以计算期样本股市价总值除以基期样本股市价总值再乘以基期指数而得到的。股票指数是反映不同时点上股价变动情况的相对指标。通常将报告期的股票价格与基期价格相比,并将两者的比值乘以基期的指数值,即为该报告期的股票指数。股票指数的计算方法有三种:一是相对法,二是综合法,三是加权法。

1) 股票价格平均数

股票价格平均数并不是严格意义上的指数,而是平均数。其计算采用简单算术平均法,就是将样本的股价进行加总,再除以股票的样本数。公式为:

$$股价平均数 = \frac{P_1 + P_2 + P_3 + \cdots + P_n}{n} \tag{2-1}$$

式(2-1)中,P_n 为样本股价,n 为样本股数。

世界上第一个股票价格平均数——道琼斯股价平均数在 1928 年 10 月 1 日前就是使用简单算术平均法计算的。

【例 2-2】 假设市场上有 3 家公司的股票在交易,A 公司的股价为 8 元,B 公司的股价为 10 元,C 公司的股价为 18 元。如果第二天股价都上涨了,A 公司的股价为 10 元,B 公司的股价为 14 元,C 公司的股价为 21 元。求每天的股价平均数。

解析: 根据式(2-1),涨价前的股价平均数为 12 元[(18+10+18)÷3];涨价后的股价平均数为 15 元[(10+14+21)÷3]。

简单算术股价平均数虽然计算较简便,但它有两个缺点:一是未考虑各种样本股票的权数,从而不能区分重要性不同的样本股票对股价平均数的不同影响。二是当样本股票发生股票分割、派发红股、配股、增资等情况时,股价平均数会产生断层而失去连续性,使时间序列前后的比较发生困难。

例如,上述 C 公司的股票在第二天交易结束后决定以 1 股送 2 股,股价势必从 21 元下调为 7 元,这时股价平均数就不是按上面计算得出的 15 元,而是 10.33 元[(10+14+7)÷3]。这就是说,由于 C 公司股票的配股政策,导致股价平均数从 15 元下跌为 10.33 元(这还未考虑其他影响股价变动的因素),显然不符合股价平均数作为反映股价变动指标的要求。

2) 股票价格指数

(1) 相对法。相对法又称平均法,就是先计算各样本股票指数,再加总求出总的算术平均数。其计算公式为:

$$股价指数 = \frac{n \text{ 个样本股票指数之和}}{n} \tag{2-2}$$

【例 2-3】 承接[例 2-2],利用相对法求股价指数。

解析：根据式(2-2)：股价指数 = $\dfrac{\dfrac{10}{8}+\dfrac{14}{10}+\dfrac{21}{18}}{3}$ = 127.22%，即报告期的股价比基期上升了 27.22%。

(2) 综合法。综合法是先将样本股票的基期和报告期价格分别加总，然后相比求出股票价格指数。其计算公式如下：

$$\text{股价指数} = \frac{\text{报告期股价之和}}{\text{基期股价之和}} \tag{2-3}$$

将[例2-2]的数字代入式(2-3)得：股价指数 = (10+14+21)÷(8+10+18) = 45÷36 = 125%，即报告期的股价比基期上升了 25%。

从相对法和综合法计算股价指数来看，两者都未考虑到因各种采样股票的发行量和交易量不同，而对整个股票市场股价的不同影响等因素，这样计算出来的指数亦不够准确。为使股价指数计算精确，需要加入权数，这个权数可以是交易量，亦可以是发行量。

(3) 加权法。加权股价指数以样本股发行量或交易量为权数进行计算。根据各期样本股票的相对重要性予以加权，其权数可以是成交股数、股票发行量等。按时间划分，权数可以是基期权数，也可以是报告期权数，因此又有基期加权和报告期加权之分。

① 基期加权。基期加权又称拉氏法加权，以基期成交股数（或发行量）为权数，该指数又称拉斯拜尔指数。其计算公式为：

$$I = \frac{\sum_{i=1}^{n} P_{1i}Q_{0i}}{\sum_{i=1}^{n} P_{0i}Q_{0i}} \times I_0 \tag{2-4}$$

式(2-4)中，I、I_0 分别为报告期、基期的股价指数，P_{1i} 和 P_{0i} 分别为第 i 种股票报告期和基期的价格，Q_{0i} 为第 i 种股票基期发行量或交易量。

拉氏法的优点是每期计算的权重固定，计算较容易，也省去每期变动权重的问题，而且任意两期指数的比率具有相同性质，即以同一基期为准的各期指数可以相互比较。但其缺点是，在权重（数量）变动较大时，拉氏法不足以反映各种属性的相对重要性。

② 报告期加权。报告期加权又称派氏法加权，以报告期成交股数（或发行量）为权数，该指数又称派氏指数。其计算公式为：

$$I = \frac{\sum_{i=1}^{n} P_{1i}Q_{1i}}{\sum_{i=1}^{n} P_{0i}Q_{1i}} \times I_0 \tag{2-5}$$

式(2-5)中，I、I_0 分别为报告期、基期的股价指数，P_{1i} 和 P_{0i} 分别为第 i 种股票报告期和基期的价格，Q_{1i} 为第 i 种股票报告期发行量或交易量。

派氏法的优点是考虑了各种属性在当期的相对重要性，权重变动较大时，能较好反映股价的相对变化。但其缺点是计算所得的报告期指数仅能与基期相比较，减弱了应用上的时效性。此外，派氏法的报告期加权的特性，会造成股价指数的先天性低估。

【例2-4】 承接[例2-2]的数据，各股票的股价及交易量如表 2-9 所示。请分别按拉氏法和派氏法计算股价指数,基期指数为 100。

表 2-9   某股市 3 只股票股价及交易量情况表

股票	股价(元)		交易量(100 股)	
	基期 P_0	报告期 P_1	基期 Q_{0i}	报告期 Q_{1i}
A	8	10	75	100
B	10	14	125	150
C	18	21	160	200

解析: ① 按拉氏法计算,以基期交易量为加权,则股价指数为:

$$I = \frac{10 \times 75 + 14 \times 125 + 21 \times 160}{8 \times 75 + 10 \times 125 + 18 \times 160} \times 100\% = 123.89\%$$

② 按派氏法计算,以报告期交易量为加权,则股价指数为:

$$I = \frac{10 \times 100 + 14 \times 150 + 21 \times 200}{8 \times 100 + 10 \times 150 + 18 \times 200} \times 100\% = 123.73\%$$

加权股价指数的计算公式比较合理,考虑了不同股票对指数的影响,所以能更准确地反映股票市场的价格变动情况。加权股价指数最早是美国标准普尔公司 1923 年在编制 S&P233(后增至 500)指数时采用的,后来大多数的证券交易所都选择加权平均法来编制指数。

我国上证指数和深证指数等都采用拉氏法计算。由于使用基期总市值会给计算带来不便,实际中采用的是连环计算法。连环计算法公式为:

$$当前股价指数 = 上一次交易日收盘指数 \times \frac{当前股票总市值}{上一次交易日收盘总市值}$$

4. 主要的股票价格指数

许多著名的股价指数都是由专业的指数公司编制和发布,如道琼斯股票价格平均指数、标准普尔股价指数、纳斯达克综合指数、香港恒生指数等,各类股价指数在采样样本、计算方法和关注的市场特征等方面不尽相同,具有鲜明的个性差异。我国股价指数主要有上证综合指数、深证综合指数、上证 180 指数、深证成分股指数、沪深 300 指数等。

1) 道琼斯股票价格平均指数

道琼斯股票价格平均指数最早是在 1884 年由道琼斯公司的创始人查尔斯·亨利·道(Charles Henry Dow, 1851—1902)开始编制的,是一种算术平均股价指数。最初的道琼斯股票价格平均指数是根据 11 种具有代表性的铁路公司的股票,采用算术平均法进行计算编制而成,发表在查理斯·亨利·道自己编辑出版的《每日通讯》上。该指数的目的在于反映美国股票市场的总体走势,涵盖金融、科技、娱乐、零售等多个行业。自 1897 年起,道琼斯股票价格平均指数开始分成工业与运输业两大类。

道琼斯股票价格平均指数所选用的股票都有代表性,这些股票的发行公司都是本行业具有重要影响的著名公司,其股票行情为世界股票市场所瞩目,各国投资者都极为重视。为了保持这一特点,道琼斯公司对其编制的股票价格平均指数所选用的股票经常予以调整,选择更具有活力和更有代表性的公司股票替代那些失去代表性的公司股票。自 1928 年以来,仅用于计算道琼斯工业股价平均指数的30种工商业公司股票,已有30次更换,几乎每两年就有一个新公司的股票代替老公司的股票。

另外,这一股票价格平均指数自编制以来从未间断,可以用来比较不同时期的股票行情和经济发展情况,成为反映美国股市行情变化最敏感的股票价格平均指数之一,是观察市场动态和从事股票投资的主要参考。

2）标准普尔500指数

标准普尔500指数是全球有名的股价指数,由标准·普尔公司1957年开始编制。标准·普尔公司是世界权威金融分析机构,由普尔先生于1860年创立。该指数最初的成分股由425种工业股票、15种铁路股票和60种公用事业股票组成。从1976年7月1日开始,其成分股改由400种工业股票、20种运输业股票、40种公用事业股票和40种金融业股票组成。它以1941年至1943年为基期,基期指数定为10,采用加权平均法进行计算,以股票上市量为权数,按基期进行加权计算。与道琼斯工业股价平均指数相比,标准普尔500指数具有采样面广、代表性强、精确度高、连续性好等特点,被普遍认为是一种理想的股票指数期货合约的标的。

3）纳斯达克综合指数

纳斯达克综合指数（NASDAQ综合指数）和道琼斯工业股价平均指数,是美国股市最具代表意义的市场指数,也是美国经济最敏感的神经。纳斯达克综合指数是反映纳斯达克证券市场行情变化的股票价格平均指数,基本指数为100。纳斯达克的上市公司涵盖所有新技术行业,包括软件和计算机、电信、生物技术、零售和批发贸易等。该指数主要由美国的数百家发展最快的先进技术、电信和生物公司组成,包括微软、英特尔、美国在线、雅虎这些家喻户晓的高科技公司,因而成为美国"新经济"的代名词。世人瞩目的微软公司便是通过纳斯达克证券市场上市并获得成功的。纳斯达克综合指数是代表各工业门类的市场价值变化的晴雨表。因此,纳斯达克综合指数相比标准普尔500指数、道琼斯工业股价平均指数（它仅包括30个大公司）更具有综合性。目前,纳斯达克证券市场包括5 000多家公司股票,超过其他任何单一证券市场。因为它有如此广泛的基础,已成为最有影响力的证券市场指数之一。

4）香港恒生指数

香港恒生指数是由香港恒生银行全资附属的恒生指数公司编制的指数。入选样板股为香港股票市场33家上市公司,是以发行量为权数的加权平均股价指数。它是香港股票市场最有影响力的指数。香港恒生指数以1964年7月31日为基数日,基数点100点。香港恒生指数的成分股具有广泛的市场代表性,其总市值占香港交易所市场资本额总和的90%左右。为了进一步反映市场中各类股票的价格走势,香港恒生指数于1985年开始公布四个分类指数,把33种成分股分别纳入工商业、金融、地产和公共事业四个分类指数。

5）我国主要股价指数

我国上海证券交易所和深圳证券交易所编制的股价指数中最常用的主要是以下四种指数,分为综合指数和成分指数两种类型。

（1）上证综合指数。上证综合指数又称"上证综指"是我国最早发布的指数,是以上证所挂牌上市的全部股票为计算范围,以发行量为权数的加权综合股价指数。这一指数自1991年7月15日起开始实时发布,基日定为1990年12月19日,基日指数定为100点。新上证综指发布以2005年12月30日为基日,以当日所有样本股票的市价总值为基期,基点为1 000点。新上证综指简称"新综指",指数代码为000017。

(2) 上证180指数。上证180指数是上海证券交易所对原上证30指数进行调整和更名而产生的指数。上证成分股指数的编制方案是在结合中国证券市场的发展现状并借鉴国际经验,在原上证30指数编制方案的基础上作进一步完善后形成的。上证成分股指数的样本股共有180只股票,选择样本股的指标是遵循规模(总市值、流通市值)、流动性(成交金额、换手率)、行业代表性,即选取规模较大、流动性较好且具有行业代表性的股票作为样本。

(3) 深证综合指数。深证综合指数是由深圳证券交易所编制,以深圳证券交易所挂牌上市的全部股票为样本,以发行量为权数计算的加权综合股价指数。深证综合指数包括深圳综合指数、深圳A股指数和B股指数三种,它们分别以在深圳证券交易所上市的全部股票、全部A股、全部B股为样本股,以1991年4月3日为综合指数和A股指数的编制基期,以1992年2月28日为B股指数的编制基期,基期指数定为100点,以指数股计算日股份数进行加权平均计算。

(4) 深证成分股指数。深证成分股指数由深圳证券交易所编制,通过对所有在深圳证券交易所上市的公司进行考察,按一定标准选出40家有代表性的上市公司作为成分股,以成分股的可流通股数为权数,采用加权平均法编制而成,综合反映深圳证券交易所上市A股、B股的股价走势。成分股指数以1994年7月20日为基期,基期指数为1 000点,起始计算日为1995年1月25日。

(5) 沪深300指数。沪深300指数的编制目标是反映中国证券市场股票价格变动的运行状况,并能够作为投资业绩的评价标准,为指数化投资及指数衍生产品创新提供基础条件。该指数基期为2004年12月31日,基点为1 000点。该指数的计算方法是,以调整股本为重,采用派氏加权综合价格指数公式计算。

沪深300指数对上市公司进行指标排序后进行选择,另外规定了详细的入选条件。例如,新股上市(除少数大市值公司)不会很快进入指数,一般而言,上市时间一个季度后的股票才有可能入选指数样本股。又如,该指数剔除了暂停上市股票、ST股票以及经营状况异常或财务报告严重亏损的股票和股价波动较大、市场表现明显受到操纵的股票。因此,沪深300指数反映的是流动性强和规模大的代表性股票的股价的综合变动,可以给投资者提供权威的投资方向,也便于投资者进行跟踪和投资组合,保证了指数的稳定性、代表性和可操作性。

延伸阅读2-7

科创板指数

科创板指数主要是指上证科创板50成分指数,简称科创50,指数代码为000688。该指数由上海证券交易所科创板中市值大、流动性好的50只证券组成,反映了最具市场代表性的一批科创企业的整体表现。该指数以2019年12月31日为基期,以1 000点为基点,正式发布时间为2020年7月22日。和其他指数不同的是,科创50指数成分股每季度调整一次,可以即时替换新上市的优质企业,保证成分股都是板块内最优秀的龙头个股。

科创板是我国为了鼓励科创企业创立的融资平台,在科创板上市的企业成长赛道空间很大,A股很多优质的科技核心资产只有科创板才有,很多独角兽股和海外的中概股龙头股一般也会选择在科创板上市,如大家熟知的中芯国际,奇安信等,而科创50指数未来也将成为最具代表性的科技投资指数。

科创板的投资价值也被市场所认可,有50只科创板股票被纳入富时全球A股指数,7只科创板股票将被纳入富时新兴市场指数,这给科创板带来了不少增量资金。科创板放宽到每日20%的涨跌幅限制,上市首日开放融资融券业务,引入盘后固定价格交易等规定,也给炒作的资金留有更大的余地。

同时,科创板和创业板在定位和概念上虽然有所交叉,但两者最大的区别是科创板主要服务于符合国家战略、突破关键核心技术、市场认可度较高的科技创新企业,主要面向的是已经跨越创业阶段进入高速成长、具有一定规模的中小企业;创业板更广泛一点,主要是对创业企业的支持。

资料来源:佚名. 科创板指数[EB/OL]. (2020-07-22)[2022-06-17]. https://baike. so. com/doc/29784056-31336971.html.

七、股票交易费用

投资者在委托买卖证券时,需要支付多项费用和税收,这些支出主要由佣金、过户费、经手费和印花税等构成。

1. 佣金

佣金是投资者在委托买卖证券成交后按成交金额一定比例支付的费用,是证券经纪商为客户提供证券代理买卖服务收取的费用。此项费用是由证券公司经纪佣金、证券交易所手续费及证券交易监管费等组成。A股、证券投资基金每笔交易佣金不足5元(人民币)的,按5元(人民币)收取;B股每笔交易佣金不足1美元或5港元的,按1美元或5港元收取。目前,佣金比例一般是按成交金额的3‰收取。

在佣金费用中,证券交易所手续费和证券监管费用是固定的,只有证券公司的经纪佣金有浮动的范围。随着证券公司在经纪业务上竞争越来越激烈,很多证券公司在进行证券业务营销的时候,都选择了降低证券交易佣金的竞争手段。

2. 过户费和经手费

过户费和经手费是委托买卖的股票、基金成交后,买卖双方为变更证券登记所支付的费用。这笔收入一部分属于中国结算公司的收入,一部分由证券公司留存,由证券公司在同投资者清算交收时代为扣收。自2022年4月29日起,股票交易过户费总体下调50%,即按成交额的0.01‰双向收取。

3. 印花税

印花税是根据国家税法规定,在A股和B股成交后对买卖双方投资者按照规定的税率分别征收的税金。依照我国的税法规定,股票成交后,国家税务机关应该向买卖双方都收取印花税。在印花税的征收过程中,为了保证税源稳定不流失,同时也为了简化缴款手续,现行的做法就是由证券经纪商在同投资者办理交收过程中代为扣收;然后,在证券经纪商同中国结算公司的清算、交收中集中结算;最后由中国结算公司统一向征税机关缴税。

2008年9月19日至今印花税由向双边征收改为向出让方单边征收,受让者不再缴纳印花税。投资者在买卖成交后支付给财税部门的税收。上海证券交易所股票及深圳证券交易所股票均按实际成交金额的1‰支付,此税收由券商代扣后由交易所统一代缴。债券与基金交易均免交此项税收。

延伸阅读2-8

股票交易印花税

印花税是对经济活动和经济交往中书立、领受具有法律效力的凭证的行为所征收的一种税。其因采用在应税凭证上粘贴印花税票作为完税的标志而得名。占印花税收入过半的证券交易印花税,主要是针对股票交易征税。目前,我国证券交易印花税税率为成交额的1‰,而且只对证券交易的出让方(卖出方)征收,不对证券交易的受让方征收。即你卖出1万元的股票,要缴纳10元的印花税。

股票交易印花税原来税率更高而且是买卖双方都征收。2008年4月24日,为了刺激证券交易,我国将股票交易印花税率由3‰下调为1‰。2008年9月19日起,我国将股票交易印花税由双向征收改为单向征收,税率保持1‰不变,这一规定一直沿用至今。

目前,全球征收股票印花税的市场不多,主要有中国、印度、法国等。其中法国政府已组建委员会研究取消股票交易税等问题,以提高法国金融市场活力。我国投资者每年向证券市场要上交上千亿元印花税,而且投资者还要向券商交佣金,交易成本较高。不少人士认为,取消股票交易印花税是资本市场一项非常重要的基础性制度改革,有利于推动我国资本市场良性发展,希望能够尽快取消股票交易印花税。

资料来源:佚名.关于"股票印花税",这些你都了解吗?[EB/OL].(2021-02-24)[2021-10-17]. https://baijiahao.baidu.com/s?id=16925728915554280058&wfr=spider&for=pc.

第四节 股 票 投 资

股票作为金融市场上最常见的投资工具,深受投资者欢迎。无论是个人,还是资金实力雄厚的大企业或规模相对小的企业、专业的金融机构,都会将投资股票作为重要的投资理财方式或增加利润、实施控制权、占据行业地位的重要方式。投资者如何做好股票投资呢?

一、制订股票投资计划

股票投资对于一个家庭或企业而言,是一项重要的投资。由于股市风险大,大多数个人投资者经验缺乏,即使是专业的证券公司、基金公司、信托公司等金融机构,也需要提前做好股票投资计划,制定股票投资策略。那么,如何制订股票投资计划?制订计划时重点考虑哪些因素呢?

投资是为了获利或有利于投资者的长远发展或某些特殊目的。因此,制订股票投资计划时应综合考虑多方面的因素:

首先,确定好投资目标。投资要达到多大的收益率?多大的损失能接受?是否设定止损点?如果不是为了获利,而是为了获取某公司的控制权或并购其他公司,则更需要确定好目标对象。

其次,结合投资者自身情况。这些因素包括投资者自身的资金实力、未来的收入状况或公司财务状况、风险接受度、对未来的整体规划等。

再次,分析当前的宏观环境及股市行情。投资目标能否实现,与当前的宏观经济环境、政治环境、拟投资进入的行业(领域)、目前的股市行情表现等都有密切的关系。因此在制订投资计划时,需要做好基本面分析、行业分析、公司分析等。

最后,制订投资计划时,需设定相应的投资策略。投资策略包括目标如何执行,出了问题如何纠正、改进,如何紧密结合投资者自身实际情况进行投资。

二、选择上市公司

股票投资过程中,最重要的就是选好投资对象,即上市公司。现实投资中,很多投资者都会考虑投资A股还是B股、港股还是美股,选择蓝筹股还是成长股。此外,投资者还会在主板、创业板、科创板、新三板等不同板块进行选择。当然无论怎么选,最终就是要实现投资目标。

选择上市公司,首先就是选择行业。不同行业有不同的生命周期、不同的特点及投资潜力。但是同样的行业或领域,不同上市公司的表现是不一样的。

在资本市场上,上市公司所属行业主要有工业制造、交通物流、金融地产、健康医疗、科技传媒、公共服务、农林牧渔等。由于经济、社会、政策及信息技术的变革等因素不同,不同的行业有不同的红利期、兴盛期或衰退期,投资者在投资股票时,需要对行业进行分析。

对于想通过并购方式,扩大公司商业版图,超越竞争对手,占据市场垄断地位的公司来说,它们进行股权投资时,更需要分析拟投资公司所在的行业。同时,被投资上市公司自身的经营情况,也是影响投资选择的重要因素。

投资者肯定会选择好的公司投资,那么怎样才算好的公司,如何判断盈利能力好坏?净资产收益率(ROE),也叫股东权益报酬率是一个重要的衡量指标(第六章第三节公司分析会有阐述)。一般来说净资产收益率越高,代表企业越能赚钱。好公司一定是可以盈利的公司,而且是长期持续盈利的公司,如某公司连续5年ROE超过15%。这样就会筛选掉很多上市公司。

此外,安全性高也是好公司的重要指标。它可以通过毛利率、资产负债率、上市时间等指标进行判断。一般来说,毛利率高、资产负债率低、上市时间超过3年的上市公司都相对值得投资。另外,对于好的上市公司来说,对股东的分红派息很重要。好的上市公司派息率不能太低,否则影响股东们的实际收益。关于上市公司的详细分析,本书第六章会有详细介绍。

延伸阅读2-9

净资产收益率(ROE)的重要性

多年前有人问巴菲特,选股票时你最看重公司的哪个指标,巴菲特毫不犹豫地给出了"ROE"这个答案。ROE,即净资产收益率又称股东权益报酬率、净值报酬率。在所有的估值指标[市盈率、市净率、股息率、市销率、市盈率相对盈利增长比率(PEG)、净资产收益率等]中,这个指标是最为重要的估值指标。

企业的净资产收益率是净利润与平均股东权益的百分比,是公司税后利润除以净资产得到的百分比率。ROE表示单位净资产下企业的净利润。如果ROE越高,那就说明企业的经营盈利状况越好。如果一家公司的现金流稳定并且金额充足,那么ROE越高,越具有投资价值,也就说明该公司的盈利能力、运营能力和偿债能力都很强。

投资大师芒格和巴菲特都说过类似的话:成功的长期投资,你的年化收益率约等于公司的年均ROE。一般情况下,上市公司的净资产收益率在10%~20%就很棒了,而巴菲特能保持年化收益率在24%。当然,ROE确实重要,但它并不是唯一的估值指标,我们在选取股票时仍要综合考虑其他因素。

股票投资不仅要具备基础的知识,即综合考虑ROE、市盈率(PE)、市净率(PB)等指标,还要彻底了解目标公司,如对管理层、供应商、客户、竞争对手、行业专家等进行访谈、咨询。股票投资需要时间的沉淀,花费比别人数倍多的时间做功课。巴菲特在观察研究可口可乐公司52年后才对其进行投资。

资料来源:佚名.财知道|什么是 ROE? 为什么选股一定要看 ROE?[EB/OL].(2021-01-26)[2021-10-25]. https://baijiahao.baidu.com/s?id=1689943740528256558&wfr=spider&for=pc.

三、做好股票投资价值分析

在进行股票投资时,人们非常重视股票的投资价值分析,不仅要分析影响股票投资价值的内部因素,还要分析外部因素。

1. 影响股票投资价值的内部因素

内部因素主要包括上市公司的净资产、盈利水平、股利政策、股份分割、增资减资以及并购重组等方面。

1) 净资产

净资产是全体股东的权益,是决定股票投资价值的重要基准。理论上讲,净资产增加,股价上涨;净资产减少,股价下跌。

2) 盈利水平

盈利水平是影响股票投资价值的基本因素之一。一般来说,预期公司盈利增加,股票市场价格上涨;反之,股票市场价格下跌。需要注意的是,股票价格的涨跌和公司盈利的变化并不完全同时发生。

3) 股利政策

公司的股利政策直接影响股票的投资价值。一般来说,股票价格与股利水平成正比,股利水平越高,股票价格越高。但公司有盈利不一定会分配,股利不一定增加。公司会根据自身发展及现金流状况等制定股利政策。不同的股利政策会对各期股利收入有不同影响。此外,公司对股利的分配方式也会给股价波动带来影响。

4) 股份分割

股份分割即拆股或拆细,是将原有股份均等地拆成若干较小的股份。股份分割一般在年度决算月进行,通常会刺激股价上涨,往往比增加股利分配更刺激股价上涨。

5) 增资减资

两者对不同公司股票价格的影响不尽相同。在没有产生效益前,增资可能使每股净资产下降,因而可能促使股价下跌,但对那些业绩优良、财务结构健全、具有发展潜力的公司而言,增资意味着将增加公司经营实力,会给股东带来更多回报,股价不仅不会下跌,可能还会上涨。当公司宣布减资时,多半是因为经营不善、亏损严重,需要重新整顿。

6) 并购重组

公司并购重组总会引起公司价值的巨大变动,因而股票价格也随之发生剧烈波动。

2. 影响股票投资价值的外部因素

一般来说,影响股票投资价值的外部因素主要包括宏观经济因素、行业因素及市场因素。

1) 宏观经济因素

宏观经济走向和相关政策是影响股票投资价值的重要因素。宏观经济走向包括经济周期、通货情况变动以及国际经济形势等因素。国家的货币政策、财政政策、收入分配政策和对证券市场的监管政策等都会对股票投资价值产生影响。

2）行业因素

行业的发展状况和趋势对于该行业上市公司的影响是巨大的，因而行业的发展状况和趋势、国家的行业政策和相关行业的发展等都会对该行业上市公司的股票投资价值产生影响。

3）市场因素

证券市场上投资者对股票走势的心理预期会对股票价格走势产生重要的影响。市场中散户投资者的从众心理，会对股市产生助涨助跌的作用。

四、进行风险与收益评估

股票投资的主要目的是获取收益，甚至是高收益，但是股票投资的风险与收益是对称的。因此投资股票时，需要做好风险及收益评估。现实操作中，开户时就会有风险提示："股市有风险，投资需谨慎"。

1. 做好自身的风险接受度评估

基于自身收入、公司实力情况等因素，投资者在投资股票前需要进行风险评估。每个股票的风险等级不一样，风险评估等级一般可以划分为5级，分别是谨慎型、稳健型、平衡型、进取型、激进型，分别用R1、R2、R3、R4、R5表示。这里R5的风险是最高的。只有R1可视为保本（其实即使是存款也都是有贬值风险的）。当然R2的风险也很低，一般如果想尽量保本的，就选择投资R1和R2级别资产。

对于股票投资而言，股价受多种因素影响，非常不稳定，因此股票风险较大。做股票投资，每个投资者的目的不一样，预期收益和抗风险能力也不一样，因此选择个股也是有区别的。对于不同上市公司来说，所属行业不一样它所处的行业生命周期不一样。例如，银行业和5G行业，银行业属于传统金融行业，而5G行业是新兴行业，因此它们两个行业的股票风险是不一样的。银行类股票一般波动较小，跌不多，涨也不会太多。但是5G行业的公司股票，这几年处于行业红利期，如果真是行业产业链公司，那么成长期公司股价就会上涨较快，同时在市场波动情况下也可能跌得很快，投资时需要做好分析。

2. 坚持一定的风险控制原则

投资时总会希望收益越高越好，但是股票交易也可能面临重大的损失风险，因此需要严格控制交易风险。用严格有效的方法控制交易风险是获利的前提与基础，是股票投资中所要遵守的最重要规则。实际操作中，投资者往往会设定止损点。

另外，收益高低与投资时间、交易频率等都有关系。频繁的短期操作，也会对投资的长期收益产生不利影响。坚持长期投资的理念，一般会有更好回报。此外，投资股票时，需要做好组合投资，分散投资领域和投资对象，更有利于分散风险。具体如何进行风险和收益评估，详情见本书第八章。

相关思考2-8

股票投资对公司财务有何影响？

公司尤其是上市公司进行股票投资涉及现金流的变动，同时也涉及公司资产等方面的变动，那么股票投资会对公司财务运营产生影响吗？具体表现在哪些方面？

五、股票投资策略与操作技术

股票投资是复杂的。为了获利,进行股票投资时,投资者需要制订好投资策略。结合前面阐述的行情分析、投资对象等内容,本书从不同角度提出了一些可借鉴的投资策略及操作技术。

1. 股票投资策略

股票投资策略是股票投资者为避免或降低风险,获取较多投资收益而采用的方法和措施。股票投资者的投资策略,应当因人、因时、因条件制宜。投资者应根据资金来源状况、对投资收益的依赖、掌握证券信息程度及从事证券买卖时间等条件酌情确定不同的投资策略。

1) 价值投资策略

价值投资策略分析股票时主要侧重其内在价值,该策略主要分析数据,具体包括公司权益、负债、收益等财务指标。这些指标主要来源于过去和现在。在实际购买时机方面,该策略选择经营处于相对低迷时期的公司,买入价格往往接近公司市场价格的最低水平。"股神"巴菲特一直坚持的就是价值投资策略。

2) 成长投资策略

成长投资策略在分析股票时更加侧重分析公司的未来前景,如公司所处的行业前景、竞争优势、管理水平以及产品的开发能力、市场占有率等。在购买时机方面,由于公司当前已经展示出一定的收益上升迹象,在买入价格方面往往处于中低或中高水平。

3) 组合投资策略

组合投资理论是投资中的重要理论,在投资实务中运用非常广泛。而之所以做组合投资,主要目的是分散投资风险。资金实力雄厚的投资者,都会采取组合投资方式,最终实现风险分散、收益尽可能最优的目标。

现实中,如何构成投资组合没有唯一的标准,适合投资者自身、能给投资者带来收益的组合就是相对好的组合。

4) 多样化投资策略

不同类型的股票有其各自的业绩表现。大型公司股票业绩和中小公司股票业绩会有较明显的区别,因此对不同资金实力及投资基础的投资者来说,其投资策略会有不同的选择。另外,蓝筹股、成长股、投机股等,都有不同的投资机会,各有优劣,投资者要根据偏好、风险承受能力、资金实力等情况综合考虑。

投资者买进多种股票后,由于每种股票都有可能上涨获利,即使有涨有跌,损失也不会很大,投资者可能不必为选股而太操心。多样化投资策略一般只在股市起伏不定,前景未测时使用。

5) 自上而下与自下而上策略

自上而下策略主要是从宏观经济、政治、军事形势及行业、板块特征入手,明确大类资产、国家、行业的配置,然后挑选相应的股票作为投资标的,实现配置目标。

自下而上策略是依赖个股筛选的投资策略,关注的是各个上市公司的表现,而非经济或市场的整体趋势。这点比较重要,因为选股其实就是选公司。因此上市公司的业绩表现对于支撑公司股价上涨非常重要。

2. 股票操作技术

(1) 做到以静制动,守株待兔。股市变化频繁,为减轻或避免过早出卖或廉价出售股票造成的损失,可采取持股观望态度,待股票涨到一定高度或下跌转势后再决定出手,即以静制动投资。对于中小投资者来说,此法比较适用,所购进和持有的股票一般应是涨幅平和或者尚未调整价值的股票。

(2) 选择好买进或卖出时机。根据不同类型股票的业绩实时表现,结合技术分析工具,判定最佳买进或卖出时机。时机问题对于投资获利很重要,但有时的确不太好判断,技术分析工具也可能会失效。

股票具体的操作技术,更多的是结合 K 线、移动平均线(MA)、指数平滑异同平均线(MACD)、随机指标(KDJ)等技术指标进行分析。详细的技术分析见本书第七章证券投资技术分析。

本章小结

本章的主要学习内容是证券投资中重要的基础金融工具——股票。通过本章的学习,我们认识了股票,熟悉了股票如何发行及上市,掌握了股票交易的基本规定、交易原则、交易方式,认识了股票价格指数,掌握了影响股市行情的主要因素等。在这些基础上,结合投资者自身情况,我们可以对如何进行股票投资提供相应的建议。

本章重要概念

股票 资本证券 要式证券 普通股 优先股 记名股 不记名股 面额股 无面额股 蓝筹股 成长股 垃圾股 国家股 法人股 社会公众股 外资股 红筹股 A股 B股 H股 股票发行 配股 定向增发 核准制 注册制 保荐制 询价制 股票上市 证券交易所 竞价 集合竞价 连续竞价 主板市场 创业板 科创板 新三板 现货交易 信用交易 期货交易 期权交易 股票价格指数 退市

练一练

练一练答案

第三章　债券及其投资

> ➢ 内容简介
> ➢ 学习目的和要求
> ➢ 第一节　债券概述
> ➢ 第二节　债券发行
> ➢ 第三节　债券交易
> ➢ 第四节　债券投资
> ➢ 本章小结
> ➢ 本章重要概念

内容简介

本章主要讲解了证券投资中的基础金融工具——债券。本章对债券的基本内容，政府债券、金融债券、企业债券的发行条件及发行程序，债券发行定价及债券交易等进行了阐述，同时还介绍了如何进行债券投资。本章重点是债券的含义、性质、分类，债券发行方式和交易方式，债券评级的内容及重要性、债券交易的基本流程；难点是债券的发行定价、债券交易，以及如何进行债券投资。

学习目的和要求

通过本章的学习，学生应掌握债券的基本信息，掌握不同类型债券之间的区别及其发行条件与程序，债券的交易流程及交易方式，熟悉债券评级的内容及重要性，能够综合运用所学知识，进行债券投资策略的判断与选择。

引例　我国债券市场地位

从1981年恢复国债发行开始，中国债券市场在曲折中前行，走过了不同寻常的发展历程。1996年末中央托管机构建立，债券市场由此进入快速发展期，市场规模迅速壮大，市场创新不断涌现，市场主体日趋多元，市场活跃度稳步提升，对外开放稳步推进，制度框架也逐步完善。而今中国债券市场已成为全球第二大债券市场。

债券市场的重要性日渐凸显。中共十八届三中全会决议提出，要发展并规范债券市场，提高直接融资比重。"十三五"规划纲要指出，要完善债券发行注册制和债券市场基础设施，加快债券市场互联互通，稳妥推进债券产品创新。中共十九大报告提出，要"增强金融服务实体经济能力，提高直接融资比重，促进多层次资本市场健康发展"。作为资本市场的重要组成部分，中国债券市场发展方兴未艾，正步入重大战略机遇期。

2021年是"十四五"规划的开局之年，债券市场应深入贯彻新发展理念，构建新发展格局，在降低社会融资成本、推动经济提质增效方面发挥积极作用。

何为债券？债券如何在资本市场中发挥作用？本章将进行具体阐述。

资料来源：中债研发中心.中国债券市场概览（2021年版）[EB/OL].（2022-04-22）[2022-06-30].
https://www.chinabond.com.cn/cb/cn/yjfx/zzfx/nb/20220420/160071028.shtml.

第一节 债券概述

一、债券的含义与基本要素

(一) 债券的含义

债券是指发行人为了筹集资金,依照法定程序向投资者发行,承诺到期还本付息的债权债务凭证,同时债券也是一种有价证券。债券购买者与发行者之间是一种债权债务关系。

(二) 债券的基本要素

债券通常需载明债券的发行机构、票面面值、票面利率、付息期、偿还期等要素。债券图样如图3-1所示。

图 3-1 债券图样

1. 发行机构

发行机构指明了该债券的债务主体,既明确了债券发行人应履行对债权人偿还本息的义务,也为债权人到期追索本金和利息提供了依据。

2. 票面面值

票面面值是债券发行人承诺在债券到期日偿还给债券持有人的金额。债券面值大小不等,但一般都是整数,如百元、千元、万元等。面值的大小受债券发行者的需要、债券的种类、债券发行的对象、市场资金供给状况及债券发行费用等因素影响。无论债券价格如何变化,已标明的面值是始终不变的。

3. 票面利率

债券的票面利率又称为"名义利率",是债券票面所载明的利率,是债券年利息与债券票面价值的比率,通常年利率用百分数表示。利率是债券票面要素中不可缺少的内容。在实际中,债券利率有多种形式,如单利、复利和贴现利率等。若某种债券票面利率为5%,即表示每认购100元债券,每年可得到5元利息。

一般来说,债券的票面利率高低与发行人及投资者都密切相关。利率的高低通常受债券的期限、债券的信用级别、利息的支付方式以及投资者的接受程度等因素影响。通常债期限越长,票面利率越高。信用级别高的债券,票面利率可以相应降低;而信用级别低的债券,则要相应提高票面利率,因为期限长或信用级别低的债券,违约风险越较大。

4. 还本和付息期限

债券具有一定的偿还期限,期满要偿还本金。债券上载明的还本付息期限,就是发行人在发行时认定这笔借款在多少年内偿还本金和利息。债券还本期限有长有短,短期债券的还本期限为 1 个月、3 个月、6 个月、9 个月,一般不超过 1 年。中期债券的还本期限一般为 3～5 年,长期债券期限一般为 10 年以上。

二、债券的特征

债券的特征表现在以下四个方面。

1. 偿还性

偿还性是指债券有规定的偿还期限,债务人必须按期向债权人支付利息和偿还本金。债券的这一特征与股票的永久性有很大的区别。债券的偿还性使资金的筹集者不能无限期地占用债券购买者的资金。换言之,他们之间的借贷关系将随偿还期结束、还本付息手续完毕而不复存在。但是,现实中也存在无偿还期限的债券,这种"永久性债券"是债券的特例。

2. 流动性

流动性是指债券持有人可按自己的需要和市场的实际状况,灵活地转让债券,以提前收回本金和实现投资收益。债券具有较强的变现能力。投资人购买债券后,并不一定会一直持有到期。当他需用资金时,既可以在证券交易市场上将债券卖出,也可以在银行等金融机构将债券作为质押品而取得贷款。

债券流动性强弱首先取决于市场为转让债券所提供的便利程度;其次取决于债券在迅速转变为货币时,是否遭受损失。

3. 收益性

收益性是指债券能为投资者带来一定的收入,即债券投资的报酬。投资债券的收益主要表现为两种形式:一是利息收入,即债权人在持有债券期间按约定的条件分期、分次取得利息或到期一次取得利息。二是资本损益,即债权人到期收回的本金与买入债券或者中途卖出债券与买入债券之间的价差收入。

债券的收益率高低,是通过相关的收益率指标衡量的。现实中的收益率指标主要有:名义收益率、当期收益率、持有期收益率、到期收益率。每种收益率的侧重点不同,具体计算见后续内容。

4. 安全性

安全性是指债券持有人的收益相对固定,不随发行者经营收益的变动而变动,并且可按期收回本金。相对其他证券来说,债券的安全性较高。但是这并不意味着债券不会有任何风险,只是相对股票及金融衍生品,债券的风险较小。债券面临的风险主要有违约风险、利率风险、通货膨胀风险、价格波动风险、流动性风险等。

三、债券的性质

1. 债券是一种有价证券

债券与股票一样属于有价证券,反映和代表了一定的价值。债券本身具有一定的面值,通常它是债券投资者投入资金的量化表现。另外,持有债券可按期取得利息,利息也是债投资者收益的量化表现。债券与其代表的权利联系在一起,拥有债券也就拥有了债券所代表的权利,转让债券也就将债券所代表的权利一并转移。

2. 债券是一种债权的表现

债券代表债券投资者的权利,这种权利不是直接支配财产,而是一种债权。拥有债券的人是债权人,不同于公司的股东,是公司的外部利益相关者。除了按期取得本息,债权人对债务人的生产、经营及管理没有参与权。

3. 债券是一种虚拟资本

债券与股票一样,尽管有面值,代表了一定的财产价值,但它是一种虚拟资本,而非真实资本。债券的本质是证明债权债务关系的证书,在债权债务关系建立时投资者投入的资金已被债务人占用。因此,债券是实际运用的真实资本的证书。债券的流动并不代表着它所代表的实际资本也同样流动,债券独立于实际资本之外。

四、债券的种类

债券作为一种投资工具,种类很多,可以从不同的角度对债券进行分类。

1. 政府债券、金融债券、公司债券

按债券发行主体不同,债券可分为政府债券、金融债券和公司债券。

1)政府债券

政府债券可分为中央政府债券和地方政府债券。其中中央政府发行的债券又可以称为国债(或国库券)。它以一个国家政府的信用作担保,风险最低,因此被称为"金边债券"。国库券示样如图3-2所示。

图 3-2 我国 1997 年发行的国库券

地方政府债券是由地方政府发行的债券,又叫市政债券,它的信用、利率、流通性通常略低于国债。地方政府发行债券主要是为了满足地方经济与社会公共事业发展等公共支出的需要。地方政府债务是地方政府在承担还本付息责任的基础上,向社会公众发行的债券凭证。地方政府借债一般用于交通、通信、住宅、教育、医疗和环保项目等地方性公共设施的建设。

 延伸阅读3-1

2020 年抗疫特别国债

2020年抗疫特别国债是为应对新冠肺炎疫情,由中央财政统一发行的特殊国债,不计入财政赤字,纳入国债余额限额,全部转给地方主要用于公共卫生等基础设施建设和抗疫相关支出,并带有一定财力补助的性质。

2020年3月27日,中央政治局会议明确发行特别国债。6月15日财政部发布通知,为筹集财政资金,统筹疫情防控和经济社会发展,决定发行2020年抗疫特别国债,预计发行总计1万亿元,从6月中旬开始发行,7月底前发行完毕。

6月15日,财政部决定发行2020年抗疫特别国债(一期)和2020年抗疫特别国债(二期),6月16日决定发行2020年抗疫特别国债(三期),7月3日决定发行2020年抗疫特别国债(四期)。

2020年6月18日,财政部采取市场化方式,公开招标发行首批1000亿元抗疫特别国债。

截至2020年7月30日,2020年抗疫特别国债实现发行总额1万亿元。

资料来源:中国政府网.抗疫特别国债即将发行[EB/OL].(2020-06-16)[2022-06-30].http://www.gov.cn/xinwen/2020-06/16/content_5519827.html.

视频:什么是特别国债

2)金融债券

金融债券是由银行或非银行金融机构发行的债券。它具有信用高、流动性好、安全性强等特征。银行、保险公司、证券公司、信托投资公司以及资产管理公司等金融机构,在资金来源不足时,也常常采取发行债券的方式筹集资金。债券在到期之前一般不能提前兑换,只能在市场转让,从而保证了所筹资金的稳定性。在我国,商业银行、政策性银行等金融机构,只要符合债券发行条件,都可以通过发行债券融通资金。这也成为金融机构获取资金的重要方式。金融债券示样如图3-3所示。

图3-3 中国农业银行发行的金融债券

 延伸阅读3-2

我国债券市场中的金融债券

政策性金融债券的发行主体为开发性金融机构(国家开发银行)和政策性银行(中国进出口银行、中国农业发展银行)。近年来,政策性金融债券加大创新力度,推出扶贫专项金融债、"债券通"绿色金融债等品种,试点弹性招标发行。政策性金融债券已在商业银行柜台交易,其中,国开债(国家开发银行开发金融业务所发行的金融债券)在柜台已实现常规化发行。

商业银行债券的发行主体为境内设立的商业银行法人,商业银行债券可分为一般金融债券、小微企业贷款专项债、"三农"专项金融债、次级债券、二级资本工具、无固定期限资本债券等品种。

非银行金融债券的发行主体为境内设立的非银行金融机构法人。非金融机构债券包括银行业金融机构发行的财务公司债券、金融租赁公司债券、证券公司债券、保险公司金融债和保险公司次级债。

资料来源:中债研发中心.中国债券市场概览(2021年版)[EB/OL].(2022-04-22)[2022-06-30].https://www.chinabond.com.cn/cb/cn/yjfx/zzfx/nb/20220420/160071028.shtml.

3) 公司债券

公司债券是指公司依照法定程序,为了筹集所需资金而发行的债券,具有风险较高、利率较高的特点。公司债券的发行主体是股份公司,但有些国家(如我国)也允许非股份制企业发行债券,这些被称为"企业债券"。但是我国的企业债券和公司债券在很多方面都表现出不同,具体如下:

(1) 发行主体不同。企业债券的发行主体可以是股份有限公司和有限责任公司,也可以是尚未改制为公司制的企业法人,但不包括上市公司;公司债券的发行主体是所有的公司制法人。

(2) 募集资金用途不同。公司债券的募集资金用途由发行人自行决定,不强制与项目挂钩,除金融类企业外,募集资金不得转借他人。企业债券募集资金用途主要限制在固定资产投资和技术革新改造方面,并与政府部门审批的项目直接相连。

(3) 发行期限不同。企业债券的发行期限一般为3~20年,以10年期为主;公司债券的发行期限一般为3~10年,以5年期为主。

(4) 发行定价方式不同。企业债券要求发债利率不高于同期银行存款利率的40%;公司债券的发债利率没有明确的限制,由发行人与保荐人通过市场询价确定。

(5) 担保要求不同。企业债券较多采取担保方式,公司债券大部分是无担保的信用债券。

(6) 发行市场不同。企业债券可以在银行间债券市场和证券交易所市场发行,公司债券仅能在证券交易所市场发行。

公司(企业)发行债券是比较常见的筹资方式。企业在发行债券的时候,一般要对企业进行严格的资格审查或要求企业有财产抵押,以保护投资者利益。另外,在一定限度内,证券市场上的风险与收益成正相关关系,高风险往往伴随着高收益。因此,公司债券由于具有较大风险,它们的利率通常也高于政府债券。

在公司债券中,有一种特别的债券,称为可转换债券,示样如图3-4所示。它是一种被赋予了股票转换权的公司债券。发行公司事先规定投资人可以选择有利的时机,按发行时规定的条件转换为发行公司的等值普通股票。当投资者不太清楚公司的发展潜力和前景时,可投资于这种债券。如果发行公司经营业绩显著,前景乐观,股票价格看涨,则可将债券转换成公司股票。可转换债券给投资者多了一种投资选择的机会,颇受投资者欢迎。

图3-4 上海陆家嘴公司发行的公司债券

延伸阅读 3-3

中小企业集合债券

中小企业集合债券是企业债券的一种,由牵头人组织,发债主体为多个中小企业所构成的集合。发行企业各自确定发行额度分别负债,使用统一的债券名称,统收统付。期限一般为3~5年。它是以银行或证券机构作为承销商,由担保机构担保,评级机构、会计师事务所、律师事务所等中介机构参与,并对发债企业进行筛选和辅导以满足发债条件的新型企业债券形式。这种"捆绑发债"的方式,打破了只有大企业才能发债的惯例,开创了中小企业新的融资模式。

美国的次贷危机引起了全球范围的金融危机,我国很多中小企业准备不足,接连破产、倒闭,而引起这种现象的原因主要是中小企业的融资难问题。我国采取了很多应对措施对中小企业进行保护和提振,发行中小企业集合债券便是措施之一。

资料来源:中债研发中心.中国债券市场概览(2021年版)[EB/OL].(2022-04-22)[2022-06-30].
https://www.chinabond.com.cn/cb/cn/yjfx/zzfx/nb/20220420/160071028.shtml.

2. 贴现债券、附息债券、息票累积债券

按债券偿还与付息方式,债券可分为贴现债券、附息债券和息票累积债券。

1) 贴现债券

贴现债券也称为零息债券,是发行者以低于面值的价格发行,在债券到期时以面值偿还的债券。发行价与面值之间的差就是利息,称为贴息。国库券经常选择贴现方式发行。

2) 附息债券

附息债券是指平价发行、分期计息和付息的债券。此类债券票面附有利息息票,通常半年或一年支付一次利息。按照计息方式的不同,这类债券还可分为固定利率债券和浮动利率债券。

3) 息票累积债券

该债券与附息债券相似,也规定了票面利率。但是,债券持有人必须在债券到期时一次性获得本金、利息,存续期间没有利息支付。

3. 固定利率债券、浮动利率债券

按债券利率是否变动,债券分为固定利率债券和浮动利率债券。

1) 固定利率债券

固定利率债券是指在发行时规定票面利率,而利率在整个偿还期内不变的债券。固定利率债券不考虑市场变化因素,因而其筹资成本和投资收益可以事先预计,不确定性较小,但债券发行人和投资者仍然必须承担市场利率波动的风险。

如果未来市场利率下降,发行人能以更低的利率发行新债券,则原来发行的债券成本就显得相对高昂,而投资者则获得了相对现行市场利率更高的报酬,原来发行的债券价格将上升;反之,如果未来市场利率上升,新发行债券的成本增大,则原来发行的债券成本就显得相对较低,而投资者的报酬则低于购买新债券的收益,原来发行的债券价格将下降。

2) 浮动利率债券

浮动利率债券是指利率随市场利率定期变动和调整的债券,其票面利率是随市场利率或通货膨胀率的变动而变动的。浮动利率债券往往是中长期债券。由于债券利率随市场利率浮动,采取浮动利率债券形式就可以避免债券的实际收益率与市场收益率之间出现任何重大差异,使发行人的成本和投资者的收益与市场变动趋势相一致。但债券利率的这种浮动性,也使发行人的实际成本和投资者的实际收益事前带有很大的不确定性,从而导致较高的风险。

4. 短期债券、中期债券、长期债券

按债券偿还期限,债券可以分为短期债券、中期债券和长期债券。

一般来说,短期债券是指期限在 1 年以内的债券,通常有 3 个月、6 个月、9 个月、12 个月这几种期限。中期债券是指期限在 1~10 年内的债券,而长期债券是一般指期限在 10 年以上的债券,如长期国债。

我国国债的期限划分与上述标准相同。但我国企业债券的期限划分与上述标准有所不同。我国短期企业债券期限在 1 年以内,偿还期限在 1~5 年的为中期企业债券,而偿还期限在 5 年以上的称为长期企业债券。

5. 无担保债券、有担保债券

按债券是否有担保,债券可以分为无担保债券和有担保债券。

1) 无担保债券

无担保债券也称为"信用债券",仅凭发行人的信用而发行,是不提供任何抵押品或担保人的债券。政府债券是典型的无担保债券,实际上它凭借国家政府的信用来发行,而以国家税收作为还款保证,不需要其他形式的担保。

2) 有担保债券

有担保债券是指以抵押、质押或保证等形式作为担保而发行的债券。因担保形式不同,该类债券又可以分为抵押债券、质押债券和保证债券等。

抵押债券是指债券发行人在发行一笔债券时,通过法律上的适当手续将债券发行人的部分财产作为抵押,一旦债券发行人出现偿债困难,则出卖这部分财产以清偿债务。

质押债券亦称抵押信托债券,指以公司的其他有价证券(如子公司股票或其他债券)作为担保所发行的公司债券。发行质押债券的公司通常要将作为担保品的有价证券委托信托机构(多为信托银行)保管,当公司到期不能偿债时,即由信托机构处理质押的证券并代为偿债,这样就能够更有力地保障投资人的利益。

保证债券是由第三方负责偿还本息的债券。担保人一般为各级政府、金融机构、公司等具有雄厚经济实力和信誉良好的机构。被担保人一般为社会知名度较低或经济实力较弱的机构。

 延伸阅读 3-4

绿 色 债 券

绿色债券是募集资金专项支持绿色产业项目的债券,以 2015 年中国金融学会绿色金融专业委员会编制并由中国人民银行发布的《绿色债券支持项目目录》和发展改革委发布的《绿色债券发行指引》为界定标准,分为贴标绿色债券和非贴标绿色债券。2020 年,境内主体发行实质绿债券(实质绿债券包括贴标绿色债券以及依据债券发行文件中募集资金用途、发行人所处行业、主营业务及主要产品等信息判断满足中国人民银行《绿色债券支持项目目录(2015 版)》、国家发展改革委《绿色债券发行指引》、国际资本市场协会《绿色债券原则,2015》和气候债券倡议组织《气候债券标准》其中一个标准的非贴标绿色债券)约 12 499 亿元。其中,贴标绿色债券发行规模约 2 580 亿元,包含在岸贴标绿色债券 2 166 亿元、离岸贴标绿色债券414亿元;非贴标绿色债券规模为10 968亿元。截至2020年年末,我国累计发行贴标绿色债券1.3万亿元,规模位居全球第二。

资料来源:中债研发中心.中国债券市场概览(2021年版)[EB/OL].(2022-04-22)[2022-06-30]. https://www.chinabond.com.cn/cb/cn/yjfx/zzfx/nb/20220420/160071028.shtml.

第二节 债券发行

债券发行是发行人以借贷资金为目的,依照法律规定的程序向投资人要约发行代表一定债权和兑付条件的债券的法律行为,债券发行是证券发行的重要形式之一。通过以债券形式筹措资金这一过程,发行者以最终债务人的身份将债券转移到它的最初投资者手中。由于债券的种类不同,其具体的发行条件、发行市场等发行规定都各不相同。

一、债券发行方式

1. 定向发行

定向发行又被称为"私募发行""私下发行",即面向特定投资者发行。定向发行一般由债券发行人与某些机构投资者,如人寿保险公司、养老基金、退休基金等直接洽谈发行条件和其他具体事务,属直接发行。

2. 承购包销

承购包销是指发行人与由商业银行、证券公司等金融机构组成的承销团通过协商条件签订承购包销合同,由承销团分销拟发行债券的发行方式。

3. 招标发行

招标发行是指通过招标方式确定债券承销商和发行条件的发行方式。按照国际惯例,根据标的物不同,招标发行可分为价格招标和收益率招标;根据中标规则不同,可分为荷兰式招标和美国式招标。

1) 荷兰式招标

以价格为标的的荷兰式招标,以募满发行额为止所有投标者的最低中标价格作为最后中标价格,全体中标者的中标价格是单一的。

以收益率为标的的荷兰式招标,以募满发行额为止的中标者最高收益率作为全体中标者的最终收益率,所有中标者的认购成本是相同的。

2) 美国式招标

以价格为标的的美国式招标,以募满发行额为止中标者各自的投标价格作为各中标者的最终中标价,各中标者的认购价格是不同的。

以收益率为标的的美国式招标,以募满发行额为止的中标者所投标的各个价位上的中标收益率作为中标者各自的最终中标收益率,各中标者的认购成本是不相同的。

二、债券发行定价

债券发行价格是指投资者认购新发行的债券实际支付的价格。债券的发行可以分为:平价发行,即债券的发行价格与面值相等;折价发行,即债券以低于面值的价格发行;溢价发行,即债券以高于面值的价格发行。在面值一定的情况下调整债券的发行价格可以使投资者的实际收益率接近市场收益率的水平。

债券发行的定价方式以公开招标最为典型。价格招标主要适用于贴现国债的发行。公开招标按照投标人所报买价自高向低的顺序确定中标,直至满足预定发行额为止。如果中标规则为"荷兰式",那么中标的承销机构都以相同价格(所有中标价格中的最低价格)来认购中标的国债数额;而如果中标规则为"美国式",那么承销机构分别以其各自出价来认购中标数额。一般情况下,短期贴现债券多采用单一价格的荷兰式招标,长期付息债券多采用多种收益率的美国式招标。

举例来说,当面值为100元、总额为100亿元的贴现国债招标发行时,若有甲、乙、丙3个投标人,他们的出价和申报额如表3-1所示,那么,甲、乙、丙三人的中标额分别为50亿元、30亿元和20亿元;在荷兰式招标规则下3人中标价都为75元;而在美国式招标规则下,中标价分别是甲、乙、丙3人的投标价,即85元、80元和75元。

由表3-1可见,荷兰式招标的特点是"单一价格",而美国式招标的特点是"多种价格"。我国目前短期贴现国债主要运用荷兰式招标方式予以发行。

表3-1　　　　　　荷兰式招标与美国式招标的中标额和中标价格的比较

投标人	甲	乙	丙
投标价(元)	85	80	75
投标额(亿元)	50	30	30
中标额(亿元)	50	30	20
中标价(荷兰式)(元)	75	75	75
中标价(美式)(元)	85	80	75

招标发行将市场竞争机制引入国债发行过程,从而能反映出承销商对利率走势的预期和社会资金的供求状况,推动了国债发行利率及整个利率体系的市场化进程。此外,招标发行还有利于缩短发行时间,促进国债一、二级市场之间的衔接。基于这些优点,招标发行已成为我国国债发行体制改革的主要方向。

三、我国债券发行方式

我国债券发行方式主要有公募发行、私募发行和柜台发行三种方式。

1. 公募发行

(1) 招标发行。招标发行是由发行人确定招标方式、中标方式等发行条件,在市场上公开竞标,承销团成员按中标额度承销债券。债券发行有数量、价格、利率和利差等招标方式,以及等比数量、统一价位、多重价位及混合式等中标方式,且招标方式与中标方式有多种组合。目前,政府债券、金融债券、规模较大的企业信用债券多采用招标发行。

(2) 簿记建档发行。发行人和主承销商协商确定利率或价格区间后,由簿记管理人(一般由主承销商担任)与投资者进行一对一的沟通协商,投资者确定在不同利率档次下的申购订单,管理人将订单汇集后按约定的定价和配售方式确定最终发行利率或价格,进行配售发行。目前,企业信用债券、金融债券、信贷资产支持证券、非金融企业债务融资工具等也较多选择此种发行方式。

2. 私募发行

私募发行也称为协议定向发行,即发行人根据市场的需求,与债券认购人协商决定债券票面利率、价格、期限、付息方式、认购数量和缴款日期等发行条件,认购费用和认购人义务并签署债券认购协议。协议定向发行是债券市场化发行的补充。

3. 柜台发行

商业银行柜台债券发行通常与银行间市场同步进行,一般根据银行间债券市场招标定价结果确定发行价格,承销商成员进行承购和分销。其中,关键期限记账式国债在银行间市场与柜台同时分销,由承销商使用在银行间债券市场自营中标的额度进行柜台分销;政策性金融债和地方政府债由发行人确定柜台上市债券,并进行柜台额度追加招标,由承销商进行柜台分销;储蓄国债仅在柜台发行,由发行人单独确定发行价格。

(一) 我国国债的发行

我国国债的发行方式包括竞争性招标方式和承购包销方式。

1. 竞争性招标方式

竞争性招标方式是通过投标人的直接竞价来确定发行价格(或利率)水平的债券发行方式。根据《财政部关于印发〈2020年记账式国债招标发行规则〉的通知》,2020年记账式国债发行招标通过财政部政府债券发行系统进行,国债承销团成员通过客户端远程投标,竞争性确定票面利率或发行价格。

2. 承购包销方式

承购包销发行方式由大宗机构投资者组成承购包销团,按一定条件向财政部承购包销国债,并由其负责在市场上转售,任何未能售出的余额均由承销者包购的债券发行方式。发行人和承销商会签订承购包销合同,合同中的有关条款由双方协商确定。

(二) 我国金融债券的发行

中国人民银行依法对金融债券的发行进行监督管理。未经中国人民银行核准,任何金融机构不得擅自发行金融债券。金融债券的发行应遵循公平、公正、诚信、自律的原则,金融债券发行人及相关中介机构应充分披露有关信息,并提示投资风险。金融债券发行人包括政策性银行、商业银行、企业集团财务公司及其他金融机构。

1. 金融债券发行条件

根据《全国银行间债券市场金融债券发行管理办法》的规定,不同发行主体发行金融债券应该满足以下条件。

1) 商业银行

商业银行发行金融债券应具备以下条件:①具有良好的公司治理机制;②核心资本充足率不低于4%;③最近3年连续盈利;④贷款损失准备计提充足;⑤风险监管指标符合监管机构的有关规定;⑥最近3年没有重大违法、违规行为;⑦中国人民银行要求的其他条件。

根据商业银行的申请,中国人民银行可以豁免前款所规定的个别条件。

2) 政策性银行

政策性银行发行金融债券,应按年向中国人民银行报送金融债券发行申请,经中国人民银行核准后方可发行。政策性银行金融债券发行申请应包括发行数量、期限安排、发行方式等内容,如需调整,应及时报中国人民银行核准。政策性银行在我国主要指中国进出口银行和中国农业发展银行。国家开发银行目前是开发性金融机构。

3) 企业集团财务公司

企业集团财务公司发行金融债券应具备以下条件：①具有良好的公司治理结构、完善的投资决策机制、健全有效的内部管理和风险控制制度及相应的管理信息系统；②具有从事金融债券发行的合格专业人员；③依法合规经营，符合原中国银监会有关审慎监管的要求，风险监管指标符合监管机构的有关规定；④财务公司设立1年以上，经营状况良好，申请前1年利润率不低于行业平均水平，且有稳定的盈利预期；⑤申请前1年，不良资产率低于行业平均水平，资产损失准备拨备充足；⑥申请前1年注册资本金不低于3亿元人民币，净资产不低于行业平均水平；⑦最近3年无重大违法违规记录；⑧无到期不能支付的债务；⑨财务公司已发行、尚未兑付的金融债券总额不得超过其净资产总额的100%，发行金融债券后，资本充足率不得低于10%；⑩中国人民银行和原中国银监会规定的其他条件。

4) 其他金融机构

其他金融机构发行金融债券应具备的条件另行规定。

 延伸阅读3-5

金融债券发行应该报送的文件

金融机构(不包括政策性银行)发行金融债券应向中国人民银行报送下列文件：
(1) 金融债券发行申请报告。
(2) 发行人公司章程或章程性文件规定的权力机构的书面同意文件。
(3) 监管机构同意金融债券发行的文件。
(4) 发行人近3年经审计的财务报告及审计报告。
(5) 募集说明书。
(6) 发行公告或发行章程。
(7) 承销协议。
(8) 发行人关于本期债券偿债计划及保障措施的专项报告。
(9) 信用评级机构出具的金融债券信用评级报告及有关持续跟踪评级安排的说明。
(10) 发行人律师出具的法律意见书。
(11) 中国人民银行要求的其他文件。

采用担保方式发行金融债券的，还应提供担保协议及担保人资信情况说明。如有必要，中国人民银行可商请其监管机构出具相关监管意见。

政策性银行发行金融债券应向中国人民银行报送下列文件：
(1) 金融债券发行申请报告。
(2) 发行人近3年经审计的财务报告及审计报告。
(3) 金融债券发行办法。
(4) 承销协议。
(5) 中国人民银行要求的其他文件。

资料来源：金融市场司.在银行间债券市场发行金融债券审批[2022-06-09]. http://www.pbc.gov.cn/jinrongshichangsi/147160/147247/147275/index.html.

2. 金融债券发行操作

金融债券可在全国银行间债券市场公开发行或定向发行。金融债券的发行可以采取一次足额发行或限额内分期发行的方式。金融债券的发行应由具有债券评级能力的信用评级机构进行信用评级。金融债券发行后信用评级机构应每年对该金融债券进行信用评级跟踪。如发生影响该金融债券信用评级的重大事项,信用评级机构应及时调整该金融债券的信用评级,并向投资者公布。

视频:首单"碳中和"绿色金融债券发行

发行人不得认购或变相认购自己发行的金融债券。发行人应在中国人民银行核准金融债券发行之日起60个工作日内开始发行金融债券,并在规定期限内完成发行。发行人未能在规定期限内完成发行的,原金融债券发行核准文件自动失效。发行人不得继续发行本期金融债券。

金融债券发行结束后10个工作日内,发行人应向中国人民银行书面报告金融债券发行情况。金融债券定向发行的,经认购人同意,可免于信用评级。定向发行的金融债券只能在认购人之间进行转让。

(三) 我国公司债券的发行

为了规范公司债券的发行、交易或转让行为,保护投资者的合法权益和社会公共利益,中国证券监督管理委员会根据《证券法》《公司法》和其他相关法律法规制定了《公司债券发行与交易管理办法》。根据该办法规定,公司债券可以公开发行,也可以非公开发行。同时要求发行人及其他信息披露义务人应当及时、公平地履行披露义务,所披露或者报送的信息必须真实、准确、完整,简明清晰,通俗易懂,不得有虚假记载、误导性陈述或者重大遗漏。

1. 公司债券的发行条件

公司公开发行公司债券,应当符合下列条件:

(1) 具备健全且运行良好的组织机构。

(2) 最近3年平均可分配利润足以支付公司债券1年的利息。

(3) 具有合理的资产负债结构和正常的现金流量。

(4) 国务院规定的其他条件。

存在下列情形之一的,不得再次公开发行公司债券:

(1) 对已公开发行的公司债券或者其他债务有违约或者延迟支付本息的事实,仍处于继续状态的。

(2) 违反《证券法》规定,改变公开发行公司债券所募资金用途的。

公开发行公司债券,由证券交易所负责受理、审核,并报中国证监会注册。

2. 公司债券的注册程序

发行人公开发行公司债券,应当按照中国证监会有关规定制作注册申请文件,由发行人向证券交易所申报。证券交易所收到注册申请文件后,在5个工作日内作出是否受理的决定。自注册申请文件受理之日起,发行人及其控股股东、实际控制人、董事、监事、高级管理人员,以及与本次债券公开发行并上市相关的主承销商、证券服务机构及相关责任人员,要承担相应法律责任。注册申请文件受理后,未经中国证监会或者证券交易所同意,不得改动。发生重大事项的,发行人、主承销商、证券服务机构应当及时向证券交易所报告,并按要求更新注册申请文件和信息披露资料。

证券交易所负责审核发行人公开发行公司债券的申请。证券交易所主要通过向发行人提出审核问询、发行人回答问题方式开展审核工作,判断发行人是否符合发行条件、上市条件和信息披露要求。证券交易所按照规定的条件和程序,提出审核意见,若认为发行人符合发行条件和信息披露要求的,将审核意见、注册申请文件及相关审核资料报送中国证监会履行发行注册程序;若认为发行人不符合发行条件或信息披露要求的,作出终止发行上市审核决定。

公开发行公司债券,可以申请一次注册,分期发行。中国证监会同意注册的决定自作出之日起2年内有效,发行人应当在注册决定有效期内发行公司债券,并自主选择发行时点。

 延伸阅读3-6

企业债券的发行条件

根据《企业债券管理条例》第十二条规定,企业发行企业债券必须符合下列条件:
(1) 企业规模达到国家规定的要求。
(2) 企业财务会计制度符合国家规定。
(3) 具有偿债能力。
(4) 企业经济效益良好,发行企业债券前连续3年盈利。
(5) 所筹资金用途符合国家产业政策。

四、债券评级

(一) 债券评级的含义

债券信用评级是以企业或经济主体发行的债券为对象进行的信用评级。债券信用评级大多是企业债券信用评级,是对具有独立法人资格企业所发行的某一种特定债券的按期还本付息的可靠程度进行评估,并标示其信用程度的等级。这种信用评级为投资者购买债券和证券市场债券的流通转让活动提供信息服务。

(二) 债券评级的意义

债券评级是为投资者购买债券和证券市场债券的流通转让活动提供的信息服务。政府发行的国库券和国家银行发行的金融债券,由于有政府的信用保证,不参加债券信用评级。地方政府或非国家银行金融机构发行的某些债券,则有必要进行评级。

进行债券信用评级最主要原因是方便投资者进行债券投资决策。投资者购买债券是要承担一定风险的。如果发行者到期不能偿还本息,投资者就会蒙受损失,这种风险称为信用风险。债券的信用风险因发行后偿还能力不同而有所差异,对广大投资者尤其是中小投资者来说,事先了解债券的信用等级是非常重要的。由于受到时间、知识和信息的限制,投资者无法对众多债券进行分析和选择,需要专业机构对准备发行的债券还本付息的可靠程度进行客观、公正和权威的评定,也就是进行债券信用评级,以方便投资者决策。债券信用评级的另一个重要原因,是减少信誉高的发行人的筹资成本。以一般债券信用评级来说,资信等级越高的债券,越容易得到投资者的信任,能够以较低的利率出售;而资信等级低的债券,风险较大,只能以较高的利率发行。

(三) 债券评级的等级标准及主要内容

1. 债券评级的等级标准
1) 债券信用评级A级债券

债券信用评级A级债券是最高级别的债券,其特点是:①本金和收益的安全性最大;②受经济形势影响的程度较小;③收益水平较低,筹资成本也低。

对于A级债券来说,利率的变化比经济状况的变化更为重要。因此,一般人们把A级债券称为信誉良好的"金边债券",该债券对特别注重利息收入的投资者或保值者是较好的选择。

2) 债券信用评级 B 级债券

B 级债券对那些熟练的证券投资者来说特别有吸引力,因为这些投资者不情愿只购买收益较低的 A 级债券,而甘愿冒一定风险购买收益较高的 B 级债券。B 级债券的特点是:①债的安全性、稳定性以及利息收益会受到经济中不稳定因素的影响;②经济形势的变化对这类债券的价值影响很大;③投资者冒一定风险,但收益水平较高,筹资成本与费用也较高。

因此,对 B 级债券的投资,投资者必须具有选择与管理证券的良好能力。对于愿意承担一定风险,又想取得较高收益的投资者来说,投资 B 级债券是较好的选择。

3) 债券信用评级 C 级和 D 级债券

C 级和 D 级债券是投机性或赌博性的债券。对正常投资者来说,这类债券没有多大的经济意义但对于敢于承担风险,试图从差价变动中取得巨大收益的投资者,C 级和 D 级债券也是一种可供选择的投资对象。

4) 债券信用评级机构

目前国际上公认的最具权威性的信用评级机构,主要有标准·普尔公司和穆迪投资服务公司。上述两家公司负责评级的债券很广泛,包括地方政府债券、公司债券、外国债券等,由于它们拥有详尽的资料,采用先进科学的分析技术,又有丰富的实践经验和大量专门人才,它们做出的信用评级具有很高的权威性。标准·普尔公司信用等级标准从高到低可划分为:AAA 级、AA 级、A 级、BBB 级、BB 级、B 级、CCC 级、CC 级、C 级和 D 级。穆迪投资服务公司信用等级标准从高到低可划分为:Aaa 级、Aa 级、A 级、Baa 级、Ba 级、B 级、Caa 级、Ca 级、C 级。两家机构信用等级划分大同小异。前四个级别债券信誉高,风险小,是"投资级债券";第五级开始的债券信誉低,是"投机级债券",具体如表 3-2 所示:

表 3-2　标准·普尔公司和穆迪投资服务公司的信用等级标准比较表

风险程度	穆迪投资服务公司	标准·普尔公司
还本付息能力极强,有可靠保证,承担风险最小	Aaa	AAA
还本付息能力很强,但风险性比前者略高	Aa1 Aa2 Aa3	AA+ AA AA−
安全性良好,还本付息能力一般,有潜在的导致风险恶化的可能性	A1 A2 A3	A+ A A−
安全性中等,短期内还本付息无问题,但在经济不景气时风险增大	Baa1 Baa2 Baa3	BBB+ BBB BBB−
有投机因素,不能确保投资安全,情况变化时还本付息能力波动大,不可靠	Ba1 Ba2 Ba3	BB+ BB BB−
不适合作为投资对象,在还本付息及遵守契约条件方面都不可靠	B1 B2 B3	B+ B B−
安全性极低,随时有无法还本付息的危险	Caa	CCC
极具投机性,目前正处于违约状态中,或有严重缺陷	Ca	CC
最低等级,完全投机性	C	C
债务违约	D	D

标准·普尔公司和穆迪投资服务公司都是独立的私人企业,不受政府的控制,也独立于证券交易所和证券公司。它们所做出的信用评级不具有向投资者推荐这些债券的含义,只是供投资者决策时参考。因此,它们对投资者负有道义上的义务,但并不承担任何法律上的责任。

2. 我国债券评级的等级标准

1) 银行间债券市场中长期债券信用评级

该评级等级划分为三等九级,符号表示为 AAA、AA、A、BBB、BB、B、CCC、CC、C,具体含义如表3-3所示。

表3-3　　　　　　　　　银行间债券市场中长期债券信用评级

等级符号	含义
AAA	偿还债务能力极强,基本不受不利经济环境的影响,违约风险极低
AA	偿还债务能力很强,受不利经济环境的影响不大,违约风险很低
A	偿还债务能力较强,较易受不利经济环境的影响,违约风险较低
BBB	偿还债务能力一般,受不利经济环境的影响较大,违约风险一般
BB	偿还债务能力较弱,受不利经济环境的影响很大,违约风险较高
B	偿还债务的能力较大地依赖于良好的经济环境,违约风险很高
CCC	偿还债务的能力极度依赖于良好的经济环境,违约风险极高
CC	在破产或者重组时可获得保护较小,基本不能保证偿还债务
C	不能偿还债务

2) 银行间债券市场短期债券信用评级

该评级等级划分为四等六级,符号表示为 A-1、A-2、A-3、B、C、D,具体含义如表3-4所示。

表3-4　　　　　　　　　银行间债券市场短期债券信用评级

等级符号	含义
A-1	还本付息能力最强,安全性最高
A-2	还本付息能力较强,安全性较高
A-3	还本付息能力一般,安全性易受不良环境变化的影响
B	还本付息能力较低,有一定的违约风险
C	还本付息能力很低,违约风险较高
D	不能按期还本付息

3) 我国的债券评级机构

经过多年的发展,我国信用评级行业初步形成了较为稳定的行业格局。根据《信用评级业管理暂行办法》,中国人民银行作为信用评级行业主管部门,对全国所有从事信用评级业务的评级机构实行备案管理。截至2020年10月末,57家评级机构已完成了备案,其中在中国证监会完成首次备案的证券评级机构有9家,在交易商协会完成注册的评级机构有

东方金诚公司针对大连市政债券的信用评级跟踪报告

10家。上述备案和注册结果显示,目前在我国债券市场具有全部评级资质的评级机构共计7家,分别为大公国际、新世纪评级、中诚信国际、联合资信、东方金诚、中证鹏元和标普信评,其中标普信评为外资信用评级机构。

3. 债券评级的主要内容

(1) 企业素质。企业素质包括法人代表素质、员工素质、管理素质、发展潜力等。

(2) 经营能力。经营能力包括销售收入增长率、流动资产周转次数、应收账款周转率、存货周转率等。

(3) 获利能力。获利能力包括资本金利润率、成本费用利润率、销售利润率、总资产利润率等。

(4) 偿债能力。偿债能力包括资产负债率、流动比率、速动比率、现金流等。

(5) 履约情况。履约情况包括贷款到期偿还率、贷款利息偿还率等。

(6) 发展前景。发展前景包括宏观经济形势、行业产业政策对企业的影响;行业特征、市场需求对企业的影响;企业成长性和抗风险能力等。

第三节 债券交易

债券交易就是债券的买卖、转让和流通,由此形成的市场就叫作债券交易市场。债券的发行市场是一级市场,那么债券的交易市场就是二级市场。

一、债券交易市场

根据市场组织形式,债券交易市场可分为场内交易市场和场外交易市场。

1. 场内交易市场

在证券交易所内买卖债券所形成的市场,就是场内交易市场,这种市场组织形式是债券流通市场中较为规范的形式。交易所作为债券交易的组织者,本身不参加债券的买卖和价格的决定,只是为债券买卖双方创造条件,提供服务,并进行监管。

2. 场外交易市场

场外交易市场是在证券交易所以外进行证券交易的市场,柜台市场为场外交易市场的主体。许多证券经营机构都设有专门的证券柜台,通过柜台进行债券买卖。在柜台交易市场中,证券经营机构既是交易的组织者,又是交易的参与者。此外,场外交易市场还包括银行间交易市场,以及一些机构投资者通过电话、电脑等通信手段形成的市场等。目前,我国债券流通市场由两部分组成,即证券交易所市场、银行间交易市场。

3. 场内交易市场与场外交易市场的区别

场内交易市场有集中的、固定的交易场所和交易时间,有严密的组织和管理规则,采用公开竞价方式进行交易,有完善的交易设备和较高的操作效率。场外交易市场上交易的大多数债券都是没有在交易所挂牌上市的债券,但也包括一部分上市债券,这部分上市债券之所以在场外交易,是为了免交付给经纪人的佣金,减少交易成本。

场外交易市场的参与者不论是债券经纪商、债券经纪人,还是债券的普通卖方和买方,都可以进入交易所进行交易。按照证券交易所的规定,能够进入证券交易所直接进行交易的,必须是证券交易所的会员,而投资债券的家庭或个人,一般不可能是它的会员,也就不能进入交易所,只能委托证券经纪商或债券经纪人代为买卖。

目前,中国债券市场形成了统一分层的市场体系,主要包括银行间债券市场、交易所、商业银行柜台三个子市场。

1. 银行间债券市场

中国外汇交易中心暨全国银行间同业拆借中心承担交易功能。中央国债登记结算有限责任公司和银行间市场清算所股份有限公司承担托管功能。银行间债券市场是依托于银行间市场清算所股份有限公司、全国银行间同业拆借中心、中央国债登记结算有限责任公司的,包括农村信用联社、商业银行、证券公司、保险公司等金融机构进行债券回购与买卖的市场。银行间债券市场目前已成为我国债券市场的主体部分,债券存量接近全市场的90%。该市场属于大宗交易市场。2018年10月16日,银行间债券市场正式推出三方回购交易。

1) 参与主体

根据《全国银行间债券市场债券交易管理办法》的规定,以下机构可以成为全国银行间债券市场参与者,从事债券交易业务:在中国境内具有法人资格的商业银行及其授权分支机构;在中国境内具有法人资格的非银行金融机构和非金融机构;经中国人民银行批准经营人民币业务的外国银行分行。

目前我国银行间债券市场上主要的发行主体有:财政部、中国人民银行、地方政府、金融机构、国有企业和地方政府融资平台、非金融企业、外国政府、外国银行、一些大型国有企业(例如:国铁集团、中央汇金公司等)。

2) 交易品种

大部分记账式国债、政策性金融债券都在银行间债券市场发行并上市交易。目前,主要的交易品种如下:①国债。国债一般是在银行间债券市场和交易所跨市场发行,银行间债券市场投资者占比96%,主要是各大商业银行和地方性银行;交易所市场投资者占比不到4%,主要是券商。②地方政府债券。地方政府债券按照预算类型划分,可分为一般债券和专项债券。一般债券计入一般预算收入,纳入财政赤字,使用地方财政一般预算收入偿还。专项债券计入基金预算收入,不纳入财政赤字。③金融债券。金融债券主要有政策性金融债券、商业银行债券、银行次级债券(即商业银行发行的、本金和利息的清偿顺序列于商业银行其他负债之后、先于股权资本的债券,可用于增加商业银行二级资本)、银行永续债券、同业存单、证券公司债券、非银金融债券。④企业债券。企业债券主要指国家发展改革委审批发行的债券。⑤债务融资工具。中国人民银行下属交易商协会主管债券融资工具,债券融资工具包括中期票据、短期融资券、定向工具三大类。⑥国际机构债券。⑦政府支持机构债券。⑧资产支持票据。

3) 交易规则

银行间债券市场的债券交易以询价方式进行,自主谈判,逐笔成交。我国银行间债券市场目前实行双边谈判成交,主要实行"实时、全额、逐笔"的结算方式。

2. 交易所

交易所市场由各类社会投资者参与,属于集中撮合交易的零售市场,典型的结算方式是净额结算。交易所债券实行两级托管体制,其中中央国债登记结算有限责任公司为总托管人,负责为交易所开立代理总账户;中国证券登记结算有限责任公司为债券分托管人,记录交易所投资者明细账户,中央国债登记结算有限责任公司与交易所投资者没有直接的权责关系。交易所债券交易结算由中证登负责。

3. 商业银行柜台

商业银行柜台是银行间市场的延伸,也属于零售市场。柜台市场实行两级托管体制,其中中央国债登记结算有限责任公司为一级托管机构,负责为开办银行开立债券自营账户和代理总账户,开办银行为二级托管机构,负责为投资者开立二级托管账户,中央国债登记结算有限责任公司与柜台投资者没有直接的权责关系。与交易所不同的是,开办银行每日需将柜台投资者账户余额变动数据传给中央国债登记结算有限责任公司,同时中央国债登记结算有限责任公司为柜台投资者提供债券复核查询服务,这成为保护投资者权益的重要手段。

延伸阅读3-7

银行间债券市场与交易所债券市场的发展情况

1. 银行间债券市场的发展情况

(1) 市场规模快速扩大,直接融资比例不断上升。

(2) 市场成员不断扩容,参与主体日渐多元。

(3) 发行主体以国有企业为主,其他主体积极参与。

(4) 投资者结构持续优化,市场风险不断分散。

(5) 与国际市场相比较,市场流动性仍然较低。

(6) 市场功能逐步显现,兼具投资和流动性管理功能。

2. 交易所债券市场的发展情况

证券交易所债券市场包括上海证券交易所和深圳证券交易所两个债券市场,又称场内市场。上海证券交易所是最早开办债券交易的场所,1990年年底上海证券交易所开办第一笔国债交易,深圳证券交易所在1993年才开办国债业务。交易所市场实行的是集中撮合竞价与经纪商制度,采用电脑集合竞价、连续竞价和大宗交易的方式。

中国证券登记结算有限公司上海分公司和深圳分公司分别托管上海证券交易所和深圳证券交易所的债券。

资料来源:中债研发中心.中国债券市场概览(2021年版)[EB/OL].(2022-04-22)[2022-06-30].https://www.chinabond.com.cn/cb/cn/yjfx/zzfx/nb/20220420/160071028.shtml.

二、债券交易方式

根据交易合约的签订与实际交割之间的关系分类,债券交易的方式分为现券交易、回购交易、远期交易和期货交易。

1. 债券现券交易

现券交易又称债券的即期交易,是指债券买卖双方成交后就办理交收手续,买入者付出资金并得到债券,卖出者交付债券并得到资金,也就是所谓二级市场的债券交易。

债券交易以询价方式进行,自主谈判、逐笔成交。债券交易的现券买卖价格或回购利率由交易双方自行确定,参与者进行债券交易时不得在合同约定的价款或利息之外收取未经批准的其他费用。债券现券交易的流程为债券买方支付资金给债券卖方;债券卖方支付债券给债券买方。

2. 债券回购交易

债券回购交易是指资金融入方与资金融出方在成交的同时,约定在未来某一时间以某一约定价格双方再进行反向交易的行为。债券回购是债券市场的重要交易,期限通常在1年以内。

回购交易具有短期融资的属性。从运作方式看,它结合了现货交易和远期交易的特点,通常在债券交易中运用。开展债券回购交易业务的主要场所为上海证券交易所、深圳证券交易所及全国银行间同业拆借中心。

根据获得资金时对债券的处理办法不同,债券回购分为质押式回购和买断式回购。

1) 质押式回购

交易双方以债券为权利质押进行短期资金融通,资金融入方(正回购方)在将债券出质给资金融出方(逆回购方)融入资金的同时,双方约定在未来某一指定日期由正回购方按约定的回购利率计算的资金额向逆回购方返还资金,逆回购方向正回购方解押出质债券。回购期内正回购方出质的债券,回购双方均不得动用,质押冻结期间债券利息归出质方所有。

质押式回购实质是一种短期抵押融资行为。目前,交易所上市的所有债券都可以用作质押式回购。交易所债券回购市场的参与者主要是各类投资者,如证券公司、证券投资基金等。

2) 买断式回购

买断式回购是指正回购方将债券卖给逆回购方的同时,交易双方约定在未来某一日期,正回购方再以约定价格从逆回购方买回同等数量同种债券。与质押式回购不同,买断式回购期间逆回购方不仅可获得回购期间融出资金的利息收入,亦可获得回购期间债券的所有权和使用权,只要到期有足够的同种债券返还给正回购方即可。回购期间债券利息归债券持有人所有。办理买断式回购结算时,结算双方在首期结算时可以按照交易对手的信用状况协商,以约定品种和数量的债券(保证券)或资金(保证金)作为履约担保;回购期间用于担保的债券将被冻结在债券提供方债券账户,当回购到期正常结算时予以解冻。

 延伸阅读3-8

债券正回购案例

假设:客户自有资金为100万元,拟购买目标债券A:票息8%、净价102元、利息3元、折算率0.94,回购品种为204001,债券交易手续费为2‰,回购手续费为1‰。

第一步:投资者买入债券。

客户自行买入债券A 9 000张,相关计算如下:

耗资=(102+3)×9 000×1.000 2=945 189(元),账户剩余现金54 811元。

第二步:债券质押入库。

客户填写质押入库申请表,入库9 000张债券A,根据折算率计算,可得到8 460张(9 000×0.94)标准券。交易规则规定,标准券使用不得超过可用额的90%(即后文所称"标准"),则可用7 614张标准券。

第三步:回购融资(第一次)。

申报融资时,由于最小单位限制(1 000张)只能用7 000张标准券,融600 000元资金(库内剩余标准券1 460张),客户填写回购申请表,回购品种为204001,回购利率为3‰,融资金额为60万元,则

账户可用资金=54 811(剩余现金)+600 000-6(手续费)=654 805(元)

第四步:投资者买入债券(第一次放大操作)。

客户用融得的资金继续买入债券A 6 000张,相关计算如下:

耗资＝(102＋3)×6 000×1.000 2＝630 126(元)

账户剩余现金＝654 805－630 126＝24 679(元)

第五步:债券质押入库。

客户填写质押入库申请表,继续入库6 000张债券A,根据折算率计算,可得到5 640张(6 000×0.94)标准券,按照标准可用5 076张[由于最小单位限制(1 000张)只能用5 000张]。

库内剩余标准券＝1 460＋640＝2 100(张)

第六步:回购融资(第二次)。

客户填写回购申请表,回购品种为204001,回购利率为3‰,融资金额为550 000元。

账户可用资金＝24 679＋550 000－5.5＝574 673.5(元)

第七步:投资者买入债券(第二次放大操作)。

客户继续买入债券A 5 000张。相关计算如下:

耗资＝(102＋3)×5 000×1.000 2＝525 105(元)

账户剩余现金＝574 673.5－525 105＝49 568.5(元)

第八步:债券质押入库客户。

客户填写质押入库申请表,继续入库5 000张债券A。根据折算率计算,可得到4 700张(5 000×0.94)标准券。按照标准可用4 230张[由于最小单位限制(1 000张)只能用4 000张],融入50万元资金。

库内剩余标准券＝1 460＋640＋700＝2 800(张)

第九步:回购融资(第三次)。

客户填写回购申请表,回购品种为204001,回购利率为3‰,融资金额为40万元。相关计算如下:

账户可用资金＝49 568.5＋400 000－4＝449 564.5(元)

第十步:投资者买入债券(第三次放大操作)。

客户继续买入债券A 4 000张,相关计算如下:

耗资＝(102＋3)×4 000×1.000 2＝420 084(元)

账户剩余现金＝449 564.5－420 084＝29 480.5(元)

客户填写质押入库申请表,入库4 000张债券A,得到3 760张标准券。

各类监控指标计算公式如下:

交易所杠杆＝融资额÷净资产

净资产＝所有债券资产＋现金资产＋其他证券资产－融资额

标准券使用比例＝冻结标准券÷总标准券

案例中相关计算如下:

总计买入债券数＝9 000＋6 000＋5 000＋4 000＝24 000(张)

总计标准券＝24 000×0.94＝22 560(张)

剩余标准券＝2 800＋3 760＝6 560(张)

融资额＝600 000＋550 000＋400 000＝1 550 000(元)

净资产＝24 000×105＋29 480.5－1 550 000＝999 480.5(元)

账户的杠杆＝1 550 000÷999 480.5＝1.55(倍)

标准券使用比例＝(22 560－6 560)÷22 560＝71%

3. 债券的远期交易

债券远期交易是指交易双方约定在未来的某一日期,以约定价格和数量买卖标的债券的行为。

4. 债券期货交易

债券期货交易是在交易所进行的标准化的债券远期交易,即交易双方在集中性的市场以公开竞价方式所进行的债券期货合约的交易。

延伸阅读3-9

净价交易与全价交易

净价交易是在现券买卖时,以不含有自然增长应计利息的价格报价并成交。全价结算是按净价进行申报和成交后,以成交价格和应计利息额之和作为结算价格。在净价交易条件下,由于债券交易价格不含有应计利息,其价格形成及变动能够更加准确地体现债券的内在价值、供求关系及市场利率的变动趋势。

目前银行间债券市场现券交易、回购交易、债券远期交易,以及交易所的部分债券都采用净价交易全价结算的方式进行。银行间债券市场的贴现债券、零息债券和交易所上市的可转换债券实行全价交易。

资料来源:中债研发中心.中国债券市场概览(2021年版)[EB/OL].(2022-04-22)[2022-06-30]. https://www.chinabond.com.cn/cb/cn/yjfx/zzfx/nb/20220420/160071028.shtml.

三、债券交易流程

我国债券交易基本经过开户、交易、清算、交割四个环节,不同的交易市场具体流程略有差异。

1. 银行间债券市场交易流程

以中央国债登记结算有限责任公司为例,银行间债券市场的债券交易结算流程包括三个步骤。

1)开户与联网

市场参与者按照中国人民银行相关规定办理备案手续,实现与外汇交易中心及中央结算公司的系统联网。

2)成交达成

交易双方通过询价交易或者点击成交,逐笔成交合同。谈判及达成交易可通过CFETS系统(中国外汇交易中心的电子交易系统)或电话、传真,由CFETS系统生成成交单。

3)清算与交割

交易达成后,交易双方通过中央国债登记结算有限责任公司中债综合业务平台完成后台债券与资金的清算交割。债券结算业务的全过程从结算双方发送结算指令开始,到最后完成债券与资金的交收,其基本流程如下:

第一步,债券交易达成日,中债综合业务平台清算系统接收来自外汇交易中心的结算指令,并进行合法性检查,在结算日日终前,交易双方后台结算人员通过中债综合业务平台对合法指令进行第三方指令确认,日终时非法指令及未确认指令将作废。

第二步,结算系统根据双方确认的结算指令生成结算合同,并依据结算合同办理债券和资金结算。

第三步,中债综合业务平台在合同指定的结算日检查结算双方的券款情况,若券足、款足则合同成功,完成结算并生成交割单,以此作为交易结算完成的凭据;若券暂时不足或款暂时不足,系统将相应结算合同放入等待队列,若日终前,券仍不足或款仍不足,则合同失败,生成失败交割单,作为交易结算最终凭据。

在结算日系统运行时间内,因指定券种数额暂时不足,或款项暂时未足额到账而未能成功办理结算的结算合同,系统将其放入等待队列,在结算日日终前若相关条件具备后,系统将再次启动该笔结算的处理流程。在结算日日终券或款项仍不足的结算合同,系统通知相关结算成员结算失败,生成失败交割单,作为交易结算最终依据。

2. 交易所市场交易流程

交易所的债券交易结算流程大致包括四个步骤:

1) 开户

债券投资者进入证券交易所参与债券交易,首先应选择一家证券经纪公司(交易所会员)办理开户手续,开立现金账户和证券账户。

2) 委托和申报

投资者可以通过书面或电话、自助终端、互联网等自助委托方式下达委托指令,委托交易所会员买卖债券。委托指令可以是限价委托或市价委托。

3) 交易达成

债券竞价交易按价格优先、时间优先的原则撮合成交。

4) 清算与交割

交易所债券现券及质押式回购交易采用净额担保结算,即净额清算、担保交收。交易日15:00证券交易所收市后,中国证券登记结算有限责任公司根据交易所发送的成交数据进行清算,并将清算结果发送各结算参与人,"T+1"日债券完成交割。

3. 商业银行柜台市场交易流程

投资者在柜台业务开办机构开立二级托管账户,通过开办机构柜面或者网上银行、电话银行等进行记账式债券交易。记账式债券柜台交易实行债券和资金的实时交割结算,开办机构于交易结束后向中央国债登记结算有限责任公司发送每日发售或交易总额数据及其相关结算指令。中央国债登记结算有限责任公司在次日柜台交易业务发生前为开办机构办理自营账户和代理总账户之间的一级结算过户,即自动办理该开办机构自营总账户和代理总账户之间的债券过户。如果开办机构因预先控制不周而发生自营账户卖空,中央国债登记结算有限责任公司将立即予以警示,开办机构可通过同业调剂等手段进行补仓,簿记系统同时实现部分过户,直至平仓。

四、债券交易规定

(一) 交易方式规定

1. 银行间债券市场的交易方式

银行间债券市场的交易达成主要通过交易双方自主谈判、逐笔成交。双方谈判过程即询价过程和达成交易并形成交易合同的过程,可以通过CFETS系统进行,也可以通过电话、传真等手段进行。交易达成后,交易双方要统一在CFETS系统中输入交易数据,生成成交单。

1) 询价交易

交易双方自行协商确定交易价格以及其他交易要素。询价交易方式下,报价包括意向报价、双向报价和对话报价三种报价方式。意向报价是指交易成员向全市场、特定交易成员和系统用户发出的,表明其交易意向的报价。双向报价是指交易成员向全市场发出的,同时表明其买入/卖出或融入/融出意向的报价。对话报价是指交易成员为达成交易,向特定系统用户发出的交易要素具体明确的报价,受价方可直接确认成交。

2) 点击成交

报价方发出具名或匿名的要约报价,受价方点击该报价后成交或由限价报价直接与之匹配成交。报价方式包括做市报价(双边报价)和点击成交报价(单边报价)。做市报价是指报价方就某一券种同时报出买入和卖出价格及数量的报价,做市商和尝试做市机构可对其设定的做市券种进行双边报价。点击成交报价是指报价方就某一券种报出买入或卖出价格及数量的报价。

3) 请求报价

请求报价交易方式是指要价方向特定市场成员发出报价请求,报价方据此回复交易价格及其他交易要素,并由发出请求的市场成员确认成交的交易方式。做市机构可进行请求回复。

2. 交易所债券交易方式

1) 自由竞价、撮合成交

交易所债券按照"价格优先、时间优先"的原则竞价成交。竞价方式包括在每日开盘时采用集合竞价方式、在日常交易时间采用连续竞价方式。竞价的结果有三种:全部成交、部分成交、不成交。

2) 大宗交易方式

对于在上海证券交易所进行的单笔买卖申报数量不低于1 000手,或交易金额不低于100万元的现券及回购交易,以及在深圳证券交易所进行的单笔交易数量不低于500手,或交易金额不低于50万元的现券及质押式回购交易,被认定为大宗交易。大宗交易采用协议交易或盘后定价。

3) 固定收益平台

固定收益平台是上海证券交易所推出的与集中竞价系统平行的债券交易电子平台,机构投资者和交易商(经中国证监会或中国人民银行批准的证券公司、信托投资公司、基金管理公司、保险公司、财务公司等)可以直接参与,普通投资者不能直接参与。

(二) 托管方式规定

1. 银行间债券市场托管方式

银行间债券市场是场外市场,实行一级、二级综合托管账户模式。在银行间债券市场,中央国债登记结算有限责任公司是指定的中央债券存管机构,负责对在银行间债券市场发行和流通的国债、政策性金融债、次级债、企业债、中期票据、短期融资券、资产支持证券等券种进行登记与托管。在托管过程中,中央国债登记结算有限责任公司直接对投资者债券账户的安全性、准确性和真实性负责。

2. 交易所债券市场托管方式

交易所市场实行"中央登记、二级托管"的制度。中央登记意味着市场中所有的证券要在中国证券登记结算有限责任公司登记,记录所有权的转移过程;二级托管是指投资者参与证券市场必须通过有资格的证券公司,并将资产事实上托管给证券公司代理交易结算。投资者委托证券公司托管其持有的债券,证券公司将其自有证券和所托管的客户证券交由中国证券登记结算有限责任公司存管。

(三) 结算方式规定

1. 银行间市场的结算方式

我国银行间市场的债券结算采用实时全额逐笔结算机制,统一通过中央国债登记结算有限责任公司的中央债券综合业务系统完成。全额结算也称为逐笔结算,即每笔结算单独交收,各笔结算之间不得相互抵销。全额结算采用券款对付的结算方式,同步办理券和款的交割、清算、结算。

2. 交易所市场的结算方式

交易所市场的债券清算和结算主要采取的是中央对手方的净额结算机制,由中国证券登记结算有限公司负责债券交易的清算、结算,并作为交易双方共同的对手方提供交收担保。在固定收益电子平台实现的成交,清算模式有两种,即交易商之间达成的交易和交易商与客户达成的交易。

第四节 债券投资

债券投资是指债券购买人以购买债券的形式投出资本,到期向债券发行人收取固定的利息以及收回本金的一种投资方式。债券的主要投资人有保险公司、商业银行、投资公司或投资银行、各种基金组织等金融机构。此外,公司、企业以及个人也可以将闲置资金投资于债券。本节从投资者角度,对债券投资的原因、债券投资收益、债券投资策略、债券品种选择等方面进行介绍。

一、债券投资的原因

在市场经济体系下,各行各业之间的竞争越来越激烈,金融资产投资越来越被企业所重视。债券作为一种基础金融工具,一直在企业金融资产投资中占有一定比例,企业选择债券投资的原因如下。

1. 债券投资风险较低

债券是相对来说投资风险比较低的资产。只要债务人按时偿还利息和本金,那么在不考虑通货膨胀因素时债权人的投资就会有回报。部分债券,特别是政府债券,违约风险非常低。

2. 债券收益稳定

因为短期内债券市场的变化往往较小,投资者可较稳定地获得债券利息收入,而遭受资本损失的可能性却比较小。另外,债券的投资收益受市场环境的影响,较股票投资要低。

3. 优化投资组合

债券回报和股票回报相关性不大,在很多时候两者的相互关系为负。根据现代投资组合理论,在一个资产组合中加入债券的话,可以提高该资产组合的风险调整后收益。

4. 税收影响

企业在进行债券投资时,税收也是最重要的决策因素。投资者追求的是收益最大化。企业购买债券,追求的也是税后收益的最大化。在我国,企业持有不同种类的债券取得的利息收入,其享受的税收政策是不同的,这导致国债投资具有一定的税收套利空间。根据现行政策规定,企业持有国债取得的利息收入既免征增值税,又免征企业所得税;企业持有政策性金融债取得的利息收入,免征增值税,但征收企业所得税。在一个有效的资本市场中,不考虑信用风险和流动性等因素,各类债券的税后收益率应当是大体相等的。具体到国债和政策性金融债,国债利率应当大致等于或不高于政策性金融债的税后净利率。但在我国债券市场上,国债利率长期高于政策性金融债的税后净利率,存在着明显的国债税收套利空间。

二、债券的投资收益

1. 债券收益

债券收益是投资者进行债券投资获得的收益。债券收益,来自三个方面:债券的利息收益、资本利得和再投资收益。

(1) 债券的利息收益。这是债券发行时就决定的,除了保值贴补债券和浮动利率债券,债券的利息收入是不会改变的。

(2) 资本利得。资本利得是债券买入价与卖出价或买入价与到期偿还额之间的差额,当卖出价或偿还额大于买入价时为资本收益,当卖出价或偿还额小于买入价时为资本损失。

(3) 再投资收益。再投资收益是投资债券所获现金流量再投资的利息收入。

2. 债券收益率

债券投资能够给投资者带来收益,而收益的高低是可以通过各种收益率计算的,如名义收益率、当期收益率、到期收益率、持有期收益率。

1) 名义收益率

名义收益率又称为票面收益率,是债券票面上规定的固定利率,即债券票面收益与债券面值之比。用公式表示为:

$$r = \frac{C}{F} \tag{3-1}$$

式(3-1)中,r 为名义收益率,C 为票面利息,F 为债券面值。

票面收益率的计算只适用于投资者按面值买入债券直到期满并按面值收回本金的情况,它没有考虑到买入价格与面值可能不一致,也没有考虑到债券可能被中途卖出。由于债券的发行价格通常偏离债券面值,票面收益率难以反映债券的实际收益率情况,一般只作为参考,实际用途有限。

2) 当期收益率

当期收益率又称本期收益率或直接收益率,是指债券的年利息收入与债券的实际购买价格之比。该收益率反映了投资者的投资成本带来的收益,其计算公式为:

$$r = \frac{C}{P} \tag{3-2}$$

式(3-2)中,r 为当期收益率,C 为每年利息收入,P 为债券市场价格(购买价格)。

【例 3-1】 某种面额为 100 元的附息债券,假设发行价格为 102 元,票面年利率为 8%,偿还期为 5 年,则投资者在认购债券后持有至到期获得的当期收益率是多少?

解析:$r = \frac{C}{P} = \frac{100 \times 8\%}{102} = 7.8\%$

可见,投资者的当期收益率为 7.8%,略低于票面利率,这是因为投资者的购买成本高于面值。

【例 3-2】 某种面额为 100 元的附息债券,假设发行价格为 98 元,票面年利率为 8%,偿还期为 5 年,则投资者在认购债券后持有至到期获得的当期收益率是多少?

解析：$r = \dfrac{C}{P} = \dfrac{100 \times 8\%}{98} = 8.16\%$

可见,投资者的当前收益率为 8.16%,略高于票面利率,这是因为投资者的购买成本低于面值。

由上述例子可以看出,当期收益率反映了投资者的投资成本带来的收益。投资者购买债券的价格低于债券面值,所以收益率高于票面利率。当期收益率对那些每年从债券投资中获得一定利息收入的投资者来说很有意义。当期收益率比票面收益率更接近投资者的实际收益。

当期收益率也有不足之处,它和票面收益率一样,不能全面反映投资者的实际收益,因为它忽略了债券持有的时间因素,没有考虑利息收入的再投资,也没有考虑到货币的时间价值。而且当期收益率和票面收益率都是针对附息债券,不能估计贴现债券的收益率。并且不同期限的付息债券之间,不能仅仅根据当期收益率的高低而评判优劣。

3）持有期收益率

持有期收益率是指投资者买入债券后持有一段时间,又在债券到期前出售而得到的收益率。它是持有债券期间的利息收入和资本损益与购买价格之比。其基本计算公式为：

$$r = \dfrac{C + \dfrac{P_1 - P_0}{n}}{P_0} \tag{3-3}$$

式（3-3）中,r 为持有期收益率,C 为每年的票面利息,P_1 为债券卖出价格,P_0 为债券购买价格,n 为持有期限(年限)。

式（3-3）适用于一次还本付息债券和附息债券。由于一次还本付息债券没有利息支付问题,计算时 C 等于零。

视频:持有期收益率

【例 3-3】 张三以 118 元的价格购买了面值为 100 元的附息债券,期限为 5 年,票面利率为 8%,张三持有 2 年后,以 120 元卖出,则张三购买该债券的持有期收益率是多少?

解析：$r = \dfrac{C + \dfrac{P_1 - P_0}{n}}{P_0} = \dfrac{100 \times 8\% + \dfrac{120 - 118}{2}}{118} = 7.63\%$

4）到期收益率

把投资者未来可预期的投资收益折算成现值的到期收益率,正好等于债券当前的市场价格(初始投资)的贴现率。其计算公式如下：

$$P = \sum_{t=1}^{n} \dfrac{C_t}{(1+r)^t} \tag{3-4}$$

式（3-4）中,P 表示债券价格,C_t 表示现金金额,r 表示到期收益率;n 表示债券期限,t 表示现金流达到时间(每期)。

三、债券组合投资与分散化策略

组合投资理论是根据投资者对证券投资收益的需求,从经常收入和资本增值两方面研究如何进行证券组合,以满足投资者的目的。投资主体按一定的比例将各种证券组合在一起,尽量地规避风险、增加收益,最终使投资收益尽可能达到最大值。

分散化策略是利用组合投资理论,在进行债券投资决策时突出分散投资对象,选择各种风险、收益及流动性不同的债券进行匹配结合,以便有效地降低投资风险,增加投资收益。分散化策略主要体现在以下几方面。

1. 种类分散化

这种策略也就是我们平常所说的"不要将鸡蛋放在一个篮子里"。例如,如果将资金全部投资于政府公债,虽然其偿付能力得到保证,信誉高于企业债券,但可能失去投资企业债券所能得到的较高收益。

2. 时间分散化

企业投资债券,最好根据资金闲置与企业现金流量在不同时间的具体情况进行债券投资。因为债券价格和市场利率常常是跌宕起伏、变化莫测的,企业分时间段购买或卖出,就可以合理地调动资金来降低投资风险,否则很有可能被套牢而陷入困境。

3. 到期日分散化

如果企业投资的债券,其到期日都集中在某一个日期或一段时间内,则很有可能因同期债券价格的连锁反应而使得企业投资收益受损。因此,债券的到期日分散化比较重要。要做到这一点有两种办法:一是期限短期化,即将资金分散投资在短期债券上;二是期限阶梯化,即将资金分散投资在短、中、长三种不同期限的债券上。

4. 部门或行业分散化

同部门或同行业基本上是一损俱损、一荣俱荣,为了将风险分开,最好是将资金分部门或分行业投资,这和种类分散道理一样。

5. 公司分散化

不同行业的公司,其经营效益各不相同,同一行业的公司,其经营效益也有差别。因此,企业债券的组合投资,既要选安全性高收益率相对低的大公司债券,也要选安全性低但收益率高的小公司,这样一综合,就既有安全性保障,又有较高的投资收益。

6. 国家分散化

这个主要是针对国际债券市场而言的,因为各个国家或地区的政治风险、经济金融风险、自然灾害风险是不确定的,为规避风险,投资者最好将资金分别投资于不同的国家或地区。

四、债券投资操作技术

1. 选择好投资对象

债券投资对象范围很宽,关于其不同分类我们前面已做过介绍。从风险分析角度,债券可分为利率债券与信用债券,企业应尽可能选择利率债券投资。利率债券是利率水平较为接近无风险收益证券的债券,如国债、地方政府债券、央行票据、政策性银行债券,它们还本付息均由政府部门或信用极高的金融机构背书,安全性高,收益率也较为接近无风险利率。信用债券则是不同的私人主体发行的债券,其还本付息由私人部门承担,因此其收益率在无风险收益率的基础上增加了风险溢价,溢价程度取决于发债主体的信用。金融债券(不包含政策性银行债券)、企业债券、公司债券、中期票据、短期融资债券与资产支持债券等都属于信用债券。另外,可转换债券与可交换债券等创新衍生品,在我国一般也归属于信用债券。

2. 看懂投资对象盘面信息

在行情软件上,利率债盘面信息一般有这几个部分:代码、价格、成交量与期限。投资利率债时企业要重点从这四方面进行分析。

1) 代码

我们以 160007.B 为例,它表示 2016 年第七批在银行间债券市场交易的国债。代码可分解为四个部分:前两个数字为发行年份,16 表示 2016 年;第 3、4 位的数字表示债券类型,00 为国债,01 为央行债,02 为国开行债,03 为进出口银行债,04 为农发行债;第 5、6 位数字为该类型债券在该年发行的批次,07 表示第七批;最后的字母表示二级买卖的市场,B 为银行间债券市场,SH 表示上海证券交易所,SZ 为深圳证券交易所。

2) 价格

债券价格与收益率存在一定的关系:

第一,债券的市场价格与到期收益率呈反比关系。到期收益率上升时,债券价格会下降;到期收益率下降时,债券价格会上升。

第二,如果债券的收益率在整个生命期内不变,则债券的到期时间与债券价格的波动幅度之间成正比关系。到期时间越长,价格波动幅度越大;到期时间越短,价格波动幅度越小。

第三,如果债券的收益率在整个生命期内不变,则随着债券到期时间的临近,债券价格波动幅度减小的速度将逐渐加快。

第四,对于期限既定的债券,由收益率下降导致的债券价格上升的幅度大于同等幅度的收益率上升导致的债券价格下降的幅度。对于同等幅度的收益率变动,收益率下降给投资者带来的利润大于收益率上升给投资者带来的损失。

第五,对于给定的收益率变动幅度,债券的息票率与债券价格的波动幅度之间呈反比关系。息票率越高,债券价格的波动幅度越小。

 延伸阅读 3-10

债 券 报 价

为交易方便,交易商报出的价格是面值的百分数。以面值出售的债券报价为 100 元,以折价出售的债券报价小于 100 元,以溢价出售的债券报价大于 100 元。

例如:百分比报价为 98,转化为小数形式为 0.98,面值为 1 000 元的债券,实际价格为 980 元。债券报价分为净价与全价两种,全价是含息价格,应计利息随时间推移不断变化使债券价格发生变动,使其无法反映市场利率变动对债券价格产生的影响;净价是不含应计利息,债券价格准确反映市场利率变动及其对债券价格的影响,有利于投资者的投资判断。

资料来源:中债研发中心. 中国债券市场概览(2021 年版)[EB/OL]. (2022-04-22)[2022-06-30]. https://www.chinabond.com.cn/cb/cn/yjfx/zzfx/nb/20220420/160071028.shtml.

3) 成交量

债券与股票不同,部分债券存在流动性风险。不同品种的债券成交状况也不一样。流动性好的国债平均每天有上亿元的成交金额;部分公司债流动性较差,可能连续十几个工作日没有一笔成交额,流动性风险较大。一般来说,如果一个品种平均每日有上百万元的成交金额,其流动性问题不大。

4）期限

利率债券有不同的期限，期限越长，则债券持有者资金周转越慢，在银行利率上升时有可能使投资收益受到影响，而且债券的投资风险也越高，因此要求有较高的收益作为补偿，而收益率高的债券价格也高。为了获取与所遭受的风险相对称的收益，长期债券价格一般要高于短期债券的价格。

信用债也是重要的投资对象，相对于利率债券，它存在风险溢价，其信用水平越低风险溢价越高。信用水平的高于取决于债券违约的概率，评估债券是否违约的重要指标是信用评级。因此企业应根据自己的风险管理能力选择不同的信用等级的债券进行投资。

【例3-4】"19蓝光MTN001"债券不能按期足额偿付本息，构成实质性违约。根据公告，四川蓝光发展股份有限公司（以下简称"公司"）2018年至2021年3月的主要财务数据如表3-5所示。

表3-5　　　　　　　2018年至2021年3月公司主要财务数据　　　　　　单位：亿元

主要项目	2018年	2019年	2020年	2021年3月
总资产	1 508.81	2 018.9	2 582.64	2 664.43
货币资金	251.87	259.53	297.43	268.11
预收账款	509.95	681.59	790.19	0
存货	904.44	1 287.37	1 696.32	1 771.08
投资性房地产	45.84	47.95	45.69	45.6
净资产	270.93	391.21	463.96	470.21
其他应收款	69.67	108.82	178.57	0
总债务	530.12	569.4	780.25	790.6
短期债务	144.82	206.54	351.66	338.85
净短期债务	−107.05	−52.99	54.23	70.74
应付票据	7.11	36.14	59.77	78.45
其他应付款	63.92	133.79	226.93	216.02
永续债	39.62	39.68	21.51	12.86
对合营企业担保	19.87	23.89	31.90	
经营活动现金流	4.62	38.33	−61.27	16.38
投资活动现金流	−100.11	−96.52	−47.90	13.84
筹资活动现金流	213.66	69.66	155.35	−55.94
净利润	24.96	41.59	36.76	5.82
主营业务收入	308.21	391.94	429.57	68.54
主营业务利润	72.19	92.92	79.61	16.46
息税前盈余	45.29	64.36	60.24	
公允价值变动损益	−1.25	1.37	−2.52	−0.08
银行借款/总债务			36.69%	
债券融资/总债务			33.90%	
非标融资/总债务			29.41%	

资料来源：上海证券交易所官网四川蓝光发展股份有限公司公告。

视频:蓝光发展债券违约

债券违约分析:

(1) 公司基本情况:蓝光发展为自然人实际控制的民营上市房地产企业,股东质押比例一直较高,控股股东及一致行动人所持股份超过一半已质押,质权方包含多家信托公司,反映公司股东资金链较为紧张且有一定非标融资依赖度,2019年6月以来公司控股股东所持公司股份因股票质押出现违约而被陆续司法冻结,同时公司所持核心子公司蓝光和骏股份被平安不动产旗下投资公司申请司法冻结以做财产保全。

(2) 表内有息债务:2018年至2021年3月,以"短期借款+一年内到期的非流动负债+应付短期债券+其他流动负债+长期借款+应付债券"测算的每年的有息总债务金额分别为530.12亿元、569.4亿元、780.25亿元和790.6亿元。

(3) 经营性表内债务:2018年至2021年3月,公司每年应付票据分别为7.11亿元、36.14亿元、59.77亿元和78.45亿元,全部为商业承兑汇票。同时,近3年及1期,公司的其他应付款分别为63.92亿元、133.79亿元、226.93亿元和216.02亿元,根据公司2020年年报披露,其他应付款中的其他往来款部分涉及承担资金使用费义务的款项金额为49.62亿元。

(4) 表外负债:从公司对合联营企业的担保金额来看,2018—2020年分别为19.87亿元、23.89亿元和31.9亿元。

(5) 债务结构:根据评级报告披露,截至2020年年末,公司银行借款、债券融资和非标融资占比分别为36.69%、33.9%和29.41%,非标占比较高,对应的综合融资成本达8.2%。以表内债务(含其他权益工具)计算,截至2020年年末,公司表内的非标融资规模约236亿元。此外,根据公司年报披露的信托计划保障基金账面余额约为2.59亿元,按照融资类信托由融资人缴纳1%的保障基金比例进行倒算,公司融资类信托余敞口可能为259亿元,而且其他类型的信托融资由信托公司缴纳保障基金,公司实际的非标融资规模可能更高。根据评级报告,公司非标融资年内到期的可能在120亿元左右,规模亦较大,且由于非标多有抵质押,会削弱公司资产对其他债务的覆盖能力。

(6) 公司资产:公司剩余可动用的未售货值估算可能在616亿~830亿元。从公司未售货值估算值来看,与前述公司总债务规模相比,资产勉强可覆盖全部债务,不过一方面全部是估价,实际在进入资产处置时必然有一定比例打折,实际变现价值不足;另一方面资产处置周期长,对即将到期的短债偿还能力有限。

通过以上分析可以看到,从资产负债情况来看,公司自身实际债务负担水平可能高于财务报表表面体现的债务水平,而同时公司资产价值本身较难以覆盖大量的债务,且资产质量不高,中长期偿债能力偏弱。节奏上,公司近年通过高成本、高非标及到期分布较为集中的债券融资去加杠杆,而土储片区又相对集中和下沉,使得这几年财务杠杆和流动性承压,每年的现金回款难以支撑较高的财务和土地款支出,在近两年债务进入密集到期时期,再融资难以续上,自身流动性和经营回款不足,因而出现债券兑付困难。

五、债券的估值

(一) 债券估值基本原理

债券估值的基本原理就是现金流贴现。债券的贴现率是投资者对该债券要求的最低回报率,也叫必要回报率。

1. 债券现金流的确定
1) 债券的面值和票面利率

多数债券在到期日按面值还本。票面利率通常采用年单利表示,票面利率乘以付息间隔和债券面值即得到每期利息支付金额。短期债券一般不付息,而是到期一次性还本,所以要折价交易。

2) 计付息间隔

债券在存续期内定期支付利息,我国发行的各类中长期债券通常每年付息一次,欧美国家则习惯每半年付息一次。付息间隔短的债券,风险相对较小。

3) 债券的嵌入式期权条款

通常,债券条款中可能包含发行人提前赎回权、债券持有人提前返售权、转股权、转股修正权、偿债基金条款等嵌入式期权。这些条款极大地影响了债券的未来现金流模式。一般来说,凡是有利于发行人的条款都会相应降低债券价值;反之,有利于持有人的条款则会提高债券价值。

4) 债券的税收待遇

投资者拿到的收益实际上是债券的税后现金流。因此,免税债券(如政府债券)与应纳税债券(如公司债券、资产证券化债券等)相比,价值更大一些。

5) 其他因素

债券的利率类型(浮动利率、固定利率),债券的币种(单一货币、双币债券)等因素都会影响债券的现金流。

2. 债券贴现率的确定

债券的贴现率是投资者对该债券要求的最低回报率,又称必要回报率。其计算公式为:

$$债券必要回报率=真实无风险收益率+预期通货膨胀率+风险溢价$$

1) 真实无风险收益率

真实无风险收益率是指真实资本的无风险回报率,理论上由社会资本平均回报率决定。

2) 预期通货膨胀率

预期通货膨胀率是对未来通货膨胀率的估计值。

3) 风险溢价

风险溢价根据各种债券的风险大小而定,是投资者因承担投资风险而获得的补偿。债券投资的主要风险因素包括违约风险(信用风险)、利率风险、汇率风险等。

(1) 违约风险也称信用风险,指债券发行人不能按照契约如期足额地偿还本金和支付利息的风险。一般而言,政府债券没有违约风险,这主要是因为政府具有征税和发行货币的权利。公司债券和金融债券收益率高于政府债券,但或多或少存在违约风险。在债券市场上,可根据评级公司所评定的质量等级来估计债券发行人的违约风险。

(2) 利率风险指当市场利率的变化与预期不同时,债券的价格也可能相应发生超出预期的变化。利率变动导致的价格风险是债券投资者面临的最主要风险。通常,当利率上升时,债券的价格便会下跌;当利率下降时,债券的价格便会上涨。

(3) 汇率风险又称货币风险,债券的计价货币如果是外国货币,则债券支付的利息和偿还的本金能换算成多少本国货币还取决于当时的汇率。如果未来本国货币贬值,按本国货币计算的债券投资收益将会降低,这就是债券的汇率风险。

(二) 债券估值模型

债券估值是决定债券价格的过程。和其他的资本投资一样,债券的价格是它将来预期现金流的现值。因此,债券价格是债券的预期现金流经过合适的折现率折现以后的现值。

以附息债券为例,其估值定价模型如下:

$$P = \sum_{t=1}^{n} \frac{C}{(1+r)^t} + \frac{V}{(1+r)^n} \tag{3-5}$$

式(3-5)中,P 为债券价格,V 为债券面值,r 为到期收益率,n 为债券期限,C 为年付利息,t 为持有年限。

延伸阅读3-11

债券利息的计算

计算累计利息时,针对不同类别的债券,全年天数和利息累计天数的计算分别有行业惯例。短期债券通常全年天数定为360天,半年天数定为180天。利息累计天数则分为按实际天数计算和按每月30天计算两种。我国交易所市场对中长期附息债券的计息规定是全年天数统一按365天计算。利息累计天数规则是按照实际天数计算,算头不算尾,闰年2月29日不计息。

债券的应计利息从上一利息支付日(含)开始到起息日(不含)止累加计算。以交割日计算应计利息的,应计利息=债券票面利息×前一个利息支付日至交割日的天数/两次付息间隔天数。

以我国国债为例,我国国债净价报价,以实际天数除以365天计算应付利息天数:

应计利息额=票面年利息÷365×已计息天数

净价+应计利息=全价

例:某投资者在2005年10月13日以107.70元的价格买入696国债,票面利率11.83%。则:

应计利息=11.83÷365×121=3.921 7(元)

全价=107.70+3.921 7=111.622(元)

资料来源:中债研发中心. 中国债券市场概览(2021年版)[EB/OL]. (2022-04-22)[2022-06-30]. https://www.chinabond.com.cn/cb/cn/yjfx/zzfx/nb/20220420/160071028.shtml.

六、债券投资的障碍

无论是个人还是企业,在债券投资中都会遇到各种障碍。就个人而言,其债券投资的障碍主要包括精力有限、经验不足、资金力量小等。就企业而言遇到的债券投资障碍主要表现在以下四方面。

1. 部分企业自身竞争力薄弱

当前,大型商业银行在企业债券投资市场中处于主导地位,是银行间市场最大的资金供给方,在债券和资金利率上也具有定价权。而中小银行和其他金融机构以及非金融机构相比大型商业银行来说获取信息的能力较弱,对国内金融政策、金融趋势及市场的研究能力不足,综合竞争力较弱。

2. 债券配置不合理

债券的组合配置需要考虑到收益、期限、风险、核算等多个方面。目前看来,部分企业债券配置不甚合理。有些企业主要购买的是期限较长、收益率较高的长期债券,虽然长期债券票面利率高且利率下跌时带来的溢价收益可观,但由于长期债券的价格受利率变化的影响较大,若对利率的把握能力不足,利率一旦上升,债券贬值的损失也相对较大。有些企业投资的债券品种单一,主要是金融债券、国债和政策性金融债,这些利率债虽然没有信用风险,但收益不高。

3. 业务人员专业水平不高

这主要表现在以下三方面:第一,缺乏对宏观市场的研究分析能力。掌握和分析各类金融信息是制定投资策略的基础,而投资策略直接影响债券投资收益,从业人员专业水平不高,将直接影响债券投资效益。第二,债券投资策略和交易技巧简单。特别是一些中小企业债券业务规模小、种类少,业务人员一般只掌握简单的债券投资和交易技巧,往往通过低买高卖来实现盈利,很少运用已有的交易工具进行套利和规避风险。第三,投资风险的度量和控制能力薄弱。由于业务人员的专业水平较低,债券投资决策并没有实现定量分析,对利率风险、操作风险和信用风险的把控往往依靠经验。

4. 民企债券违约风险高

从整个经济环境看,近年我国GDP增长已经从高速发展转变为高质量发展。这就意味着实体企业整体增长速度较前几年相应下行,收入、现金流增长有限,前期的债务增长无法在发展中得到有效消化。而且,与债务对GDP的贡献边际递减类似,在微观层面企业债务对收入、现金流的边际贡献大概率也是下降的。高杠杆企业的资金自我平衡能力在弱化,反过来强化了企业对外部融资的依赖,再叠加信用收缩的大背景,即内生造血能力和外部再融资同时恶化,加剧了民企的流动性困境。民企债券在企业债券投资组合中,占有重要位置。但是自2018年以来,债券市场违约频发,严重制约了企业债券投资资产组合的可能性。

本章小结

本章的主要学习内容是证券投资中重要的基础金融工具——债券。通过本章的学习,我们认识了债券,熟悉了债券如何发行及上市,掌握了债券的发行方式、发行定价、债券评级及债券交易等内容。在这些基础上,结合投资者自身情况,我们可以对如何进行债券投资提供相应的建议。

本章重要概念

债券 政府债券 公司债券 金融债券 债券交易 债券发行 公募发行 私募发行 美式招标 荷兰式招标 持有期收益率 到期收益率 询价交易 债券投资 债券现券交易 买断式回购 质押式回购 远期交易 期货交易 净价交易 全价交易 交易所 场内交易 场外交易 风险溢价

练一练

练一练答案

第四章　证券投资基金及其投资

➢ 内容简介
➢ 学习目的和要求
➢ 第一节　证券投资基金概述
➢ 第二节　证券投资基金设立与交易
➢ 第三节　证券投资基金费用、估值与利润
➢ 第四节　基金投资
➢ 本章小结
➢ 本章重要概念

内容简介

本章主要讲解了证券投资中重要的基础金融工具之一：证券投资基金。本章主要内容包括：证券投资基金的含义、特点、分类等基本情况；基金的募集、申购、赎回及交易等；基金交易中产生的费用、估值与利润如何分配等。本章重点为证券投资基金的含义、特点及主要分类；开放式基金的申购、赎回；基金的估值等；本章难点为开放式基金的实际操作以及如何做好基金投资。

学习目的和要求

通过本章学习，学生应掌握证券投资基金的基本知识，熟悉并掌握开放式基金的申购、赎回等相关规定、交易费用等，同时能够学以致用，做好基金投资。

引例　众志成城，基金运营顶住疫情大考

为维护资本市场平稳有序运行，维护投资者权益，基金管理人、基金托管人和基金服务机构坚决贯彻落实党中央、国务院决策部署和中国证监会下发的《关于做好新型冠状病毒感染的肺炎疫情防控工作的通知》，认真、及时制定落实方案，全力保障生产经营活动和资本市场各项服务正常进行。

1. 防疫期间的节假日调整对基金运营提出新课题、新挑战

各交易场所按规定因疫情延期至 2022 年 2 月 3 日开市，涉及整个基金行业运营相关日期、计息规则、系统参数等方面的修改。新课题、新挑战表现为：一是修改涉及面广，既包括基金投向场内外业务的账务处理、头寸管理及清算交收时间，又涵盖投资者申赎、开户申请确认日期及划付日期，货币基金节假日收益确认日期等。这些都需要统一大量地变更系统参数和开发新系统功能；二是产品运营工作量大，开市日（2 月 3 日）各交易场所要处理的产品数量不仅包括 6 000 多只公募基金以及"T 日"估值的其他资管产品，还包括年金产品的定价日披露净值和保险产品的月度结账的发布，这些均需要基金管理人和基金托管人核对一致，工作量之大超乎想象；三是防疫期间人手短缺，为避免交叉传染，基金机构人员无法统一集中办公，而这些修改又涉及大量手工调整，现场值班人手严重不足，沟通协调成本激增。

2. 基金管理人和基金托管人迅速响应，保证基金行业平稳运行

面对这些新课题、新挑战，中国证券投资基金业协会积极协调，中国证券登记结算有限责任公司、中央国债登记结算有限责任公司、银行间市场清算所股份有限公司等基础设施机构相关负责人与行业机构负责人充分沟通，明确了受春节假期调整影响的质押式回购交易补偿资金、买断式回购交易利息补偿资金和净价交易债券应计利息等业务规则；行业机构和信息技术服务机构也加班加点，第一时间完成针对交易日延期的新功能开发，加强了系统测试，确保系统调整方案符合了行业实际需求，协助行业平稳过渡；47 家基金

托管人建立了紧急联络人机制,通过微信公众号公示基金托管人总部及北京、上海、深圳等主要基金运营中心的紧急联络人及其联系方式。

基金管理人方面,为将基金运营风险降至最低,保障基金业务的准确性和连续性,基金公司就各类业务变更处理进行了密集的内部会议商讨,提前制定了应急预案。例如,上海光大证券资产管理有限公司自2022年1月27日节假日延期公布之日开始,放弃春节假期,提前部署了公司远程办公技术支持工作,加班准备估值清算工作,参与全行业延期开市测试,与交易对手做好延期交易清算事项沟通。

基金托管人方面,2022年1月27日起各家托管机构陆续成立资产托管业务部应急工作小组,部署应对主要市场交易延期安排,明确信息报告通道,认真做好应急预案和业务备份准备,开辟疫区业务应急绿色通道,强化运营服务要求。

3. 基金运营价值凸现,防疫大考后运营亟待科技变革

基金经理为投资人赚取价值,而基金运营向投资者传递价值。基金运营是一项以实现经营目标(为投资者创造价值)为核心的各项基金管理工作的总称。投资者看到的基金价值是基金每日申购、赎回的价格,其价格基础一般是基金份额净值,而"基金运营"就像生产车间,净值化管理是这个生产车间的主生产线,它通过基金经理的投资运作将基金价值转换为基金净值传递给投资者。

防疫大考后基金运营亟待科技变革。基金运营除了日复一日的"运作",更侧重动态发展的"经营"内涵。基金运营是基金产品设计、运作、评价、改进这一周而复始的动态"运营"过程。尽管基金行业成功应对了本次疫情造成的种种运营困难,但如何运用先进科技,更有效应对突发事件和响应业务需求,是疫情防控结束后基金行业急切要反思和总结的问题。例如,进一步强化系统智能化程度、提高科技运用效率,建立远程办公机制与能力,以应对紧急情况下工作量大幅提高的情形;优化基金托管人复核流程和手段,提高托管人与基金管理人的沟通效率,履行基金受托人的责任和义务。

资料来源:中国证券投资基金业协会.众志成城,基金运营顶住疫情大考[EB/OL].(2022-02-05)[2022-05-27]. https://www.amac.org.cn/businessservices_2025/jjfwyw/jjfw/jjfwywdt/202105/t20210531_12008.html.

第一节 证券投资基金概述

证券投资基金是一种重要的投资方式,发展十分迅速。证券投资基金19世纪始创于英国,后来很快在日本、德国、法国等国家及我国香港、台湾等地区得到普及。证券投资基金已经成为继股票、债券之后又一个非常重要的投资工具。

一、证券投资基金的含义

根据基金投资对象的不同,可以将基金分为证券投资基金与另类投资基金。证券投资基金以股票、债券、货币市场工具等具有较好流动性的金融工具为投资对象。另类投资基金则主要以投资未上市公司股权、不动产、黄金、大宗商品、衍生品等金融与非金融资产为投资对象。常见的另类投资基金包括对冲基金、股权投资基金、创业投资基金(风险投资基金)、不动产投资基金等。

证券投资基金是一种利益共享、风险共担的投资工具(方式),它是通过发售基金份额募集资金,由基金托管人托管,由基金管理人管理和运作资金,以资产组合方式进行证券投资的集合投资方式,也是一种间接投资工具。证券投资基金的运作流程如图4-1所示。

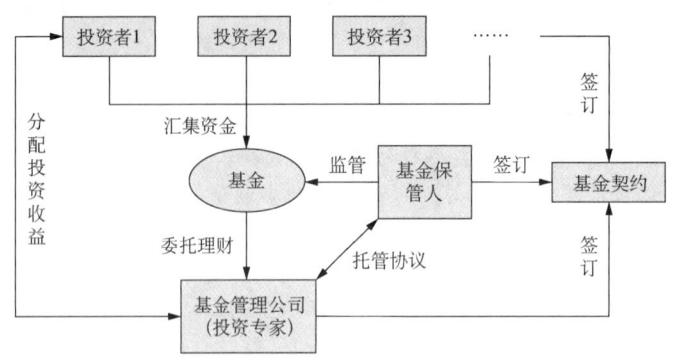

图 4-1　证券投资基金运作流程

需要注意的是，证券投资基金在不同的国家称谓有所不同。美国称之为"共同基金"，英国称之为"单位信托基金"，日本称之为"证券投资信托基金"，其他国家和地区称之为"互助基金""投资基金"。另外，证券投资基金既可以是公募型，也可以是私募型，本章除非特别指出，均指公募证券投资基金，简称证券投资基金。

 相关思考 4-1

如何理解证券投资基金是一种集合投资方式？

证券投资基金被称为一种集合投资方式，也是一种间接投资工具。集合投资是将投资者手里的小额、分散资金聚集，形成一大笔资金，再由专业机构（基金管理人）进行运作，如投资股票、债券、货币市场工具等不同的金融工具，以解决投资者因经验缺乏、精力有限、资金不足等原因而无法投资的困难。从这个角度看，证券投资基金体现了典型的间接投资、集合投资特点。

二、证券投资基金的特点

1. 集合理财，专业管理

基金将众多投资者的资金集中起来，由基金管理人进行投资管理和运作，表现出一种集合理财、专业理财的特点。通过汇集众多投资者的资金，积少成多，有利于发挥资金的规模优势，降低投资成本。基金管理人一般拥有大量的专业投资研究人员和强大的信息网络，能够更好地对证券市场进行全方位的动态跟踪与分析。将资金交给基金管理人管理，能使中小投资者也享受到专业化的投资管理服务。

2. 组合投资，分散风险

为降低投资风险，《中华人民共和国证券投资基金法》（以下简称《证券投资基金法》）规定，基金必须以组合投资的方式进行投资运作，从而使"组合投资、分散风险"成为基金的一大特色，"组合投资、分散风险"的科学性已被现代投资学所证明。中小投资者由于资金量小，一般无法通过购买不同的股票分散投资风险。基金管理人通常会购买几十种甚至上百种股票，投资者购买基金就相当于用很少的资金购买了一篮子股票，某些股票下跌造成的损失可以用其他股票上涨的盈利来弥补，因此投资者可以通过购买基金充分享受到组合投资、分散风险的好处。

3. 利益共享,风险共担

基金投资者是基金的所有者。基金投资人共担风险,共享收益。基金投资收益在扣除由基金承担的费用后的盈余全部归基金投资者所有,并依据各投资者所持有的基金份额进行分配。为基金提供服务的基金托管人、基金管理人只能按规定收取一定的托管费、管理费,并不参与基金收益的分配。

4. 严格监管、信息透明

为切实保护基金投资者的利益,增强投资者对基金投资的信心,各国(地区)的基金监管机构都对证券投资基金实行严格监管,并强制基金进行信息披露。对基金的监管包括对基金机构(基金管理人、基金托管人、基金销售机构等)的监管和对公募基金的募集、销售、投资与交易行为等监管。

5. 独立托管、保障安全

基金财产是独立于基金管理人、基金托管人的固有财产。基金管理人负责基金的投资操作,本身并不参与基金财产的保管,基金财产的保管由独立于基金管理人的基金托管人负责。这种相互制约、相互监督的制衡机制为投资者的利益提供了重要的制度保障。

此外,基金投资小、费用低、流动性强。相比股票投资,基金投资的门槛低,投资额较小。在我国,每份基金单位面值为人民币 1 元。与此同时,购买基金的费用通常较低。根据国际市场上的一般惯例,基金管理公司收取的管理费年费率一般为基金资产净值的 $1\%\sim2.5\%$,而投资者购买基金需缴纳的费用通常为认购总额的 0.25%,低于购买股票的费用。

视频:证券投资基金

三、证券投资基金的分类

证券投资基金可以按照不同的依据进行划分。根据组织形式不同,证券投资基金可分为公司型基金与契约型基金;根据基金运作方式不同,可分为开放式基金和封闭式基金;根据投资对象不同,可分为股票基金、债券基金、货币市场基金、混合基金等。

1. 公司型基金与契约型基金

1) 公司型基金

公司型基金又称共同基金,是指基金公司依法设立,以发行股份的方式募集资金,投资者通过购买公司股份成为基金公司股东,并以股份比例承担风险,享受收益的基金。公司型基金设立的法律性文件是基金公司章程及招募说明书。公司型基金在美国非常盛行,美国的法律不允许设立契约型基金。

2) 契约型基金

契约型基金又称信托型基金,它是指依据一定的信托契约而组织起来的代理投资行为,是投资者通过购买受益凭证的方式成为基金的受益人的基金。目前我国公开发售的基金都是契约型基金。契约型基金设立的法律性文件是信托契约,没有基金章程。基金管理人、托管人、投资人三方当事人的行为通过信托契约来规范。

公司型基金和契约型基金的根本区别在于公司型基金具有法人资格和民事行为能力,而契约型基金没有法人资格。对于一般投资者的收益而言,两类基金都是通过基金经理的投资运作来获取收益,类型不同对投资者的收益能力并没有实质性的影响。

2. 封闭式基金与开放式基金

1) 封闭式基金

封闭式基金是指经核准的基金份额总额在基金存续期内固定不变,基金份额可以在依法设立的证券交易所交易,但基金份额持有人不得申请赎回的基金。它规定了基金的封闭期限及固定基金发行规模,在封闭期限内投资者不能追加认购或向基金管理公司提出赎回,而只能在证券交易所或其他交易场所转让。

封闭式基金有固定的存续期,通常在5年以上,一般为10~15年,经持有人大会通过并经监管机构同意可以适当延长期限。

2) 开放式基金

开放式基金是指基金份额总额不固定,投资者可以在基金合同约定的时间和场所,随时向基金公司或基金销售机构申购或赎回基金份额的基金。为了满足投资者赎回资金、实现变现的要求,开放式基金一般都从所筹资金中拨出一定比例,以现金形式保持这部分资产。这虽然会影响基金的盈利水平,但作为开放式基金来说是必须的。

开放式基金没有固定期限,投资者可向基金管理人申购、赎回基金份额。一般情况下,开放式基金不上市流通,但也有部分开放式基金可以上市交易。

相关思考4-2

封闭式基金与开放式基金有何区别?

封闭式基金与开放式基金是基金市场上非常常见的两种基金。投资者进行基金投资时,都会进行选择。那么两者有何区别? 各有哪些优劣势? 读者可以从两类基金的期限、发行规模限制、基金份额、交易方式、价格形成方式、激励约束机制与投资策略等方面进行比较。

延伸阅读4-1

我国第一只开放式基金——华安创新基金

经中国证监会批准,2001年9月11日,华安基金管理有限公司获准发行我国第一只开放式基金——华安创新证券投资基金(基金代码:040001),标志着证券投资基金进入了新的发展阶段。我国第一只货币型基金是华安现金货币型基金,成立时间为2003年12月30日。2002年10月24日,中国第一只纯债券型基金——华夏债券基金成立,首发规模达到51.33亿元,掀开了债券基金发行高潮的序幕。

华安创新证券投资基金是契约型开放式证券投资基金。基金发起人兼基金管理人是华安基金管理有限公司,基金托管人是交通银行。基金单位面值为1元,赎回费率为0.5%,申购费率分为1.2%和1.5%两档;一次申购金额1万至1000万元(含1万元,不含1000万元)的,申购费率为申购金额的1.5%;一次申购金额高于1000万元(含1000万元),申购费率为申购金额的1.2%。基金首次募集目标为50亿份基金单位,2001年9月11日到2001年9月18日,面向个人投资者销售;2001年9月19日到2001年9月20日,面向机构投资者销售;预定30亿份基金单位向个人投资者销售,采用"总量控制、限额发号、领号预约、凭号认购"的方法;预定20亿份基金单位向机构投资者销售,采用"全额预缴、比例配售"的方法。自2003年6月9日起,投资者(包括机构和个人)首次申购最低金额调整为1000元。

该基金投资风格为稳健成长型。基金管理人以分散投资风险,提高基金资产的安全性,并积极追求投资收益的稳定增长为目标,以诚信原则及专业经营方式,将基金投资于具有良好流动性的金融工具,如国内依法公开发行、上市的股票(含存托凭证)、债券以及经中国证监会批准的允许基金投资的其他金融工具,因此该基金属于混合型基金。

资料来源:中财网. 华安创新证券投资基金财报[EB/OL]. (2001-09-21)[2021-11-27]. https://gg.cfi.cn/jjcbgg/1930/040001.html.

3) 交易型开放式指数基金和上市型开放式基金

交易型开放式指数基金和上市型开放式基金是两类特殊的开放式基金,但是两者存在较大的区别。

交易型开放式指数基金,又被称为交易所交易基金(exchange traded funds,ETF),是一种在交易所上市交易的、基金份额可变的一种开放式基金。ETF通常是以某一选定的指数所包含的成分证券为投资对象,依据构成指数的证券种类和比例,采用完全复制或抽样复制的方法进行被动投资的指数型基金。根据跟踪的指数不同,ETF可分为股票型ETF、债券型ETF等。ETF最大的特点是实物申购、赎回机制,即申购时必须以一揽子股票换取ETF基金份额,赎回时以基金份额换回一揽子股票而不是现金。

交易型开放式指数基金属于开放式基金的一种特殊类型,它结合了封闭式基金和开放式基金的运作特点,投资者既可以向基金管理公司申购或赎回基金份额,又可以像封闭式基金一样在二级市场上按市场价格买卖ETF份额。由于同时存在证券市场交易和申购赎回机制,投资者可以在ETF市场价格与基金单位净值之间存在差价时进行套利交易。套利机制的存在,使得ETF避免了封闭式基金普遍存在的折价问题。我国上海证券交易所推出的上证50ETF,是上海证券交易所计划推出的第一只ETF。此后,上海证券交易所陆续推出了上证180ETF、高红利股票指数ETF、大盘股指数ETF、行业ETF等。

上市型开放式基金(listed open-ended fund,LOF),是指基金发行结束后,投资者既可以在指定网点申购与赎回基金份额,也可以在证券交易所买卖该基金,进行实时交易,其本质依然是开放式基金。投资者如果是在指定网点申购的基金份额,想要上网抛出,须办理一定的转托管手续;同样,如果是在交易所网上买进的基金份额,想要在指定网点赎回,也要办理一定的转托管手续。

LOF与ETF是比较容易混淆的概念。因为它们都具备开放式基金可申购、可赎回和可在交易所交易的特点。但实际上两者存在较大的区别,见表4-1。

表4-1 **LOF与ETF的区别**

主要区别	ETF	LOF
基金投资策略不同	ETF本质上是指数型的开放式基金,是被动管理基金	LOF是普通的开放式基金,增加了交易所的交易方式,它可能是指数型基金,也可能是主动管理型基金
申购、赎回的标的不同	在申购和赎回时,ETF与投资者交换的是基金份额和"一揽子"股票	LOF是与投资者交换现金
对申购、赎回的限制不同	在一级市场上,即申购赎回时,ETF的投资者一般是较大型的投资者,如机构投资者和规模较大的个人投资者	没有限定,机构投资者和个人投资者都可以
申购、赎回的场所不同	ETF的申购、赎回通过交易所进行	申购、赎回可以在代销网点进行也可以在交易所进行
二级市场净值报价频率不同	在二级市场的净值报价上,ETF每15秒钟提供一个基金净值报价	LOF的净值报价频率比ETF要低,通常是一天提供一次或几次基金净值报价

延伸阅读 4-2

我国第一只 ETF——上证 50ETF

上证 50ETF(基金代码:510050)是我国第一只 ETF,于 2004 年 1 月 2 日正式发布并在上海证券交易所上市交易,基金管理人为华夏基金管理公司。该指数型基金以上证 50 指数为跟踪标的。上证 50ETF 基金的投资目标是紧密跟踪标的指数,追求跟踪偏离度和跟踪误差最小化。该基金属股票基金,风险与收益高于混合基金、债券基金及货币市场基金。该基金为指数型基金,采用完全复制策略,跟踪上证 50 指数,是股票基金中风险较低、收益中等的产品。

上证 50ETF 基金单位净值实时公布。上海证券交易所根据华夏基金管理公司每日提供的申购赎回清单,按照清单内一篮子股票的最新成交价格和预估现金,每 15 秒计算一次 ETF 的参考基金单位净值,作为对 ETF 基金单位净值的估计。买卖上证 50ETF 和买卖一般的股票、封闭式基金没有什么区别。交易时间是 9:30—11:00;13:00—15:00,同样实行 10% 的涨跌幅限制。

资料来源:佚名.上证 50ETF[EB/OL].(2010-04-26)[2022-03-08]. https://baike.so.com/doc/182016-192268.html.

3. 股票基金、债券基金、货币市场基金、混合基金

1) 股票基金

股票基金指以上市股票为主要投资对象的证券投资基金。这是所有基金品种中最广泛流行、最重要的一种基金,股票基金投资目标侧重于追求资本利得、实现长期资本增值。

与投资者直接投资于股票市场相比,投资股票基金具有流动性强、风险分散等特点。同时,股票基金的优点在于资本的成长潜力较大,投资者不仅可以获得资本利得,还可以通过它将较少的资金投资于各类股票。虽然股票价格会在短时间内上下波动,但其提供的长线回报会比现金存款或债券投资高。因此,从长期来看,股票基金收益可观,但风险也比债券基金、货币市场基金要高。

2) 债券基金

债券基金指以债券为主要投资对象的证券投资基金,它通过对债券进行组合投资,寻求较为稳定的收益。由于债券的年利率固定,收益稳定,风险也较小,债券基金适合于不愿过多冒险的稳健型投资者。但债券基金的价格也受到市场利率、汇率、债券本身等因素影响,其波动程度比股票基金低。

3) 货币市场基金

货币市场基金指以货币市场工具为投资对象的一种基金。它通常投资于银行短期存款、大额可转让存单、国库券、公司债券、商业票据等货币市场工具。

货币市场基金的优点是资本安全性高、投资成本低、流动性强、风险较小、管理费用低,有的还不收取赎回费用。因此,货币市场基金通常被认为是低风险的投资工具。有的投资者常常在股票基金业绩表现不佳时,将股票基金转换为货币市场基金,以避开"风浪",等待时机再选择认购股票基金或别的基金品种,因此货币基金也被称为"停泊基金"。

货币市场基金 A 和 B 的四大区别

4) 混合基金

混合基金指同时投资于股票、债券和货币市场工具等工具,没有明确投资方向的基金。其风险低于股票基金,预期收益则高于债券基金。它为投资者提供了一种在不同资产之间进行分散投资的工具,比较适合较为保守的投资者。

延伸阅读4-3

我国基金市场上的基金——招商中证大宗商品股票指数证券投资基金

我国的基金市场虽然建立较晚,但是目前的基金投资品种越来越丰富。股票型基金、债券型基金、混合型基金、货币市场基金、ETF、LOF等都有,如华宝多策略增长A、嘉实成长收益混合A、华夏成长混合、招商中证大宗商品股票指数证券投资基金(LOF)、中海可转债债券、嘉实增强信用定期债券、易方达月月收益A等。

表4-2是招商中证大宗商品股票指数证券投资基金(LOF)的基本情况。

表4-2 **招商中证大宗商品股票指数证券投资基金(LOF)**

基金全称	招商中证大宗商品股票指数证券投资基金(LOF)	基金简称	招商大宗商品(LOF)
基金代码	161715(主代码)	基金类型	指数型-股票
发行日期	2012年05月21日	成立日期/规模	2012年06月28日/10.633亿份
资产规模	2.25亿元(截至:2022年03月31日)	份额规模	1.4455亿份(截至:2022年03月31日)
基金管理人	招商基金	基金托管人	工商银行
基金经理人	侯昊、邓童	成立来分红	每份累计0.00元(0次)
管理费率	1.00%(每年)	托管费率	0.22%(每年)
销售服务费率	(每年)	最高认购费率	1.00%(前端)
最高申购费率	1.20%(前端) 天天基金优惠费率:0.12%(前端)	最高赎回费率	1.50%(前端)
业绩比较基准	中证大宗商品股票指数收益率×95%+商业银行活期存款利率(税后)×5%	跟踪标的	中证大宗商品股票指数

资料来源:天天基金网.招商中证大宗商品股票指数证券投资基金(LOF)[EB/OL].(2012-06-28)[2022-05-08].http://fundf10.eastmoney.com/jbgk_161715.html.

4. 增长型基金、收入型基金和平衡型基金

1) 增长型基金

增长型基金是指以追求资本增值为基本目标,较少考虑当期收入的基金,主要以具有良好增长潜力的股票为投资对象。

2) 收入型基金

收入型基金是指以追求稳定的经常性收入为基本目标的基金,主要以大盘蓝筹股、公司债、政府债等稳定收益证券为投资对象。

3) 平衡型基金

平衡型基金是指既注重资本增值又注重当期收入的一类基金。

一般而言,增长型基金的风险大、收益高;收入型基金的风险小、收益较低;平衡型基金的风险、收益则介于增长型基金与收入型基金之间。根据投资目标的不同,既有以追求资本增值为基本目标的增长型基金,也有以获取稳定的经常性收入为基本目标的收入型基金和兼具增长与收入双重目标的平衡型基金。不同的投资目标决定了基金的基本投向与基本的

视频:证券投资基金分类

投资策略,以适应不同投资者的投资需要。

5. 公募基金和私募基金

1) 公募基金

公募基金是可以面向社会公众公开发售的基金。公募基金可以向社会公众公开发售基金份额和宣传推广,募集对象不固定;基金份额的投资金额要求低,适合中小投资者参与;基金必须遵守有关的法律法规,接受监管机构的监管并定期公开相关信息。

2) 私募基金

私募基金是向特定的投资者发售的基金。私募基金不能公开发售份额和宣传推广,只能采取非公开方式发行;基金份额的投资金额较高,风险较大,监管机构对投资者的资格和人数会加以限制;基金的投资范围较广,在基金运作和信息披露方面所受的限制和约束较少。

《证券投资基金法》规定非公开募集基金应当向合格投资者募集,合格投资者累计不得超过 200 人。所谓的合格投资者,是指达到规定资产规模或者收入水平,并且具备相应的风险识别能力和风险承担能力,其基金份额认购金额不低于规定限额的单位和个人。

从 1984 年中国引进风险投资概念至今,我国私募股权投资已经经历了 38 年的发展。在国际私募股权投资基金蜂拥而至的同时,近几年我国本土的私募股权基金也在快速发展壮大。

6. 主动型基金和被动型基金

1) 主动型基金

主动型基金是力图取得超越基金组合表现的基金。

2) 被动型基金

被动型基金一般选取特定指数作为跟踪对象,因此通常又被称为"指数基金"。指数基金是 20 世纪 70 年代以来出现的新的基金品种。由于其投资组合模仿某一股价指数或债券指数,收益随着即期的价格指数上下波动,当价格指数上升时,基金收益增加;反之,基金收益减少。该基金因始终保持即期的市场平均收益水平,所以收益不会太高,也不会太低,如交易型开放式指数基金(ETF),就属于这类被动型基金。

指数基金的优势是费用低廉,风险较小。在以机构投资者为主的市场中,指数基金可获得市场平均收益率,可以为股票投资者提供比较稳定的投资回报,也可以作为避险套利的工具。由于指数基金收益率的稳定性、投资的分散性以及高流动性,特别适合于社保基金等数额较大、风险承受能力较低的资金投资。

7. 特殊类型基金

1) 伞形基金

伞形基金又称为系列基金,是指多个基金共用一个基金合同,子基金独立运作,子基金之间可以进行相互转换的一种基金结构形式。

2) 基金中的基金

基金中的基金指以其他证券投资基金为投资对象的基金,其投资组合由其他基金组成。在我国,根据中国证监会对基金类别的分类标准,80%以上的基金资产投资于其他基金份额的,为基金中的基金。

3) 对冲基金

对冲基金又称为避险基金或套利基金,意为"风险对冲过的基金"。对冲基金指采用对冲交易手段的基金,是利用金融期货和金融期权等金融衍生工具,以避险或营利为目的的金融基金。对冲基金充分利用了各种金融衍生产品的杠杆效用,是承担高风险,追求高收益的投资模式。

4) 保本基金

保本基金指通过投资组合技术,保证投资者在投资到期时至少能够获得投资本金或一定回报的证券投资基金。保本基金的投资目标是在锁定下跌风险的同时力争有机会获得潜在的高回报。

相关思考4-3

股票、债券、基金有何区别?哪个更适合投资?

前文已经对股票、债券、基金这三种常见的投资工具进行了介绍,那么,股票、债券、证券投资基金有何区别?投资工具的选择需要结合投资者自身各种情况进行分析。

延伸阅读4-4

不动产投资信托基金

不动产投资信托基金(real estate investment trusts, REITs)是一种以发行受益凭证的方式汇集特定多数投资者的资金,由专门投资机构进行不动产投资经营管理,并将投资综合收益按比例分配给投资者的一种信托基金。REITs既可以封闭运行,也可以上市交易流通,类似于我国的开放式基金与封闭式基金。

REITs最早产生于20世纪60年代初,由美国国会创立,意在使中小投资者能以较低门槛参与不动产市场,获得不动产市场交易、租金与增值所带来的收益。在亚洲,最早出现REITs的国家是日本,由于日本的房地产公司众多,所以该市场在日本规模很大。

自20世纪60年代在美国推出以来,REITs已在40多个国家(地区)发行了该类产品,其投资领域由最初的房地产拓宽到酒店、商场、工业地产、基础设施等,已成为专门投资不动产的成熟金融产品。

基础设施REITs是国际通行的配置资产,具有流动性较高、收益相对稳定、安全性较强等特点。2020年4月24日中国证监会、国家发展改革委发布《关于推进基础设施领域不动产投资信托基金(REITs)试点相关工作的通知》,拟在我国实施基础设施REITs试点工作,旨在推动基础设施REITs在证券交易所公开发行交易,盘活存量资产,填补当前金融产品空白,拓宽社会资本投资渠道,提升直接融资比重,增强资本市场服务实体经济质效,形成投资良性循环。

中国证监会于2020年8月6日发布《公开募集基础设施证券投资基金指引(试行)》,要求公募REITs产品应同时符合下列特征:

(1) 80%以上基金资产投资于基础设施资产支持证券,并持有其全部份额;基金通过基础设施资产支持证券持有基础设施项目公司全部股权;

(2) 基金通过资产支持证券和项目公司等载体(以下统称特殊目的载体)取得基础设施项目完全所有权或经营权利;

(3) 基金管理人主动运营管理基础设施项目,以获取基础设施项目租金、收费等稳定现金流为主要目的;

(4) 采取封闭式运作,收益分配比例不低于合并后基金年度可供分配金额的90%。

资料来源:中国证监会,国家发展改革委.中国证监会 国家发展改革委关于推进基础设施领域不动产投资信托基金(REITs)试点相关工作的通知[EB/OL].(2020-05-03)[2021-12-07]. http://www.gov.cn/zhengce/zhengceku/2020-05/03/content_5508587.html.

四、我国证券投资基金的发展

我国证券投资基金的发展可以分为四个历史阶段:

1. 早期探索阶段(1990—1997年)

20世纪90年代初,作为一种新的筹资方式,投资基金开始受到一些地方政府的重视而被引入,并在1992年前后在国内形成"投资基金热"。

1992年6月,深圳市率先颁布了《深圳市投资信托基金管理暂行办法》,并于同年11月经中国人民银行深圳市中心支行批准成立了深圳市投资基金管理公司,设立了国内最早的封闭式基金——天骥基金,规模达到5.81亿元人民币。1992年11月,我国国内第一家比较规范的投资基金——淄博乡镇企业投资基金(简称"淄博基金")正式设立。该基金为公司型封闭式基金,募集资金为1亿元人民币,并于1993年8月在上海证券交易所挂牌上市。淄博基金的设立揭开了投资基金业发展的序幕,并在1993年上半年引发了短暂的中国投资基金发展的热潮。但基金发展过程中的不规范性和其他问题逐步暴露出来,多数基金的资产状况趋于恶化。从1993年下半年起,中国基金业的发展陷于停滞状态。

2. 规范发展阶段(1998—2003年)

《证券投资基金管理暂行办法》于1997年11月14日颁布,为我国基金业的规范发展奠定了法律基础。1998年3月27日,经中国证监会批准,新成立的南方基金管理公司和国泰基金管理公司分别发起设立了规模均为20亿元的两只封闭式基金——"基金开元"和"基金金泰",拉开了中国证券投资基金试点的序幕。至1999年初,我国共设立了10家基金管理公司。截至2001年9月开放式基金推出之前,我国当时共有47只封闭式基金,规模达689亿份。

2000年10月8日,中国证监会发布了《开放式证券投资基金试点办法》。2001年9月,我国第一只开放式基金——"华安创新"诞生,这使我国基金业发展实现了从封闭式基金到开放式基金的历史性跨越。2003年12月首只货币市场基金诞生。开放式基金的发展为我国证券投资基金业的发展注入新的活力。2003年年底,我国开放式基金的数量超过封闭式基金的数量,成为证券投资基金的主要形式。

3. 创新发展阶段(2004—2012年)

2003年10月28日,《证券投资基金法》颁布并于2004年6月1日施行,我国基金业的法律规范得到重大完善,引导基金业走上创新发展阶段。此外,中国证监会陆续发布了《证券投资基金信息披露管理办法》《证券投资基金行业高级管理人员任职管理办法》《证券投资基金管理公司管理办法》多个部门规章。这一阶段,基金产品创新层出不穷,先后出现了LOF(2004年10月)、ETF(2004年12月)、分级基金(2007年7月)、QDII(2007年9月)等主要基金创新品种。

公募基金在2006—2007年"大牛市"中实现跨越式发展,截至2007年年底基金规模达32 755.9亿元,两年时间增长近6倍。2008年以后,由于全球金融危机的影响、我国经济增速的放缓和股市的大幅调整,基金行业进入了平稳发展时期,管理资产规模停滞徘徊,股票型基金呈现持续净流出态势。

4. 稳步发展阶段(2013年至今)

修订后的《证券投资基金法》于2012年12月颁布,并于2013年6月1日正式实施,2015年又修正了部分内容。《证券投资基金法》在许多方面实现了重大突破,如将私募基金纳入监管;

放开机构准入,允许券商、保险、私募等资产管理机构发行公募基金;降低基金公司股东门槛;放宽基金投资范围等。2013—2014年,中国证券监督管理委员会先后修订了《证券投资基金销售管理办法》《公开募集证券投资基金运作管理办法》等多部法律法规,法律法规的修订日益完善,使我国基金业的发展环境进一步优化,我国基金业进入全新的发展阶段。

2015年7月,内地与香港地区开启基金互认,香港地区成立的基金可以向内地销售,内地成立的基金也可以进入中国香港市场。截至2018年12月底,有17只中国香港北上基金获批在内地销售,而获批在香港地区销售的内地南下基金则有50只。

2016年6月,恒生前海基金管理公司获得中国证监会批准筹建,2016年9月正式开业,成为内地第一家港资控股的公募基金管理公司。2017年11月10日国务院宣布,基金管理公司的外资所有权比例上限增至51%,并将在3年内达到100%。2017年9月,首批6只公募FOF获批发行。

2020年7月10日,中国证监会发布《公开募集证券投资基金侧袋机制指引(试行)》(以下简称《指引》),于2020年8月1日起开始执行。《指引》的出台代表着监管制度的不断完善优化,有助于基金管理人练好内功、筑牢防线,持续提升公募基金风险管控能力。

第二节 证券投资基金设立与交易

一、证券投资基金的运作关系及参与主体

(一) 证券投资基金运作关系

证券投资基金的运作涉及多个当事人,这些当事人主要包括:基金持有人(基金投资人)、基金管理人、基金托管人、证券投资基金销售机构或基金交易机构、会计师事务所等中介机构、监管机构等。各当事人之间具体的运作关系如图4-2所示。

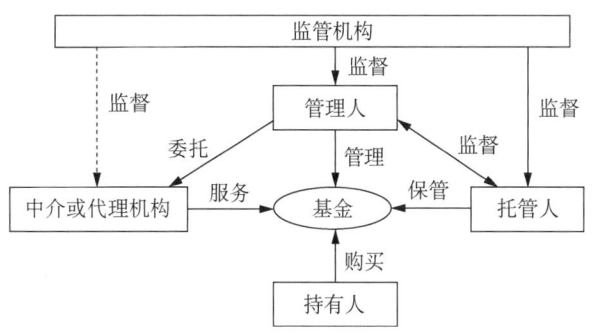

图4-2 证券投资基金当事人运作关系

(二) 证券投资基金的参与主体

1. 证券投资基金的主要当事人

在这些当事人中,最主要的当事人主要是基金持有人、基金管理人及基金托管人。他们的基本情况及相互关系具体如下。

1) 基金持有人

基金持有人即基金投资者,是基金的出资人、基金资产的所有者和基金投资回报的受益

人。基金持有人的基本权利包括:对基金收益的享有权、对基金份额的转让权和在一定程度上对基金经营决策的参与权等。

我国《证券投资基金法》规定,基金持有人享有以下权利:分享基金财产收益;参与分配清算后的剩余基金财产;依法转让或申请赎回其持有的基金份额;按照规定要求召开基金份额持有人大会;查阅或复制公开披露的基金信息资料;对基金管理人、基金托管人、基金销售机构损害其合法权益的行为依法提起诉讼等。

2) 基金管理人

基金管理人是基金的募集者和管理者,在整个基金运作中起着核心作用。它不仅负责基金的投资管理,而且承担着产品设计、基金营销、基金注册登记、基金估值、会计核算和客户服务等多方面的职责。需注意的是,本节介绍的基金管理人专指公募基金的基金管理人。

基金管理人主要由基金管理公司担任,基金管理公司通常由证券公司、信托投资公司或其他机构等发起设立,具有独立法人地位。

基金管理人的主要业务是发起设立基金和管理基金。对于基金管理人应具备的条件,不同国家和地区有不同的规定。

基金管理人应当履行下列职责:依法募集资金,办理基金份额的发售和登记事宜;办理基金备案手续;对所管理的不同基金财产分别管理、分别记账,进行证券投资;按照基金合同的约定确定基金收益分配方案,及时向基金持有人分配收益;进行基金会计核算并编制基金财务会计报告;计算并公告基金资产净值,确定基金份额申购、赎回价格;办理与基金财产管理业务活动有关的信息披露事项;按照规定召集基金持有人大会等。

 延伸阅读 4-5

我国目前的公募基金公司规模

基金公司是基金运作中的重要管理人,截至 2021 年 12 月,我国目前共有 137 家公募基金管理公司,管理的各类基金规模达 244 773.40 亿元,其中股票型基金规模 22 370.21 亿元;混合型基金规模较大为 63 365.54 亿元;债券型基金规模为 64 697.70 亿元;而货币性基金规模最大达 95 025.46 亿元。管理的基金数量达 14 711 只,其中混合型基金数量最多,为 6 626 只。

2021 年 12 月 10 日我国排名前十的基金公司情况如表 4-3 所示。

表 4-3　　　　　　　　　我国排名前十的基金公司

排名	基金公司	成立时间	全部管理规模(亿元)	全部基金数(只)
1	易方达基金管理有限公司	2001-04-17	16 211.51	465
2	天弘基金管理有限公司	2004-11-08	11 003.39	241
3	广发基金管理有限公司	2003-08-05	10 954.51	507
4	南方基金管理股份有限公司	1998-03-06	10 004.98	471
5	博时基金管理有限公司	1998-07-13	9 663.04	492
6	汇添富基金管理有限公司	2005-02-03	9 582.67	382
7	华夏基金管理有限公司	1998-04-09	9 531.98	485
8	富国基金管理有限公司	1999-04-13	8 369.49	387

(续表)

排名	基金公司	成立时间	全部管理规模(亿元)	全部基金数(只)
9	嘉实基金管理有限公司	1999-03-25	7 899.60	368
10	工银瑞信基金管理有限公司	2005-06-21	7 611.96	345

资料来源:东方财富网.基金公司历史规模[EB/OL].(2021-12-10)[2021-12-15]. http://fund.eastmoney.com/Company/lsgm.html.

3) 基金托管人

基金托管人又被称为基金保管人,是根据法规的要求,在证券投资基金运作中承担资产保管、交易监督、信息披露、资金清算及会计核算等相应职责的当事人。基金托管人与基金管理人签订托管协议,在托管协议规定的范围内履行自己的职责并收取一定的报酬。

基金托管人一般由依法取得基金托管资格的商业银行或其他金融机构担任。申请取得基金托管资格的,应当具备一定的条件。

基金托管人应当履行下列职责:安全保管基金财产;按照规定开设基金财产的资金账户和证券账户;对所托管的不同基金财产分别设置账户,确保基金财产的完整与独立;保存基金托管业务活动的记录、账册、报表和其他相关资料;按照基金合同的约定,根据基金管理人的投资指令,及时办理清算、交割事宜;办理与基金托管业务活动有关的信息披露事宜;按照规定召集基金份额持有人大会;按照规定监督基金管理人的投资运作等。

2. 证券投资基金当事人之间的关系

在上述主要的基金当事人中,其相互关系主要表现为:

(1) 基金持有人与基金管理人之间的关系是委托人(受益人)与受托人的关系,也是所有者和经营者的关系。

(2) 基金管理人与基金托管人的关系是相互制衡的关系。基金管理人是基金的组织者和管理者,负责基金资产的经营,是基金运营的核心;基金托管人负责基金资产的保管,依据基金管理人的指令处置基金资产并监督管理人的投资运作是否合法合规。

(3) 基金持有人与托管人的关系是委托与受托的关系。也就是说,基金持有人将基金资产委托给基金托管人保管。对持有人而言,将基金资产委托给专门的机构保管,可以确保基金资产的安全;对基金托管人而言,必须对基金持有人负责,监管基金管理人的行为,使其经营行为符合法律法规的要求,为基金持有人的利益而勤勉尽责,保证资产安全,提高资产的报酬。三者的关系如图4-3所示。

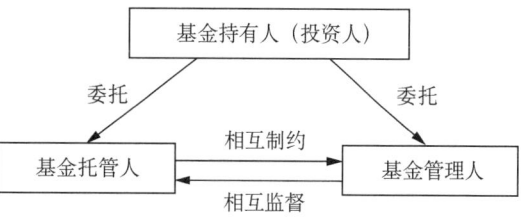

图 4-3 证券投资基金主要当事人关系图

3. 证券投资基金运作中的其他机构

在证券投资基金运作中,除了当事人还有一些服务机构、监管机构等。基金管理人、基金托管人既是基金运作中的主要当事人,也是基金的主要服务机构。此外,基金市场上还有很多提供各类服务的机构及监管机构。

1) 基金服务机构

基金服务机构主要包括基金销售机构、基金份额登记机构、基金估值核算机构、基金投资顾问机构、基金评价机构、律师事务所、会计师事务所等。

在我国只有取得基金销售业务资格的机构才能销售基金,未经注册,任何单位和个人不得从事基金销售业务。商业银行、证券公司、期货公司、保险公司等机构从事基金销售业务的,应当向住所地中国证监会派出机构申请注册基金销售业务资格,并申领"经营证券期货业务许可证"。

2) 基金监管机构

设立基金监管机构,主要是为了保护基金投资者的利益,维护基金市场健康良好运行,世界各国和地区都会对基金活动进行严格的监管。基金监管机构依法对基金管理人、基金托管人以及其他从事基金活动的服务机构进行监督管理,对违法行为进行查处,在基金运作过程中起着重要的作用。在我国,中国证监会依法对证券投资基金活动进行监管。

此外,基金业中还有自律组织——基金行业协会以及证券交易所。这些自律组织在促进基金同业交流、加强行业自律管理、促进行业发展、提高基金交易效率等方面发挥了重要的作用。

二、证券投资基金的设立与发售

1. 基金的设立

基金的设立与募集是证券投资基金运营的第一步,不同国家和地区对基金的设立与募集有不同的要求和限制。

尽管各国对基金发起人的要求和限制不同,但都包括以下几方面条件:一是发起人必须是依法设立的证券公司、基金管理公司、信托投资公司等金融机构;二是发起人的实收资本、财务状况和相关业务经验需要达到一定的要求;三是发起人的组织机构、管理制度必须健全。

基金发起人是发起设立基金的机构,在基金的设立过程中起着十分重要的作用。基金发起人要对有潜力的投资市场进行可行性分析,判断哪种类型的基金更能吸引投资者,并确定基金的推出时间、推出地点、规模大小和存续时间等,根据分析结果设计具体的基金方案。在国外,基金发起人通常由一个或多个有实力的金融机构组成。

基金的设立程序一般包括以下五个步骤:

(1) 发起人根据经济政策、投资市场运行状况以及对大众投资心理的分析,确定投资基金的投资方向及所采用的形式。

按运作方式不同,基金有封闭式和开放式之分。通常开放式基金适合流动性强、市场成熟的投资对象,可以随时满足投资者的赎回需求;而封闭式基金由于资产规模相对固定,因此更适合流动性小的投资对象。

(2) 发起人根据基金的性质和形式,慎重地选择投资基金的管理人和托管人,聘请相关的会计师、律师、投资顾问等,并与之签订各项委托协议,以确定与基金管理人、基金托管人的责、权、利关系。

(3) 发起人制定或委托管理人、托管人制定基金文件。

(4) 发起人向主管机构提出设立投资基金的申请,并提交一系列文件,其中最重要的是基金合同和基金招募说明书。

基金合同确定了基金管理人、基金托管人以及基金份额持有人之间的权利义务关系;基金招募说明书对基金的具体情况作了详细的介绍,供投资者参考,以便投资者作出投资决策。

(5)主管机构批准发行后,发起人在规定的时间内发行基金受益凭证。主管机构在收到发起人的设立基金申请后,按照相关规定在一定时间内作出是否予以批准的答复,基金发起人在收到主管机构批准后,需要在规定的时间内发行基金受益凭证。

2. 基金的发售

基金的发售是基金运作过程中的一个基本环节。在得到主管机关批准后,基金发起人、基金管理人即可发售基金份额,募集资金。

整个基金的发售过程必须在一个规定的时间内完成,即在募集期(一般为90天)内完成。募集期过长或过短都不适合,期限过长会增加基金发售成本,募集期较短又不能很好地满足投资者的需求,所以募集期要根据经验确定时间长短。

国际上大多数基金的发售价格一般由三部分构成:基金面值、募集费用和销售费用。通常基金会采用直接销售或承销方式,由基金公司自己直接面向投资者发售基金,或者通过投资银行、证券公司或信托公司等金融机构担任承销商。如果基金发售规模较大,承销商会组成承销团共同分销基金。

募集期结束后,如果基金募集的份额达到一定比例、基金持有人达到一定数量以及符合其他规定,基金即可宣告成立。基金的法人需要在法定的时间内聘请验资机构验资,并于验资结束后向监管部门办理备案手续,予以公告。至此,基金的募集全部结束。

需要注意的是,封闭式基金与开放式基金发售渠道不同。封闭式基金一般通过证券交易所网络系统配售,其发售价格通常不含销售费用,主要由基金面值与募集费用组成。投资者可通过委托经纪人进行基金份额的认购。开放式基金一般不在证券交易所上市,而是由基金管理公司负责其发售。基金管理公司可委托商业银行、证券公司、专业基金销售机构等发售开放式基金份额,甚至还可以通过互联网渠道进行销售。

 延伸阅读4-6

封闭式基金到期后的选择

封闭式基金有固定的存续期,当封闭式基金到期后,这只基金的命运如何?这是很多封闭式基金投资者关心的问题。

封闭式基金是指事先确定发行总额,在封闭期内基金单位总数不变,基金上市后投资者可以通过证券市场转让、买卖基金单位的一种基金。每个封闭式基金在发行时,都会有一个合同期限,多为15年,一旦这个期限到达后,就意味着封闭式基金合同的终止。目前合同终止后的处理方式一般也就两种,解散清产和封闭转开放,目前形势下的所谓延期是不可能的事,基金持有人是绝对不会同意的。

一般情况下,封闭式基金到期后有三种选择:

(1)延长基金合同期限,继续封闭式基金的寿命,投资者手中的基金份额相应没有变化。

(2)按照基金合同的期限规定,对封闭式基金实行清算,按照基金净值给付份额持有人。

(3)对封闭式基金实行"封转开"操作,即封闭式基金在到期之后转化为开放式基金。

由于通过交易所上市交易,相应地,封闭式基金价格走势伴随着指数的波动而有很大幅度的震荡,封闭式基金在市场上表现出较大的波动性以及随之而来的投机性,其风险性明显高于开放式基金。目前封闭式基金存在较高的折价率,吸引了很多投资者的注意。

资料来源:南方财富网.封闭式基金到期后怎么办?[EB/OL].(2021-05-19)[2021-11-15]. http://www.southmoney.com/touzilicai/jijin/202105/11593388.html.

三、开放式基金的认购、申购、赎回

1. 开放式基金的认购

由于开放式基金一般不能上市交易,如果需要投资开放式基金,投资者需要通过一定的渠道进行认购。

在基金募集期内购买基金份额的行为通常被称为基金的"认购"。基金销售由基金管理人负责办理,可以委托取得基金代销业务资格的商业银行、证券公司等其他机构代为办理。投资者办理开放式基金认购申请时,需在资金账户中存入足够的现金,填写基金认购申请表进行基金的认购。提交认购申请后,一般可于2日后查询到认购申请的受理情况。基金合同生效后,基金登记人将向基金投资者邮寄基金认购确认单。

开放式基金的认购采取金额认购的方式,即投资者在办理认购申请时,不是直接以认购数量提出申请,而是以金额申请,在扣除相应费用后,再以基金面值为基准换算为认购数量。

在基金份额认购时存在两种收费模式:前端收费模式和后端收费模式。前端收费模式是指在认购基金份额时就支付认购费用的付费模式;后端收费模式是指在认购基金份额时不收费,在赎回基金时才支付认购费用的收费模式。后端收费模式的设计目的是鼓励投资者能够长期持有基金,因为后端收费的认购费率一般会随着投资时间的延长而递减,甚至不再收取认购费用。

根据中国证监会的相关规定,基金认购费率统一以净认购金额为基础收取。相应的基金认购费用与认购份额的计算公式为:

$$净认购金额 = \frac{认购金额}{1+认购费率} \quad (4-1)$$

$$认购费用 = 净认购金额 \times 认购费率 \quad (4-2)$$

$$认购份额 = \frac{净认购金额 + 认购利息}{基金份额面值} \quad (4-3)$$

我国目前规定开放式基金认购费率不得超过认购金额的5%。具体实践中,基金管理人会针对不同类型的开放式基金、不同认购金额设置不同的认购费率。我国股票型基金的认购费率大多在1%~1.5%,债券型基金的认购费率通常在1%以下,货币型基金一般没有认购费。

2. 开放式基金的申购和赎回

在开放式基金合同生效后,投资者申请购买基金份额的行为称为基金的"申购"。在基金募集期内认购基金份额,一般会享受到一定的费率优惠。除此之外,基金申购与认购没有本质区别。开放式基金的赎回是指基金份额持有人要求基金管理人赎回其持有的开放式基金份额的行为。

开放式基金的基金合同生效后,可有一段短暂的封闭期不办理赎回,但该期限最长不得超过3个月。封闭期结束后,开放式基金将进入日常申购、赎回期。基金管理人应当在每个工作日办理基金份额的申购、赎回业务。

3. 收费模式与申购份额、赎回金额的确定

目前我国基金管理人办理开放式基金份额的申购,可以收取申购费,但申购费率不得超过申购金额的5%。认购费和申购费可以在基金份额发售或者申购时收取,也可以在赎回时

从赎回金额中扣除。基金管理人办理开放式基金份额的赎回,将收取赎回费,赎回费率不得超过基金份额赎回金额的5%。赎回费在扣除手续费后,应当归入基金财产。

基金管理人可以根据投资者的认购金额、申购金额的大小适用不同的认购费率、申购费率标准,可以对选择在赎回时缴纳认购费或者申购费的基金份额持有人,根据其持有基金份额的期限适用不同的认购费率、申购费率标准,可以根据基金份额持有人持有基金份额的期限适用不同的赎回费率标准。

与认购基金类似,申购基金同样可分为前端收费模式和后端收费模式。前端收费模式下,申购费率以净申购金额为基础计算,申购费用与申购份额的计算公式为:

$$净申购金额 = \frac{申购金额}{1+申购费率} \tag{4-4}$$

$$申购费用 = 净申购金额 \times 申购费率 \tag{4-5}$$

$$申购份额 = \frac{净申购金额}{申购当日基金份额净值} \tag{4-6}$$

基金赎回时相关金额的确定如下:

$$赎回总额 = 赎回数量 \times 赎回当日基金份额净值 \tag{4-7}$$

$$赎回金额 = 赎回总额 - 赎回费用 \tag{4-8}$$

$$赎回费用 = 赎回总额 \times 赎回费率 \tag{4-9}$$

赎回费率一般根据持有时间确定,持有时间越长,适用的赎回费率越低。实行后端收费模式的基金,还应扣除后端认购费或后端申购费,最终得到赎回金额。

$$赎回金额 = 赎回总额 - 赎回费用 - 后端收费金额 \tag{4-10}$$

在申购、赎回款项的支付方面,申购采用全额交款方式,若资金在规定时间内未全额到账,则申购不成功;申购不成功或无效,款项将退回投资者账户。投资者赎回申请成交后,基金管理人应通过销售机构按规定向投资者支付赎回款项。

【例 4-1】 某基金认购实行前端收费模式,认购费率为1%,该基金净值为1元。投资者甲以10 000元认购该基金,募集期间产生的利息为13.8元。该投资者认购的份额数量是多少?

解析:

$$净认购金额 = \frac{10\ 000}{1+1\%} = 9\ 900.99(元)$$

$$认购费用 = 9\ 900.99 \times 1\% = 99.01(元)$$

$$认购份额 = \frac{9\ 900.99 + 13.8}{1} = 9\ 914.79(份)$$

【例 4-2】 承接[例 4-1]资料,该基金募集成功并开放申购以后,投资者甲准备再追加30 000元申购该基金。申购实行前端收费模式,申购费率为1.5%。当天结算时份额净值为1.20元,该投资者申购的份额数量是多少?

解析:

$$净申购金额 = \frac{30\ 000}{1+1.5\%} = 28\ 571.43(元)$$

$$申购费用 = 28\ 571.43 \times 1.5\% = 428.57(元)$$

$$申购份额 = \frac{28\,571.43}{1.20} = 23\,809.53(份)$$

【例 4-3】 承接[例 4-1]和[例 4-2],一年后该基金份额净值有较大上涨,该投资者准备赎回所认购和申购全部基金份额,赎回费率为 0.5%。当天结算时基金份额净值为 1.50 元,该投资者赎回金额为多少?能否达到增值目的?

解析:
$$赎回总额 = (9\,914.79 + 23\,809.53) \times 1.50 = 50\,586.48(元)$$
$$赎回费用 = 50\,586.48 \times 0.5\% = 252.93(元)$$
$$赎回金额 = 50\,586.48 - 252.93 = 50\,333.55(元)$$

可见,投资者甲通过基金的认购、申购,实现了自己的财富增值。

四、封闭式基金的交易

1. 交易规则

封闭式基金是在交易所上市流通的。因此,投资者买卖封闭式基金必须开立沪深证券账户或沪深基金账户及资金账户。基金账户只能用于基金、国债及其他债券的认购及交易。

封闭式基金的交易时间是每周一至周五(法定公众节假日除外),9:30—11:30、13:00—15:00。封闭式基金的交易遵从"价格优先、时间优先"的原则。价格优先指较高价格买进申报优先于较低价格买进申报,较低价格的卖出申报优先于较高价格的卖出申报;时间优先指买卖方向相同、申报价格相同的,先申报者优先于后申报者,先后顺序按照交易主机接受申报的时间确定。

封闭式基金的报价单位为每份基金价格。基金的申报价格最小变动单位为 0.001 元人民币,买入与卖出封闭式基金份额申报数量应当为 100 份或其整数倍。单笔最大数量应低于 100 万份。

上海证券交易所、深圳证券交易所对封闭式基金交易实行 10% 的涨跌幅限制,这点与 A 股交易相同;同时,与 A 股一样实行"T+1"交割、交收,即达成交易后,相应的基金交割与资金交收在交易日的下一个营业日("T+1")完成。

2. 交易费用

按照上海证券交易所、深圳证券交易所公布的收费标准,我国基金交易佣金不得高于成交金额的 0.5%(深圳证券交易所特别规定该佣金水平不得低于代收的证券交易监管费和证券交易经手费,上海证券交易所无此规定),起点 5 元,由证券公司向投资者收取。目前,封闭式基金交易不收取印花税。

3. 影响封闭式基金价格的因素

1) 基金单位资产净值

这是基金交易价格的价值基础,基金的交易价格以基金单位的资产净值为中心上下波动。基金单位资产净值是基金单位的内在价值,是决定基金价格的最重要因素。基金单位资产净值高,基金价格就会相应较高,反之基金价格就会较低。

基金单位资产净值主要受三个因素影响:基金管理人的管理水平、证券市场的走势及活跃程度、基金的所得税政策等。

2)基金市场行情

基金市场行情是影响基金交易价格的重要因素。在其他条件不变的情况下,如果基金市场行情看好,市场交易活跃,基金交易价格也不断上涨。而影响基金市场行情的主要因素:一是基金市场的供求关系,二是基金的交易成本,三是投资者的投机心理。

另外,基金市场行情与基金品种有关,如偏股型基金容易受股市行情的影响。一般来说,股市行情好,偏股型基金获利的可能性大,但是否盈利,与基金公司投资的股票有关。而影响股市行情的因素,往往也会影响基金市场行情,从而有可能造成基金价格的上下波动。

3)基金的供求关系

当基金市场出现供不应求时,基金行情会向好,反之,成交可能比较冷清。另外,因为封闭式基金的发行单位有限,投资者对基金单位的需求有可能超过或者低于市场的供应量,因此会导致基金交易价格的溢价或者折价。封闭式基金价格大多数低于基金单位净值,折价交易多,溢价交易较少。

4)银行存款利率

对投资者来说,闲置资金除了买基金,还会有许多的投资选择,如将手头的钱存入银行。如果银行存款利率提高,将提高银行存款对投资者的吸引力,部分投资者可能会增加银行存款、减持基金,从而使基金价格回落。反之,如果银行存款利率降低,投资者可能增持基金,这将使基金价格趋升。

影响基金价格的因素很多,除上述几项因素外,还包括外汇市场汇率的变化、投资者的心理因素、各种突发事件以及基金本身的封闭期限长短等。

第三节 证券投资基金费用、估值与利润

一、证券投资基金的费用

基金投资的目的是要获取利润,但是在基金运作中还有一些必不可少的费用。这些费用主要包括两大类:一类是基金销售过程中发生的由基金投资者自己承担的费用,主要有申购费、赎回费及基金转换费,这些费用直接从投资者申购、赎回或转换的金额中收取。另一类是基金管理过程中发生的费用,主要有基金管理费、基金托管费、信息披露费等,这些费用由基金资产承担。对于不收取申购费、赎回费的货币市场基金,基金管理人可以依照相关规定从基金财产中持续计提一定比例的销售服务费,专门用于基金的销售和对基金持有人的服务。

1. 基金管理费

基金管理费是指从基金资产中提取的、支付给为基金提供专业化服务的基金管理人的费用,即管理人为管理和操作基金而收取的费用。基金管理费通常按照每个估值日基金净资产的一定比率逐日计提,累计至每月月底,按月支付。

基金管理费率通常与基金规模成反比,与风险成正比。基金规模越大,基金管理费率越低;基金风险程度越高,基金管理费率越高。不同类别及不同国家、地区的基金,管理费率不完全相同,如股票基金的费率约为 $1\% \sim 1.5\%$,债券基金的费率约为 $0.5\% \sim 1.5\%$,而货币

市场基金费率一般为0.25%～1%。在美国等基金业发达的国家或地区,基金的管理年费率通常为1%左右。但在一些发展中国家或地区则较高,如我国台湾地区的基金年管理费率一般为1.5%,有的发展中国家或地区甚至超过3%。

目前,我国股票基金大部分按照年管理费率1.5%的比例计提基金管理费,债券基金的年管理费率一般为0.3%～1%,货币市场基金的管理费率一般为0.15%～0.33%。

2. 基金托管费

基金托管费是指基金托管人为保管和处置基金资产而向基金收取的费用。托管费通常按照基金资产净值的一定比率提取,逐日计算并累计,按月支付给托管人。

托管费费率因基金种类不同而不同。基金托管费收取的比例与基金规模、基金类型有一定关系。通常基金规模越大,基金托管费率越低。新兴市场国家和地区的托管费率相对要高。基金托管费年费率国际上通常为0.2%左右,美国一般为0.2%,我国台湾、香港地区则为0.25%。

目前,我国封闭式基金按照0.25%的比例计提基金托管费,开放式基金根据合同的规定比例计提,通常低于0.25%;股票基金的托管费率一般为0.25%,要高于债券基金托管费率(0.1%～0.25%)及货币市场基金的托管费率(0.05%～0.1%)。

3. 基金交易费

基金交易费是指基金在进行证券买卖交易时所发生的相关交易费用。目前,我国证券投资基金的交易费用主要包括印花税、交易佣金、过户费、经手费、证管费。交易佣金由证券公司按成交金额的一定比例向基金收取,印花税、过户费、经手费、证管费等则由登记公司或交易所按有关规定收取。参与银行间债券交易的,还需向中央国债登记结算有限责任公司支付银行间账户服务费,向全国银行间同业拆借中心支付交易手续费等服务费用。

4. 基金运作费

基金运作费是指为保证基金正常运作而发生的应由基金承担的费用,包括审计费、律师费、上市年费、信息披露费、分红手续费、开户费、银行汇划手续费等。

5. 基金销售服务费

基金销售服务费是指从基金资产中扣除的用于支付销售机构佣金以及基金管理人的基金销售广告费、促销活动费、持有人服务费等方面的费用。基金销售服务费目前只有货币市场基金以及其他经中国证监会核准的基金产品收取,基金管理人可以按照相关规定从基金财产中持续计提一定比例的销售服务费,费率约为0.25%。收取销售服务费的基金通常不再收取申购费。

二、证券投资基金估值

1. 基金资产估值

基金资产估值是指计算和评估基金资产和负债的价值,进而确定基金资产净值和基金份额净值的过程。估值的目的是客观、准确地反映基金资产的价值和基金资产净值,进而计算基金份额净值,为确定基金份额转让价格尤其是开放式基金的申购价格与赎回价格提供依据。

基金管理人应在每个交易日进行估值,但遇到法定节假日、不可抗力等特殊情况,可以暂停估值。估值需遵循我国《企业会计准则》和中国证监会相关规定。

2. 证券投资基金净值

基金资产总值是指基金所拥有的各类证券的价值、银行存款本息、基金应收的申购基金款以及其他投资所形成的价值总和。基金资产净值是指基金资产总值减去总负债后的价值。基金单位净值是指某一时点上某一投资基金每份基金份额实际代表的价值。基金资产净值和基金份额净值计算公式如下：

$$基金资产净值 = 基金资产总值 - 基金总负债 \qquad (4-11)$$

$$基金单位净值 = \frac{基金资产净值}{基金总份额} \qquad (4-12)$$

证券投资基金的基金单位净值与基金单位价格的变动是一致的。基金单位净值越高，基金单位价格也越高；反之，基金单位价格越低。

【例 4-4】 假设某基金持有的某三种股票的数量分别为 10 万股、50 万股和 100 万股，每股的收盘价分别为 30 元、20 元和 10 元，银行存款为 1 000 万元，对托管人或管理人应付未付的报酬为 500 万元，应付税金为 500 万元，已售出的基金单位为 2 000 万份。请计算出该基金单位净值为多少？

解析： 按照式(4-12)得：

$$基金单位净值 = \frac{10 \times 30 + 50 \times 20 + 100 \times 10 + 1\,000 - 500 - 500}{2\,000} = 1.15（元）$$

基金单位净值是衡量一个基金经营业绩的主要指标，也是基金份额交易价格的内在价值和计算依据。一般情况下，基金份额价格与基金份额净值趋于一致，即资产净值增长，基金份额价格也随之提高。尤其是开放式基金，其基金份额的申购或赎回价格都直接按基金份额资产净值计算。封闭式基金在证券交易所上市，其价格除取决于基金份额净值外，还受到市场供求状况等多种因素的影响，所以其价格与份额净值常发生偏离。我国封闭式基金的市场价格一般都低于其份额净值，即呈现折价。

三、证券投资基金的利润及其分配

基金利润是指基金在一定会计期间的经营成果。基金利润主要来自基金收入、基金的利润分配、公允价值变动损益等。

1. 基金收入

基金收入主要包括利息收入、投资收益以及其他收入。

1) 利息收入

利息收入是指基金经营活动中因债券投资、资产支持证券投资、银行存款、结算备付金、按买入返售协议融出资金等而实现的利息收入。利息收入具体包括债券利息收入、资产支持证券利息收入、存款利息收入、买入返售金融资产利息收入等。

2) 投资收益

投资收益是指基金经营活动中因买卖股票、债券、资产支持证券、基金等实现的差价收益，具体可分为股票投资收益、债券投资收益、资产支持证券投资收益、基金投资收益、衍生工具收益和股利收益等。

3) 其他收入

其他收入是指除上述收入以外的其他各项收入,包括赎回费扣除基本手续费后的余额、手续费返还、ETF 替代损益,以及基金管理人等机构为弥补基金财产损失而支付给基金的赔偿款项等。这些收入项目一般根据发生的实际金额确认,占比较少。

2. 公允价值变动损益

公允价值变动损益是指基金持有的采用公允价值模式计量的交易性金融资产、交易性金融负债等公允价值变动形成的应计入当期损益的利得或损失,并于估值日对基金资产按公允价值估值时予以确认。

3. 基金的利润分配

基金利润包括基金收入减去费用后的净额、直接计入当期利润的利得和损失等,又称基金收益。基金利润分配通常有两种方式:一是分配现金,这是最普遍的分配方式;二是分配基金份额,即将应分配的净利润折为等额的新的基金份额送给受益人。

1) 封闭式基金的利润分配

根据《公开募集证券投资基金运作管理办法》,封闭式基金收益分配采用现金方式,但中国证监会规定的特殊基金品种除外。

封闭式基金的收益分配,每年不得少于一次,封闭式基金年度收益分配比例不得低于基金年度可供分配利润的 90%。封闭式基金分配需要按照一定的原则,当年收益应先弥补上一年的亏损,如当年发生亏损则不进行收益分配。基金分配后,基金份额净值不得低于面值。

2) 开放式基金的利润分配

开放式基金的分红方式有现金分红和红利再投资转换为基金份额两种。开放式基金的基金合同应当约定每年基金收益分配的最多次数和基金收益分配的最低比例。实践中,许多基金合同规定:基金收益分配比例不低于基金净收益的 90%;基金收益每会计年度分配一次,应采用现金形式分配;基金当年收益先弥补上一年度亏损后,方可进行当年收益分配;基金投资当年亏损,则不进行收益分配;每份基金单位享有同等分配权,同时要求基金利润分配后基金份额净值不得低于面值。

3) 货币市场基金的利润分配

根据《货币市场基金管理暂行规定》,对于每日按照面值进行报价的货币市场基金,可以在基金合同中将收益分配的方式约定为红利再投资,并应当每日进行收益分配。

 相关思考 4-4

封闭式基金为什么采取现金分红方式?

基金分红是基金将收益的一部分以一定的方式派发给基金投资人。基金分红方式主要有现金分红和红利再分配。但是,封闭式基金按照我国相关规定,主要采用现金分红的方式。为什么不能采取红利再投资方式?红利再投资方式是将应分得的现金收益直接用于转购基金单位,相当于上市公司以股票股利形式分配收益。因为封闭式基金一般在存续期内不再新发基金,只能选择现金分红方式。

第四节 基金投资

基金投资是当前广受欢迎的投资方式。基金的投资者有机构投资者,如企业、公司、金融机构等,甚至是基金公司自身也可以选择投资基金,也有个人投资者,它们都是基金的重要投资者。它们应该如何进行基金投资?本节主要对基金投资进行介绍。

一、基金特点及种类

任何一种投资工具都有其特点。因此投资前需熟悉投资对象的特点以便作好投资策略。基金是一种间接投资工具,基金投资是一种间接投资方式、集合投资方式。基金作为金融市场上重要的金融工具,因为其门槛相对较低、流动性强、专业机构理财等特点而备受投资者青睐。另外,选择哪种基金进行投资,需要熟悉基金种类。如前所述,基金按照不同的依据划分为不同的种类,如表4-4所示。

表4-4　　　　　　　　　　　　　基金主要类型

分类依据	基金种类
基金的组织形式	契约型基金、公司型基金
基金运作方式	开放式基金、封闭式基金
证券投基金的投资对象	股票基金、债券基金、货币市场基金、混合基金
基金投资目标的不同	增长型基金、收入型基金和平衡型基金
基金的募集方式	公募基金、私募基金
基金的投资理念	主动型基金、被动型基金
基金购买渠道	场内基金(证券交易软件购买)、场外基金(证券交易软件外其他渠道购买,如天天基金网、支付宝等)
其他特殊类型的基金	伞形基金、基金中的基金、对冲基金、保本基金

在这些基金种类中,从实际操作看,最常见的就是开放式基金、封闭式基金、股票基金、债券基金、货币市场基金以及混合基金。

二、基金行情分析

进行基金投资前,非常重要的环节是基金市场分析。投资者要对基金市场整体行情作好分析,同时需要对不同基金品种的基本情况、过去的业绩、基金管理人尤其是基金经理的表现等方面进行调研和详细分析。

1. 市场行情分析需考虑的因素

分析当前基金市场行情的整体表现,可以从基金市场的供给与需求两方面进行分析,从而分析基金的交易活跃度。如果基金发行数量大,表明基金供给比较充分。若基金购买者多,无论是交易所开户交易还是其他渠道购买,表明投资者参与基金投资的热情比较高,基金需求量较大。

2. 基金分析需考虑的因素

1) 基金过去的业绩表现

无论是哪种类型的基金,都可以分析其过去的业绩表现,最好有3年或者5年以上的业绩参考,其中比较有意义的指标就是夏普比率,基金收益率和波动性的比值越高越好。过去的基金排名也有一定的参考意义。虽然过去的业绩好不代表未来业绩也好,但一般来说好的基金,投资机会要多一些。

延伸阅读 4-7

夏 普 比 率

夏普比率(sharpe ratio),又被称为夏普指数,是重要的基金绩效评价标准化指标。该指标由 1990 年诺贝尔经济学奖得主威廉-夏普(William Sharpe)以投资学最重要的理论基础资本资产定价模式(capital asset pricing model, CAPM)为出发点,发展而来,用以衡量金融资产的绩效表现。威廉-夏普理论的核心思想是:理性的投资者将选择并持有有效的投资组合,即那些在给定的风险水平下使期望回报最大化的投资组合,或那些在给定期望回报率的水平上使风险最小化的投资组合。可以简单理解为,投资者在建立有风险的投资组合时,至少应该要求投资回报达到无风险投资的回报,或者更多。

简单说,夏普比率就是衡量在每承担一个单位风险的情况下,所获得超越无风险收益率的超额回报是多少。夏普比率越高,说明在承担一定风险的情况下,所获得的超额回报越高。反之,如果夏普比率很小甚至为负,说明承担一定的风险所获的超额回报很小或者没有超额回报。这非常像我们日常生活中的概念,叫作"性价比"。

资料来源:佚名.夏普比率[EB/OL].[2021-12-03].https://wiki.mbalib.com/wiki/%E5%A4%8F%E6%99%AE%E6%AF%94%E7%8E%87.

2)基金规模大小

对于规模不固定的基金来说,基金规模越大,说明资金越充足,可以随时满足部分投资者的赎回操作。但同时规模太大,有时收益反而会降低,如果规模太小,可能会面临清盘风险,因此基金中等规模比较适合。

3)基金经理能力

基金投资是将资金交给专业机构管理,因此基金管理人的专业水平非常重要。其中最重要的就是基金经理的能力。一般来说基金经理的管理时间不能过短,基金经理更不能频繁更换;基金经理如果频繁跳槽,基金也会出现不稳定,这些都会影响基金的操作及业绩表现。另外,所选基金近 3 年每年的投资收益最好是超过同行平均水平。

4)基金的成立时间

成立时间长短关系到基金的运营时间以及是否安全稳定。如果刚成立,收益可能不稳定,当然也可能面临清盘的风险,成立时间相对较长一点的基金更稳定、相对更安全。

5)基金收费高低

基金交易中通常涉及一些费用,如认购费、申购费、管理费、托管费、赎回费、销售费等。不同基金的费用率是不同的,如股票型基金费用率相对较高,而货币基金费用率相对较低,有时申购、赎回都会不收费。基金费用低可以降低投资者的成本。

实际中,投资者可通过证券行情软件或从基金年报、半年报、季报等财务报告数据中获取更多信息。投资基金时,常见的需关注的基金数据(开放式基金)如表 4-5 所示。

表 4-5　　　　　　　开放式基金常见的部分数据解读

基金基本数据	解读	基金产品数据	解读
基金类型	常标注为:股票基金、债券基金、货币市场基金、混合基金、偏股型基金、偏债型基金等	净值	基金当前的价格
基金排名	按当前基金净值高低排名	累计净值	基金当前价格+本基金历次分红

(续表)

基金基本数据	解读	基金产品数据	解读
基金评级	主要有柏基金、晨星基金排名	涨跌率	相对于前一交易日,当日基金净值涨跌幅度
基金持仓	基金持有的各类有价证券类别和数量	净值增长率	期末基金所持有的所有证券的总市值与现金之和÷期初基金所持有的所有证券的总市值与现金之和
基金比较	同类型基金的投资优势比较	净值走势图	自成立以来基金每天的净值及涨跌用坐标图表示出来
行业配置	基金投资于各行业有价证券的比例	申购赎回情况	基金申购的份额和赎回金额的具体情况
基金公司	各基金公司所发行的基金	基金经理	基本情况简介

三、基金及其投资方式选择

1. 设定基金投资目标

进行基金投资前,任何投资者都需要设定投资目标,预期达到怎样的收益,能承受多大的风险,这些需要在投资前作好准备。此外,如果是通过基金投资,达到进入基础设施领域等目的,在选择基金种类时更应该特别注意。

2. 选择适合的基金

基金有不同的种类,投资前需要进行筛选。具体选择哪种基金,应结合投资者自身的风险接受情况、资金实力、基金的投资门槛、基金的购买方便程度、投资目标等进行选择。

如果投资者只是想实现保本要求,追求相对较低的收益,可以选择风险相对稳定、安全性高的货币市场基金或债券型基金。如果追求较高的收益,投资者本身喜欢风险,则可以考虑选择混合型基金尤其是偏股型基金或者股票基金、指数型基金,这些基金与股市联系密切,风险相对较大但是收益相对偏高。

3. 采取合适的投资方式

不同投资者在专业知识、投入的精力和资金都是不同的,需要选择合适的投资方式。一般而言,基金的投资方式有两种,即单笔投资和定期定额投资。选择单笔投资基金时,如果投资者对股票市场比较有兴趣,同时又爱冒险,则可以从基金市场选择偏股型基金或股票基金或根据情况选择其他基金。但如果投资者时间、精力、专业知识等都比较有限,又比较谨慎,则可以选择基金定投的方式。

基金定投是一种常见、方便的基金投资方式,即定期、定额投资基金,投资者可以在固定的时间(如每月1日)以固定的金额(如500元)投资到指定的开放式基金中,类似于银行的零存整取方式。由于基金定额定投起点低、方式简单,也被称为"小额投资计划"或"懒人理财"。基金定投具有类似长期储蓄的特点,能积少成多,平摊投资成本,降低整体风险,比较适合中长期投资。

相对基金定投,一次性单笔投资收益可能很高,但风险也很大。

四、基金投资策略

基金投资从基金管理人角度看,是非常专业的投资。而从投资者角度看,基金投资对投资者也是有一定要求的。每个基金公司或投资者对投资目标和要求不同,因此基金公司或投资者会采取不同的投资策略或操作技术。以下是部分相对简单实用的基金投资策略。

1. 持续持有策略

这是最简单的基金交易策略,即选择合适的基金之后买入,并坚持持有。只要选择到一只好的基金标的,随着时间的推移,基金内在价值往往会逐步提升,反映为基金单位净值的增长,最终的表现就是投资者获利。运用好这种策略,最主要就是克服频繁交易的心态。

2. 核心资产策略

该策略也是基金组合策略,组合中以收益稳健的或投资者偏好的基金作为核心资产,如债券基金或股票基金,然后以其他不同收益和风险特点的基金构成一个平衡的基金组合。核心资产和其他部分资产可以根据投资者风险承受能力进行一定的调整。这类策略可以较好地作到风险的平衡,攻守兼备,但是也需要投资者对各类基金有比较清晰深入的了解,需要对基金有一定的研判能力。

3. 宏观对冲策略

该策略主要是通过对国内以及全球宏观经济情况进行研究,当发现一国的宏观经济变量偏离均衡值,基金经理便集中资金对相关品种的预判趋势进行操作。此策略不仅仅局限于在某一个国家,而是在全球寻找投资机会,具体的投资品种也很多,如股票、债券、股指期货、国债期货、商品期货、利率衍生品等,操作上既有做多也有做空,甚至有时候会通过融资加杠杆来增强基金的收益。

 相关思考4-5

选择基金时应注意什么?

在实际投资中,投资者一般会怎么选择基金呢?多数个人投资者都会考虑自身拥有的资金。目前投资者可以通过互联网渠道购买基金,非常方便。很多投资者也会看基金的净值排名、收益率排名等。现实中,这些指标都应该是投资时需要关注的。至于还有哪些值得注意,大家可以结合各自情况进行讨论。

本章小结

本章的主要学习内容是证券投资中重要的基础金融工具——证券投资基金。通过本章的学习,我们认识了证券投资基金是怎样的一种投资工具,掌握了基金的募集、申购、赎回及交易规则等,尤其是开放式基金的申购、赎回;还学会了如何进行简单的基金估值。在这些基础上,结合投资者自身情况,我们可以对如何作好基金投资提供相应的建议。

练一练

练一练答案

本章重要概念

证券投资基金　公司型基金　契约型基金　封闭式基金　开放式基金　ETF和LOF　股票基金　债券基金　混合基金　货币市场基金　主动型基金　被动型基金　公募基金　私募基金　伞形基金　基金中的基金　保本基金　对冲基金　基金管理人　基金托管人　基金持有人　认购　申购　赎回　基金资产净值　基金单位净值　基金估值　基金分红　现金分红　红利再投资　基金管理费　基金托管费　基金交易费　基金运作费　基金服务费

第五章 金融衍生工具

- 内容简介
- 学习目的和要求
- 第一节 金融衍生工具概述
- 第二节 金融期货
- 第三节 金融期权
- 第四节 其他金融衍生工具
- 本章小结
- 本章重要概念

内容简介

本章主要讲解了证券投资的另一大类工具——金融衍生工具。本章简单介绍了金融衍生工具的含义、产生、特征、功能等基本情况,然后详细介绍了金融期货、金融期权这两大工具,分别包括含义、特征、种类、交易制度、功能等,另外介绍了金融远期、金融互换及权证、可转换债券等内容。本章重点是金融衍生工具的特征,金融期货、金融期权的含义、特征、交易制度、种类及功能;难点是金融期货、金融期权的功能、金融互换的运作机制。

学习目的和要求

通过本章学习,学生应了解金融衍生工具的含义、产生,并掌握其特征;重点学习并掌握金融期货、金融期权的含义、特征、交易制度、种类、功能等基本内容;同时,熟悉金融远期、金融互换及权证、可转换债券这些内容;对金融衍生工具在我国的实际运用有所了解。

引例 "327"国债期货事件

1993年10月25日,北京商品交易所率先推出国债期货交易。同日,上海证券交易所也向全社会公众开放国债期货交易。"327"是国债期货合约的代号,对应1992年发行,1995年6月到期兑付的3年期国库券,该券发行总量是240亿元人民币。

1994年10月以后,中国人民银行提高3年期以上储蓄存款利率和恢复存款保值贴补,国库券也同样进行保值贴补。保值贴补率的不确定性为炒作国债期货提供了空间,大量机构投资者由股市转入债市,在市场上多空双方对峙的焦点始终是围绕对"327"国债品种到期价格的预测,1992年3年期国库券到期的基础价格已经确定为128.5元,但到期的预测价格还受到保值贴补率的大小和是否加息的影响,市场对此看法不一,多空双方在148元附近大规模建仓,导致国债期货市场行情火爆。

1995年2月"327"国债期货合约的价格一直在147.80~148.30元徘徊。1995年2月23日,提高"327"国债期货利率的传言得到证实,百元面值的"327"国债将按148.50元兑付。作为空方的上海万国证券公司和辽宁国发集团不愿坐以待毙,通过巨额做空来绝地反击。辽宁国发集团把几家关系户的空仓集中在海南某公司名下,通过无锡国泰期货经纪公司大量违规抛空,企图压低价格。但抛单都被多方吸收,"327"国债期货价格还是在上升。辽宁国发集团背弃盟友万国证券公司,突然倒戈,改做多头,企图继续抬高价格减少损失。"327"国债期货在1分钟内竟上涨了2元,10分钟后共涨了3.77元。"327"国债期货每上涨1元,万国证券公司就要赔进十几个亿。按照它的持仓量和现行价位,一旦到期交割,它将要拿出60亿元资金。

毫无疑问,万国证券公司没有这个能力。其负责人管金生铤而走险,于23日16时22分13秒突然发难,砸出1 056万口(每口面值20 000元人民币的国债)卖单,把价位从151.30元打到147.50元,使当日开仓的多头全线爆仓。这个行动令整个市场目瞪口呆,若以收盘时的价格来计算,这一天做多的机构,包括像辽宁国发集团这样空翻多的机构都将血本无归,而万国证券公司不仅能够摆脱掉危机,并且还可以赚到42亿元。

23日夜里11点,上海证券交易所正式宣布23日16时22分13秒之后的所有"327"品种的交易异常,是无效的,该部分不计入当日结算价、成交量和持仓量的范围。经过此次调整当日国债成交额为5 400亿元,当日"327"品种的收盘价为违规前最后签订的一笔交易价格151.30元。

万国证券公司在劫难逃,如果按照上海证券交易所定的收盘价到期交割,万国证券将赔60亿元人民币;如果按管金生自己弄出的局面算,万国证券公司赚42亿元;如果按照151.30元收盘价平仓,万国证券公司亏16亿元。上海证券交易所对管金生是客气的,当时并没有公布管金生和万国证券的名字,第二天,万国证券公司发生挤兑。

1995年5月17日,中国证监会鉴于中国当时不具备开展国债期货交易的基本条件,发出《关于暂停中国范围内国债期货交易试点的紧急通知》,开市仅两年零六个月的国债期货无奈地画上了句号。中国第一个金融期货品种宣告夭折。

思考:国债期货作为重要的金融衍生工具,其保证金交易、做多做空的双向交易、"T+0"交易等制度,对市场带来了怎样的影响?

资料来源:金融界."327"国债事件 中国金融证券史上最黑暗一幕[EB/OL]. (2013-07-16)[2021-09-15]. http://stock.jrj.com.cn/2013/07/16072415535803-c.shtml.

第一节 金融衍生工具概述

证券投资工具种类繁多,可以按照不同的标准进行分类。最常见的证券投资工具可以分为基础金融工具和金融衍生工具。基础金融工具以股票、债券、证券投资基金为代表,金融衍生工具主要有远期、期货、期权、互换、权证等形式。

一、金融衍生工具的含义及产生

1. 金融衍生工具的含义

金融衍生工具是指在一定的原生性或基础性金融工具(如股票、债券、货币等)的基础上派生出来的金融工具。它一般表现为一种合约,合约中载明买卖双方交易品种、价格、数量、交割时间和地点等内容,其价值由作为标的物的基础性金融工具的价格决定。目前,在金融市场上运用最广泛的金融衍生工具主要是金融期货、金融期权、金融远期、金融互换。

现代金融衍生工具是伴随着世界经济发展环境的深刻变化以及风靡全球的金融创新而发展起来的。同时,信息技术的进步对金融工程的发展起到物质上的支撑作用,也为金融衍生工具的研究及其产品的开发提供了强有力的工具和手段。

2. 金融衍生工具的产生与发展

金融衍生工具的产生及迅速发展是20世纪70年代以后的事情。20世纪70年代的高通胀率及1973年布雷顿森林体系崩溃后各国纷纷实行浮动汇率制度,加上利率市场化改革在新兴工业国家推进,使得规避通胀风险、汇率风险、利率风险成为金融交易的一项重要需求。同时,金融自由化浪潮推动各国放松金融管制,金融业之间的竞争相当激烈,加上技术的创新,这些都为金融衍生工具的迅速繁衍、发展提供了可能。

1972年金融期货出现了,美国芝加哥商业交易所(CME)率先推出了英镑、加拿大元、日元等七种外汇期货。1973年4月,芝加哥期权交易所(CBOT)成立,正式推出了股票期权合约交易,标志着金融期权的产生。1975年芝加哥商业交易所首次引进了利率期货,1982年又引进了股票指数期货交易。从此,金融衍生工具不断推陈出新,得到了飞速发展。

二、金融衍生工具的特征

金融衍生工具与基础金融工具相比,主要有如下特征。

1. 杠杆性

金融衍生工具交易一般只需要支付少量保证金或权利金就可以签订远期大额合约或互换不同的金融工具。例如,若期货交易保证金为合约金额的5%,则期货交易者可以控制20倍于所交易金额的合约资产,实现以小搏大的效果。在收益可能成倍放大的同时,交易者所承担的风险与损失也会成倍放大,基础工具价格的轻微变动也许就会带来交易者的大盈大亏。金融衍生工具的杠杆性效应一定程度上决定了它的高投机性和高风险性。

2. 高风险

金融衍生工具的交易后果取决于交易者对基础工具(变量)未来价格(数值)的预测和判断的准确程度。基础工具价格的变幻莫测决定了金融衍生工具交易盈亏的不稳定性,这是金融衍生工具高风险性的重要诱因。

基础金融工具价格不确定性仅仅是金融衍生工具风险性的一个方面,金融衍生工具还伴随着以下几种风险:①因交易中对方违约,没有履行承诺造成损失的信用风险;②因资产或指数价格不利变动可能带来损失的市场风险;③因市场缺乏交易对手而导致投资者不能平仓或变现所带来的流动性风险;④因交易对手无法按时付款或交割可能带来的结算风险;⑤因交易或管理人员的人为错误或系统故障、控制失灵而造成的操作风险;⑥因合约不符合所在国法律,无法履行或合约条款遗漏及模糊导致的法律风险。

3. 跨期性

金融衍生工具是交易双方通过对利率、汇率、股价等因素变动趋势的预测,约定在未来时间按照一定条件进行交易或选择是否交易的合约。无论是哪一种金融衍生工具,都会影响交易者在未来一段时间内或未来某时点上的现金流,跨期交易的特点十分突出。这就要求交易双方对利率、汇率、股价等价格因素的未来变动趋势作出判断,而判断的准确与否直接决定了交易者的交易盈亏。

4. 联动性

联动性是指金融衍生工具的价值与基础产品或基础变量紧密联系、规则变动。通常,金融衍生工具与基础变量相联系的支付特征由衍生工具合约规定,其联动关系既可以是简单的线性关系,也可以表达为非线性函数或者分段函数。

中行原油宝期货事件始末

延伸阅读 5-1

正确认识保证金交易的杠杆性风险

保证金的杠杆作用在金融领域中运用非常广泛。金融期货、期权、远期等交易,都需要交保证金。这样投资者不用花费全额的资金,即可完成大额的交易。这大大降低了投资者的参与门槛。同时,金融交易中的信用交易方式,也体现了典型的杠杆作用。

但是保证金交易极其容易发生风险,如股指期货交易采用保证金交易方式,股指期货交易也比股票交易具有更大的风险性。

假定保证金比率为10%,则我们投入5万元就可以进行一手合约面值为50万元的交易,如果期货价格上涨10%,对于多头来说,可以盈利5万元,收益率为100%;但对于空头来说,收益率为-100%,即投资者的保证金被全部亏掉,这就是保证金交易的杠杆性风险。当价格出现较大的不利变化时,如果不及时止损,投资者权益甚至可能出现负值。所以,从事股指期货交易要更加注意风险管理。

实际的金融期货交易极易出现爆仓。所谓爆仓,是指投资者保证金账户中的客户权益为负值。在市场行情发生较大变化时,如果投资者保证金账户中资金的绝大部分都被交易保证金所占用,而且交易方向又与市场走势相反时,由于保证金交易的杠杆效应,就很容易出现爆仓。

爆仓的发生实际上是投资者资金链断裂的结果。为避免这种情况的发生,投资者特别需要控制好头寸,合理地进行资金管理,切忌像股票交易中可能出现的满仓操作;并且与股票交易不同,投资者必须对股指期货行情进行及时跟踪。

资料来源:毛磊.什么是金融期货保证金交易?[EB/OL].(2018-06-27)[2021-10-17]. https://www.e-cffex.com.cn/web/zh1/index_2.html.

三、金融衍生工具的种类

1. 按基础工具种类分类

按照其依据的基础工具的不同,金融衍生工具可以分为货币衍生工具、利率衍生工具、股权类产品的衍生工具、信用衍生工具和其他衍生工具。

(1) 货币衍生工具。货币衍生工具是指以各种货币作为基础工具的金融衍生工具,主要包括远期外汇合约、货币期货、货币期权、货币互换和上述合约的混合交易合约。

(2) 利率衍生工具。利率衍生工具是指以利率或利率的载体为基础工具的金融衍生工具,主要包括远期利率协议、利率期货、利率期权、利率互换以及上述合约的混合交易合约。

(3) 股权类产品的衍生工具。股权类产品的衍生工具是指以股票或股票指数为基础工具的金融衍生工具,主要包括股票期货、股票期权、股票指数期货、股票指数期权以及上述合约的混合交易合约。

(4) 信用衍生工具。信用衍生工具是指以基础产品所蕴含的信用风险或违约风险为基础变量的金融衍生工具,用于转移或防范信用风险,主要包括信用互换、信用联结票据、信用风险缓释合约和信用风险缓释凭证等。

(5) 其他衍生工具。其他衍生工具是在非金融变量的基础上开发的,如天气期货、政治期货、巨灾衍生产品等。

2. 按交易的方式及特点分类

金融衍生工具按其自身交易的方法和特点,可以分为:金融远期、金融期货、金融期权、金融互换和结构化金融衍生工具。

(1) 金融远期。金融远期是指交易双方在场外市场上通过协商,按约定价格(称为远期价格)在约定的未来日期(交割日)买卖某种标的金融资产(或金融变量)的合约。金融远期合约规定了将来交割的资产、交割的日期、交割的价格和数量,合约条款根据双方需求协商确定。金融远期主要包括远期利率协议、远期外汇合约和远期股票合约等。

(2) 金融期货。金融期货是指交易双方在集中的交易场所以公开竞价方式进行的标准化金融期货合约的交易。金融期货是以金融工具(或金融变量)为基础工具的期货交易,主要包括货币期货、利率期货、股票指数期货和股票期货四种。

（3）金融期权。金融期权是指合约买方向卖方支付一定费用（称为期权费或期权价格），在约定日期内（或约定日期）享有按事先确定的价格向合约卖方买卖某种金融工具的权利的契约，包括现货期权和期货期权两大类。除交易所交易的标准化期权、权证之外，还存在大量场外交易的期权，这些新型期权通常被称为奇异型期权。

（4）金融互换。金融互换是指两个或两个以上的当事人按共同商定的条件，在约定的时间内定期交换现金流的金融交易，可分为货币互换、利率互换、股权互换和信用违约互换等类别。

（5）结构化金融衍生工具。前述四种常见的金融衍生工具通常被称作"建构模块工具"，它们是最简单和最基础的金融衍生工具，而利用其结构化特性，通过相互结合或者与基础金融工具相结合，能够开发设计出更多具有复杂特性的金融衍生产品，这些产品通常被称为结构化金融衍生工具，或简称为结构化产品。

3. 按产品形态分类

按照产品形态，金融衍生工具可以分为独立衍生工具和嵌入式衍生工具。

（1）独立衍生工具。独立衍生工具是指本身即为存在的金融合约，如期权合约、期货合约和互换合约等。独立衍生工具的特点包括：一是其价值随特定利率、金融工具价格、商品价格、汇率、价格指数、费率指数、信用等级、信用指数或其他类似变量的变动而变动。变量为非金融变量的，该变量与合同的任一方不存在特定关系。二是不要求初始净投资，或与对市场情况变化有类似反应的其他类型合同相比，要求很少的初始净投资。三是在未来某一日期结算。

（2）嵌入式衍生工具。嵌入式衍生工具是指嵌入到非衍生合同（即主合同）中的金融衍生工具，该衍生工具使主合同的部分或全部现金流量将按照特定利率、金融工具价格、汇率价格或利率指数、信用等级或信用指数，或类似变量的变动而发生调整。

4. 按交易场所分类

按照交易场所的不同，金融衍生工具可以分为交易所交易的衍生工具和场外交易市场交易的衍生工具两类。

（1）交易所交易的衍生工具。交易所交易的衍生工具是指在有组织的交易所上市交易的衍生工具，如在股票交易所交易的股票期权产品，在期货交易所和专门的期权交易所交易的各类期货合约、期权合约等。

（2）场外交易市场交易的衍生工具（简称"OTC"）。OTC是指通过各种通讯方式，不通过集中的交易所，实行分散的、一对一交易的衍生工具，如金融机构之间、金融机构与大规模交易者之间进行的各类互换交易和信用衍生产品交易。

四、金融衍生工具的功能

金融衍生工具产生以来，在套期保值、投机套利、价格发现等方面发挥了重要的作用。

1. 套期保值

套期保值是金融衍生工具最早具有的、最主要、最基本的功能。所谓套期保值是指交易者为了配合现货市场的交易，而在期货等衍生金融工具市场进行与现货市场方向相反的交易，以便达到转移、规避价格变动风险的行为。套期保值是衍生工具产生的原动力。最早出现的衍生工具——远期合约，就是为适应农产品的交易双方出于规避未来价格波动风险的需要而创设的。其他衍生工具也是通过事先约定价格,实现标的物的保值目的。

套期保值者进行套期保值首先不是为了获利,而是为了减少不利事件发生时遭受损失的风险。如果操作得当,价格波动有利于套期保值的,也可能在弥补损失后获利。

套期保值有两个特点:一是套期保值者必须具有在现货市场买进或卖出金融工具的操作;二是套期保值者利用期货市场的相反操作转移和规避价格风险。

2. 投机套利

投机是指在预测标的资产价格将要上升时先买后卖,在预测价格将要下跌时先卖后买,从而从买卖价格差额中获取利润的一种行为。它是投机者为了获取可能的高收益而主动承担高风险行为,这点不同于套期保值。

套期保值是金融衍生工具存在的基本条件,而投机则是推动金融衍生工具市场规模迅速扩展,确保市场的高度流动性和有效性的条件。由于套期保值的头寸并非恰好匹配对冲,市场需要一批投机者来承担保值者转嫁出去的风险。投机则是通过承担风险获取利润。

3. 价格发现

如果以上两点是金融衍生市场的内部性功效,那价格发现则是金融衍生市场的外部性功效。金融衍生工具的价格发现的中心环节是价格决定,这一环节是通过供给和需求双方在公开竞价的交易所大厅(或电子交易屏幕)内达成,所形成的价格又可能产生新的价格信息来指导金融衍生工具的供给和需求,从而影响下一期的价格决定。

以上是金融期货、金融期权、金融远期等金融衍生工具主要的功能,具体操作在金融期货中会有详细介绍。

五、金融衍生工具的交割方式

金融衍生工具的交割方式,通常有三种:对冲交割、现金交割和实物交割。

1. 对冲交割

对冲交割是衍生工具的交割方式,尤其是期货的重要交割方式。对于很多衍生工具交易者来说,参与交易并非为了获得标的物本身,而是基于套期保值或投机套利的目的。对冲机制本身包含了避险、套期保值之意。

对冲是指在期货交易等衍生工具交易中,同时进行两笔行情相关、方向相反、数量相当、盈亏相抵的交易。这种交割方式适用于金融期货、商品期货等各类衍生工具。此外,对冲方式也可用于现货与期货的对冲交易。对冲是最主要的交割方式。

2. 现金交割

现金交割是指到期未平仓的期货合约进行交割时,用结算价格来计算未平仓合约的盈亏,以现金支付的方式最终了结期货合约的交割方式。这种交割方式主要用于金融期货等期货标的物无法进行实物交割的期货合约,如股票指数期货合约等。国外一些交易所也探索将现金交割的方式用于商品期货。我国商品期货市场不允许进行现金交割。

3. 实物交割

实物交割是指期货合约的买卖双方于合约到期时,根据交易所制定的规则和程序,通过期货合约标的物的所有权转移,将到期未平仓合约进行了结的行为。这也是衍生工具交割方式之一,但主要用于商品期货交易。在我国,国债期货交易主要采用实物交割方式。进入交割期后,卖方提交标准仓单,买方提交足额货款,到交易所办理交割手续。但需要注意的是,如果是黄金期货,虽然是实物交割方式,但按照有些交易所的规定,个人投资者一般是无法直接获得黄金的。因此在期货到期前,需要采取对冲交割方式进行平仓。

由于期货交易不是以现货买卖为目的,而是以买卖合约赚取差价来达到保值的目的,实际上在期货交易中真正进行实物交割的合约并不多。实物交割是促使商品期货价格和现货价格趋向一致的制度保证。通过交割,期货、现货两个市场得以实施相互联动,期货价格最终与现货价格趋于一致,使期货市场真正发挥价格晴雨表的作用。

相关思考5-1

期货交易中套期保值与投机套利的区别

套期保值与投机套利是金融衍生工具的主要功能。那么两者有何区别呢？期货交易中的套期保值、投机套利是根据期货交易的目的来区分的。套期保值的交易目的是对冲风险,以现货为基础,对冲商品价格波动风险。投机套利的交易目的是获得价差收益,单纯的投机是通过低买高卖获得风险收益,套利方式的投机是为了获得相关合约间的价差收益,投机套利的本质是获得相关合约对价差或比价的缩小(扩大)的风险收益。

第二节 金 融 期 货

一、期货的含义及种类

1. 期货的含义

期货与现货完全不同,现货是实实在在可以交易的商品,而期货不是。期货是以某种大宗产品如棉花、大豆、石油等及金融工具(如股票、债券等)为标的物的标准化、可交易的合约。期货是现在进行买卖,但是在将来交割标的物,这个标的物可以是某种商品(如黄金、原油、农产品),也可以是金融工具,还可以是金融指标等。

期货交易是买卖期货合约的交易。期货合约是一种标准化的合约,由期货交易所统一制定、规定在将来某一特定的时间和地点交割一定数量和质量标的物。

2. 期货的种类

期货按照标的物的不同,主要可以分为两大类:商品期货和金融期货。

商品期货是指标的物为实物商品的期货,买卖双方在未来某个约定的日期以约定的价格买卖某一数量的实物商品的标准化合约。商品期货历史悠久,种类繁多,主要包括农产品期货、金属期货、能源期货等三大类。商品期货交易是在期货交易所内买卖特定商品的标准化合同的交易方式。

金融期货是指标的物为金融工具或金融资产的期货。金融期货主要分为利率期货、外汇期货、股票期货、股价指数期货等。后文详细介绍。

延伸阅读5-2

期货的产生

一般认为,期货交易最早产生于美国。1848年美国芝加哥期货交易所(CBOT)的成立,标志着期货交易的诞生。期货交易的出现,不是偶然的,是在远期交易发展的基础上,基于广大商品生产者、贸易商和加工商的广泛商业实践而产生的。

1833年,芝加哥已成为美国国内外贸易的一个中心,南北战争之后,芝加哥由于其优越的地理位置而发展成为一个交通枢纽。到了19世纪中叶,芝加哥发展成为重要的农产品集散地和加工中心,大量的农产品在芝加哥进行买卖,人们沿袭古老的交易方式在大街上面对面讨价还价进行交易。在收获季节农场主都运粮到芝加哥,市场供过于求导致价格暴跌,农场主常常连运费都收不回来,而到了第二年春天谷物匮乏,加工商和消费者难以买到谷物,谷物价格飞涨。谷物价格波动异常剧烈迫切需要建立一种新的市场机制和建立更多的储运设施。为了解决这一问题,谷物生产地的经销商应运而生。当地经销商设立了商行,修建了仓库,收购农场主的谷物,等到谷物湿度达到规定标准后再出售。当地经销商通过远期交易的方式收购农场主的谷物,先储存起来,然后分批上市。当地经销商需要向银行贷款以便从农场主手中购买谷物储存,在储存过程中要承担谷物过冬的价格风险,价格波动有可能使当地经销商无利可图甚至连成本都收不回来。解决这一问题的最好办法是"未买先卖",经销商以远期合约的方式与芝加哥的贸易商和加工商联系,以转移价格风险并获得贷款。这样,远期交易便成为一种普遍的交易方式。

芝加哥的贸易商和加工商同样也面临着当地经销商所面临的问题,因此他们只愿意按照比他们估计的交割时的远期价格还要低的价格支付给当地经销商,以避免交割期的价格下跌的风险。由于芝加哥贸易商和加工商的买价太低,到芝加哥去商谈远期合约的当地经销商为了自身利益不得不去寻找更广泛的买家,为他们的谷物讨个好价钱。一些非谷物商认为有利可图,就先买进远期合约,到交割期临近再卖出,从中盈利。这样,购买远期合约的买家渐渐增加,改善了当地经销商的收入,当地经销商支付给农场主的收入也有所增加。1848年3月13日,第一个近代期货交易所——芝加哥期货交易所(CBOT)成立。芝加哥期货交易所成立之初,还不是一个真正现代意义上的期货交易所,还只是一个集中进行现货交易和远期交易的场所。

我国首个鲜果类期货——苹果期货

资料来源:佚名.期货[EB/OL].[2021-10-25].https://wiki.mbalib.com/wiki/%E6%9C%9F%E8%B4%A7.

二、金融期货的含义及特征

1. 金融期货含义

金融期货是指在固定交易所内进行的,交易双方按照约定的时间和价格买入或卖出某种金融资产的标准化合约,它通常以外汇、利率、个股和股票价格指数等为标的物。交易双方分别以期货交易所或专门的期货清算公司为交易对手。

20世纪70年代初,西方国家出现了严重的通货膨胀,固定汇率制也被浮动汇率制所取代,国内外经济环境和体制安排的转变使经济活动的风险增大。这种情况反映到金融市场上就是利率、汇率和证券价格的急剧波动,原有的远期交易由于其流动性差、信息不对称、违约风险高等缺陷而无法满足人们急剧增长的需要,金融期货交易应运而生。

2. 金融期货与金融现货的区别

1) 交易对象不同

现货交易的对象是某一具体形态的金融工具,通常它代表着一定所有权或债权关系的股票、债券或其他金融工具。而金融期货交易的对象是金融期货合约。金融期货合约是由期货交易所设计的一种对指定金融工具的种类、规格、数量、交割月份、交割地点等作出统一规定的标准化书面协议。

2) 交易目的不同

金融现货交易的首要目的是筹资或投资,即为生产和经营筹集必要的资金,或为暂时闲置的货币资金寻找生息获利的投资机会。金融期货交易与金融现货交易不同,它不能创造价值,不是投资工具,是一种风险管理工具。风险厌恶者可以利用它进行套期保值、规避风险,风险偏好者则利用它承担更大的风险。不论是风险厌恶者还是风险偏好者,金融期货的杠杆性都为他们提供了更高的风险管理效率。

3) 交易价格的含义不同

金融现货交易的交易价格是在交易过程中通过公开竞价或协商议价形成的,这一价格是实时的成交价,代表在某一时点上供求双方均能接受的市场均衡价格。金融期货的交易价格也是在交易过程中形成的,但这一交易价格是对金融现货未来价格的预期,这相当于在交易的同时发现了金融现货基础工具(或金融变量)的未来价格。因此,从这个意义上看,期货交易过程也就是未来价格的发现过程。当然,所谓价格发现并不是绝对的,学术界有很多证据表明,出于各种原因,期货价格与未来的现货价格之间可能存在一定偏离。

4) 交易方式不同

金融现货交易一般要求在成交后的几个交易日内完成资金与金融工具的全额结算,成熟市场中通常也允许进行保证金买入或卖空,但所涉及的资金或证券缺口部分系由经纪商出借给交易者,要收取相应利息。金融期货交易则实行保证金交易或逐日盯市制度,交易者并不需要在成交时拥有或借入全部资金或基础金融工具。

5) 结算方式不同

金融现货交易通常以基础金融工具与货币的"一手交钱一手交货"而结束交易活动。而在金融期货交易中,仅有极少数的合约到期进行实物交割,绝大多数的期货合约是通过做相反交易实现对冲平仓的,还有部分金融期货如股指期货通过现金交割。所谓的对冲平仓,就是交易者做两个方向相反的操作,可以先买入期货到期再卖出,也可以先卖出期货到期再买入。对冲机制是期货交易的重要特点。

3. 金融期货与金融远期的区别

金融期货是一种标准化的远期交易,两者并无本质区别。但是与普通的金融远期相比,两者在交易场所、交易组织形式、交易合约标准化、交易的监管程度、风险程度及灵活性等方面都有不同。具体区别如表 5-1 所示。

表 5-1 　　　　　　　　　　金融期货与金融远期的区别

区别	金融期货	金融远期
交易场所及交易组织形式	必须在有组织的交易所交易,公开竞价	场外市场交易,交易双方协商定价
交易合约标准化	标的物及其合约规模、交割时间、交割方式、报价方式、保证金、价格波动限制、持仓限额等由交易所明确规定	具体交易内容可由交易双方协商确定,具有较大的灵活性
交易的监管程度	受到监管机构严格的监管,交易品种、交易行为等均须符合监管要求	监管较少
违约风险大小	实行保证金制度及每日清算制度,交易者以交易所或清算公司为交易对手,基本不用担心违约,违约风险低	约束少,监管少,且不存在每日清算等制度,交易双方容易违约,风险较大

三、金融期货的交易制度

金融期货交易有一定的交易规则,这些规则是期货交易正常进行的制度保证,也是期货市场运行机制的外在体现。

1. 保证金制度

为了控制期货交易的风险和提高交易效率，期货交易所的会员经纪公司必须向交易所或结算所缴纳结算保证金，而期货交易双方在成交后都要通过经纪人向交易所或结算所缴纳一定数量的保证金。

由于保证金比例较低（一般为期货合约价值的5%～20%），期货交易具有高度的杠杆作用。这一杠杆作用使套期保值者能用少量的资金为价值量很大的现货资产找到回避价格风险的手段，也为投机者提供了用少量的资金获取盈利的机会。

保证金分为初始保证金和维持保证金。初始保证金就是投资者开仓时存入的保证金，一般为期货合约价值的5%～20%（但是不同的金融衍生工具要求的保证金比例不完全相同）。维持保证金是投资者平仓之前，投资者必须始终保留在保证金账户上的最低金额，它通常是初始保证金水平的75%。在投资者保证金账户中，超过初始保证金的部分，投资者可以支取。而一旦保证金余额低于维持保证金，投资者就应该在24小时内按照要求将保证金补足到初始保证金水平，否则会被经纪商强行平仓。

2. 逐日盯市制度

逐日盯市制度又称为每日无负债结算制度，即期货交易是每天进行结算的，而不是到期一次性结算的，这是期货交易与其他衍生工具交易方式最大的不同。具体负责清算的机构是清算所。清算所是期货交易的专门清算机构，通常附属于交易所，但又以独立的公司形式组建。清算所以每种期货合约在交易日收盘前规定时间内的平均成交价作为当日结算价，与每笔交易成交时的价格作对照，计算每个清算所会员账户的浮动盈亏，进行随市清算。由于逐日盯市制度以每一个交易日为最长的结算周期，对所有账户的交易头寸按不同到期日分别计算，并要求所有的交易盈亏都能及时结算，从而能及时调整保证金账户，控制市场风险。

3. "T+0"交易制度

"T+0"交易制度，一般在股票交易中实行，通俗地说，就是当天买入的股票在当天就可以卖出。期货交易实行"T+0"交易制度，是指当天买入的期货合约当天就可以卖出。通过这种交易制度，投资者不仅能在一天进行多轮的买卖开仓平仓，增加资金的周转率，而且在行情发生较大波动时，投资者还可以快速改变头寸方向，避免风险、从中获利。

4. 双向交易制度

双向交易制度指期货交易者既可以买入期货合约作为期货交易的开端（称为买入建仓），也可以卖出期货合约作为期货交易的开端（称为卖出建仓），即通常说的"买空卖空"。

对于中国投资者来说，与股票现货交易相比双向交易制度是期货交易的最大优势。当投资者预测行情上涨的时候，可以选择做多期货；当预测行情下跌的时候，可以选择做空期货。如果预测正确，操作准确，即使行情下跌，投资者也是可以获利的。期货交易的双向交易制度大大增强了期货交易的活力。

5. 持仓限额制度

持仓限额制度是交易所为了防止市场风险过度集中和防范操纵市场的行为，而对交易者持仓数量加以限制的制度。持仓限额是交易所规定会员或客户可以持有的，按单边计算的某一合约持仓的最大数额。如果同一客户在不同会员处开仓交易，则要将该客户在各账户下的持仓合并计算。

交易所根据不同情况,规定会员可以持有合约的持仓上限,即可购进合约的最大数量。交易所通常按照"一般月份""交割月份前一个月份"和"交割月份"三个阶段一次对持仓数额进行限制。比如,在"一般月份",一个会员对某种合约的单边持仓量不得超过交易所该合约持仓总量的15%,距离交割越近持仓量越少。对套期保值客户的套保头寸也实行审批制。如果超出,就要在交易所规定的时间内减仓,否则将强行平仓。

在我国,对于确实需要利用股指期货进行套期保值的会员或客户,可以向中国金融期货交易所(以下简称"中金所")申请豁免持仓限制,中金所可以根据市场情况决定是否批准其要求。具体的限仓标准根据中金所的规定执行,会员和客户达到或超过持仓限额的,不得同方向开仓交易。

6. 大户报告制度

大户报告制度是指当交易所建立限仓制度后,当会员或客户在某合约的持仓量达到交易所规定的数量时(如投机头寸达到交易所对其规定的投机头寸持仓限量的80%以上时),必须向交易所报告其持仓情况,包括持仓保证金、可动用资金、持仓意向、资金来源、交易动机、预报和申请交割的数量等,以便交易所审查大户是否有过度投机或操纵市场行为,并判断大户交易风险状况的风险控制制度。

7. 强行平仓制度

强行平仓制度是指按照有关规定当会员、投资者违规或结算保证金不足时,交易所对有关持仓实行强制平仓的一种措施。强行平仓的情形主要包括:会员结算准备金不足且未能在规定时间内补足,持仓量超出其限仓规定,因违规受到交易所强行平仓处罚,根据交易所紧急措施应予强行平仓等。

8. 涨跌停板制度

涨跌停板制度又称每日价格最大波动限制,指期货合约在一个交易日中的交易价格波动不得高于或低于规定的涨跌幅度,超过该涨跌幅度的报价被视为无效,不能成交。该制度在股权类期货中常见。其目的主要是防止期货价格出现过大的非理性变动从而导致期货交易不正常。

涨停板是指合约上一交易日的结算价加上允许的最大涨幅构成当日价格上涨的上限;跌停板是指合约上一交易日的结算价减去允许的最大跌幅构成当日价格下跌的下限。涨跌停板的确定,主要取决于现货市场价格波动的频繁程度和波幅的大小。不同的金融期货市场涨跌停板规定不同。

 延伸阅读 5-3

股指期货交易中的涨跌停板

涨跌停板是指期货合约在一个交易日中的交易价格波动不得高于或者低于规定的涨跌幅度,超过该涨跌幅度的报价将视为无效。涨跌停板制度能够锁定会员和投资者每一交易日所持有合约的最大盈亏,能够有效地减缓、抑制一些突发性事件和过度投机行为对期货价格的冲击。

按照我国中国金融期货交易所和《沪深300股指期货合约》的规定,沪深300股指期货合约的涨跌停幅度为前一交易日结算价的±10%,季月合约上市首日涨跌停板幅度为挂盘准价的±20%。上市首日有成交的,于下一交易日恢复到合约规定的涨跌停板幅度;上市首日无成交的,下一交易日继续执行前一交易日的涨跌停板幅度。股指期货合约最后交易日涨跌停板幅度为上一交易日结算价的±20%。

资料来源：中国金融期货交易所. 股指期货的涨跌停板幅度是10%还是20%？[EB/OL]. (2010-02-05)[2021-11-19]. http://www.cffex.com.cn/hs300wd/20100205/17770.html.

四、金融期货的种类

金融期货的种类很多。若按基础工具不同，金融期货可分为利率期货、股权类期货、外汇期货。

（一）利率期货

利率期货是指由交易双方签订的、约定在将来某一时间按双方事先商定的价格，交割一定数量与利率相关的金融资产的标准化合约。利率期货交易则是指在有组织的期货交易所中通过竞价成交的、在未来某一时期进行交割的债券合约买卖。

利率期货主要是为了规避利率风险而产生的。固定利率有价证券的价格受现行利率和预期利率的影响，价格变化与利率变化一般反向变动。利率期货的交割方式比较特殊，主要是现金交割方式，现券交割比较少。现金交割是以银行现有利率为转换系数确定期货合约的交割价格的交割方式。

利率期货合约按照合约标的资产的期限分类，一般可分为短期利率期货和中长期利率期货。具体种类如表5-2所示。

表5-2　　　　　　　　　　　　利率期货种类

特点	主要种类
以短期固定收入为主的债务凭证	国库券、商业票据、可转让定期存单
以长期固定收入为主的债务凭证	中长期公债（国债和地方债）

就目前来看，我国的利率期货主要是国债期货。2013年9月6日国债期货在中国金融期货交易所正式上市交易。目前，中国金融期货交易所推出的有2年期国债期货、5年期国债期货、10年期国债期货。以5年期国债期货为例，其具体期货合约内容及规定如表5-3所示。

表5-3　　　　　　　　　　　　5年期国债期货合约表

合约标的	面值为100万元人民币、票面利率为3%的名义中期国债
可交割国债	发行期限不高于7年、合约到期月份首日剩余期限为4～5.25年的记账式附息国债
报价方式	百元净价报价
最小变动价位	0.005元
合约月份	最近的三个季月（3月、6月、9月、12月中的最近三个月循环）
交易时间	09:30—11:30，13:00—15:15
最后交易日交易时间	09:30—11:30
每日价格最大波动限制	上一交易日结算价的±1.2%
最低交易保证金	合约价值的1%

(续表)

最后交易日	合约到期月份的第二个星期五
最后交割日	最后交易日后的第三个交易日
交割方式	实物交割
交易代码	TF
上市交易所	中国金融期货交易所

(二) 股权类期货

股权类期货是以单只股票或者股票价格指数为基础资产的期货合约。其主要种类如下。

1. 股票价格指数期货

股票价格指数期货是以股票价格指数为标的物的金融期货合约，是为适应人们规避股市风险，尤其是规避系统性风险的需要而产生的。

股票投资者在股票市场上面临的风险可分为两种：一种是股市的整体风险，又称系统性风险，即所有或大多数股票的价格一起波动的风险；另一种是个股风险，又称非系统性风险，即持有单个股票所面临的市场价格波动的风险。通过投资组合，投资者可以较好地规避非系统性风险，但不能有效地规避系统性风险。20世纪70年代以后，西方国家股票市场波动日益加剧，投资者规避股市系统性风险的要求也越来越迫切。由于股价指数基本能代表整个市场股票价格变动的趋势和幅度，人们开始尝试将股价指数改造成一种可交易的期货合约并利用它对所有股票进行套期保值，规避系统性风险，由此股指期货应运而生。

1982年2月24日，美国堪萨斯期货交易所推出第一份被称为价值线综合平均指数的股价指数期货合约。这种期货合约的买卖双方在市场上根据股票价格指数的升降按照事先约定的买卖时间和价格进行交易。目前，世界上股指期货交易主要集中于金融时报股价指数、日经指数、恒生指数、标准普尔指数、道琼斯指数等。

目前，我国在中国金融期货交易所上市的股指期货品种主要有4个，分别是2010年4月16日推出的沪深300股指期货合约、2015年4月16日推出的上证50和中证500股指期货合约，以及2022年7月22日推出的中证1000股指期货合约。

股票价格指数期货交易标的物的独特性决定了其独特的交易规格，具体如下。

1) 交易单位

在股票价格指数期货交易中，合约的交易单位是用一定的货币金额与标的指数的乘积来表示的。这一货币金额是由合约所固定的。因此，期货市场只以该合约标的指数的点数来报出它的价格。

例如，在芝加哥商品交易所(CME)上市的S&P500指数期货合约规定，每个指数点的价值为250美元，期货交易单位为250美元与指数的乘积。因此，如果期货市场报出主要市场指数为1 000点，则表示一张合约的价值为1 000点乘以250美元，为250 000美元。若S&P500指数期货合约上涨了20点，则表示一张合约的价值增加了5 000美元。香港恒生指数期货合约每点对应50港元，沪深300指数期货合约每点对应300元人民币。

中证1000股指期货及期权正式挂牌上市

【例 5-1】 假设某投资者拥有价值 100 万元的 10 只 A 股市场股票,但是他预测近几个月股市可能会下跌。于是他打算做沪深 300 指数期货来避险。合约标的物为沪深 300 指数,报价单位为指数点,每点 300 元。该投资者在沪深 300 指数为 4250 点的价位卖出 2 份 3 个月到期的沪深 300 指数期货。3 个月后股市果然下跌至 3820 点,该投资者持有股票的市值由 100 万元缩水为 80 万元,股票现货市场损失了 20 万。但他在股票价格指数期货市场上却盈利了 258 000 元(430×300×2)。除弥补现货市场的损失外,还盈利 58 000 元(未考虑相关保证金等费用)。

2) 最小变动价位

股票价格指数期货的最小变动价位通常以一定的指数点来表示。例如,沪深 300 指数期货,最小变动价位是 0.2 个指数点,每个点价值 300 元人民币,则最小变动价位相当于 60 元人民币。而 S&P500 指数期货的最小变动价位是 0.05 个指数点,每个指数点的价值为 250 美元,就每份合约而言,其最小变动价位是 12.5 美元,表示交易中价格每变动一次的最低金额为每合约 12.5 美元。

3) 每日价格波动限制

绝大多数交易所均对其上市的股票价格指数期货合约规定了每日价格波动限制,但各交易所的规定不同。这种不同既表现在限制的幅度上,也表现在限制的方式上。同时,各交易所经常根据具体情况对每日价格波动进行限制。

4) 结算方式

现金结算是股票价格指数期货交易不同于其他期货交易的一个重要特点。在具体交易时,股票价格指数期货合约的价值是用指数的点数乘以事先规定的金额进行计算的。合约到期时,以股票市场的收盘指数作为结算的标准,合约持有人只需交付或收取按购买合约时的股指点数与到期的实际指数点数之间的点数差折合成的现金数,即可完成交收手续。

相关思考 5-2

股票价格指数期货交割方式为何是现金交割?

期货的交割方式主要有对冲交割、实物交割及现金交割。股票价格指数期货采用的交割方式是现金交割,大多数商品期货及其他金融期货采用的是实物交割或对冲交割。为什么股指期货会采用现金交割方式?这与股指期货的标的物是否有关?

我国在中金所上市交易的沪深 300 指数期货合约如表 5-4 所示。

表 5-4　　　　　　　　　　　沪深 300 指数期货合约表

合约标的	沪深 300 指数
合约乘数	每点 300 元
报价单位	指数点
最小变动价位	0.2 点
合约月份	当月、下月及随后两个季月

(续表)

交易时间	9:30—11:30，13:00—15:00
每日价格最大波动限制	上一个交易日结算价的±10%
最低交易保证金	合约价值的8%
最后交易日	合约到期月份的第三个周五（遇法定假日顺延）
交割日期	同最后交易日
交割方式	现金交割
交易代码	IF
上市交易所	中国金融期货交易所

延伸阅读5-4

我国主要的股票价格指数期货品种

目前，我国上市交易的股票价格指数期货，主要有沪深300指数期货、上证50指数期货、中证500指数期货。

1. 沪深300指数期货

沪深300指数期货是指以沪深300指数为标的物的一种股票价格指数期货。沪深300指数是由上海证券交易所和深圳证券交易所选取300只A股作为样本编制而成的成分股指数，是上海证券交易所和深圳证券交易所第一次联合发布的反映A股市场股票价格整体走势的指数。沪深300指数样本覆盖了沪深市场六成左右的市值，具有良好的市场代表性。它的推出，丰富了市场现有的指数体系，增加了一项用于观察市场走势的指标，有利于投资者全面把握市场运行状况，也进一步为指数投资产品的创新和发展提供了基础条件。

2. 上证50指数期货

上证50指数期货是指以上证50指数为标的物的一种股票价格指数期货。上证50指数自2004年1月2日起正式发布，包含了上海证券交易所中规模大、流动性好、最具代表性的50只股票，以期综合反映上海证券市场最具市场影响力的一批龙头企业的整体状况。上证50指数的成分股在上证180样本空间内，根据总市值、成交金额对股票进行综合排名所得的前50只股票构成。其目标是建立一个成交活跃、规模较大、以金融衍生工具为基础的投资指数。从我国现状看，上证50成分股指数在行业上主要集中于金融业，也可作为金融行业指数。

3. 中证500指数期货

中证500指数期货是指以中证500指数为标的物的一种股指期货。中证500指数的样本股选择全部A股股票扣除沪深300指数样本股和最近一年日均总市值排前300名的股票的剩余股票，按照最近一年（新股为上市以来）这些股票的日均成交金额由高到低排名，剔除排名后20%的股票，然后将剩余股票按照日均总市值由高到低进行排名，选取排名在前500名的股票作为中证500指数样本股。中证500指数综合反映沪、深证券市场内小市值公司的整体状况。沪深300指数和中证500指数基本没有重合的个股，而且沪深300指数的股票市值明显高于中证500指数的个股市值。

简单来说，沪深300指数代表沪深两市大盘，是中国市场的投资基准，相当于美国的S&P500；上证50指数代表蓝筹大盘，类似道琼斯指数；中证500指数代表沪深两市中小盘的股票，相当于美国的Russell 2000。

资料来源：佚名.股指期货品种（有整理）[EB/OL].（2010-04-16）[2021-12-02]. https://baike.so.com/doc/1185336-1253870.html.

2. 单只股票期货

单只股票期货是以单只股票作为基础工具的期货,买卖双方以约定的价格在合约到期日买卖规定数量的股票。事实上,股票期货均实行现金交割方式,买卖双方只需要按规定的合约乘数乘以价差,盈亏以现金方式进行交割。股票期货交易一定程度上可以实现避险及投机获利的目的。

并不是所有上市交易的股票都可以期货交易,交易所为防止操纵市场行为,通常会选取流通盘较大、交易比较灵活的股票推出相应的期货合约,并且对投资者的持仓数量进行限制。

(三) 外汇期货

外汇期货也叫货币期货,是以外汇为基础工具的期货合约,是最早产生的金融期货,外汇期货于1972年由美国芝加哥商业交易所率先推出。其标的物是外汇(或可兑换货币),如美元、欧元、英镑、日元、澳元、加元等。外汇期货主要用于防范汇率波动风险或者进行投机活动,以期从汇率波动中获利。

【例 5-2】 美国某进口商 5 月 7 日签署了从中国香港进口价值 3 750 000 港元的货物,双方约定 3 个月后支付货款,当时的现汇汇率是 1 美元=7.730 3 港元。为了防止港元升值而增加进口成本,美国进口商决定对 3 750 000 港元进行套期保值。因此,他买入 6 份 6 月港元期货合约。期货价格是 1 美元=7.729 3 港元,每份合约的交易单位是 625 000 港元。3 个月后港元真的升值了,这时的现汇汇率是 1 美元=7.568 6 港元,而 6 月港元的期货价格是 1 美元=7.569 6 港元。该美国进口商通过期货合约避免了汇率上涨带来的损失,具体情况见表 5-5。

表 5-5　　　　　　　　　　**多头外汇期货套期保值**

项目	现货市场	期货市场
5月7日	进口货物总价 3 750 000 港元 现汇汇率:1 美元=7.730 3 港元 总价值=3 750 000÷7.730 3=485 104(美元)	买入 6 份 6 月港元期货合约 期货价格:1 美元=7.729 3 港元 总价值=6×(625 000÷7.729 3)=485 167(美元)
8月7日	支付货款总价 3 750 000 港元 现汇汇率:1 美元=7.568 6 港元 总价值=3 750 000÷7.568 6=495 468(美元)	卖出 6 份 6 月港元期货合约 期货价格:1 美元=7.569 6 港元 总价值=6×(625 000÷7.569 6)=495 403(美元)
盈亏	损失=495 468−485 167=10 364(美元)	盈利=495 403−485 167=10 236(美元)

由于汇率上升,该进口商在现货市场交易中损失 10 364 美元,但是由于做了套期保值,在期货交易中盈利 10 236 美元,因而将净损失降低为 128 美元(10 364−10 236),达到了套期保值交易的目的,规避了部分汇率波动产生的风险。当然,如果本例中港元汇率并不是上升,而是下降了,那么期货市场上的损失就要由现货市场上的盈利来弥补,就会冲减进口商本来可以获得的收益。

 相关思考 5-3

期货中的 T+0 交易制度是否可实施于我国 A 股市场?

期货交易实行的是"T+0"交易制度,这可以增加市场的流动性,同时也为投资者增加了避险获利的机会。但是目前我国的 A 股市场实行的仍然还是"T+1"交易制度。这虽然一定程度上抑制了过度的投机,但是也降低了市场的活跃度。市场参与者一直期待"T+0"交易制度的再次出现。你认为我国A股市场适合实行"T+0"交易制度吗？

第三节 金融期权

一、金融期权的含义及产生

1. 金融期权的含义

期权（option）又称为"选择权"，是指其持有者能在规定的期限内按交易双方商定的价格购买或出售一定数量的基础工具的权利。

金融期权是指期权的买方有权在期权合约约定的时间内或某一时点，按事先约定的价格买入或卖出一定数量的某种金融资产，也可以根据需要放弃行使权利。

为了取得这一权利，买方必须向卖方支付一定的期权费。行使权利时的价格叫执行价格、协定价格或履约价格。在期权交易中，买方只有权利，不负有必须买进或卖出的义务，即期权买方拥有选择是否行使买入或卖出金融资产的权利，而期权卖方必须无条件服从买方的选择并履行成交时的承诺。

2. 金融期权的产生

18世纪，英国南海公司的股票股价飞涨，股票期权市场也有了发展。南海公司"气泡"破灭后，股票期权一度被视为投机、腐败、欺诈的象征而被禁止交易长达100多年。早期的期权合约于18世纪90年代被引入美国，当时美国纽约证券交易所刚刚成立。19世纪后期，被喻为"现代期权交易之父"的拉舍尔·赛奇（Russell Sage）在柜台交易市场组织了一个买权和卖权的交易系统，并引入了买权、卖权平价概念。然而，由于场外交易市场上期权合约的非标准化、无法转让、实物交割方式以及无担保，使得这一市场的发展非常缓慢。

1973年4月26日，芝加哥期权交易所（CBOE）成立，开始了买权交易，标志着期权合约标准化、期权交易规范化。20世纪70年代中期，美洲交易所（AMEX）、费城股票交易所（PHLX）和太平洋股票交易所等相继引入期权交易，使期权获得了空前的发展。1977年，卖权交易开始了。与此同时，芝加哥期权交易所开始了非股票期权交易的探索。

1982年，芝加哥货币交易所（CME）开始进行S&P500期权交易，它标志着股票指数期权的诞生。同年，芝加哥期权交易所首次引入美国国库券期权交易，这成为利率期权交易的开端。同在1982年，外汇期权也产生了，它首次出现在加拿大蒙特利尔交易所（ME）。该年12月，费城股票交易所也开始了外汇期权交易。1984年，外汇期货期权在芝加哥商品交易所的国际货币市场（IMM）出现。随后，期货期权迅速扩展到欧洲美元存款、90天短期及长期国库券、国内存款证等债务凭证期货，以及黄金期货和股票指数期货上面，几乎所有的期货都有相应的期权交易。

此外，20世纪80年代的金融创新浪潮还涌现出"新型期权"，它的出现格外引人注目。"新型"是指这一类期权不同于以往，这种期权的结构很"奇特"，有的期权上加期权，有的则在到期日、协定价格、买入卖出等方面含特殊规定。由于结构过于复杂、定价困难，市场需求开始减少。20世纪90年代以来，这一期权势头已大为减弱。20世纪90年代，金融期权的发展出现了另一种趋势，即期权与其他金融工具的复合物越来越多，如与公司债券、抵押担保债券等进行"杂交",与各类权益凭证复合,以及与保险产品相结合等,形成了一大类新的金融期权产品。

二、金融期权的功能

金融期权与金融期货有着类似的功能(前面已经介绍金融期货的功能),投资者通过金融期权交易可以规避风险、投机套利。从一定的意义上说,金融期权是金融期货的延伸和发展,具有与金融期货相同的套期保值和发现价格的功能,是一种行之有效的控制风险的工具。

虽然金融期权与金融期货都是常用的套期保值的工具,但它们的作用与效果不同。人们利用金融期货进行套期保值,在避免价格不利变动造成损失的同时,也必须放弃价格有利变动可能获得的利益。人们利用金融期权进行套期保值,若价格发生不利变动,套期保值者可以通过执行期权来避免损失;若价格发生有利变动,套期保值者又可以通过放弃期权来保护利益。这样,通过金融期权交易,投资者既可避免价格不利变动造成的损失,又可在相当程度上保住价格有利变动而带来的利益。

 延伸阅读 5-5

期权的产生

期权交易始于 18 世纪后期的美国和欧洲市场。受制度不健全等因素影响,期权交易的发展一直被抑制。19 世纪 20 年代早期,看跌期权或看涨期权自营商都是职业期权交易者,他们在交易过程中,并不会连续不断地提出报价,而是当价格变化明显有利于他们时,才提出报价。这样的期权交易不具有普遍性,不便于转让,市场的流动性受到了很大限制,这种交易体制也因此受挫。

直到 1973 年 4 月 26 日芝加哥期权交易所(CBOE)开张,进行统一化和标准化的期权合约买卖,上述问题才得到解决。期权合约的有关条款,包括合约量、到期日、敲定价(协定价)等都逐渐标准化。起初,CBOE 只开出 16 只股票的看涨期权,很快这个数字就成倍地增加,不久股票的看跌期权也挂牌交易。之后,美国商品期货交易委员会放松了对期权交易的限制,有意识地推出商品期权交易和金融期权交易。由于期权合约的标准化,期权合约可以方便地在交易所里转让给第三人,并且交易过程也变得非常简单,最后的履约也得到了交易所的担保,这样不仅提高了交易效率,也降低了交易成本。

1983 年 1 月,芝加哥商业交易所提出了 S&P500 股票指数期权,纽约期货交易所也推出了纽约股票交易所股票指数期货、期权交易,随着股票指数期货、期权交易的成功,各交易所将期权交易迅速扩展至其他金融期货上。自期权出现至今,期权交易所已经遍布全世界,其中芝加哥期权交易所是世界上最大的期权交易所。

20 世纪 80 年代至 90 年代,期权柜台交易市场(或称场外交易)也得到了长足的发展。柜台期权交易是指在交易所外进行的期权交易。期权柜台交易中的期权卖方一般是银行,而期权买方一般是银行的客户。银行根据客户的需要,设计出相关品种,因而柜台交易的品种在到期期限、执行价格、合约数量等方面具有较大的灵活性。

资料来源:佚名.期权[EB/OL].(2022-06-17)[2022-07-05].https://baike.so.com/doc/1043881-1104157.html.

三、金融期权的分类

金融期权有很多的种类,可以按照不同的依据进行分类。

1. 看涨期权和看跌期权

按买方拥有的权利划分,金融期权分为看涨期权和看跌期权。这是最常见的分类。

1) 看涨期权

看涨期权也称认购权,是指期权的买方有权在期权合约约定的时间内或某一时点,按事先约定的价格从期权卖方手中买入一定数量的某种金融资产的期权合约。

交易者之所以买入看涨期权,通常是预期某种金融资产价格未来会上涨。如果预测准确,交易者按协定价格买入该项金融资产并以市场价格卖出,则可赚取市场价格与协定价格之间的差额。如果预期失误,则放弃行使权利,仅损失期权费。

视频:看涨期权分析

【例 5-3】 投资者 A 和投资者 B 分别是看涨期权的买方与卖方,投资者 A 手里有 X 股票共 10 000 股。他们就 X 股票达成看涨期权交易,期权协议价格为 50 元/股,期权费为 3 元/股,试分析未来 3 个月中该期权的执行情况。

解析: 未来 3 个月中,股价的走势有六种情况,我们分别就买方和卖方的操作进行分析。

(1) X 股票股价<50 元/股,买方弃权,损失期权费 30 000 元,卖方收入 30 000 元。

(2) X 股票股价=50 元/股,买方弃权,损失期权费 30 000 元,卖方收入 30 000 元。

(3) 50 元/股<X 股票股价<53 元/股,买方可行权弥补期权费损失,卖方收入小于 30 000 元。

(4) X 股票股价=53 元/股,买方执行权利,买卖双方盈亏相抵。

(5) X 股票股价>53 元/股,买方执行权利,并有获利,卖方亏损。

(6) 若期权费上涨,如 4.5 元/股,股价为 54 元/股,买方可将此权利卖给他人,获得收入 15 000 元。

第一种情况,当未来 3 个月中,每股股价是小于 50 元的,那么证明看涨期权买方判断失误,因为价格并未超过协定价,所以买方必定不执行期权,损失期权费 30 000 元。因为每个期权对应的股票是 10 000 股,30 000 元的期权费是买方最大的亏损值。而这是卖方最愿意看到的,买方不执行,卖方就可以稳赚期权费了,在这时,卖方的盈利也达到最大。

第二种情况,如果股价停滞不前,依然为每股 50 元,那么期权的执行与不执行对买方而言都无多大意义,因为买方无法从中获利,执行与不执行的结果都是亏损全部期权费,而卖方收入全部期权费。

第三种情况,股价在 3 个月中的确上升了,但是没有超过协定价加上期权费即 53 元/股,那么只要后市朝买方的预计发展,买方就会执行权利。例如,股价为 52 元/股时,买方先以协议定价 50 元/股的价格向卖方买入股票,然后到股票市场以 52 元/股的市价出售,获得 20 000 元的赢利,除去期权费 30 000 元,亏损缩小到 10 000 元,此时买方行使权利可以部分弥补期权费损失。而对应的卖方因为买方期权的执行,也不得不履约,如果市场价格为 52 元/股,为了卖给买方一定数量的股票,卖方必须在股市上以市价 52 元/股买入,然后又无奈何地以协议定价 50 元/股出售给买方,损失 20 000 元,这个损失是由于卖方自身判断失误造成的。卖方收入期权费 30 000 元,履约亏损 20 000 元,其净收入缩水到 10 000 元。

第四种情况,当股价达到 53 元/股的时候,买方仍旧执行期权,而这时买方的盈利完全可以弥补期权费的损失,因此不亏不盈。但是卖方为了执行期权,也付出了代价,卖方得到的期权费统统被履约损失抹去了。

第五种情况,如果股价再上涨,超过 53 元/股,那么买方就要开始赢利,卖方就有了亏损。

第六种情况,随着股价的上扬,期权费也开始上涨,买方执行期权的所得比直接出售期权所得低,因此买方就直接出售期权。[例 5-3]中,期权费上涨到 4.5 元/股,出售期权可取得收入 15 000 元,此时虽然股价也上涨到 54 元/股,但是若买方执行期权,得到的净收入为 10 000 元,小于前者,所以买方会选择出售期权。

 相关思考 5-4

看涨期权的买方如何行权

期权交易实质是一种权利的买卖,买方有权可以买入标的资产也可以卖出该资产,甚至也可以放弃行权。但对于买方来说,何时行使权利呢?行权后,一定会盈利吗?什么情况下会赢利?什么情况下会亏损?

2)看跌期权

看跌期权也称认沽权,是指期权的买方有权在期权合约约定的时间内或某一时点,按事先约定的价格向期权卖方卖出手中一定数量的某种金融资产的期权合约。

交易者之所以买入看跌期权,通常预期某种金融资产价格未来会下跌。如果预测准确,交易者可以从市场上以较低的价格买入该项金融资产,再按协定价格将该项金融资产卖给期权的卖方,则可赚取协定价格与市场价格之间的差额。如果预期失误,则放弃行使权利,仅损失期权费。

【例 5-4】 投资者 A 和投资者 B 分别为看跌期权的买方和卖方,投资者 A 手里共有 Y 股票 1 000 股,两人就 Y 股票达成看跌期权交易,协议价为 100 元/股,期权费为 4 元/股,试分析未来 3 个月中该期权的执行情况。

解析: 未来 3 个月中,股价的走势有以下几种情况。

(1) Y 股票股价>100 元/股,投资者 A 弃权,亏损期权费 4 000 元,投资者 B 获得期权费收入 4 000 元。

(2) Y 股票股价=100 元/股,投资者 A 弃权,亏损期权费 4 000 元,投资者 B 获得期权费收入 4 000 元。

(3) 96 元/股<Y 股票股价<100 元/股,投资者 A 执行权利,弥补 4 000 元期权费成本;投资者 B 履约,期权费收入小于 4 000 元。

(4) Y 股票股价=96 元/股,投资者 A 执行权利,双方不赢不亏。

(5) Y 股票股价<96 元/股,投资者 A 执行权利,并有赢利,投资者 B 亏损。

若 3 个月内股价上升,大于 100 元/股,也就是高于协定价,那也就说明这个期权的买方判断失误,因为看跌期权买方是看跌后市,愿以协定价格卖出一定数量的股票。在这种情况下,买方会放弃执行期权,他的亏损达到最大,也就是期权费 4 000 元(4×1 000),这时卖方是最高兴的了,因为他可以稳收 4 000 元期权费。当股价为 100 元/股时,市价等于协定价,这个价格对买方而言没有执行的必要,因为买方执行与不执行的结果都相同,都要亏损期权费 4 000 元,而卖方仍旧收入 4 000 元期权费。

当股价开始下降,低于协定价但又高于 96 元/股(100-4)时,股价朝买方预期的方向发展了,因此买方会执行期权,但是在这个价格区域内,买方执行权利的盈利不足以全部抵消期权费成本。我们以 97 元/股为例,买方执行期权,可以以 100 元/股的价格卖给卖方 100 股股票。那么买方自然会先在股票市场上,用 97 元/股的价格买入股票,然后再以 100 元的价格卖出,这个过程买方盈利3元/股,一个期权共盈利3 000元,但是买方付掉了4 000元期权费,还有1 000元的净亏损。因此,在这个价格区间内,随着股票价格的下降,买方的亏损是不断下降的。而卖方的盈亏恰恰相反。当股票市场可以以97元/股买入股票时,卖方却不得不以100元/股买进,这是因为他接受了期权费后必须履约。当然股价越下跌,对看跌期权的卖方越不利,因为卖方是看涨后市,愿以协定价格买入的一方。在96元/股到100元/股的价格内,随着价格的下降,卖方的盈利不断缩小。

当股票价格达到96元/股时,买方自然执行期权,买方必然需要履约,在这个价位上,双方的交易结果都是不盈不亏。若市场价格继续下降,对买方更有利了,若价格跌入96元/股,则买方在扣除期权费之后,还会有盈利,卖方在收取期权费之后,还存在亏损。因为理论上股票的最低价格是0,所以看跌期权的买方的盈利空间和卖方的盈利空间都是有限的,他们的盈亏平衡点也同看涨期权不一样,是协定价减去期权费的结果。

 相关思考5-5

看涨期权与看跌期权的盈亏分布有何不同?

无论是看涨期权还是看跌期权,买入或卖出资产的权利都属于买方。只要标的资产价格变动对自己不利,就放弃行使自己的权利。通过以上看涨期权和看跌期权案例分析,买卖双方的盈亏分布有何不同?是否存在盈亏分布不对称的情况?这点与金融期货相同吗?

2. 美式期权、欧式期权、修正的美式期权

按交割时间划分,期权分为美式期权、欧式期权、修正的美式期权。

1) 美式期权

美式期权是指买方期权合约规定的有效期内的任何时候都可以行使权利。期权买方既可以在期权到期日这天行权,也可以在到期前任何一个营业日行权,行权时间比较灵活,但期权费相对要高。

2) 欧式期权

欧式期权是买方指在期权合约规定的到期日方可行使权利。期权的买方在合约到期日之前不能行使权利,过了期限,合约则自动作废。

3) 修正的美式期权

修正的美式期权也称为"百慕大期权",期权买方可以在期权到期日之前的一系列规定日期行使权利。

3. 股票期权、外汇期权、期货期权

按合约标的资产划分,期权分为股票期权、外汇期权、期货期权等。

股票期权是以单一的股票作为标的资产的期权合约,一般是美式期权。外汇期权是以各种外汇(可兑换货币)为标的资产的期权。期货期权的标的资产为各种期货合约,包括利率期货、外汇期货、股指期货等。期货期权是一种复合式的衍生金融工具。

 相关思考5-6

期权费的多少与哪些因素有关?

期权交易中,期权买方需要向卖方交期权费,只有这样才能获得未来约定时间买入或卖出标的资产

的权利。那么,期权费高低是否与期权的种类、期权的标的资产、期权合约时间等因素有关系?例如,欧式期权因行权日相对固定,不如美式期权灵活,同样标的资产价格或交易方向的期权,其期权费相对会低一些。

四、金融期权的特征

1. 本质是权利的买卖

与金融期货相比,金融期权的主要特征在于它仅仅是买卖权利的交换。期权的买方在支付了期权费后,就获得了期权合约所赋予的权利,即在期权合约规定的时间内,以事先确定的价格向期权的卖方买进或卖出某种金融资产的权利,但并没有必须履行该期权合约的义务。期权的买方可以选择行使其拥有的权利;期权的卖方在收取期权费后就承担着在规定时间内履行该期权合约的义务。

2. 买卖双方权利义务不对称

期权交易不同于期货交易。期货交易双方既有权利又有义务,双方都需要交保证金。而在期权交易中,买方只有权利而没有义务,而卖方只有义务没有权利,而且卖方必须按照规定比例缴纳保证金。

3. 交易双方盈亏分布不对称

期权这种衍生工具最大的魅力,在于可以使期权买方将风险锁定在一定范围。因此,期权是一种避险的理想工具,也是投机者理想的套利手段。

对于看涨期权的买方来说,当市场价格高于执行价格时,他会行使买的权利,但不一定获利。当市场价格高于执行价格加期权费时,他会行使权利,并且能获利。当市场价格低于执行价格加期权费时,他会放弃行使权利,损失最多不过期权费。

对于看跌期权的买方来说,当市场价格低于执行价格时,他会行使买的权利,但不一定获利。当市场价格低于执行价格减期权费时,他会行使买的权利,并且获利。当市场价格高于执行价格时,他会放弃行使权利,损失也最多不过期权费。

因此,对于期权的买方来说,他可以实现有限的亏损和无限的收益;对于期权的卖方来说,则恰好相反,即损失无限而收益有限。买卖双方的盈亏分布可以用图5-1和图5-2表示。

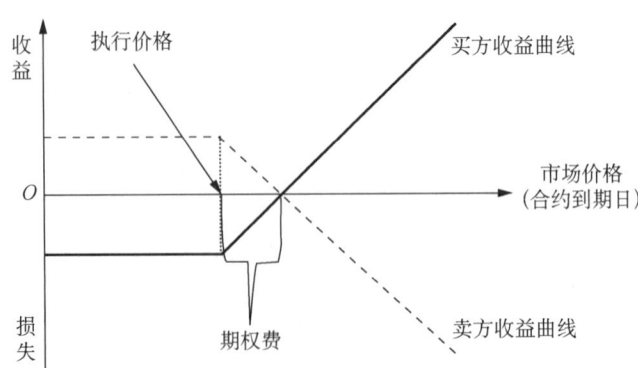

图 5-1 看涨期权盈亏分布图

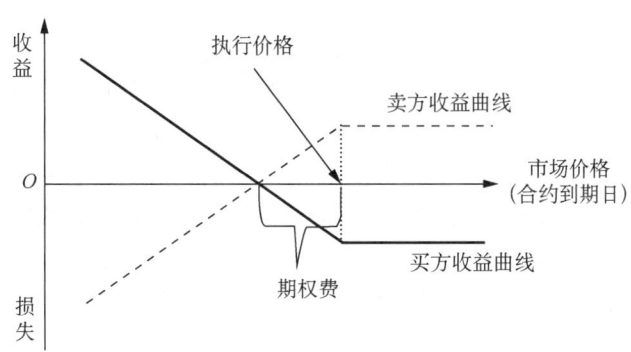

图 5-2 看跌期权盈亏分布图

【例 5-5】 我们以股票期权为例,假定甲支付 500 美元期权费向乙购买一张看涨期权合约,该合约允许甲在未来 3 个月以每股 50 美元的价格买入 100 股通用汽车公司股票。

解析:若 3 个月内通用汽车公司的股价在 50 美元以下,甲将不行使该期权,并最多损失 500 美元期权费(相当于每股期权费为 5 美元)。

若股价涨到每股 50 美元以上,甲将行使该期权,以 50 美元的价格从乙手中购买 100 股股票,并在现货市场上转手卖出,从而获得其差价。但是在股价上升到每股 55 美元之前,甲行期权的收益并不足以补偿其支付的期权费,也就是说,每股 55 美元为甲的盈亏平衡点,此时他行使期权的收益($55 \times 100 - 50 \times 100 = 500$)恰好等于他支付的期权费。显然,这一点也是乙的盈亏平衡点。但是当股价上升到每股 55 美元以上后,甲就开始有一个净利润,而且股价上升得越高,甲的利润就越大,乙的亏损也就越大。

其实我们从图 5-1 和图 5-2 可以看出,在期权交易中,一方所得即为一方所失,因此期权交易也是一种零和博弈。

五、金融期权与金融期货的区别

金融期货与金融期权是常见且重要的金融衍生工具,两者在很多方面都有不同。

1) 权利与义务的对称性不同

这是金融期权与金融期货最重要的区别。在金融期货交易中,交易双方的权利和义务是对称的,即两者既有要求对方履约的权利,又有自己对对方履约的义务。但在金融期权交易中,交易双方的权利和义务则明显不对称,即金融期权的购买者有在合约规定的期限内选择是否履约的权利而没有相应的义务,而期权的出售者只有服从购买者选择的义务,而没有权利。

2) 交易的履约保证金不同

在金融期货交易中,交易双方均需开立保证金账户,并按规定交纳履约保证金。但在金融期权交易中,只有期权卖方才需要交纳保证金,期权买方则无须交纳保证金,因为买方的亏损不会超过其已支付的期权费。

3) 标准化要求不同

金融期货合约都是标准化的,都是在交易所中交易的。而金融期权合约则不一定,在交易所交易的期权合约都是标准化的合约,在场外交易的期权合约则是非标准的合约。

4) 盈利与亏损的特点不同

从理论上讲,金融期货交易中交易双方亏损与盈利是对称的,即一方盈利,必有另一方亏损,同时亏损与盈利是不确定的。但在金融期权交易中交易双方的盈亏是不对称的,这主要是因为双方权利和义务的不对称性。金融期权交易卖方的盈利是确定的(以期权费为限),亏损风险可能是无限的(看涨期权),也可能是有限的(看跌期权);期权交易买方的亏损风险是确定的(以期权费为限),盈利风险可能是无限的(看涨期权),也可能是有限的(看跌期权)。

5) 交易的标的资产不同

金融期货交易的标的资产是某种具体的金融工具,而金融期权交易的标的资产则是买卖某种金融资产的选择权。

6) 买卖匹配不同

金融期货合约的买方到期必须买入标的资产,金融期货合约的卖方到期必须卖出标的资产。金融期权合约的买方在到期日或到期前则有买入(看涨期权)或卖出(看跌期权)标的资产的权利,但如果市场价格变化对其不利,也可选择放弃该权利;而金融期权合约的卖方在到期日或到期前则有根据买方意愿相应卖出(看涨期权)或买入(看跌期权)标的资产的义务。

7) 套期保值的效果不同

运用金融期货进行的套期保值,在把不利风险转移出去的同时也转移了对自己有利的风险。而运用金融期权进行的套期保值,只把不利风险转移出去而把有利风险留给了自己。

相关思考 5-7

谁来当期权的卖方?

期权交易中,买卖双方权利义务不对称,买方只有权利没有义务,卖方只有义务没有权利。另外,期权买卖双方盈亏分布不对称,买方可能收益无限、亏损有限,而卖方可能亏损无限,但收益有限。如果卖方觉得自己很吃亏而不愿意当卖方,那交易就不会达成。不过,卖方真的很亏吗?卖方一定会亏损吗?

第四节 其他金融衍生工具

现实中,金融衍生工具的种类还有很多。从我国的实际交易情况看,权证、可转换公司债券等都是可交易的金融衍生工具。而金融远期、金融互换虽然在我国不是特别活跃,但是也是常见的金融衍生工具,本节将对此进行介绍。

一、权证

1. 权证的含义

权证(warrant)是一种金融衍生工具,指的是由标的证券发行人或其以外的第三方发行,约定持有人在规定时间内或特定日期,有权按照约定价格向发行人购买或出售标的证券或以现金结算方式收取结算差价的有价证券。

简单说,权证是一种有价证券,投资者付出权利金购买证券后,有权利(而非义务)在某一特定期间(或特定时点)按约定价格向发行人购买或者出售标的证券。其中,发行人是指上市公司或证券公司等机构;标的证券可以是个股、基金、债券、一篮子股票或其他证券,是发行人承诺按约定条件向权证持有人购买或出售的证券。

2. 权证的种类

1) 权证按行权的标的资产分为股权类权证、债券类权证和其他权证

这些权证分别以股票、股票组合、债券等为标的资产。目前我国证券市场推出的权证均为股权类权证,其标的资产是单只股票或股票组合(如 ETF)。

2) 权证按基础资产的来源分为认股权证和备兑权证

认股权证也称股本权证,一般由基础证券的发行人发行,行权时上市公司增发新股售予认股权证的持有人。20 世纪 90 年代初,我国证券市场曾经出现过的飞乐、宝安等上市公司发行的认股权证以及配股权证、转配股权证,就属于认股权证。认股权证实际上是股份公司向股东发放的一种凭证,授权其持有者在一个特定期间以特定价格购买特定数量的公司股票,主要是普通股票。认股权证与看涨期权有一定的相同点,但也存在很多的区别,如表 5-6 和表 5-7 所示。当认股权证的持有人到期行权时,往往会增加公司的股本量,这对于原有股东来说可能会蒙受股权稀释的损失。

表 5-6　　　　　　　　　　　　　认股权证与看涨期权的区别

不同点	看涨期权	认股权证
行权时股票来源	看涨期权执行时,其股票来自二级市场	当认股权执行时,股票是新发股票
对每股收益和股价的影响	不存在稀释问题,期权在行权时只是与发行方结清价差,根本不涉及股票交易	会引起股份数量增加,从而稀释每股收益和股价
期限长短	时间短,通常只有几个月	期限长,可以长达 10 年,甚至更长

表 5-7　　　　　　　　　　　　　认股权证与看涨期权的相同点

相同点	具体内容
标的资产	均以股票为标的资产,其价值随股票价格变动
选择权	在到期前均可以选择执行或不执行,具有选择权
执行价格	均有一个固定的执行价格

备兑权证通常由证券公司或投资银行等金融机构发行,备兑权证所认兑的股票不是新发行的股票,而是已在市场流通的股票,不会增加股份公司的股本。目前创新类证券公司创设的权证均为备兑权证。

3) 权证按买卖方向或者持有人权利不同分为认购权证和认沽权证

认购权证持有人有权按约定价格在特定期限内或到期日向发行人买入标的证券,实质上属于看涨期权。而认沽权证持有人则有权按约定价格在特定期限内或到期日卖出标的证券,实质上属于看跌期权。

4) 权证按权利行使期限分为美式权证、欧式权证、百慕大式权证

美式权证的持有人在权证到期日前的任何交易时间均可行使其权利,欧式权证持有人只可以在权证到期日当日行使其权利,百慕大式权证的持有人可在数个执行日行权。

3. 权证的主要特点

(1) 权证表明了发行人与持有人之间存在的合同关系。权证持有人据此享有的权利与股东所享有的股东权在权利内容上有着明显的区别,除非合同有明确约定,权证持有人对标的证券发行人和权证发行人的内部管理和经营决策没有参与权。

(2) 权证赋予权证持有人的是一种选择的权利而不是义务。与权证发行人有义务在持

有人行权时依据约定交付标的证券或现金不同,权证持有人完全可以根据市场情况自主选择行权还是不行权,而无需承担任何违约责任。

相关思考5-8

权证与股票、期货有何区别?

权证的标的物通常是股票,因此权证与股票有密切的联系。但是权证与股票作为有价证券,在很多方面是有区别的。同时对于持有人来说,权证只有权利而没有义务,权证与期货也不相同。权证与股票、期货有哪些区别,读者可以自己总结。

4. 权证的基本要素

1) 发行人

股本权证的发行人为标的上市公司,而衍生权证的发行人为标的公司以外的第三方,一般为大股东或券商。在后一种情况下,权证发行人往往需要将标的证券存放于独立保管人处,作为其履行责任的担保。

2) 看涨和看跌权证

当权证持有人拥有从发行人处购买标的证券的权利时,该权证为看涨权证。反之,当权证持有人拥有向发行人出售标的证券的权利时,该权证为看跌权证。认股权证一般指看涨权证。

3) 到期日

到期日是权证持有人可行使认购(或出售)权利的最后日期。该期限过后,权证持有人便不能行使相关权利,权证的价值也变为零。

4) 执行方式

在美式执行方式下,持有人在到期日以前的任何时间内均可行使认购权;而在欧式执行方式下,持有人只有在到期日当天才可行使认购权。

5) 交割方式

交割方式包括实物交割和现金交割两种形式,其中,实物交割指投资者行使权利时从发行人处购入标的证券的交割方式,而现金交割指投资者在行使权利时,由发行人向投资者支付市价高于执行价的差额的交割方式。

6) 认股价(执行价)

认股价是发行人在发行权证时所订下的价格,持证人在行使权利时以此价格向发行人认购标的股票。

7) 权证价格

权证价格由内在价值和时间价值两部分组成。当正股①股价(即标的证券市场价格)高于认股价时,内在价值为两者之差;而当正股股价低于认股价时,内在价值为零。但如果权证尚没有到期,正股股价还有机会高于认股价,权证就具有市场价值,这种价值就是时间价值。

8) 认购比率

认购比率是每张权证可认购正股的股数,如认购比率为0.1,就表示每10张权证可认购1股标的股票。

---

① 正股,是指权证对应的股票,代表着持有者对股份公司的所有权。

9) 杠杆比率

杠杆比率是正股市价与购入一股正股所需权证的市价之比,即:

$$杠杆比率＝正股股价\div(权证价格\div认购比率)$$

杠杆比率可用来衡量"以小博大"的放大倍数,杠杆比率越高,投资者盈利率也越高,当然,投资者可能承担的亏损风险也越大。

延伸阅读 5—6

权证实例——五粮液认股权证出现套利机会

五粮液权证由五粮液公司于 2006 年 3 月 29 日发行。这次发行既有认购权证又有认沽权证,有效期为 2 年,权证价格为 4.898 元。投资者基于对五粮液公司的投资期望,热烈追捧该权证。一般来说,认股权证的价格都会低于正股价格,但五粮液认股权证价格却比五粮液股票价格要高。截至 2008 年 2 月 14 日收盘,五粮液股价报 38.5 元,五粮液认股权证报价 42.1 元,有投资者认为这是投机导致的结果。其实不然,相比之下,买入五粮液认股权证比买入五粮液股票更划算。一般权证的行权比例都是 1∶1,也就是 1 份权证可以买入 1 股股票,而五粮液权证则是 1∶1.402 的行权比例,即 1 份五粮液认股权证可以买入 1.402 股五粮液股票。按照当时的价格计算,如果投资者持有 1 000 股五粮液认股权证并到期行权,每股的持股成本为 33.52 元[(1 000×42.1＋4.898×1 000)÷1 402],较目前五粮液股价(38.5 元)贴水 12.9%。也就是说,如果投资者不准备在五粮液权证行权前卖出五粮液股票,那么持有五粮液权证将比持有同样权益的五粮液股票多赚 12.9%。五粮液认股权证在 2008 年 3 月 27 日开始行权,距 2008 年 2 月 14 日还有一月有余的时间。所以,五粮液权证和五粮液股票之间已经存在了一定的套利空间。

通俗点说,如果投资者在 2008 年 2 月 14 日看好五粮液股票,不妨买入五粮液权证,虽然未必一定能够赚钱,但是投资的效果一定会好过直接持有五粮液股票,即比持有五粮液股票多收益 12.9%。你可以理解为你比别人买入股票的时机更好,你比其他投资者拥有更好的成本优势。还有一种投资者也应该关注这个套利机会,那就是持有五粮液股票的投资者,如果该投资者在 2008 年 2 月 14 日卖出五粮液股票,同时买入五粮液认股权证,等 2008 年 3 月 27 日后再行权成五粮液股票,这样就能无风险获利 12.9%。

资料来源:周科竞.五粮液认股权证出现套利机会[EB/OL].(2008-02-15)[2021-09-19]. http://finance.ce.cn/stock/gushishouye/qz/200802/15/t20080215_12832058.shtml.

二、可转换公司债券

1. 可转换公司债券的含义

可转换公司债券是可转换证券的一种。广义上说,可转换证券是一种证券,其持有人有权将其转换成另一种不同性质的证券,如期权、认购权证等。但从狭义上说,可转换证券主要包括可转换公司债券和可转换优先股。

可转换公司债券是 20 世纪 80 年代发展起来的一个衍生债券品种,它是一种可以在特定时间内按特定条件转换成公司普通股的特殊债券。可转换公司债券兼具有债券和股票的特性,是一种混合型证券。

2. 可转换公司债券的特点

1) 债权性

可转换公司债券首先是一种公司债券,是固定收益证券,具有确定的债券期限和定期利息率,为可转换公司债券投资者提供了稳定利息收入和还本保证,因此可转换公司债券具有充分的债权性特征。这就意味着可转换公司债券持有人虽有还本付息的保障,但与股票投资者相比,他不是企业的拥有者,不能获取股票红利,不能参与企业决策。

在企业的资产负债表上,可转换公司债券属于企业的"或有负债",在转换成股票之前,可转换公司债券仍然属于企业的负债。只有在可转换公司债券转换成股票后,投资可转换公司债券才等同于投资股票。一般而言,可转换公司债券的票面利率总是低于同等条件和同等资信的公司债券,这是因为可转换公司债券赋予投资者转成股票的权利,作为补偿,投资者所得利息就低。

2) 股票期权性

可转换公司债券是投资者将其转换成股票的权利,这种权利具有选择权的含义,也就是投资者既可以行使转换权,将可转换公司债券转换成股票,也可以放弃这种转换权,持有至到期。

也就是说,可转换公司债券包含了股票看涨期权的特征,投资者通过持有可转换公司债券可以获得股票上涨的收益。因此,可转换公司债券是股票期权的衍生品,往往被视作期权类的二级金融衍生品。

可转换公司债券于20世纪80年代出现在欧美市场,作为一种具有保证的回报和有限的下跌风险的股权投资,广受外国投资者的欢迎。我国证券市场早期进行过可转换公司债券的试点,如深宝安、中纺机、深南玻等公司先后在境内外发行了可转换公司债券。1996年,我国政府决定选择有条件的公司进行可转换公司债券的试点,并于1997年颁布了《可转换公司债券管理暂行办法》,2001年中国证监会又颁布了《上市公司发行可转换公司债券实施办法》,允许上市公司发行可转换公司债券。现在,可转换公司债券已成为我国证券市场一个重要的投资品种。2020年中国证监会审议通过《可转换公司债券管理办法》,自2021年1月31日施行。

3. 可转换公司债券的优势

对于发行人,以可转换公司债券融资比直接发行债券或股票更有利,原因主要有以下三点:

(1) 可转换公司债券的利率比直接发行的公司债券的利率要低,如果可转换公司债券未被转换,相当于公司发行了较低利率的债券,这大大降低了筹资成本。

(2) 发行可转换公司债券可以避免股票发行后产生的股票迅速扩张的问题。

(3) 一般可转换公司债券的转换价格比公司股票市场价格高出一定的比例(溢价),如果可转换公司债券被转换了,相当于公司发行了比市价高的股票。

对于投资者,可转换公司债券的持有人实际多了一项品种选择,也多了一条规避风险的渠道,原因如下:

(1) 当股市向好,可转换公司债券随市价上升超出其成本价时,持有者可以卖出可转换公司债券,直接获取收益。

(2) 当发行公司的业绩转好,其股票价格预计有较大提高时,投资者可选择将可转换公司债券按照发行公司规定的转换价格转换为股票,以享受公司较好的业绩分红或公司股价攀升的利益。

(3) 当可转换公司债券和其发行公司的股票价格双双下跌,卖出或转换可转换公司债券都不合适时,持有者可以继续持有,获得固定的利息收入。

因此,可转换公司债券提供了股票和债券的双重属性,结合了股票的长期增长潜力和债券的安全和收入优势,颇受投资者欢迎。

三、金融远期

1. 金融远期的含义及盈亏情况

金融远期是指交易双方约定在未来的某一确定时间,按确定的价格买卖一定数量的某种金融资产的合约交易。合约规定在将来买入标的物的一方称为多方(多头),而在未来卖出标的物的一方称为空方(空头)。合约中规定的未来买卖标的物的价格称为交割价格(也称协议价格、执行价格)。

在金融远期合约的有效期内,合约的价值随着相关资产市场价格的波动而变化。若合约到期以现金结清,当市场价格高于执行价格时,应由卖方向买方按价差支付结算金额;当市场价格低于执行价格时,由买方向卖方支付金额。按照这样一种支付方式,金融远期合约的买卖双方可能形成的收益或损失都是无限大的,如图 5-3 所示。

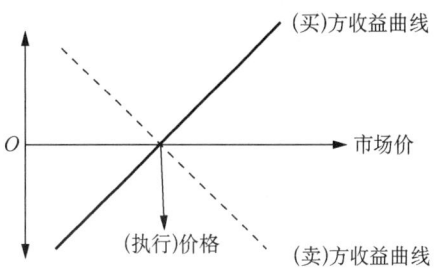

图 5-3 远期合约买卖双方盈亏情况

2. 金融远期的特点及缺点

金融远期合约是一种非标准化合约,这是它最主要的特点。因此它不在固定的交易所交易,而是在场外市场交易。在签署远期合约之前,双方可以就交割地点、交割时间、交割价格、合约规模、标的物的品质等细节进行谈判、协商、确定,以便尽量满足双方的需要。金融远期合约与期货合约相比,灵活性较大,这也是金融远期合约的主要优点。

但金融远期合约也有明显的缺点:首先,由于金融远期合约没有固定、集中的交易场所,不利于信息交流和传递,不利于形成统一的市场价格,市场效率较低;其次,由于每份金融远期合约千差万别,这就给金融远期合约的流通造成较大不便,金融远期合约的流动性较差;最后,金融远期合约的履约没有保证,当价格变动对一方有利时,对方有可能无力或无诚意履行合约,即金融远期合约的违约风险较高。

金融远期合约主要有远期利率协议、远期外汇合约等。

 相关思考 5-9

金融远期合约与金融期货合约有何区别?

金融远期合约与金融期货合约都是先签合同未来再交割的衍生工具。但两者在很多方面表现出不同。读者可以分别从各自的特点、交割方式、结算方式等进行比较。

四、金融互换

1. 金融互换的含义

互换交易主要出现在国际借贷领域,由于债务人的资信等级、风险偏好、融资地域优势存在差异,经常出现融资成本、融资货币种类等与融资者期望背离的情况,于是互换债务货币、债务利率等需求产生了。

金融互换(financial swaps)是指交易双方利用各自筹资机会的比较优势,以商定的条件将不同币种或不同利息的资产或负债在约定的期限内互相交换,以避免将来利率或汇率变动的风险,并实现筹资成本降低的一种交易活动。简单来说,金融互换是两个或两个以上当事人按照商定条件,在约定的时间内,交换一系列现金流的合约。

金融互换市场的起源可以追溯到20世纪70年代末,当时的货币交易商为了逃避英国的外汇管制而开发了货币互换。1981年国际商业机器公司(IBM)与世界银行签署的利率互换协议则是世界上第一份利率互换协议。从那以后,金融互换市场发展迅速。

金融互换交易主要是以著名经济学家大卫·李嘉图的比较优势理论为基础。根据比较优势理论,只要满足以下两个条件,就可进行互换:一是双方对对方的资产或负债均有需求;二是双方在两种资产或负债上存在比较优势。

 延伸阅读 5-7

大卫·李嘉图的"比较优势理论"

大卫·李嘉图在其代表作《政治经济学及赋税原理》中提出了比较成本贸易理论(后人称为"比较优势理论")。比较优势理论认为,国际贸易的基础是生产技术的相对差别(而非绝对差别),以及由此产生的相对成本的差别。每个国家都应根据"两利相权取其重,两弊相权取其轻"的原则,集中生产并出口其具有"比较优势"的产品,进口其具有"比较劣势"的产品。比较优势理论在更普遍的基础上解释了贸易产生的基础和贸易利得,大大发展了绝对优势贸易理论。而金融互换交易则是比较优势理论在金融领域的具体应用。

资料来源:佚名.大卫·李嘉图的比较优势理论[EB/OL].(2021-07-23)[2021-09-24]. https://baike.so.com/doc/2724524-2876036.html.

2. 金融互换的功能

1) 保值避险功能

保值避险功能主要体现在应对汇率风险与利率风险方面。由于国际性企业的资产和负债以多种货币计价,货币互换可使与计价货币相关的汇率风险最小化。在防范利率风险方面,对于一种货币来说,无论是固定利率还是浮动利率,债权债务的持有者都面临着利率变化的风险。利率互换可以实现降低利率风险的目标。可见,金融互换交易的主要用途是改变交易者资产或负债的风险结构(如利率或汇率结构),从而规避相应的风险。

2) 降低融资成本功能

有些融资者,由于其信用等级比较低,难以获得低利率成本的融资,但通过货币互换和利率互换可以得到比直接融资成本较低的资金,节约了费用。

3) 财务结构调整功能

金融互换交易可以使国际性企业的资产货币与负债货币实现匹配,减少货币暴露,降低汇率波动造成的资产与负债不对称性风险。

4) 规避管制功能

许多国家都实行外汇管制,在外汇管制比较严格的国家投融资者获得贷款、发行债券融资是比较困难的,资金汇出汇入成本比较高。通过货币互换,投融资者可以避开部分外汇管制,降低成本。

3. 金融互换的种类

金融互换虽然历史较短,但品种创新却日新月异。除了传统的货币互换和利率互换,一大批新的金融互换品种不断涌现。

1) 利率互换

利率互换(interest rate swaps)是指双方同意在未来的一定期限内根据同种货币的名义本金交换现金流,其中一方的现金流根据浮动利率计算,而另一方的现金流根据固定利率计算。利率互换的期限通常在2年以上,有时甚至在15年以上。

双方进行利率互换的主要原因是双方在固定利率和浮动利率市场上具有比较优势。下面我们以具体案例来说明具体过程。

【例5-6】 假定A、B公司都想借入5年期的1 000万美元的借款,A公司想借入与6个月期相关的浮动利率借款,B公司想借入固定利率借款。但两家公司信用等级不同,故市场向它们提供的利率也不同,如表5-7所示。

表5-7　　　　市场提供给A、B两公司的借款利率

公司	固定利率	浮动利率
A公司	10.00%	6个月期LIBOR+0.30%
B公司	11.20%	6个月期LIBOR+1.00%

注:LIBOR是国际金融市场中大多数浮动利率的基础利率。我国对外筹资成本是在LIBOR的基础上加一定百分点。

解析: 从表5-7中可以看出,A公司的借款利率均比B公司低,即A公司在两个市场都具有绝对优势。但在固定利率市场上,A公司的绝对优势为1.2%,而在浮动利率市场上,A公司的绝对优势为0.7%。这就是说,A公司在固定利率市场上有比较优势,而B公司在浮动利率市场上有比较优势。这样,双方就可利用各自的比较优势为对方借款,然后互换,从而达到共同降低筹资成本的目的。

若A公司以10%的固定利率借入1 000万美元,而B公司以LIBOR+1%的浮动利率借入1 000万美元。由于本金相同,双方不必交换本金,只交换利息的现金流,即A公司向B公司支付浮动利息,B公司向A公司支付固定利息。

通过发挥各自的比较优势并互换,双方总的筹资成本降低了0.5%(11.20%+0.30%−10.00%−1.00%),这就是互换利益。互换利益是双方合作的结果,理应由双方共享。具体分享比例由双方谈判决定。我们假定双方各分享一半,则双方都将使筹资成本降低0.25%,即双方最终实际筹资成本分别为:A公司支付LIBOR+0.05%浮动利率,B公司支付10.95%的固定利率。

这样,双方就可根据借款成本与实际筹资成本的差异计算各自向对方支付的现金流,即A公司向B公司支付按LIBOR计算的利息,B公司向A公司支付按9.95%计算的利息。

在上述互换中,每隔6个月为利息支付日,因此互换协议的条款应规定每6个月一方向另一方支付固定利率与浮动利率的差额。假定某一支付日的LIBOR为11.00%,则A公司应付给B公司5.25万美元[1 000×0.5×(11.00%−9.95%)]。由于利率互换只交换利息差额,因此信用风险很小。A、B公司利率互换的流程如图5-4所示。

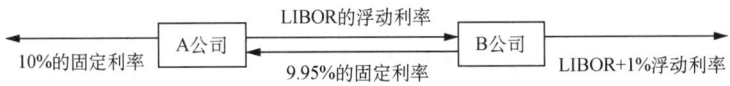

图5-4　利率互换流程

2) 货币互换

货币互换(currency swaps)是将一种货币的本金和固定利息与另一货币的等价本金和固定利息进行交换。

货币互换的主要原因是双方在各自国家中的金融市场上具有比较优势。由于货币互换涉及本金互换,因此当汇率变动很大时,双方就将面临一定的信用风险。当然这种风险仍比单纯的贷款风险小得多。

延伸阅读5-8

人民币利率互换

人民币利率互换是指交易双方约定在未来一定期限内,以约定的人民币名义本金为计息基础,按不同利率进行的交换支付,整个交易过程不发生本金的转移,只支付利息差,是一种利率套期保值工具,近两年在我国获得了很快的发展。

人民币利率互换业务进行的前提是交易双方的信用等级不同,双方在不同市场上进行筹资的成本不同。进行利率互换业务首先要确定利率互换的名义本金、期限和基本要求;确定利率互换的中介银行;和中介银行商谈利率互换的基本条件;确定统一方案,商谈签署利率互换协议等。这里的中介银行主要是在交易双方没有直接联系,从而面对面的互换交易无法进行下去时,承担联结、沟通功能,使双方的互换交易得以顺利进行下去。

中国人民银行规定,利率互换交易既可以通过全国银行间同业拆借中心的交易系统进行,也可以通过电话、传真等其他方式进行。人民币利率互换交易的最少交易量为10万元,最小变动单位为1万元,交易系统提供公开报价、双向报价和对话报价三种报价方式。交易双方通过对话报价对交易要素进行商谈,达成一致后确认成交。公开报价和双向报价需转为对话报价才能成交。交易双方达成交易后,交易系统自动生成成交通知单,双方依成交通知单办理结算。目前人民币利率互换有三种,分别是基于一年期定期存款的利率互换、基于7天回购定盘利率(FR007)的互换、基于Shibor的利率互换。

以中国工商银行的利率互换交易为例,2015年1月,中国工商银行某分行与总行合作,成功为该行优质客户代理1年期人民币利率互换业务,将贷款挂钩1年期最优贷款利率(LPR)的浮动利率转换为固定利率,每季度交割一次。中国工商银行对此笔利率互换的报价为5.46%,即客户将贷款的浮动利率(LPR)转换为固定利率5.46%,相比原浮动贷款首期执行利率5.51%节约了5个基点(1个基点是0.01个百分点,即0.01%,5个基点即0.05%。),客户有效降低并锁定了财务成本,客户对中国工商银行该项产品服务非常满意。

资料来源:证券考试命题研究组.金融市场基础知识[M].成都:西南财经大学出版社,2020.

本章小结

本章的主要学习内容是证券投资中的衍生金融工具。通过本章的学习,我们认识了衍生金融工具的产生、特点、种类(如金融远期、金融期货、金融期权、金融互换),重点学习并掌握了金融期货、金融期权这两大衍生金融工具的含义、特征、种类、交易制度、功能等,同时还认识了金融远期、金融互换、权证及可转换债券等品种。通过学习,我们了解到基础工具与衍生工具有差异的同时也存在密切的联系。不同种类的衍生工具都对经济、金融的发展起重要的作用。

练一练

练一练答案

本章重要概念

金融衍生工具　金融期货　金融期权　金融远期　金融互换　权证　认股权证　认沽权证　可转换公司债券　外汇期货　利率期货　股指期货　看涨期权　看跌期权　欧式期权　美式期权　利率互换　货币互换　保证金制度　双向交易　逐日盯市制度　涨跌停板制度　强行平仓制度　做空　做多

第三篇
投资分析篇

第六章　证券投资基本分析

> 内容简介
> 学习目的和要求
> 第一节　宏观环境分析
> 第二节　行业分析
> 第三节　公司分析
> 本章小结
> 本章重要概念

内容简介

本章主要讲解了证券投资基本分析的两个方面——微观和宏观方面：宏观环境分析主要侧重于考虑各类指标，微观个体分析主要致力于研究行业特征和公司情况。本章重点为证券投资基本分析的主要指标，包括宏观经济指标和微观经济指标，以及各指标对证券市场的影响；本章难点为不同的指标代表的不同含义以及公司分析和行业分析中各分析方法的内容及其在证券投资分析中的应用。

学习目的和要求

通过本章学习，学生应掌握宏观环境分析、行业分析和公司分析的方法、作用和意义，掌握各分析指标及其应用，熟悉行业结构、行业类型、行业周期、公司的经营状况、公司的财务状况等对公司股票价格的影响。

引例　中国股市愈发受投资者青睐：经济复苏明显、政策周期更顺

据美国《华尔街日报》2022年7月1日报道，中国股市在2022年上半年走势颠簸，但有很多迹象表明，投资者热衷于在未来几个季度押注该市场。

分析师表示，中国的货币政策立场宽松，且近期在放松严格的疫情防控措施方面出现进展，中国似乎成为一个投资亮点。

报道称，2022年第二季度中国股市的表现在亚洲地区可谓一枝独秀，上证综指较3月31日的水平上涨了4.5%。相比之下，韩国和中国台湾的基准指数分别下跌了15%和16%，而日本的日经指数下跌了3.7%。

中国股市的反弹步伐从5月底开始加快，当时中国主要经济中心上海开始解除长达三个月的新冠肺炎疫情封控。沪深300指数已经从4月的低点反弹了19%。尽管如此，年初至7月1日该指数仍然下跌9.2%。

据报道，瑞信亚太区量化和系统性策略主管威尔·斯蒂芬斯称，美国市场更加动荡的背景将凸显持有中国A股的多元化优势。他说，国内外投资者对中国股票的胃口都已大幅提高。

股市行情确实会受到经济状况的波动影响，那么哪些经济指标和经济政策会影响股票投资呢？如何进行投资分析呢？通过本章的学习来寻找答案吧。

资料来源：佚名.中国股市愈发受投资者青睐：经济复苏明显、政策周期更顺[EB/OL].(2022-07-05)[2022-07-07].http://m.cankaoxiaoxi.com/finance/20220705/2484596.shtml.

第一节 宏观环境分析

一、宏观分析意义

1. 把握证券市场的总体变动趋势

在证券投资领域中,宏观经济分析非常重要,只有把握住经济发展的大方向,才能把握证券市场的总体变动趋势,作出正确的长期决策;只有密切关注宏观经济因素的变化,尤其是货币政策和财政政策因素的变化,才能抓住证券投资的市场时机。

2. 判断整个证券市场的投资价值

证券市场的投资价值与国民经济整体状况、结构变动息息相关。这里的证券市场的投资价值是指整个市场的平均投资价值。从一定意义上说,整个证券市场的投资价值就是整个国民经济增长质量与速度的反映,因为不同部门、不同行业与成千上万的不同企业相互影响、互相制约,共同影响国民经济发展的速度和质量。宏观经济是个体经济的总和,因而企业的投资价值必然在宏观经济的总体中被综合反映出来,所以,宏观经济分析是判断整个证券市场投资价值的关键。

3. 掌握宏观经济政策对证券市场的影响力度与方向

证券市场与国家宏观经济政策息息相关。在市场经济条件下,国家通过财政政策和货币政策来调节经济,或挤出泡沫,或促进经济增长,这些政策直接作用于企业,从而影响经济增长速度和企业效益,并进一步对证券市场产生影响。因此,证券投资必须认真分析宏观经济政策,掌握其对证券市场的影响力度与方向,以准确把握整个证券市场的运动趋势和各个证券品种的投资价值及变动方向。这无论是对投资者、投资对象,还是对证券业本身乃至整个国民经济的快速健康发展都具有重要的意义。

二、宏观分析方法

1. 从研究者角度来分类

(1) 历史分析:纵向分析经济社会发展历史过程中的变化规律和特点,正确地掌握今后的发展趋势。

(2) 结构分析:深入地认识错综复杂的经济结构,掌握各因素的相互关系、相互影响程度和变化特点,全面系统地、综合性地把握经济运行规律。

(3) 计量分析:将经济理论与数量分析的方法相结合,对经济社会现象进行定量分析,保证研究的精确性,严密性和科学性。

(4) 国际比较:各国在经济发展过程中存在一些共同规律。处于不同经济发展阶段的各国发展经验和教训对中国当前和今后的经济决策具有参考价值。

2. 从投资者角度来分类

(1) 总量分析法。总量分析法就是指对宏观经济运行总量指标的影响因素及其变动规律进行分析,如对国内生产总值、消费额、投资额、银行贷款总额及物价水平的变动规律等的分析,进而说明整个经济的状态和全貌。总量分析是一种动态分析,因为它主要研究总量指标的变动规律,同时,也是一种静态分析,因为总量分析包括考察同一时期内各总量指标的相互关系,如投资额、消费额和国内生产总值的关系等。

（2）结构分析法。结构分析法是指对经济系统中各组成部分、对比关系及其变动规律的分析。例如,国内生产总值中三种产业的结构分析、消费和投资的结构分析、经济增长中各因素作用的结构分析等。结构分析主要是一种静态分析,即对一定时间内经济系统中各组成部分的变动规律的分析。如果对不同时期内经济结构变动进行分析,则属动态分析。

三、宏观分析指标及对股市的影响

1. 国民经济总体指标

1) GDP 指标

GDP 指标是国民经济核算的核心指标,也是衡量一个国家或地区总体经济状况重要指标。国内生产总值(GDP)是按市场价格计算的一个国家(或地区)所有常住单位在一定时期内生产活动的最终成果。国内生产总值有三种表现形态,即价值形态、收入形态和产品形态。从价值形态看,它是所有常住单位在一定时期内生产的全部货物和服务价值超过同期投入的全部非固定资产货物和服务价值的差额,即所有常住单位的增加值之和;从收入形态看,它是所有常住单位在一定时期内创造并分配给常住单位和非常住单位的初次收入之和;从产品形态看,它是所有常住单位在一定时期内最终使用的货物和服务价值减去货物和服务进口价值的差额。在实际核算中,国内生产总值有三种计算方法,即生产法、收入法和支出法。这三种方法分别从不同方面反映国内生产总值及其构成,理论上计算结果相同。

在证券投资分析过程中,GDP 的数据可以给投资者带来一定的参考价值。一方面在股市自身供求关系比较合理的情况下,GDP 走势与股市运行趋势往往正相关:低通胀下的 GDP 快速增长,股市会呈现上升走势;高通胀下的 GDP 缓慢增长,股市会呈现下降走势;宏观调控下的 GDP 减速增长,股市平稳运行或向下运行;GDP 由负增长转向正增长,股市也会由跌势转为升势;GDP 由低速增长转向高速增长,股市也会随之快速上涨。另一方面在股市自身供求关系严重失衡的情况下,GDP 走势与股市运行趋势往往负相关或不相关:如果股市休养生息,即新股发行和再融资充分考虑股市资金面承受力,即使 GDP 增速放缓,股市也会向上运行;如果出现融资"饥渴症",即不顾股市资金面承受力,高频率发行新股和再融资,即使 GDP 增速较快,股市也会向下运行。

经济指标 GDP 与股市到底有什么关系

2) 通货膨胀

经济学界对于通货膨胀的解释并不完全一致,一般经济学家认可的概念是:通货膨胀是在信用货币制度下,流通中的货币数量超过经济实际需要而引起的货币贬值和物价水平全面而持续地上涨。通俗地讲,纸币的发行量超过流通中所需要的数量,从而引起纸币贬值,物价上涨,我们把这种现象称之为通货膨胀。

通货膨胀是影响股票市场价格的一个重要宏观经济因素。这一因素对股票市场趋势的影响比较复杂,它既有刺激股票市场的作用,又有压抑股票市场的作用。通货膨胀主要是由过多地增加货币供应量造成的。货币供应量与股价一般呈正向关系,但特殊情况下又有相反的趋势。货币供给量对股价的正向关系,有三种表现:

（1）货币供给量增加,可以支持生产,扶持物价,阻止利润下降,从而对股票的需求增加,这成为股价止跌回升的重要因素。

（2）货币供给量增加引起社会商品的价格上涨,股份公司的销售相应增加,从而使得以货币数量表现的股利(即股票的名义收益)有一定幅度的上升,使股票需求增加,从而股价也相应上涨。

(3) 货币供给量的递增引起通货膨胀,通货膨胀带来的往往是虚假的市场繁荣,最终出现企业利润上升的假象。保值意识使人们倾向于将货币投向贵重金属、不动产和短期证券,股票需求量也会增加,从而使股价相应增加。

由上述可见,货币供给量增加,扩大的社会购买力就会投资于股票上,从而把股价抬高。反之,如果货币供给量减少,社会购买力降低,投资就会减少,失业率就会增加,因而股价也必定会受影响。

但是,通货膨胀到了一定程度,甚至超过两位数时,将会推动利率上涨,从而使股价下跌,这又是其对股价作用的另一方面。

总之,当刺激作用大时,股票市场的趋势与通货膨胀的趋势一致;当压抑作用大时,股票市场的趋势与通货膨胀趋势相反。

3) 失业率

失业率是指失业人口占劳动力人口总数的百分比,它是金融市场的重要指标。失业率增加是经济疲软的信号,可导致政府放松银根,刺激经济增长;相反失业率下降,将形成通货膨胀,使政府收紧银根,减少货币投放。

一般认为,摩擦性失业、结构性失业和自愿性失业都是难以避免的,它们与经济社会的总需求水平和经济周期无关。因此,它们也被统称为自然失业。自然失业人口与总劳动人口的比率就是自然失业率。自然失业率一般被认为是经济社会所难以消除的,是相对稳定的,是一个国家能够长期持续存在的最低失业率。当经济中不存在周期性失业时,所有失业都是摩擦性、结构性和自愿性失业时,便认为经济达到了充分就业,即消除了非自愿性失业或周期性失业以后的社会就业状况。可以说充分就业时的失业率就是自然失业率。充分就业既意味着一个国家劳动力资源的充分利用,也意味着一个国家所有经济资源的充分利用。当实际失业率等于自然失业率时,一国经济处于长期均衡状态,所有的经济资源都得到了充分利用,即实现了充分就业均衡。

一般情况下,失业率的变动与股票市场走势基本上呈现负相关。失业率低,居民生活稳定,消费、投资欲望强,对股市起强有力的推动作用。过高的失业率不仅影响个人投资意愿,而且会影响社会整体情绪,引发一系列社会问题,股市也会因此震荡走低。

4) 国际收支

国际收支是一个国家(地区)与其他国家(地区)在经济、金融等方面往来的情况,通常用国际收支平衡表反映。国际收支平衡表通常被分成两大类:一是经常账户。它包含有形贸易(即货物出口和进口)和无形贸易(如航运、金融、通信、旅游等服务的支出和收入)。二是资本与金融账户。它涉及短期和长期资本的流入和流出(如来自直接投资、证券、地产等收入)。经常账户以及资本与金融账户都有机会出现顺差或逆差。

当国际收支出现顺差时,说明经济市场处在较好的环境下,而逆差则说明市场处于一定的经济放缓或其他风险中,还有改善的空间。一般来说,国际收支出现持续顺差时,外汇储备增加,本币投放增加,会刺激投资和经济增长,有利于形成促使汇价和股价上升的心理预期,推动股价的上浮。反之,则促使股价下跌。

延伸阅读6-1

2021年第一季度GDP同比大增18.3%,股市却没有大涨

从统计局公布的我国2021年第一季度的经济数据来看,一季度国内生产总值24.93万亿元,按可比价格计算,同比增长18.3%。这个数据是非常好的,面对2020年以来的新冠肺炎疫情考验和外部环境的不确定性,国内宏观经济平稳增长,行稳致远。

那么GDP增长这么多,股市不是应该大涨吗?为何A股反而走势很弱,上证指数虽然红了,但是仅仅是微涨,而创业板指数还大跌(超过1%),这是怎么回事呢?

首先,从数据来看,一季度GDP增长18.3%,这个增幅是非常大的。但是我们需要注意的是,2020年一季度受到疫情的影响,GDP是下滑的,即基数是下降的,使得2021年一季度GDP的增速非常大。从环比来看,2021年一季度比2020年四季度环比增长0.6%,比2019年一季度增长10.3%,两年平均增速5%,略低于常态下的6%。

其次,2020年受到新冠肺炎疫情影响,宏观经济表现比往年要差一些,但是2020年股市却涨得很好,上证指数2020年上涨了13.87%,深证成指涨了38.73%,创业板指数大涨了64.96%,2020年有些行业受到的影响不小,但是很多股票在2020年出现了大涨,这实际上就是预期产生的作用。2020年虽然经济有压力,但是大家预期困难只是短期,所以股市涨了,而现在属于预期兑现,反而没有出现股市大涨。

最后,当前市场其实是一个分化很严重的市场,在指数大涨的时候,可能有几千只股票都在下跌,而在指数下跌时同样有几千只股票在上涨,这主要是个股表现与指数不同步造成的结果,权重板块对指数影响明显,又与中小盘股票出现明显的"跷跷板"效应,这使得市场的上涨力度不强。

因此,当前A股整体处于震荡格局,板块轮动和个股分化是其主要特征,投资者不能简单地看大盘涨跌来进行投资,需要具体分析自己投资的行业和标的,而且需要注意市场节奏,否则很容易反复做错。

资料来源:宋建文.一季度GDP同比大增18.3%,为什么股市没有大涨?[EB/OL].(2021-04-16)[2021-12-20].https://baijiahao.baidu.com/s?id=1697166675320096083&wfr=spider&for=pc.

2. 消费指标

1) 社会消费品零售总额

社会消费品零售总额是指批发和零售业、住宿和餐饮业以及其他行业直接销售给城乡居民和社会集团的消费品零售额。其中,对居民的消费品零售额,是指售予城乡居民用于生活消费的商品金额;对社会集团的消费品零售额,是指售给机关、社会团体、部队、学校、企事业单位、居委会或村委会等,公款购买的用作非生产、非经营使用与公共消费的商品金额。

社会消费品零售总额的大小和增长速度能够反映出城乡居民和社会团体消费水平的高低、居民消费意愿的强弱,从而影响居民的投资意愿和投资心态。一般来说,消费的增长,直接推动社会总需求和经济的扩张,从而会推动股价的上涨。

2) 城乡居民储蓄存款余额

城乡居民储蓄存款余额是指城乡居民在某一时点上在银行和其他金融机构的本币(人民币)、外币储蓄存款总额。它既包括城乡居民的人民币储蓄存款,又包括他们的各种外币储蓄存款,既包括城镇居民,又包括农村居民,是一个大范围的概念。

城乡居民储蓄存款余额能够反映股市的很多问题,当居民普遍将闲置资金进行储蓄而不是进行投资的时候,说明股市处在发展较慢的阶段。

3. 金融指标

1) 货币供应量

中央银行一般根据宏观监测和宏观调控的需要,根据流动性的强弱将货币供应量划分为不同的层次。我国现行货币统计制度将货币供应量划分为三个层次:

第一,流通中现金(M_0),指单位库存现金和居民手持现金之和,其中"单位"指银行体系以外的企业、机关、团体、部队、学校等单位。

第二,狭义货币供应量(M_1),指 M_0 加上单位活期存款,机关、团体、部队存款,农村存款以及个人持有的信用卡存款。

第三,广义货币供应量(M_2),指 M_1 加上单位定期存款、城乡居民储蓄存款、信托类存款以及证券公司的客户保证金等其他存款。

货币供应量是一国货币政策的主要调控指标。当中央银行放松银根,增加货币供应量时,一方面使购买股票的资金增多,需求增加,因而股价会上涨;另一方面,货币供应量增加,也会使利率下降,投资和消费需求增加,生产和销售增加,企业利润增加,这些因素都会促使股票价格上涨。反之,当中央银行紧缩银根,减少货币供应量时,就会产生相反的结果。

2) 利率

利率是指一定时期内利息额同借贷资本总额的比率。利率是单位货币在单位时间内的利息水平,表明利息的多少。利率通常由国家的中央银行控制。世界各国一般都把利率作为宏观经济调控的重要工具之一。当经济过热、通货膨胀上升时,中央银行便提高利率、收紧信贷;当过热的经济和通货膨胀得到控制时,中央银行便会把利率适当地调低。

在宏观经济因素中,利率对证券市场的作用最为直接,影响也最大。一般而言,当利率升高时,储蓄获利增加,因此吸引部分资金由股票市场流向银行储蓄,导致股票需求量下降,自然使股票价格下降。反之,当利率下降时,股票价格上涨。在绝对价值理论中,证券市场的证券价格主要由证券未来现金流和利率两个因素决定,股票价格与利率成反比。这说明利率对股票价格是存在反方向影响的,我们利用利率来对股市的波动作研究也是可行的。

延伸阅读6-2

央行降息对股市的影响

降息是指银行降低存款利息和贷款利息,利用利率调整,来改变现金流动。降息会导致资金从银行流出,存款变为投资或消费,结果是资金流动性增加,给股市带来更多的资金,刺激股价的上升。因此,降息对股市是利好。降息对一些个股的股价具有拉升作用,比如,银行股、券商股、房地产股、有色金属股、消费股以及高负债的基建股。

券商行业会受到降息的刺激,使投资渠道拓宽,降低资金入市的机会成本,加大市场投资力度。因此降息后将有更多的资金流向证券市场。所以,降息直接利好于券商行业的发展。

房地产行业受到降息的影响,会降低市场购房者的负担,从而刺激刚需消费者入市。而且,降息会降低房地产开发商的负担利率,也降低房地产行业的融资成本。所以,降息对房地产行业的发展有利。

降息会刺激大宗商品(原油、有色金属、钢铁等)价格上涨,股市中的原油、有色金属、钢铁等行业会收到利好效益。并且,央行降息会使本币出现部分贬值,这样会增加出口贸易,从而导致相关的商品贸易的上市公司股价出现上升。

资料来源:佚名.央行降息对股市影响?[EB/OL].(2020-01-20)[2021-12-18]. https://www.csai.cn/v/11962.html。

3）汇率

汇率（又称外汇汇率或外汇行市）是两种货币之间的比价，或者说是一个国家的货币对另一种货币的价值。汇率会受利率、通货膨胀、国家的政策和宏观经济等因素影响而变动。而汇率是由外汇市场决定的。一国外汇行市的升降，对进出口贸易、经济结构、生产布局等都会产生影响。汇率是国际贸易中重要的调节杠杆，汇率下降，能起到促进出口、抑制进口的作用。

随着世界经济一体化趋势逐步增强，包括证券市场在内各国金融市场的影响相互加深，一国汇率的波动也会影响其证券市场价格。一般来说，如果一国的货币升值，会吸引外资流入，经济形势稳步发展，股价就会上涨，一旦其货币贬值，股价随之下跌。但若汇率盲目上涨也会对股票市场产生不利影响，因为汇率太高会影响贸易出口，出口受阻，不利于经济发展，进而影响证券市场。

近年来，人民币升值以及汇率的变动已经成为国际上的热门话题，由于汇率和证券市场的股票等虚拟资产具有很强的相关性，人民币升值和汇率调整已经成为我国证券市场长期走势的决定性因素之一，也是影响我国经济走势的决定性因素之一。

汇率对不同行业上市公司的业绩影响也不一样，从而股票市场表现的价格走势也不一样。可以肯定的是人民币升值对于我国国内对外依存度很大的出口型和外贸型企业来说应该是一个很大的长远利空消息，对于国内进口比较多的上市公司来说，由于进口成本降低，长期来说是一个利好消息。对于沪深两市的各个板块而言，人民币升值受益最大的板块集中在地产、航空、石油加工、造纸行业中进口高档纸的上市公司和资源类上市公司等。

 延伸阅读6-3

人民币升值对股市的影响

2021年以来人民币升值的话题成为人们的关注点，人民币升值对资本市场是否有着巨大的影响？按照2021年3月底以来的数据，人民币确实出现了连续的升值行为，涨幅甚至超过了2.5%，这样的趋势变化非常激进。到了6月份央行开始调高外汇存款准备金率，人民币升值才有所放缓，但是在岸人民币兑美元仍然处于高位，实在是不能忽视。

人民币一旦升值，肯定会对A股产生影响。从历史当中可以看到，人民币升值时，A股和港股会有上涨的趋势，相当于其与上证指数和香港恒生指数发生了相应的联系。2015年之前，该关联性可能还没有那么强，但是2015年进行的汇改对其产生了巨大的影响。汇率与资本市场有着息息相关的关系，投资者可以从中判断出相应的情况，从而作出正确的投资行为。

从长期的角度来看，人民币升值会让中国经济不断走高，这是一种经济强盛的表现。推动人民币汇率升值，涉及经济转型元素，在制造业层面上存在着巨大的竞争，中国在这个领域取得了一定的竞争力。而现在仍然处于全球疫情阶段，人民币汇率升值，会让A股市场保持强势局面，甚至进入双向波动的格局，A股会发生波动，并且这种波动有可能会扩大。

因此，人民币升值涉及多方面的因素，对A股确实会产生一定的正向影响，这是全球趋势和市场的正常反应。

资料来源：投融资那些事儿.人民币不断升值，对股市的影响，利好还是利空？[EB/OL].(2021-07-13)[2021-12-26]. https://baijiahao.baidu.com/s?id=1705172059806430678&wfr=spider&for=pc.

视频：人民币升值对股市造成什么影响

4. 财政指标

财政指标包括财政收入和财政支出两部分。财政收入是指政府为履行其职能、实施公共政策和提供公共物品与服务需要而筹集的一切资金的总和。财政收入是衡量一国政府财力的重要指标,政府在社会经济活动中提供公共物品和服务的范围和数量,在很大程度上取决于财政收入的充裕状况。财政支出通常是指国家为实现其各种职能,由财政部门按照预算计划,将国家集中的财政资金向有关部门和方面进行支付的活动,因此也称预算支出。财政支出与财政收入构成财政分配的完整体系。

1)国家预算

作为政府的基本财政收支计划,国家预算能够全面反映国家财力规模和平衡状态,是各种财政政策手段综合运用的结果的反映。扩大财政支出是扩张性财政政策的主要手段,其结果往往促使股价上扬。近两年,我国实行积极的扩张性财政政策,加大了对基础设施建设力度,使基础设施建设类上市公司及相关行业的企业不同程度的受益。

2)税收

税收政策能够调节企业利润水平和居民收入。减税将增加居民的收入,扩大股市的潜在资金供应量,减轻上市公司的费用负担,增加企业的利润,促使股价趋于上升。我国的高科技企业享受所得税的减免优惠,股价理应上扬。对股市影响最直接的税种主要是印花税和证券交易所得税。开征股票交易印花税以来,我国不断根据股市的实际情况对印花税加以调整,以刺激或抑制股市。

3)国债

发行国债作为国家筹集财政资金的一种形式,可以调节资金供求和货币流通量。在不带来通货膨胀的情况下,发行国债可以缓解建设资金的需求,有利于总体经济向好,有利于股价上扬。

第二节 行业分析

行业一般是指从事国民经济中同性质的生产或其他经济社会活动的经营个体等构成的组织机构。

行业分析是指根据经济学原理,综合应用统计学、计量经济学等分析工具对行业经济的运行状况、产品生产、销售、消费、技术、行业竞争力、市场竞争格局、行业政策等行业要素进行深入的分析,从而发现行业运行的内在经济规律,进而进一步预测未来行业发展的趋势。行业分析是介于宏观经济分析与微观经济分析之间的中观层次的分析,是分析上市公司投资价值的重要方面,也是股票投资中不可缺少的操作。

行业分析内容主要包括:分析行业本身所处的发展阶段及其在国民经济中的地位,分析影响行业发展的各种因素以及判断其对行业的影响力度,预测并引导行业的未来发展趋势,判断行业投资价值,揭示行业投资风险,为政府部门、投资者以及其他机构提供决策依据或投资依据。

未来10年最具投资前景的15个行业

一、行业的市场结构分析

行业市场结构分析非常重要,它直接决定了所投资的公司将面临怎样的市场氛围。公司在不同的氛围下发展,其发展模式与发展速度都是截然不同的,这就会直接反映到投资收益率上。大致上行业内的市场结构主要分为完全竞争、垄断竞争、寡头垄断、完全垄断四种市场结构。

1. 完全竞争市场

完全竞争市场被假定为厂商数目众多、厂商所提供的产量相对于市场规模而言只占很小的份额,并且厂商进入和退出自由。在完全竞争市场上,每个厂商面临既定的市场价格,单个厂商的产量变化不会对市场价格造成影响,从而边际收益等于平均收益,两者都等于市场价格。以价格等于边际成本为条件,短期内,完全竞争厂商可以获得超额利润、获得正常利润或亏损。但在亏损状态下,只有当价格高于平均变动成本最低点时,厂商才会供给正数量的商品;否则,则停止营业。因此,完全竞争厂商的平均变动成本的最低点又被称为停止营业点或关闭点。关闭点以上的边际成本曲线就是厂商的短期供给曲线。依照价格等于边际成本和价格等于最低的平均成本,完全竞争市场被认为在生产数量和技术使用方面具有效率。完全竞争厂商的短期供给曲线如图6-1所示。

在长期内,厂商调整各种生产要素的投入数量,以便使得每个产量下成本为最低。同时,厂商依照边际收益等于边际成本的利润最大化原则决定产量。厂商长期均衡的条件是价格等于边际成本等于平均成本。从行业的角度来看,厂商进入或退出可能影响厂商的成本。如果厂商进入使得行业的厂商成本不变、递增或递减,则行业依次可以被定义为成本不变、成本递增或成本递减的行业类型,相应的行业供给曲线分别为平行于数量轴、向右上方倾斜和向右下方倾斜。

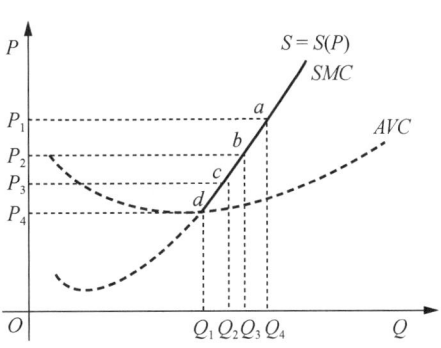

图6-1 完全竞争厂商的短期供给曲线

2. 垄断竞争市场

垄断竞争市场是指存在垄断的竞争市场。垄断竞争市场存在许多卖方,垄断竞争者在市场上竞争、生产有差异的产品,这个市场容易进入。存在许多厂商以及容易进入使得这个市场看起来是竞争性的。

这种市场中的厂商可以使它的产品具有独特属性的能力,这是垄断竞争市场区别于完全竞争市场的地方。每个企业通过使自己的商品有差异来产生它自己的个人垄断。如果它能使自己的商品足够与众不同,它就能成为唯一的卖方,并具有垄断者的市场能力。垄断竞争市场缺乏进入壁垒,限制了单个企业的市场力量,如服装、电器、食品等零售业及轻工业,这类行业竞争激烈,上市公司的股票一般来说风险较大。

3. 寡头垄断市场

寡头垄断市场是指一个市场只有少数几个卖方,通常受到进入壁垒的保护,产品或是标准化的或是有差异的。向其他企业出售资本品的厂商通常生产的是标准化商品,一般只有少数几个生产厂商生产这种产品。更一般地,寡头垄断的厂商向消费者出售差异化的商品。大量的广告诱导消费者相信很多商品是有重要差别的,如通信、石油、航空、金融等重工业及服务业,这类行业上市公司退市风险一般较小。

4. 完全垄断市场

完全垄断市场是指只有一家厂商提供所有供给的市场结构。垄断厂商面临着整个市场的向下倾斜的需求曲线,其边际收益曲线位于平均收益曲线之下。这就决定了垄断厂商在产品市场上不仅要决定如何生产和生产多少,而且要决定索要多高的价格。这类市场现实中很难存在,但也有类似的,如铁路、水电、燃气市场等。完全垄断厂商的收益曲线如图 6-2 所示。

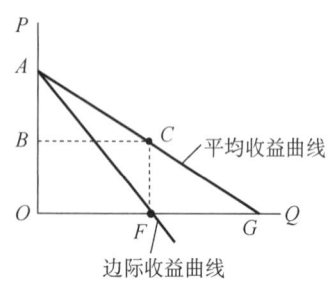

图 6-2 完全垄断厂商的收益曲线

在短期内,垄断厂商按照边际收益等于边际成本的原则决定生产数量,并在需求曲线上索要价格。只要这一价格高于平均变动成本,垄断厂商就会供给正数量的商品。这样,在短期内,垄断厂商可以处于获得超额利润、获得正常利润或亏损状态的均衡。在长期中,垄断厂商调整生产要素投入,使得在每个产量下成本为最低,如若继续亏损将会退出该行业。因此,长期垄断厂商一般会获得超额利润的均衡。无论是在短期还是在长期,垄断厂商都没有明确的供给曲线。

垄断厂商可以采取价格歧视定价策略。在分割的市场上,垄断厂商借助垄断的市场支配力对需求价格弹性小的消费者或在需求价格弹性小的市场上索要较高的价格。垄断厂商制定歧视价格的一般原则是,不同市场上的边际收益分别等于厂商的边际成本。

一般说来,竞争程度越高,投资壁垒越少,进入成本越低,其产品价格和企业利润受供求关系影响越大,而且企业倒闭的可能性也越大,因此投资风险也越大。反之,垄断性行业由于企业对产品和价格控制能力很强,投资获利良好,风险较小,但投资壁垒较多,投资机会较少,进入成本较高。在投资领域,久负盛名的美国投资商巴菲特偏好于垄断类标的的行业,而投资商罗杰斯偏好于政府扶持的行业,这都说明根据行业市场结构寻找合适的行业、上市公司进行投资极其重要。

 延伸阅读6-4

巴菲特偏爱投资垄断性企业

投资垄断性企业是巴菲特的拿手绝活,可口可乐、吉列剃须刀是其经典投资产品。国内超级散户林园也是投资垄断性企业的代表,茅台、片仔癀是其代表投资产品。垄断性企业的关键在于垄断性资源,极高的无形资产是垄断性企业的根本特征。巴菲特最偏爱有"护城河"的企业,其实就是垄断性企业,对此巴菲特在1957年到2019年的巴菲特致股东的信中,提及不下百次,巴菲特甚至在有些场合提出,这样的企业,"傻瓜"都能经营,管理层弱一些都没关系。

巴菲特认为垄断性企业有六个特点:
(1) 产品为消费者乐于得到的。
(2) 产品在消费者眼中没有近似的替代品,客户黏性高,品牌忠诚度高。
(3) 产品的价格不受管制,并且提价不影响销量。
(4) 对管理的要求弱,甚至一段时间内"傻瓜"都能经营。
(5) 拥有长久的经营存续期,商业模式稳固。
(6) 有坚实"护城河"围绕的经济城堡,难以复制,难以攻破。

垄断性企业有着普通企业无法拥有的优势:自由现金流多,资本性支出少;净资产收益率高,留存收益利润率高;负债少,抗通胀抗风险;经营稳定,弱周期等。垄断性企业具有特殊的垄断资源:特殊配方,有限牌照,知名品牌,地域特权,核心技术,特殊工艺,文化沉淀。

资料来源:佚名.巴菲特偏爱投资垄断[EB/OL].(2020-12-10)[2021-12-15].https://xueqiu.com/4005157436/165392683.

二、行业的生命周期分析

行业的生命周期是指行业从出现到完全退出社会经济活动所经历的时间。行业的生命发展周期主要包括四个发展阶段:初创期、成长期、成熟期、衰退期。同时,行业生命周期的存在,使行业内各公司的股票价格深受行业发展阶段的影响。

1. 初创期

在这一阶段,新行业刚刚诞生或初建不久,只有为数不多的创业公司投资于这个新兴的行业。在初创阶段,创业企业的创立投资和产品的研究、开发费用较高,而产品市场需求狭小,销售收入较低,因此这些创业企业财务上可能不但没有盈利,反而普遍亏损,甚至可能破产。同时,企业还面临着由较高的产品成本和价格与较小的市场需求导致的投资风险,因而这类企业更适合投机者而不是投资者。

在初创阶段后期,随着行业生产技术的提高、成本的降低和市场需求的扩大,新行业将逐步由高风险、低收益的初创期转入低风险、高收益的成长期。

2. 成长期

在成长期,拥有一定市场营销和财务力量的企业逐渐主导市场,其资本结构比较稳定,因而它们开始定期支付股利并扩大经营。

视频:怎样根据行业生命周期做投资

在成长阶段,新行业的产品通过各种渠道以其自身的特点赢得了大众的认可,市场需求逐渐上升,与此同时,产品的供给方面也发生了一系列变化。由于市场前景看好,投资于新行业的厂商大量增加,产品也逐步从单一、低质、高价向多样、优质和低价方向发展,因此新行业出现了生产厂商和产品相互竞争的状况,这种状况的持续将使市场需求趋于饱和。在这一阶段,生产厂商不能单纯依靠扩大产量、提高市场份额来增加收入,而必须依靠提高生产技术、降低成本以及研制和开发新产品来获得竞争优势,从而战胜竞争对手,维持企业的生存与发展。因此,那些财力与技术较弱、经营不善或新加入的企业往往因产品的成本较高或不符合市场的需求而被淘汰或被兼并。在成长阶段的后期,由于优胜劣汰规律的作用,市场上生产厂商的数量在大幅度下降以后开始稳定下来。由于市场需求基本饱和,产品的销售增长率减慢,整个行业开始进入稳定期。在这一阶段,由于受不确定因素的影响较小,行业的增长具有可预测性,行业的波动也较小。此时,投资者蒙受经营失败而导致投资损失的可能性大大降低,分享行业增长带来的收益的可能性则会大大提高。

3. 成熟期

行业的成熟期是一个相对较长的时期。在这一时期里,在竞争中生存下来的少数大厂商垄断了整个行业的市场,每个厂商都占有一定比例的市场份额。厂商与产品之间的竞争手段逐渐从价格手段转向各种非价格手段,如提高质量、改善性能和加强售后服务等。此时,行业的利润由于一定程度的垄断达到了很高的水平,而风险因市场比例较稳定、新企业难以进入而降低。其原因是市场已被原有大企业分割,产品的价格比较低,新企业由于创业投资无法很快得到补偿或产品销路不畅,资金周转困难而难以进入。

在行业成熟阶段,行业增长速度降到一个更加适度的水平。在某些情况下,整个行业的增长可能完全停止,甚至下降,因此行业的发展很难较好地与国民生产总值保持同步增长,当国民生产总值减少时,行业甚至可能蒙受更大的损失。但是,由于技术创新等原因,某些行业或许实际上会有新的增长。

4. 衰退期

这一时期的行业生产能力会出现过剩现象,技术被模仿后出现的替代产品充斥市场,市场增长率严重下降,需求下降,产品品种及竞争者数目减少。

从衰退的原因来看,可能有四种类型的衰退,它们分别是:

第一,资源型衰退,即由生产所依赖的资源的枯竭导致的衰退。

第二,效率型衰退,即由效率低下的比较劣势而引起的行业衰退。

第三,收入低弹性衰退,即因需求收入弹性较低而衰退的行业。

第四,聚集过度性衰退,即由经济过度聚集的弊端引起的行业衰退。

在衰退期,行业的股票行情表现平淡或出现下跌,有些行业甚至因为产品过时而遭淘汰,投资者应在此时,不失时机地售出股票,并将其收益投向成长期或成熟期的行业。

行业生命周期四个阶段的特征如图 6-3 所示。

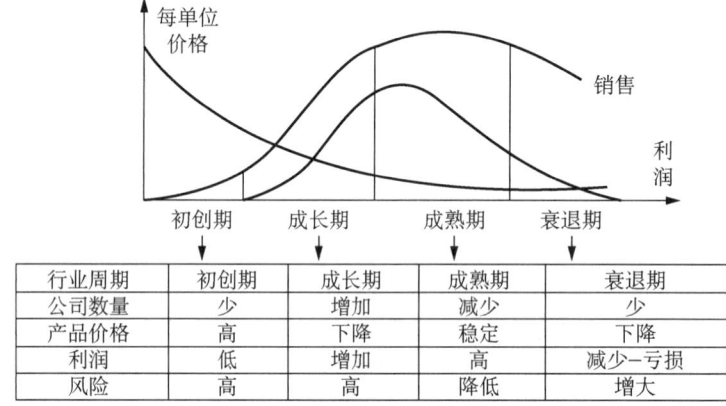

行业周期	初创期	成长期	成熟期	衰退期
公司数量	少	增加	减少	少
产品价格	高	下降	稳定	下降
利润	低	增加	高	减少-亏损
风险	高	高	降低	增大

图 6-3 行业生命周期四个阶段特征

总之,行业生命周期分析在应用时应结合投资者个人的风险偏好,视个人风险承受能力而定。相对而言,初创期行业投资风险较大,其收益也较高,成长期次之,成熟期行业投资风险较小,但收益也较稳定。

三、行业的经济周期分析

根据行业的发展和经济周期的关系,可以将行业划分为增长型行业、周期型行业和防御型行业。

1. 增长型行业

增长型行业的运动状态与经济活动总水平的周期及其振幅无关。这些行业收入增长的速度相对于经济周期的变动来说,并未出现同步变动,因为它们主要依靠技术的进步、新产品推出及更优质的服务,从而使其经常呈现出增长形态。

投资者对高增长的行业十分感兴趣,主要是因为这些行业在经济周期性波动中为投资者提供了一种财富"套期保值"的手段。然而,这些行业增长的形态却使得投资者难以把握精准的购买时机,因为这些行业的股票价格不会随着经济周期的变化而变化。

2. 周期型行业

周期型行业的运动状态直接与经济周期相关。当经济处于上升时期,这些行业会紧随其扩张;当经济衰退时,这些行业也相应衰落。产生这种现象的原因是,当经济上升时,对这些行业相关产品的购买相应增加。例如建筑业、耐用品制造业及其他需求的收入弹性较高的行业,就属于典型的周期型行业。周期型行业企业构成股票市场的主体,其业绩和股价随经济周期的变化而起落,投资周期型行业股票的关键就是对于时机的准确把握,如果能在周期触底反转前介入,就会获得最为丰厚的投资回报。但如果在错误的时点和位置,如周期到达顶端时再买入,则会遭遇严重的损失,可能需要忍受漫长的等待,才能迎来下一轮周期的复苏和高涨。

3. 防御型行业

防御型行业的产品需求相对稳定,并不受经济周期处于衰退阶段的影响。但当经济衰退时,防御型行业业绩或许会有实际增长。例如,食品业和公用事业属于防御型行业,因为需求的收入弹性较小,所以这些行业公司的收入相对稳定。因此,对防御型行业投资属于收入投资,而非资本利得投资。

三种行业类型的特点对比如表 6-1 所示。

表 6-1　　　　　增长型行业、周期型行业和防御型行业的特点对比表

行业	与经济周期关系	产生原因	典型行业
增长型行业	与周期无关	依靠技术进步、新产品退出、更优质的服务	计算机、信息技术
周期型行业	直接与周期相关	需求收入弹性较高	建筑业、装备制造、航空
防御型行业	不受经济周期处于衰退阶段的影响	产品需求相对稳定	食品业、公用事业

延伸阅读 6-5

周期型行业的股票投资策略

我国典型的周期型行业包括钢铁、有色金属、化工等基础大宗原材料行业,水泥等建筑材料行业,工程机械、机床、重型卡车、装备制造等资本集约性行业。当经济高速增长时,市场对这些行业的产品需求也高涨,这些行业所在公司的业绩改善就会非常明显,其股票就会受到投资者的追捧;而当景气低迷时,固定资产投资下降,对其产品的需求减弱,业绩和股价就会迅速回落。

此外,还有一些非必需的消费品行业也具有鲜明的周期性特征,如轿车、高档白酒、高档服装、奢侈品、航空、酒店等,因为一旦人们收入增长放缓及对预期收入的不确定性增强都会直接减少对这类非必需商品的消费需求。金融服务业(保险除外)由于与工商业和居民消费密切相关,也有显著的周期性特征。简单来说,提供生活必需品的行业就是非周期性行业,提供生活非必需品的行业就是周期性行业。

上述这些周期型行业企业是构成股票市场的主体,其业绩和股价因经济周期的变化而起落,因此就不难理解经济周期成为主导牛市和熊市的根本原因的道理了。鉴于此,投资周期型行业股票的关键就是对于时机的准确把握。虽然预测经济周期什么时候达到顶峰和谷底,如同预测博彩的输赢一样困难,但在投资

实践中还是可以总结出一些行之有效的方法和思路,让投资者有所借鉴。其中利率是把握周期性股票入市时机最核心的因素。当利率水平低位运行或持续下降时,周期性的股票会表现得越来越好,因为低利率和低资金成本可以刺激经济的增长,鼓励各行各业扩大生产和需求。相反,当利率水平逐渐抬高时,周期型行业因为资金成本上升就失去了扩张的意愿和能力,周期性的股票会表现得越来越差。投资者需要注意的是,当央行开始减息的时候,通常还不是介入周期性股票的最佳时机,此时是经济景气最低迷之际。开始的几次减息还见不到效果,周期性股票还会维持一段时间跌势,只有在连续多次减息刺激后,周期性行业和股票才会重新焕发活力。同理,当央行开始加息的时候,投资者也不必急于离场,周期性行业和股票还会继续风光一时,只有在利率水平不断上升接近前期高点时,周期型行业才会明显感到压力,这时才是投资者开始考虑转向的时候。

对于市盈率,投资者也不能太迷信了。因为它对于投资周期性股票往往会有误导作用,低市盈率的周期性股票并不代表其具有投资价值。相反,高市盈率也不一定是估值过高。以钢铁股为例,在行业景气低迷阶段,其市盈率只能保持在个位数上,最低可以达到 5 倍以下,如果投资者将其与市场平均市盈率水平对比,认为有利可图后买入,则可能要面对漫长的等待,可能错过其他投资机会甚至还将遭遇进一步亏损。而在行业景气高涨期,如 2004 年上半年,钢铁股市盈率可以达到 20 倍以上,那个时候如果看到市盈率不断走高而不敢买入钢铁股就会错过一轮上升行情。相对于市盈率,市净率对利润波动不敏感,倒可以更好地反映业绩波动明显的周期性股票的投资价值,尤其那些资本密集型的重工行业更是如此。当股价低于净资产,即市净率低于 1 时,通常可以放心买入,不论是行业还是股价都有随时复苏的可能。

在整个经济周期里,不同行业的周期表现还是有差异的。当经济在低谷出现拐点,开始复苏时,石化、建筑施工、水泥、造纸等基础行业会最先受益,股价上涨也会提前启动。在随后的复苏增长阶段,机械设备、周期型电子产品等资本密集型行业和相关的零部件行业会表现优异,投资者可以调仓买入相关股票。在经济景气的最高峰,商业一片繁荣,这时上场的主角就是非必需的消费品,如轿车、高档服装、奢侈品、消费类电子产品和旅游等行业,入手这类股票可以享受到最后的经济周期盛宴。

在一轮经济周期里,配置不同阶段收益最多的行业股票,可以让投资回报最大化。在挑选那些即将迎来行业复苏的股票时,对比一下这些公司的资产负债表,可以帮助你找到表现最好的股票。那些资产负债表健康、现金相对宽裕的公司,在行业复苏初期会有更强的扩张能力,股价表现通常也会更为抢眼。

资料来源:佚名. 什么是周期性行业? [EB/OL]. (2019-11-10)[2021-12-25]. https://www.jianshu.com/p/e5def6b47ebd.

第三节 公司分析

上市公司是指公开发行股票并经过国务院或者国务院授权的证券管理部门批准在证券交易所上市交易的股份有限公司。上市公司分析是选择具体投资对象的分析,因为无论是进行判断投资环境的宏观经济分析,还是进行选择投资领域的中观行业分析,最终选择的投资对象都将落实在上市公司上。因此,对微观层面的上市公司分析具有特别重要的意义。否则,投资者的投资将面临很大的风险。

一、公司的产品分析

1. 公司产品的市场占有分析

产品的市场占有应包括两方面的内容:一是产品的市场占有率,这是指该公司的产品在同类产品市场中所占有的份额;二是产品的市场覆盖率,也指产品在各个地区的覆盖和分布。两者的组合分析可得到以下四种情况:

第一,市场占有率和市场覆盖率都比较高。这说明该公司的产品销售和分布在同行业中占有优势地位,产品的竞争能力强。

第二,市场占有率高而市场覆盖率低。这说明公司的产品在某个地区受欢迎,有竞争能力,但大面积推广缺乏销售网络。

第三,市场占有率低而市场覆盖率高。这说明公司的销售网络强,但产品的竞争能力较弱。

第四,市场占有率和市场覆盖率都低。这说明公司的产品缺乏竞争力,产品的前途有问题。

2. 公司产品的品种分析

公司提供的产品或服务是其盈利的来源。产品品种的不同通常对其盈利能力产生较大的影响。一般而言,公司的产品品种与先进的生产技术、工艺联系越密切就越具有相对优势,更有可能获取高于行业平均盈利水平的超额利润。分析预测公司主要产品品种的变化和未来的趋势,能够帮助投资者更好地预测公司未来的成长性和盈利能力。

3. 产品价格分析

产品价格分析是指分析公司生产的产品和其他公司生产的同类产品的价格,如产品价格是高还是低、产品是否有竞争力等,同时还应分析产品的价位和消费者的承受能力,分析产品价位变化所引起的供需变化和市场变化等。

4. 产品的销售能力分析

产品的销售能力分析主要考察上市公司的销售渠道、销售网络、销售人员、销售策略、销售成本和销售业绩。销售环节的成本极大地影响公司的利润。虽然上市公司在建立销售网络的初期将投入巨资,但在以后的经营中可能会减少中间环节的费用,从而增加企业的利润,但同时管理费用又将大大增加。如果借助另一个公司的网络销售产品,又必须出让一定的利润空间给销售公司,这使管理费用大大降低。这两种销售方法各有利弊,要进行综合比较分析。

5. 公司原材料和关键部件的供应分析

公司的原材料和关键部件的供应分析与产品的销售分析一样,同样存在两种情况:一种情况是公司产品的上游原材料和关键部件全部由自己供应和生产,它的好处是原材料和关键部件供应稳定,这一部分利润由该公司独自获得。但缺点是它的战线长,初期投资量大,管理费用高,产品抗风险性差。另一种情况是原材料和关键部件由专门的原材料公司供应和生产,公司让出一部分应得的利润。两种模式各有利弊。

6. 公司产品知识产权的研究和分析

一个上市公司的产品是否拥有自主知识产权是相当重要的一项指标,它可以衡量该产品的技术含金量。有自主知识产权的上市公司的利润高,且来源稳定,将成为该行业的龙头老大。在我国的家电生产企业中,很多生产企业都在使用外国公司的知识产权,家电行业的利润依靠大规模生产和廉价劳动力换取,总体利润偏低。

自主知识产权是一个上市公司发展和壮大的基础,是稳定利润来源的保证。一个没有自主知识产权的上市公司,无论它现有的利润有多高,这个利润是不会长久的,没有自主知识产权的上市公司是不适合做长线投资的。

二、公司财务报表分析

按我国股票市场监管机构的规定,上市公司每年要提供年报、中报和季报。这些都是投资者应该关注的重要数据。本部分主要通过上市公司的财务报表,利用相关指标,分析其偿债能力、盈利能力等方面。

一家上市公司的财务报表是其一段时间生产经营活动的一个缩影,是投资者了解公司经营状况和对未来发展趋势进行预测的重要依据。上市公司公布的财务报表主要包括资产负债表、利润表和现金流量表。资产负债表反映的是公司在某一特定时点(通常为季末或年末)的财务状况,反映了该时点公司资产、负债和股东权益三者之间的情况;利润表反映的是公司在一定时期的生产经营成果,反映了公司利润的各个组成部分;现金流量表则反映公司一定时期内现金的流入流出情况,表明公司获取现金和现金等价物的能力。我们通常采用财务比率(如资产负债率、净资产收益率等),分析公司财务报表列示的项目之间的关系揭示公司目前的经营状况。

财务分析不仅可以帮助投资者更好地了解上市公司的经营状况,还有助于发现上市公司经营中存在的问题或者识别虚假会计信息。

(一)资产负债表分析

1. 资产负债率

企业的资产负债率是反映企业资本结构的重要指标,也是反映企业可能的信用风险的重要参照指标。企业资本来源通常包括两种:债务资本融资和权益资本融资。债务资本占总资本的比例通常由行业特点、企业融资渠道等决定。不同行业的资产负债率通常有较大的差异,同一行业内不同的企业由于其二级市场再融资难度、发行企业债券难度以及银行信用额度的不同,也会有一定的差异。一个普遍的结论是:债务融资有利于享受利息税盾部分的企业增值,但同时会增加企业的破产成本;不同的金融体系也会导致企业对融资来源的不同依赖程度。表6-2是我国部分上市公司2020年的资产负债率。

表6-2 我国部分上市公司2020年年报中的资产负债率

序号	股票代码	股票简称	资产负债率	所属行业
1	002107	沃华医药	32.996 3%	医药生物
2	000001	平安银行	91.851 2%	金融服务
3	002072	*ST凯瑞	143.265 3%	信息服务
4	600315	上海家化	42.460 9%	化工
5	600885	宏发股份	31.751 5%	机械设备
6	000803	北清环能	64.669 5%	机械设备
7	600301	*ST南化	10.867 0%	商业贸易
8	601318	中国平安	89.631 4%	金融服务
9	601218	吉鑫科技	35.715 7%	机械设备
10	000798	中水渔业	42.980 9%	农林牧渔

数据来源:中国证券网。

资产负债率的公式为：

$$资产负债率 = 总负债 \div 总资产 \times 100\% \tag{6-1}$$

资产负债率高，说明企业来源于债务的资金较多，来源于所有者的资金较少。资产负债率高，财务风险相对较高，可能带来现金流不足，资金链断裂，偿债不及时，从而导致企业破产的情况。资产负债率高，会导致融资成本进一步加剧。无论是银行还是投资者，都对资产负债率有一定的要求。所以，资产负债率应根据企业实际情况，掌控在合适范围内比较好，并非越高越好，也不一定越低就越好。从表6-1可以看出，金融行业资产负债率普遍较高，机械设备行业的资产负债率相对较低。

2. 流动比率

流动比率是反映企业偿债能力的重要指标。流动比率这一指标认为，对企业债务进行偿付保障的是企业的流动资产，如现金、存货、应收账款等。

其计算公式为：

$$流动比率 = 流动资产 \div 流动负债 \tag{6-2}$$

流动比率可以反映短期偿债能力。企业能否偿还短期债务，要看有多少债务，以及有多少可变现偿债的资产。流动资产越多，短期债务越少，则偿债能力越强。如果用流动资产偿还全部流动负债，则企业剩余的是营运资金（营运资金＝流动资产－流动负债），营运资金越多，说明不能偿还的风险越小。因此，营运资金的多少可以反映偿还短期债务的能力。但是，营运资金是流动资产与流动负债之差，是个绝对数，如果企业之间规模相差很大，那么绝对数相比的意义很有限。而流动比率是流动资产与流动负债的比值，是个相对数，它排除了企业规模不同的影响，更适合企业之间以及企业不同历史时期之间的比较。

一般认为，生产企业合理的最低流动比率是2。这是因为，流动资产中变现能力最差的存货金额约占流动资产总额的一半，剩下的流动性较大的流动资产至少要等于流动负债，企业的短期偿债能力才会有保证。人们长期以来的这种认识，还不能成为一个统一标准，因此该结论也未能从理论上得到证明。计算出来的流动比率，只有和同行业平均流动比率、本企业历史的流动比率进行比较，才能知道这个比率是高还是低。这种比较通常并不能说明流动比率为什么这么高或低，要找出过高或过低的原因还必须分析流动资产及流动负债所包括的内容以及经营上的因素。

在一般情况下，营业周期、流动资产中的应收账款数额和存货的周转速度是影响流动比率的主要因素。表6-3是我国部分上市公司2020年的流动比率。

表6-3　　　　　　　　**我国部分上市公司2020年年报中的流动比率**

序号	股票代码	股票简称	流动比率	行业
1	002107	沃华医药	1.874 6	医药生物
2	000001	平安银行	—	金融服务
3	002072	*ST 凯瑞	0.327 7	信息服务
4	600315	上海家化	2.140 3	化工

(续表)

序号	股票代码	股票简称	流动比率	行业
5	600885	宏发股份	2.557 4	机械设备
6	000803	北清环能	0.355 3	机械设备
7	600301	*ST 南化	12.500 1	商业贸易
8	601318	中国平安	—	金融服务
9	601218	吉鑫科技	2.029 8	机械设备
10	000798	中水渔业	0.789 6	农林牧渔

数据来源：中国证券网。

从表 6-3 可以看出 *ST 南化的流动比率远高于 2，这是因为其属于商贸行业，有大量的存货，其他不需要大量存货或者固定资产投入的企业流动比率则较低。

3. 速动比率

速动比率是指速动资产与流动负债的比率。它是衡量企业流动资产中可以立即变现用于偿还流动负债的能力。速动资产包括货币资金、短期投资、应收票据、应收账款及其他应收款，这些都可以在较短时间内变现。存货、预付账款等不计入速动资产。

速动比率的计算公式为：

$$速动比率 = (流动资产 - 存货) \div 流动负债 \tag{6-3}$$

一般认为，速动比率维持在 1 较为正常，它表明企业的每 1 元流动负债就有 1 元易于变现的流动资产来抵偿，短期偿债能力有可靠的保证。速动比率过低，企业的短期偿债风险较大，速动比率过高，企业在速动资产上占用资金过多，会增加企业投资的机会成本。但以上评判标准并不是绝对的。实际工作中应考虑企业的行业性质。例如，某些企业在经营中大量采用现金方式结算，几乎没有应收账款，速动比率大大低于 1，也是合理的。相反，有些企业虽然速动比率大于 1，但速动资产中大部分是应收账款，也并不代表企业的偿债能力强，因为应收账款能否收回具有很大的不确定性。所以，在评价速动比率时，还应分析应收账款的质量。表 6-4 是我国部分上市公司 2020 年的速动比率。

表 6-4　　　　我国上市公司 2020 年年报中部分公司的速动比率

序号	股票代码	股票简称	速动比率	行业
1	002107	沃华医药	1.604 0	医药生物
2	000001	平安银行	—	金融服务
3	002072	*ST 凯瑞	0.327 7	信息服务
4	600315	上海家化	1.839 0	化工
5	600885	宏发股份	1.940 4	机械设备
6	000803	北清环能	0.344 1	机械设备
7	600301	*ST 南化	12.500 1	商业贸易
8	601318	中国平安	—	金融服务

(续表)

序号	股票代码	股票简称	速动比率	行业
9	601218	吉鑫科技	1.723 4	机械设备
10	000798	中水渔业	0.305 1	农林牧渔

数据来源：中国证券网。

4. 利息保障倍数

利息保障倍数是指企业息税前利润与利息费用的比率，用以衡量偿付借款利息的能力，也称已获利息倍数。

其计算公式为：

$$利息保障倍数 = 息税前利润 \div 利息费用 \tag{6-4}$$

式(6-4)中的"息税前利润"是指利润表中未扣除利息费用和所得税之前的利润，可以用"利润总额加利息费用"来预测。式(6-4)中的"利息费用"是指本期发生的全部应付利息，不仅包括财务费用中的利息费用，还应包括计入固定资产成本的资本化利息。资本化利息虽然不在损益表中扣除，但仍是要偿还的。利息保障倍数的重点是衡量企业支付利息的能力，没有足够大的税息前利润，资本化利息的支付就会发生困难。

5. 周转率和周转天数

周转率和周转天数是反映企业经营效率的指标，主要包括存货周转率和存货周转天数、应收账款周转率和应收账款周转天数、固定资产周转率。

1) 存货周转率和存货周转天数

在流动资产中，存货所占的比重较大。存货的流动性将直接影响企业的流动比率，因此，必须特别重视对存货的分析。存货的流动性一般用存货的周转速度指标来反映，即存货周转率和存货周转天数。

存货周转率是衡量和评价企业购入存货、投入生产、销售收回等各环节管理状况的综合性指标。它是销售成本被平均存货所除而得到的比率，或称为存货的周转次数。用时间表示的存货周转率就是存货周转天数。其计算公式为：

$$存货周转率 = 销售成本 \div 平均存货 \tag{6-5}$$

$$存货周转天数 = 360 \div 存货周转率 \tag{6-6}$$

式(6-5)中的"销售成本"数据来自利润表，"平均存货"数据来自资产负债表中的"期初存货"与"期末存货"的平均数。

式(6-6)中的"360"一般指1年的天数，即计算天数，为了简便，一般用360计算，有时也用365，后文同此解释。

一般来说，存货周转速度越快，存货的占用水平越低，流动性越强，存货转换为现金或应收账款的速度越快。提高存货周转率可以提高企业的变现能力，存货周转速度越慢则变现能力越差。存货周转率(存货周转天数)指标的好坏反映存货管理水平的高低，它不仅影响企业的短期偿债能力，也是整个企业管理的重要内容。企业管理者和有条件的外部报表使用者，除了应分析批量因素、季节性生产的变化等情况，还应对存货的结构以及影响存货周转速度的重要项目进行分析。

2) 应收账款周转率和应收账款周转天数

应收账款和存货一样,在流动资产中有着举足轻重的地位。及时收回应收账款,不仅可以增强企业的短期偿债能力,也可反映企业管理应收账款的效率。反映应收账款周转速度的指标是应收账款周转率,也就是年度内应收账款转为现金的平均次数,它表明了应收账款流动的速度。用时间表示的应收账款周转速度是应收账款周转天数,也称为应收账款回收期或平均收现期,它表示企业从取得应收账款的权利到收回款项,转换为现金所需要的时间。其计算公式为:

$$应收账款周转率 = 营业收入 \div 平均应收账款余额 \tag{6-7}$$

$$应收账款周转天数 = 360 \div 应收账款周转率 \tag{6-8}$$

式(6-7)中,平均应收账款余额是期初应收账款与期末应收账款的平均数。一般来说,应收账款周转率越高、平均收账期越短,说明应收账款的收回越快。否则,企业的营运资金会过多地停留在应收账款上,影响正常的资金周转。

3) 固定资产周转率

固定资产周转率是销售收入与全部固定资产平均余额的比值。其计算公式为:

$$固定资产周转率 = 销售收入 \div 平均固定资产 \tag{6-9}$$

其中,

$$平均固定资产 = (年初固定资产 + 年末固定资产) \div 2 \tag{6-10}$$

该比率是衡量企业运用固定资产效率的指标,比率越高,表明固定资产运用效率越高,利用固定资产的效果越好。

(二) 损益表分析

1. 每股收益

每股收益是评价上市公司财务和盈利能力最重要的指标。它体现了公司的经营能力、管理能力和对股东的回报能力。该指标可以用逐年对比的方法来评价一个公司的成长性,也可以和其他公司进行对比,找出公司之间的经营差距。其计算公式为:

$$每股收益 = 净利润 \div 总股本 \tag{6-11}$$

上市公司利润包括主营业务利润、投资收益、营业外收入、其他业务利润。但主营业务利润才是决定公司长期和稳定发展的重要因素。买卖股票、资产置换、政府补贴、一段时期的税收返还和减免、处置固定资产的投资收入以及其他营业外收入都不能代表公司的持久经营能力和获利能力。如果一个公司的主营业务利润长期处在总利润的50%以下,那么这个公司的获利能力和长期投资价值就值得怀疑。

2. 每股股息的分配

每股股息的分配是评价上市公司对股东回报的一个重要指标。股息的分配包括现金分红、送红股和配股,股东从这些回报中得到投资的增值。尽管一些公司年年盈利,但从来不给股东回报,这些公司的投资价值会大打折扣,投资者最好远离。每股股息的分配也应该从纵向和横向进行对比,挖出公司股票的投资价值。每年回报递增的公司股票是长线投资的首选股票。

3. 每股净资产

每股净资产体现上市公司的资本扩张能力。每股净资产逐年增加说明上市公司不断扩

张壮大,反之不断缩小。其计算公式为:

$$每股净资产 = 年末股东权益 \div 总股本 \qquad (6-12)$$

4. 市盈率

公司的市盈率也是一个评价公司股票投机和泡沫成分的指标。这是股市投资者关注的一个重要指标,它代表市场上投资者对公司每股盈利付出的价格。市盈率用多少倍来描述。其计算公式为:

$$市盈率 = 每股市价 \div 每股收益 \qquad (6-13)$$

如上市公司的市盈率高于股市的平均市盈率,代表投资者看好这家公司的未来成长性;反之并不看好该公司的成长性。如果市盈率高并超出该股票的成长性,表明这是庄家和跟庄者的投机操作,这时投资者要离开该股票,防止掉入庄家和跟庄者的多头陷阱。

5. 市净率

市净率把股价和每股净资产联系起来,市净率越高,资产越优良。高科技行业、IT行业和新兴行业的股票都有较高的市净率。其计算公式为:

$$市净率 = 每股市价 \div 每股净资产 \qquad (6-14)$$

6. 净资产收益率

净资产收益率是评价上市公司盈利能力的一个重要指标。其计算公式为:

$$净资产收益率 = 净利润 \div 平均股东权益 \qquad (6-15)$$

净资产收益率越高,说明资产的盈利能力越强,给投资带来的收益就越高。表 6-5 是我国部分上市公司 2020 年的净资产收益率。

表 6-5 **我国上市公司 2020 年年报中部分公司的净资产收益率**

序号	股票简称	净利润同比	每股收益(元)	每股净资产	净资产收益率	每股现金流(元)
1	平安银行	2.600%	1.400	15.160	8.544%	5.148
2	万科A	7.557%	3.620	19.320	20.125%	2.231
3	国华网安	1 820.045%	0.392	8.826	4.540%	0.196
4	ST 星源	−316.694%	−0.366	1.171	−26.812%	0.031
5	深振业A	7.096%	0.640	5.455	12.264%	−0.820
6	*ST 全新	−653.502%	−0.355	0.186	−89.776%	0.021
7	神州高铁	−295.002%	−0.330	2.354	−12.776%	−0.168
8	中国宝安	50.000%	0.260	2.684	10.634%	0.448
9	美丽生态	−39.462%	0.049	0.600	8.499%	−0.016

数据来源:中国证券网。

7. 成本费用率

成本费用率反映每花掉 1 元费用给公司带来的利润。对于投资者来说,该指标越高,给投资者带来的利润越高。其计算公式为:

$$成本费用率 = 利润总额 \div 成本费用总额 \qquad (6-16)$$

8. 销售净利润

销售净利润反映每1元销售收入给公司带来的净利润量,用来评价销售收入的收益水平。该指标越高,公司的销售能力越强。其计算公式为:

$$销售净利润 = 净利润 \div 销售收入 \qquad (6-17)$$

(三) 现金流量表分析

现金流量是指在一定会计期间内流入和流出企业的现金和现金等价物。这里的现金不仅包括"现金"账户核算的库存现金,还包括"银行存款"账户核算的银行活期存款和可提前支取的定期存款,以及"其他货币资金"账户核算的银行汇票存款、银行本票存款和在途货币资金等其他货币资金。现金等价物是指企业持有的期限短、流动性强、易于转换为现金的投资,比如短期国债和信誉良好的短期企业债券。

西方国家对现金流量的分类也不尽相同。美国、澳大利亚和国际会计准则委员会等都将现金流量分为经营活动、投资活动和筹资活动三大类,英国则将现金流量划分为经营活动、投资收益和投资成本、纳税、资本性支出和金融投资、购买和处置、权益性股利支付、流动资金管理、筹资活动八大类。我国将现金流量划分为三类:经营活动产生的现金流、投资活动产生的现金流和筹资活动产生的现金流。

1. 经营性现金流量为负数

经营活动所产生的现金流量是公司生存和发展的基础,如果此项结果为负值,说明公司从销售商品和劳务之中取得的现金收入不能满足维持当期营运资本正常运行的支付。出现这种结果的原因有两个。

(1) 公司正在快速成长。处于高速成长期的公司,其销售收入每年都保持着很高的增长率。如果公司预见市场需求潜力巨大,就会扩大在存货、广告费用和人员工资上的支出,以期在下一个年度带来更大的现金流量,此举的直接结果就是当期销售所产生的现金流入小于当期在营运资金上的支出,出现负的经营性现金流量。经营性现金流量的赤字必须由投资活动或筹资活动产生的正现金流量来弥补,而处于快速成长期企业的投资活动一般也为负值,其现金流量缺口必须依靠债权性或股权性的融资来补偿。通过分析上市公司的年报,可以发现许多成长股的经营性现金流量为负值,它们急切地希望通过高价配股筹资。

(2) 经营业务亏损或对营运资本管理不力。因外购商品和劳务形成的成本高于公司产品和劳务的售价而形成的现金流量负值就比较严重。激烈的行业内部竞争压低销售价格,高成本的企业就会面临这种困境。因销售不力而导致的产品积压同样会导致当期现金流入不足,必须通过加强对营运资金的管理予以解决。经营性现金流量为负值是非常值得分析人员注意的现象,尤其是对于处于成熟期的公司或公用事业行业的上市公司而言,它可能意味着公司现行的经营战略存在着巨大的问题。

2. 经营活动所产生的现金流量与净收益之间的巨大差额

这种情况一般是由应收账款的剧增或投资收益及营业外收入的变化造成的。

(1) 应收账款剧增。权责发生制下,销售行为发生后,不管有没有收到现金,都会在账面上表现为销售收入,如果产品的销售价高于成本,将直接增加净收益。现金流量则是销售收入减去应收账款的部分,是公司当期收到的现金,而应收账款则有坏账的可能。对于一次性销售收入巨大的企业,比如房地产开发商,应收账款的变化会引起公司业绩的大幅波动。

(2) 投资收益及营业外收入的变化。投资收益和营业外收入的增加直接作用于营业利润,进而增加净利润,并对经营活动产生的现金流量有影响。出售被投资单位股权、处理固定资产和资产评估增值等都可能导致当期净收益的增加。但这种增加与公司的经营活动无关,是非持续性的一次性交易,不能改变公司经营业绩的长期发展趋势,在对公司价值评估和业绩预测中必须剔除这种因素的影响。

另外,公司所受税收待遇的变化也会显著影响经营活动产生的现金流量与净收益之间的比例关系。尤其对新上市公司的税收减免,会在减免期提高公司的净收益能力,在分析公司的长期获利能力时,也要注意此因素的影响。

3. 经营活动现金流量小于利息支付额

利息支出是负债经营企业的一项硬性的短期现金支出,偿付利息所支付的现金被列入筹资活动的现金流出项目。一般而言,公司的利息支付应该由经营活动所产生的现金流量偿还。经营活动现金流量是否大于当期的利息支付是公司债权人判断公司偿债能力的一个重要标准,也是证券分析人员判断公司经营稳健性的一项主要指标。对于一家财务杠杆率较高的公司而言,经营活动现金流量不足以满足利息支付的需要,可能导致财务危机,损害股权持有人的利益。

4. 投资活动的资金来源是依赖内源融资还是外源融资

投资活动是公司成长性的保证。经营活动所产生的现金流量如果为正值,说明公司经营活动所产生的现金流量除了能支持营运资本的运作,还有余力支持投资活动。如果投资活动所需资金可以完全由经营性现金流量支持,说明公司的发展依赖内源融资;反之,如果需要通过借债或配股筹资来支持投资活动,说明公司比较依赖外源融资。一般而言,依赖内源融资的企业,财务状况较为稳健,对债权人和股东的要求较少,投资于这种企业增值快。外源融资会加速企业资产规模膨胀的速度,但是,这种增长如果依赖债务融资,会增加企业财务危机的可能性;如果依赖配股融资,则会降低净资产收益率。这两种情况对公司现有的股东都是不利的。

5. 筹资活动现金流量的主要来源是股票筹资、短期负债还是长期负债

筹资活动是反映企业从何种渠道获取外部资金。不同形式的筹资活动对企业经营风险和收益的影响是有差别的,这一点要联系当期企业的财务杠杆率和企业所处行业来分析。一般而言,股票筹资对公司经营的压力较小,短期负债过大将会限制企业经营的灵活性。但是,如果企业的财务杠杆率较低,同时企业所属行业的获利能力又比较稳定,比如供电供水、公路收费等公用事业类公司,增加短期负债和长期负债在企业财务结构中的比重,会提高公司的净资产收益率。财务分析作为对公司分析的细化,使我们能够透过财务数据对目标公司内部进行剖析,从财务数据的角度加深对目标公司的了解。

 延伸阅读6-6

抚顺特钢2014—2018年财务报表分析

一、资产负债表分析

(一)资产结构分析

抚顺特钢(以下简称"企业")资产结构分析如表6-6所示。无形资产和固定资产比例逐年增长,反映出抚顺特钢持续加大对固定资产的投入,在重点生产线上进行技术改造,力图提高企业产品的竞争力。在应

收款项和货币资金方面,前期随着企业的债权规模逐渐增大,债权质量也逐步下降,这一现象与该阶段货币资金的结构比例变化相对应。企业资金持有量逐年下降,说明企业的赊销款收回存在一定问题。后期应收账款和应收票据出现一定幅度的下降,货币资金的结构比例上升,说明企业债权质量转好。在存货方面,总体结构比例逐年下降,但根据年报中的存货规模,2015年企业在产成品存量较高的情况,增加了原材料的购入,有存货积压的风险。2017年原材料与在产品下跌,产成品明显增长,说明当年企业销售可能遇阻,产销衔接不好,造成商品大量积压,同时导致开工率降低。

表6-6　　　　　　　　抚顺特钢2014—2018年资产结构分析

项目		2014年	2015年	2016年	2017年	2018年
流动资产	货币资金	25.59%	24.48%	17.83%	23.26%	5.49%
	应收票据	4.26%	7.17%	8.76%	8.12%	10.32%
	应收账款	8.34%	9.88%	10.53%	7.66%	8.67%
	存货	17.50%	16.67%	16.44%	12.94%	19.17%
非流动资产	固定资产	23.10%	24.28%	25.89%	30.21%	33.90%
	无形资产	8.80%	7.98%	8.34%	8.95%	10.49%

(二)负债结构分析

负债结构分析,如表6-7所示。金融性负债方面,企业长期借款、短期借款持续上升,2017年已超过资产总额的一半,说明该阶段企业持续面临资金压力。经营性负债方面,2014—2017年,应付账款和应付票据的结构比例差异较大,但同时期应收账款的结构占比是高于应收票据的,说明该阶段,企业的收付款管理并不合理,债务风险高,债权质量差。

表6-7　　　　　　　　抚顺特钢2014—2018年负债结构分析

项目		2014年	2015年	2016年	2017年	2018年
金融性负债	短期借款	27.80%	29.94%	46.13%	46.40%	0.00%
	长期借款	1.30%	1.19%	1.50%	6.88%	30.35%
经营性负债	应付账款	11.90%	8.11%	9.25%	11.44%	7.23%
	应付票据	47.10%	48.55%	31.11%	37.55%	0.00%

二、利润表分析

利润表分析见表6-8。2015年,营业收入与成本均有较大幅度降低,毛利率增长幅度较大,而成本下降幅度高于增加了的企业毛利润,反映出企业在产销量方面有一定调整,在成本方面进行了控制。此后,企业销售业绩虽然增加,但成本的上升幅度更大,导致毛利率下降。2018年,营业收入与成本均有较大幅度增长,毛利率随之出现小幅增长,说明产品的盈利能力有所提升。研发费用在整体上呈增长趋势,可以看出企业对研发创新重视度高,不断增强自身的核心竞争力。资产减值损失项目的极端波动对营业利润产生了巨大影响,而这种非经常性损益的极端波动反映出企业在内部管理中的问题,这些问题不可忽视。

表6-8　　　　　　　　抚顺特钢2015—2018年利润表分析

项目	2015年	2016年	2017年	2018年
营业收入	−16.41%	2.63%	6.56%	17.32%
营业成本	−20.81%	4.32%	11.56%	16.56%
毛利率	30.61%	−6.94%	−21.63%	3.98%
研发费用	4.07%	−2.19%	2.95%	57.40%

(续表)

项目	2015年	2016年	2017年	2018年
资产减值损失	2 354.85%	−52.54%	3 587.64%	−82.93%
营业利润	55.93%	−18.27%	−1 898.38%	79.13%

资料来源：佚名.上市公司财务报表分析——以抚顺特钢为例[EB/OL].(2021-07-14)[2021-10-22]. https://wenku.baidu.com/view/84cc54eea56e58fafab069dc5022aaea988f4175.html.

三、公司重要事项分析

1. 资产重组

资产重组是指企业资产的拥有者、控制者与企业外部的经济主体进行的，对企业资产的分布状态进行重新组合、调整、配置的过程，或对设在企业资产上的权利进行重新配置的过程。在股票市场基本分析的诸多方法中，资产重组是上市公司基本面分析最重要的研究内容和领域之一。具体来说，资产重组包括以下几种形式：

1) 兼并收购

兼并收购主要是指上市公司收购其他企业股权或资产、兼并其他企业，或采取定向扩股合并其他企业。此处所使用的兼并收购概念是上市公司作为利益主体进行主动对外扩张的行为，与我国上市公司的大宗股权转让概念不同。"股权转让"是在上市公司的股东层面上完成的，而收购兼并则是在上市公司的企业层面上进行的。兼并收购是我国上市公司资产重组中使用最广泛的一种重组方式。

2) 股权转让

股权转让是上市公司资产重组的另一个重要方式。在我国股权转让主要是指上市公司的大宗股权转让，包括股权有偿转让、二级市场收购、行政无偿划拨和收购控股股东股权等形式。上市公司大宗股权转让后一般会出现公司股东、董事会和经理层的变动，从而引入新的管理方式，调整原有公司业务，实现公司经营管理以及业务的升级。

3) 资产剥离或股权出售

资产剥离或股权出售是上市公司资产重组的一个重要方式。该方式主要是指上市公司将其本身的一部分出售给目标公司而由此获得收益的行为。根据出售标的的差异，该方式可划分为实物资产剥离和股权出售。资产剥离或股权出售作为减少上市公司经营负担、改变上市公司经营方向的有力措施，经常被使用。在我国上市公司当中，相当一部分企业上市初期改制不彻底，带有大量的非经营性资产，为以后的资产剥离活动埋下了伏笔。

4) 资产置换

资产置换是上市公司资产重组的一个重要方式之一。在我国资产置换主要是指上市公司控股股东以优质资产或现金置换上市公司的存量呆滞资产，或以主营业务资产置换非主营业务资产行为。资产置换被认为是各类资产重组方式中效果最快、最明显的一种方式，经常被使用。上市公司资产置换行为非常普遍。

5) 其他

除了股权转让、兼并收购、资产置换、资产剥离等基本方式，根据资产重组的定义，我国还出现过以下几种重组方式，如国有股回购、债务重组、托管、公司分拆、租赁等。值得一提的是,"壳"重组和管理层收购不是一个单独的资产重组方式。因为这两种方式都是"股权转让"的一种结果。配股(包括实物配股)不是资产重组的一种方式,因为在配股过程中,产权没有出现变化。虽然在增发股份的过程中产权发生了变化,但人们约定俗成地把增发股份当作一种融资行为,而不当作资产重组行为。上市公司投资参股中的新设投资属于上市公司投资行为,而对已有企业的投资参股则是"兼并收购"的一种。

2. 公司文化和管理层素质的分析

公司文化是指公司全体职工在长期的生产和经营活动中逐渐形成的共同遵循的规则、价值观、人生观和自身的行为规范准则。对公司文化的分析应着重了解公司文化对全体员工的指导作用、凝聚作用、激励功能和约束作用。

管理层素质的分析应包括对公司管理层的文化素质和专业水平,内部协调和沟通能力,公司管理层第一把手的个人经历、工作经历及文化水平,公司管理层的开拓精神等的分析。一个好的管理层管理的公司每一年都应有很大的变化,最终的结果应从公司的成长性、主营收入、主营利润和每股收益的变化中体现出来。

3. 公司的实地考察

对公司的实地考察对于长线投资尤为重要。对中小散户长线投资者来说,由于资金和实力有限,实地考察难度较大。但这一项工作是必须要作的。例如,一个上市公司已经年年亏损,资不抵债,但该公司的股票在股市上却可能受到投资者追捧而不断攀升。

长线投资者在投资前必须亲自考察公司的现状,公司的生产和销售情况,公司文化,公司管理层的能力,公司的规章制度、生产规模、生产效益、生产秩序,投资资金的实际执行情况,公司信息披露的准确情况和财务报表的真实性。投资机构和投资基金在进行投资和决策前要安排专门机构到上市公司进行全面的实地考察。中小散户如没有足够的资金和实力去考察,可以采用几个中小散户联合起来派代表去上市公司进行考察的方式,也可以调查哪些投资基金对该上市公司进行了长线投资,并根据投资者自己的判断和分析,决定是否跟随投资基金进行长线投资操作。

本章小结

本章的主要学习内容是证券投资的基本面分析,包括宏观环境分析、行业分析和公司分析。通过本章的学习,我们认识了基本面分析的方法、作用、意义,重点掌握了宏观环境分析的主要指标及其应用,行业情况对股票价格的影响,公司产品、财务报表和重要事项对证券投资决策的意义和价值。这些内容可为投资者做证券投资基本面分析提供帮助。

练一练

练一练答案

本章重要概念

宏观分析　基本面分析　行业分析　行业的生命周期　增长型行业　周期型行业
防御型行业　资产负债率　流动比率　速动比率　利息保障倍数　周转率　每股收益
市盈率　每股净资产　净资产收益率　资产重组

第七章　证券投资技术分析

> 内容简介
> 学习目的和要求
> 第一节　技术分析概述
> 第二节　K线理论
> 第三节　均线理论
> 第四节　切线及趋势理论
> 本章小结
> 本章重要概念

内容简介

本章主要讲解了证券投资技术分析的基本假设、主要方法，技术分析的主要理论，如K线理论和均线理论，尤其是K线的各种组合分析和K线在股票投资决策中的实际应用，均线理论、切线及趋势分析理论在股票投资实践中的应用。本章的重点是K线理论及其应用，本章难点是K线组合、均线、趋势线的实际应用。

学习目的和要求

通过本章的学习，学生应掌握K线的基本画法以及K线、K线组合的应用，掌握均线和K线的结合应用，明确K线和均线在股票投资中的重要作用，了解股票交易过程中的各类指标和各种参数的差异。

引例　技术分析的由来

19世纪70年代末，一位不满30周岁的美国小伙抱着成为知名财经记者的梦想，只身从西部喧闹的小矿城来到繁华的纽约华尔街。或许没有人料到，短短不到10年时间，他竟成为世界资本市场的风云人物。他发明了第一个反映市场总体走势的股票平均指数，创办了现今在美国乃至全世界影响力最大的金融类报纸——《华尔街日报》。这个年轻人就是道·琼斯指数的创立人、投资分析理论基础——"道氏理论"的创造者查尔斯·亨利·道。

当年的华尔街已经有了相当大的规模，成为绝大多数银行、经纪人事务所、保险公司和商品交易所的总部所在地。在华尔街大亨们的控制和垄断下，股票价格频现疯狂的暴涨暴跌。涉足华尔街不久的查尔斯·亨利·道开始认识到，普通投资者难以从当时的华尔街获得把握金融市场总趋势的有价值信息。通过对股票收盘价的研究，他和他的伙伴爱德华·琼斯一起发明了股票平均指数。道·琼斯指数一经推出，就风靡一时。它的出现仿佛一盏指路明灯，缓解了华尔街股票交易的迷茫。而他们在《华尔街日报》上发表的有关证券市场的文章，也被广泛引用、传播，成为今天"道氏理论"的雏形。"道氏理论"是技术分析的理论基础，许多技术分析方法的基本思想都源于此。

技术分析为何有效？技术分析的指标有哪些？技术分析的应用原则有哪些？本章将进行具体阐述。

资料来源：上海证券交易所.投资者教育《蓝色梦想》[EB/OL].（2011-01-07）[2022-07-01]. http://www.sse.com.cn/aboutus/mediacenter/hotandd/c/c_20150912_3988445.shtml.

证券价格在证券市场上波动起伏、扑朔迷离。对证券市场的认识和了解及对证券市场未来趋势的判断对投资者来说是至关重要的。所谓"三分手艺，七分工具"，可见利用工具的重要性。从某种程度上说，涉足证券市场的投资者首先接触到的是技术分析。了解技术分析这一分析方法,有利于增强投资者对证券市场未来的预见能力,避免明显的错误。对技术分析的掌握和运用关系到证券市场投资者的切身利益。在现阶段,投资者经常接触到的价格起伏主要反映在股票市场中。本章主要以股票市场为例,介绍各种技术分析理论和方法。

第一节 技术分析概述

一、技术分析的含义与作用

技术分析是指以预测市场价格变化的未来趋势为目的,以图表、技术指标为主要手段对市场行为进行研究的方法的总和。市场行为有三方面的含义:价格的高低和变化、发生这些变化时伴随的交易量、完成这些变化需要的时间。其中,价格的变化是最重要的信息。

技术分析主要用来确认新的一轮升势何时展开,升势何时即将结束而跌势即将开始。正确运用技术分析,能够提高投资者预见未来和对当前形势作出正确判断的能力,可以在投资者进行股票买卖时提供有益的参考。

二、技术分析的理论基础

技术分析是预测价格未来走向的研究方法,依赖的是过去和现在的市场行为。技术分析对市场的认识具有独特的一面。技术分析自19世纪产生以来经过不断的发展形成了一套复杂的体系,支撑该体系的理论基础,主要是以下三大假设:

假设1:市场行为包括一切信息。该假设是进行技术分析的基础。技术分析者认为,影响股票价格的全部因素(包括内在的和外在的)都反映在市场行为中,没有必要对影响股票价格因素的具体内容过分关心。如果不承认假设1,技术分析所作出的结论应该是无效的。技术分析者所使用的图表等工具之所以发生作用是因为这些工具本身如实地描述了市场参与者的行为,使我们能够把握市场参与者对市场的反应,从而把握市场的未来趋势。

假设2:价格沿趋势波动,并保持趋势。该假设是技术分析的核心。技术分析者认为,市场确有趋势可循,而且当前的市场趋势有势能或惯性,只有当它走到趋势的尽头时,才会掉头反向。研究价格图表的全部意义,就是要辨识出趋势发展的早期形态,以便顺应趋势进行交易。事实上大多数技术分析理论在本质上就是顺应趋势,即以判定、追随市场的既成趋势为目的。

假设3:历史会重复。该假设是从统计学和心理学两个方面考虑的:一方面,价格的波动有可能存在某种规律,而这一规律将通过统计分析得到;另一方面,市场中进行具体买卖的是人,由人决定最终的操作行为,人不是机器,肯定要受到心理学中某些理论的制约。某个人在某一场合得到某种结果,那么下一次碰到相同或相似的场合,他就认为会得到相似的结果。股票市场也一样,在某种情况下,以某种方法进行操作取得了成功,以后遇到相同或相似的情况,就会使用同一方法进行操作。如果前一次失败了,那么后一次就不会使用同一方法进行操作,这种想法是通过前后比较得出的。

在三大假设之下,技术分析有了自己的理论基础,假设1肯定了研究市场行为已经全面考虑了股票市场,假设2和假设3使得我们能够找到规律并在实践中加以应用。

三、技术分析的四要素

在证券市场中,价格、成交量、时间和空间是进行技术分析的要素,这几个要素的具体情况和相互关系是进行技术分析的基础。

1. 价和量是市场行为最基本的表现

市场行为最基本的表现是成交价格和成交量。过去和现在的成交价格和成交量反映大部分市场行为,在某一时间的价格和成交量反映的是买卖双方在这个时间的共同市场行为,是双方暂时的均衡点。随着时间的变化,均衡会不断地发生,这就是价量关系的变化。

一般来说,买卖双方对价格的认同程度通过成交量的大小得到确认。认同程度大,成交量大;认同程度小,成交量小。双方的这种市场行为反映在价量上就呈现出这样的一种趋势规律:价增量增,价跌量减。根据这一规律,当价格上升时,成交量不再增加,意味着价格得不到买方的确认,价格上升的趋势就会减弱;反之,当价格下降时,成交量萎缩到一定程度就不会继续萎缩,意味着卖方不再认同价格继续下降,下降的趋势有可能发生变化。成交价格和成交量的这种规律关系是技术分析的合理性所在。

2. 时间和空间是市场潜在能量的表现

在技术分析中,时间是指完成某个过程所经过的时间长短,通常是指一个波段或一个升降周期所经过的时间。空间是指价格的升降所能够达到的程度。时间指出"价格有可能在何时出现上升或下降",空间指出"价格有可能上升或下降到什么地方"。投资者对市场的分析,其关注点都集中在这两个因素上。时间更多地与循环周期理论相联系,反映市场起伏的内在规律和事物发展的周而复始的特征,体现了市场潜在的能量由小变大再变小的过程。空间反映的是每次市场发生变动程度的大小,也体现市场潜在的上升或下降的能量大小。上升或下降的幅度越大,潜在能量就越大;相反,上升或下降的幅度越小,潜在能量就越小。

3. 成交量与价格趋势的一般关系

价格随成交量的上涨而上升,这是正常的市场特征,这种价量关系表示价格将继续上升;反之,如果价格出现了新高,而成交量没有创出新高,则此上升趋势是价格的反转信号。市场出现一段时间的上升行情后,出现大的成交量,而价格没有同时上升,说明卖压很重,这成为价格下降的因素。成交量是价格的先行指标,价格是虚的,成交量是实的。

4. 时间、空间与价格趋势的一般关系

对于时间长的周期,价格将要经过的变化过程应该长,价格变动的空间也应该大。对于时间短的周期,价格变动的过程和变动的幅度应该小。一般而言,时间长、波动空间大的过程,对今后价格趋势的影响和预测作用也大;时间短、波动空间小的过程,对今后价格趋势的影响和预测作用也小。

 延伸阅读 7-1

股票市价总值排名前十名

股票市值亦称"股票市价",是股票在市场上的交易价格。股票市值是在股票市场上通过买卖双方的竞争关系形成的,是买卖双方均认可的成交价格。决定和影响股票市值高低的因素较多,主要有股票面值、净值、真值和市场供求关系等。股票市值是以面值为参考起点,以股票净值和真值为依据,在市场供求关系的变动之中形成的。2021年8月12日,我国主板市场股票总市值排名前十位如表7-1所示,它们所占总市值的比例总计为20.41%。

表7-1　　　　　　　　　我国主板市场股票总市值排名前十位

名次	股票代码	股票简称	市价总值(万元)	所占总市值的比例
1	600519	贵州茅台	212 297 428.20	4.87%
2	601398	工商银行	124 830 454.40	2.86%
3	600036	招商银行	104 547 490.40	2.40%
5	601857	中国石油	74 484 155.80	1.71%
6	601988	中国银行	63 651 185.48	1.46%
7	601318	中国平安	59 298 005.46	1.36%
8	601628	中国人寿	59 034 707.55	1.35%
9	601888	中国中免	49 413 251.07	1.13%
10	603288	海天味业	48 874 308.72	1.12%

资料来源:上海证券交易所.市值排名[EB/OL](2020-06-30)[2022-06-30]. http://www.sse.com.cn/market/stockdata/marketvalue/main/.

四、技术分析的局限性

技术分析应用简单、指标明确,并且可以应用于多种投资工具的分析,但是技术分析也有一些局限性。每种技术分析方法只注重证券市场的某个方面,从特殊的角度进行分析研究,而证券市场的运行方式是不断发生变化的,技术分析方法无法每次都能全面地应对。除此之外,偶然因素也会使技术分析方法无效。总之,技术分析方法的使用必然会发生偏差,使用者应考虑的问题是如何尽量避免和减少这些偏差。

投资者应用技术分析时应该注意以下问题:

第一,技术分析应该与基本分析结合使用。对于新兴的证券市场,市场突发消息频繁,人为操纵的因素较大,所以仅依靠过去和现在的数据、图表预测未来是不足的。任何一种方法都有其适用的范围,不能因为某种场合方法不适用,就将失败归因于方法本身。实际上,在中国的证券市场上,技术分析依然有非常高的成功率。成功的关键在于不能机械地使用技术分析,除了在实践中不断地修正技术分析方法,投资者还必须结合基本分析的结果。

第二,使用多个技术分析方法同时判断。目前并没有完美的技术分析方法,投资者需要全面考虑各种技术分析方法对未来的预测,最终得出一个合理的判断。单独使用一种方法有局限性和盲目性,如果每种方法都得到同一结论,那么这一结论的可靠性较高。为了减少失误,投资者需要尽可能多地掌握技术分析方法,各种技术方法可以相互借鉴,掌握方法越多好处可能越大。

第三,结论要不断地进行修正与实践验证。技术分析的已有结论是在特殊条件下得到的。随着环境的改变,这些结论可能会失效,所以必须不断地进行实践验证从而使技术分析方法更准确、更适用、更有效。

第四,技术分析结果不完美。对技术分析的期望不要超过技术分析力所能及的范围。技术分析能够帮助投资者认清形势,但是技术分析有自己的不足和盲点。技术分析能够避免明显的错误,但不能避免全部的错误。在使用技术分析方法的时候,投资者要充分认清它的不足。

第五,技术分析结果受个体因素影响较大。技术分析的运用,在很大程度上依赖于使用者个人的选择。例如,技术指标中参数的选择、支撑压力中直线画法的选择、波浪理论中波的数法,都受人为的主观因素的影响。个人的偏好和习惯影响这些选择,当然也会影响技术分析的结果。

第二节　K 线 理 论

一、K线概述

1. K线的定义和起源

K线又称蜡烛图、日本线、阴阳线、棒线、红黑线等,它是以每个分析周期的开盘价、最高价、最低价和收盘价绘制而成的图形,用于分析、预测股价波动。

K线图有直观、立体感强、携带信息量大的特点,蕴涵着丰富的东方哲学思想,能充分显示股价趋势的强弱、买卖双方力量平衡的变化,预测后市走向较准确,是各类传播媒介、电脑实时分析系统应用较多的技术分析手段。

K线起源于日本德川幕府时代,被当时日本米市的商人用来记录米市的行情与价格波动,后因其独到的标画方式而被引入股市及期货市场。目前,这种图表分析法在我国以至整个东南亚地区尤为流行。由于用这种方法绘制出来的图表形状颇似一根根蜡烛,加上这些蜡烛有黑白之分,也被称为阴阳线图表。通过K线图,我们能够把每日或某一周期的市况表现完全记录下来。股价经过一段时间的盘档后,在图上形成一种特殊区域或形态,不同的形态表示不同意义,我们可以从这些形态的变化中摸索出一些规律用以预测市场的未来变化。

2. K线的构成要素与画法

1) K线中的四个价格

K线由每个分析周期的开盘价、最高价、最低价和收盘价绘制而成。

开盘价是指某种证券在证券交易所每个交易日开市后的第一笔买卖成交价格。它的产生原则是:某只股票在9:00至9:25之间由买卖双方向深沪股市发出的委托单中买卖双方委托价一致股价。一致股价是指单笔撮合量最大的价格,它不一定是买卖双方委托价一致的最高价。

收盘价是指某种证券在证券交易所每个交易日里的最后一笔买卖成交价格。它是通过下午3时收盘前的3分钟实施收盘集合竞价的方式来确定的。收盘集合竞价不能产生收盘价的,以最后一笔成交价为当日收盘价。我们平时谈到的股票价格通常是指收盘价。

最高价指某种证券在每个交易日从开市到收市的交易过程中所产生的最高价格。如果当日该种证券成交价格没有发生变化,最高价就是即时价;若当日该种证券停牌,则最高价就是前收市价。

最低价指某种证券在每个交易日从开市到收市的交易过程中所产生的最低价格。如果在该指定时间区间内该种证券的价格未发生变化,则最低价等于该时间区间内任意时间点的价格;若在该指定时间区间内该种证券停牌或未发生交易,则最低价等于前一交易日收盘价。

2) K线的画法

以绘制日 K 线为例,首先确定开盘价格和收盘价格,它们之间的部分画成矩形实体。如果收盘价格高于开盘价格,则 K 线被称为阳线,用空心的实体表示,见图 7-1(b)。反之称为阴线用黑色实体或白色实体表示,见图 7-1(a)。很多软件都可以用彩色实体来表示阴线和阳线,在国内股票市场和期货市场,通常用红色表示阳线,绿色表示阴线(涉及欧美股票市场和外汇市场的投资者应该注意:这些市场通常用绿色代表阳线,红色代表阴线,和国内习惯刚好相反)。用较细的线将最高价和最低价分别与实体连接。最高价和实体之间的线被称为上影线,最低价和实体间的线称为下影线。

用同样的方法,如果用一分钟的价格数据来绘制 K 线图,就称为一分钟 K 线。用一个月的数据绘制 K 线图,就称为月 K 线图。绘图周期可以根据需要灵活选择,在一些专业的图表软件中还可以看到 2 分钟、3 分钟等不同周期的 K 线。

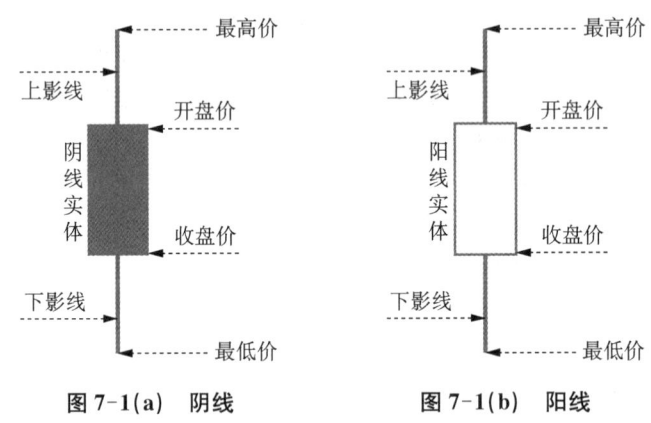

图 7-1(a)　阴线　　　　　图 7-1(b)　阳线

3. K线形态

股票 K 线有阳线(收盘价高于开盘价)、阴线(收盘价低于开盘价)和非阳非阴线(开盘价等于收盘价)三种情况。阳线为红色,阴线为绿色,非阳非阴线有一字形、T 字形、倒 T 字形和十字星四种情况,其颜色判断的具体规则如下:

(1) 当非阳非阴线收盘价大于前一根 K 线收盘价时,该非阳非阴线为红色。

(2) 当非阳非阴线收盘价小于前一根 K 线收盘价时,该非阳非阴线为绿色。

(3) 当非阳非阴线收盘价等于前一根 K 线收盘价时,前一根 K 线为红色,该非阳非阴线为红色;前一根 K 线为绿色,该非阳非阴线为绿色。

二、K 线的应用法则

无论是对一根 K 线的综合判断,还是对多根 K 线的综合判断,都是对买卖双方做出的一个描述。对 K 线的判断和应用,可掌握以下几条原则:

(1) 看阴阳。阳线表示买方实力较强,价格将会上升;阴线表示卖方实力较强,价格将会下降。

(2) 看实体。分析实体的长短,阳线的实体越长,表明买方的力量越强;阴线的实体越长,表明卖方的力量越强。

(3) 看影线。分析上影线和下影线的长短,上影线长,说明买方将股价推高后遇到空方打压,上影线越长,表明空方阻力越大;下影线长,说明买方在低价位有强力的支撑,下影线越长,表明支撑力越强。

三、单根 K 线的形态分析

1. 大阳线或长红线

图 7-2(a)是大阳线,表示最高价与收盘价相同,最低价与开盘价一样,没有上影线与下影线。此种 K 线形态说明自开盘开始,买方积极进攻,直至收盘买方始终占据优势,交易价格一路上扬,股市表现强烈的涨势。大量买方进入市场,不限价买进。持有股票者不愿抛售,出现供不应求的状况。

2. 大阴线或长黑线

图 7-2(b)是大阴线,表示最高价与开盘价相同,最低价与收盘价一样,没有上影线与下影线。此种 K 线形态说明自开盘开始,卖方占优势,直至收盘交易价格一路下跌,股市表现强烈的跌势,持有股票者不限价大量抛出。

图 7-2(a)　长红线或大阳线　　图 7-2(b)　长黑线或大阴线

3. 先跌后涨型

图 7-3(a)是先跌后涨型 K 线,是一种带下影线的红实体。最高价与收盘价相同,没有上影线。开盘后,卖方实力较强,价格下跌。但在低价位上得到买方的支撑,价格持续上涨高于向于开盘价,最终在最高价收盘。总体来说,出现先跌后涨型 K 线,表明买方力量较强。实体部分与下影线长短不同表示买方与卖方力量对比的不同。

(1) 实体部分比下影线长。这表示价位下跌不多,即受到买方支撑,价格上升突破开盘价之后,继续大幅度上涨,表示买方实力很强。

(2) 实体部分与下影线相等。这表示买卖双方交战激烈,但大体上,买方占主导地位,对买方有利。

(3) 实体部分比下影线短。这表示买卖双方在低价位上发生激战,遇买方支撑逐步将价位上推。实体部分较小,说明买方虽占优势,但优势不明显。

4. 下跌抵抗型

图 7-3(b)是下跌抵抗型 K 线,这是一种带下影线的黑实体,开盘价是最高价。自开盘始卖方力量较大,价位持续下跌,但在低价位上遇到买方支撑,后市可能会反弹。

实体部分与下影线的长短不同也可分为三种情况:

(1) 实体部分比下影线长。这表示卖方压力比较大,自开盘开始,价格一路下跌,在低点遇到买方支撑,买方与卖方发生激战,影线部分较短,说明买方虽将价格提升,但上升幅度较小,从总体上看,卖方占据较大优势。

(2) 实体部分与下影线相等。这表示卖方把价位下压后,买方的抵抗也在增加,但可以看出,卖方仍占优势。

(3) 实体部分比影线短。这表示卖方把价位一路压低,在低价位上,遇到买方支撑,交易价格逐渐上升,最后虽以阴线收盘,但可以看出卖方只占极少的优势,后市很可能会反弹。

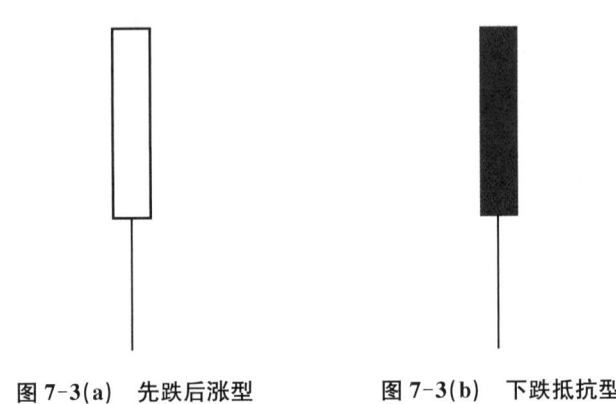

图 7-3(a)　先跌后涨型　　　　图 7-3(b)　下跌抵抗型

5. 上升阻力型

图 7-4(a)是上升阻力型 K 线,这是一种带上影线的红实体。开盘价即最低价。开盘后,买方大量买进,交易价格持续上涨,但在高价位遇卖方压力,股价上升受阻。卖方与买方交战结果为买方略胜一筹。具体情况仍应观察实体与影线的长短。

(1) 红实体比上影线长。这表示买方在高价位时遇到价格上升阻力,价格稍有下降。但买方仍是市场的主导力量,后市继续看涨。

(2) 实体与上影线同长。这表示买方把价位上推,但卖方压力也在增加,卖方将交易价格下压,买方虽占优势,但优势不大。

(3) 实体比上影线短。这表示买卖双方在高价位上发生激战。卖方阻力逐步将价格下拉,实体部分较小,说明买方虽占优势,但优势很小,很可能出现反转。这种 K 线如果出现在高价区,后市一般看跌。

6. 先涨后跌型

图 7-4(b)是先涨后跌型 K 线,这是一种带上影线的黑实体,收盘价即是最低价。一开盘,买方与卖方进行交战。买方占优势,价格一路上升。但在高价位遇阻力,价格持续下降,最后在最低价收盘,卖方占优势。具体情况仍有以下三种。

(1) 黑实体比上影线长。这表示买方把价位上推不多,立即遇到卖方强有力的反击,卖方把价位压破开盘价后,再将价位下推很大的一段。卖方力量特别强大,局势对卖方有利。

(2) 黑实体与上影线相等。这表示买方把价位上推,但卖方力量更强,将价格持续下压,直至收盘,卖方占据主动地位,具有优势。

(3) 黑实体比上影线短。这表示卖方虽将价格下压,但优势较少。

图 7-4(a)　上升阻力型　　　　图 7-4(b)　先涨后跌型

7. 反转试探型

图 7-5 是反转试探型 K 线,这是一种上下都带影线的红实体。开盘后价位下跌,遇买方支撑,双方争斗之后,买方增强,价格一路上推,临收盘前,价格小幅回落,在最高价之下收盘。这是一种反转信号。

8. 弹升试探型

图 7-6 是弹升试探型 K 线,这是一种上下都带影线的黑实体,股价在开盘后,在买方推动下,价格有小幅上涨,但随着卖方力量的增加,卖方渐居主动,股价下跌,并持续在开盘价以下。在低价位遇买方支撑,价格略有上升,不至于以最低价收盘。有时股价在上半场以低于开盘价成交,下半场买意增强,股价回升至高于开盘价成交,临收盘前卖方又占优势,而以低于开盘价之价格收盘。这也是一种反转试探。

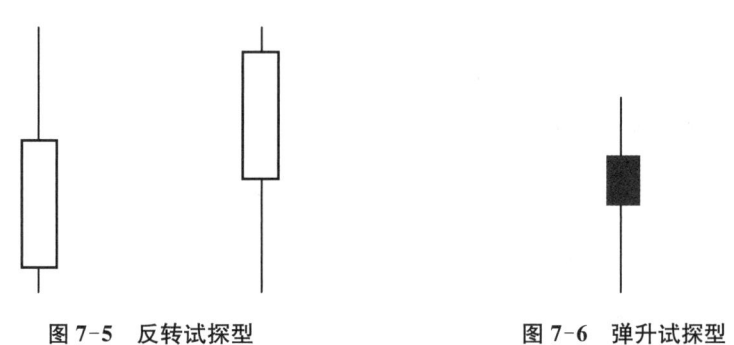

图 7-5　反转试探型　　　　图 7-6　弹升试探型

9. "十字"型

图 7-7(a)是十字线型 K 线,这是一种只有上下影线,没有实体的图形。开盘价即是收盘价,表示在交易中,股价出现高于或低于开盘价成交,但收盘价与开盘价相等。买方与卖方几乎势均力敌。其中:上影线越长,表示卖压越重,下影线越长,表示买方旺盛。上下影线看似等长的十字线,可称为转机线。

10. "⊥"型

图 7-7(b)是"⊥"型 K 线,又称空胜线,开盘价与收盘价相同。当日交易都在开盘价以上之价位成交,并以当日最低价(即开盘价)收盘,表示买方虽强,但卖方更强,买方无力再挺升,总体看卖方稍占优势。

11. "T"型

图 7-7(c)是"T"型 K 线,又称多胜线,开盘价与收盘价相同,当日交易以开盘价以下之

价位成交,又以当日最高价(即开盘价)收盘。卖方虽强,但买方实力更强,局势对买方有利。

12. "一"型

图 7-7(d)是"一"型 K 线,此种图形并不常见,即开盘价、收盘价、最高价、最低价在同一价位。"一"型表明交易非常冷清,全日交易只有一档价位成交。冷门股此类情形较易发生。

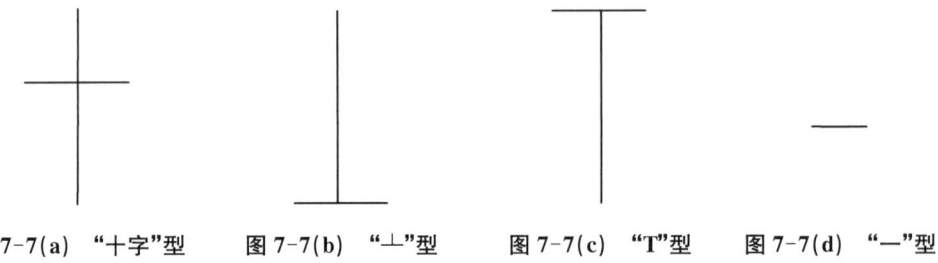

图 7-7(a) "十字"型　　图 7-7(b) "⊥"型　　图 7-7(c) "T"型　　图 7-7(d) "一"型

相关思考 7-1

"十字"型、"⊥"型、"T"型、"一"型 K 线有何特殊之处?何时会形成?

在 K 线图中,"十字"型、"⊥"型、"T"型、"一"型是非常特殊的形态,这些形态有何特殊之处呢?什么情况下会形成这样的形态?意味着什么?投资者如何判断呢?

视频:牛市与熊市的来源

四、K 线组合应用

1. 早晨之星

早晨之星是中阴线、止跌线和中阳线三根 K 线的组合,如图 7-8(a)所示。它表示跌势向涨势变化,多方获得优势。

2. 曙光初现

曙光初现是相反线的一种,是中阴线和切入阳线两根 K 线的组合,如图 7-8(b)所示。它表示下跌遇到顽强抵抗,多头重新积聚力量。

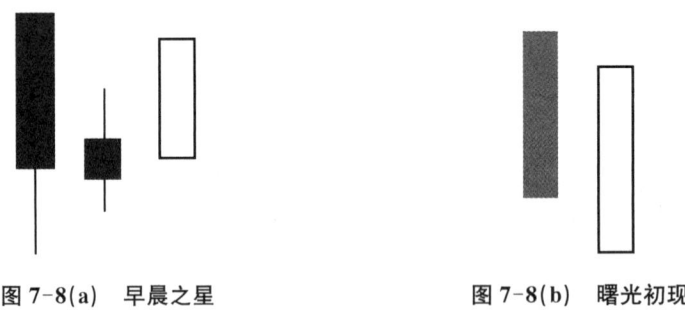

图 7-8(a) 早晨之星　　　　　图 7-8(b) 曙光初现

3. 红三兵

红三兵是三根上升的阳线的 K 线组合,如图 7-9(a)所示。它表明多方开始上攻,如在底位出现此信号,股价见底回升可能性大。

4. 上升三法

上升三法是中阳线及三根小阴线的组合,如图 7-9(b)所示。它表明多方上攻虽遇阻,但连续多期回调幅度不大,后续股市将继续出现上行行情。

图 7-9(a)　红三兵　　　　　　　　图 7-9(b)　上升三法

5. 旭日东升

旭日东升由一阴一阳两根 K 线组成,先是一根大阴线或者中阴线,接着出现高开的大阳线,阳线的收盘价已经高于阴线的开盘价,如图 7-10(a)所示。旭日东升是明显的见底信号,后市看涨。

6. 平底

平底由两根或者两根以上的 K 线组成,多根 K 线的最低价处于同一水平位置,如图 7-10(b)所示。平底一般代表见底信号,后市可能看涨。

图 7-10(a)　旭日东升　　　　　　　图 7-10(b)　平底

7. 两红夹一黑

两红夹一黑由两根较长的阳线和一根较短的阴线组成,阴线在两根阳线中间,如图 7-11(a)所示。两红夹一黑在涨势中出现代表行情继续上涨,在跌势中出现是见底的信号。

8. 两黑夹一红

两黑夹一红由两根较长的阴线和一根较短的阳线组成,阳线在两根阴线中间,如图 7-11(b)所示。它在涨势中出现是见顶信号,在跌势中出现是看跌行情。

图 7-11(a)　两红夹一黑　　　　　　图 7-11(b)　两黑夹一红

9. 穿头破脚

穿头破脚由大小不等、阴阳相反的两根K线组成,如图7-12所示。它显示股价震荡幅度加大,进入变盘敏感区域。它在上涨趋势中出现是卖出信号,在下跌趋势中出现是买入信号。

10. 身怀六甲

身怀六甲又称孕线,是中阳(阴)线和孕线两根K线的组合,如图7-13所示。它在上涨趋势中出现是卖出信号,在下跌趋势中出现是买入信号。

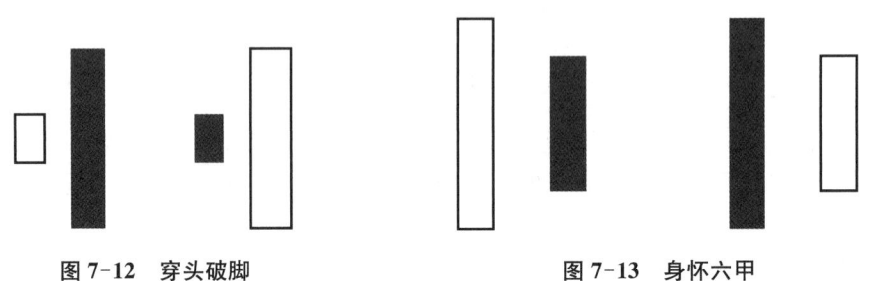

图 7-12 穿头破脚　　　　　　图 7-13 身怀六甲

11. 好友反攻

好友反攻由一阴一阳两根K线组成,先是一根大阴线,接着出现一根大阳线,阳线的开盘价与前一日阴线的收盘价处在相近位置上,如图7-14所示。

12. 乌云盖顶

乌云盖顶是中阳线和切入阴线两根K线的组合,如图7-15所示。它显示上涨遇到顽强抵抗,空头重新积聚力量。

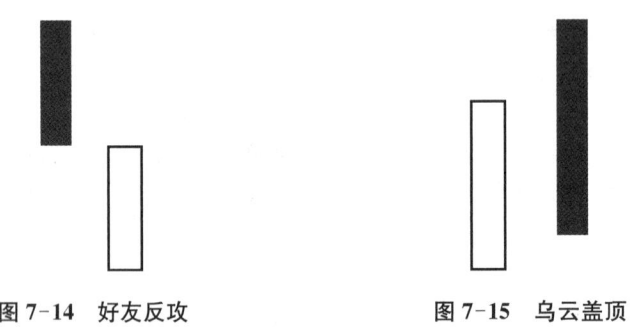

图 7-14 好友反攻　　　　　　图 7-15 乌云盖顶

13. 三只乌鸦

三只乌鸦是三根下降阴线的K线组合,如图7-16所示。它表明空方开始反击,如在高位出现此信号,股价见顶回落的可能性大。

14. 倾盆大雨

倾盆大雨由一阴一阳两根K线组成,先是一根大阳线或者中阳线,接着出现一根低开的大阴线或者中阴线,阴线的收盘价已经低于前一根阳线的开盘价,如图7-17所示。

图 7-16　三只乌鸦　　　　　　图 7-17　倾盆大雨

第三节　均线理论

在技术分析中,市场成本原理非常重要,它是趋势产生的基础,市场中的趋势之所以能够维持,是因为市场成本的推动力。例如,在上升趋势里,市场成本是逐渐上升的,在下降趋势里,市场成本是逐渐下降的。市场成本的变化导致了趋势的延续。均线代表了一定时期内的市场平均成本变化。因此,均线是重要的技术分析方法。

一、移动平均线

(一)移动平均线概述

1. 移动平均线定义

移动平均线(moving average,MA)是将某一段时期的证券价格(指数)加以平均,再把这些平均值连接起来作出平均线图像,用以观察证券价格变动趋势的一种技术指标。

移动平均线是由著名的美国投资专家格兰威尔(Joseph E. Granville)于20世纪中期提出来的。均线理论是当今应用最普遍的技术分析方法之一,它帮助交易者确认现有趋势、判断未来趋势、发现反转趋势。

常用的移动平均线有5天、10天、20天、30天、60天、120天和240天等指标。其中,5天和10天是短期移动平均线,是短线操作的参照指标,被称作日均线指标;30天和60天是中期均线指标,被称作季均线指标;120天和240天是长期均线指标,被称作年均线指标。移动平均线能够反映价格趋势走向,投资者在选股的时候可以把移动平均线作为一个参考指标,同时,可以将日K线图和移动平均线放在同一张图里进行分析。

2. 移动平均线种类

移动平均线的种类很多,但总的来说,移动平均线可分为短期、中期、长期三种。

第一类是短期移动平均线。这类平均线主要指5日和10日的。由于交易所通常每周5个交易日,5日线亦称周线。但5日平均线起伏较大,震荡行情时该线无规律可循,因而诞生了10日平均线,此线取10日为样本,是投资者使用最广泛的移动平均线。它能较为正确地反映短期内股价平均变动成本的情形与趋势,可作为短线进出的依据。

第二类是中期移动平均线。首先是月线,采样为24日、25日或26日,该线能让使用者了解股价一个月的平均变动成本,对于中期投资而言,其有效性较高,尤其在股价变动尚未十分明朗前,它能预先显示股价未来变动方向。其次是30日移动平均线,仍是以月为基础,以30日为样本,计算比较简便。最后是季线,采样为72日、73日或75日,其波动幅度较短期线移动平均线平滑且有规律可循,较长期移动平均线敏感度高。

第三类是长期移动平均线。这类平均线主要有半年线(取样146日或150日)、200日移动平均线(取样200日)和年线(取样255日左右)。注意,交易日统计不一定是按自然年统计,如这一年可能是从2021年4月1日统计到2022年3月31日,会跨两个年份,而且统计的这一年中,交易日可能会多于255日。

3. 移动平均线特征

(1) 追踪趋势。如果能够从股价的图表中找出上升或下降趋势线,那么,MA将保持与趋势线方向一致,它能消除中间股价在这个过程中出现的起伏。

(2) 滞后性。在股价原有趋势发生反转时,由于MA的追踪趋势的特性,MA的行动往往过于迟缓,调头速度落后于大趋势,这是MA的一个极大的弱点。

(3) 稳定性。通常越长期的移动平均线,越能表现稳定的特性,即移动平均线不轻易往上或往下,必须股价涨势真正明朗了,移动平均线才会往上延伸。而且经常出现股价开始回落之初,移动平均线却是向上的,等股价下滑显著时,移动平均线才开始向下延伸的情况。也就是说,移动平均线有延迟反应的特性。

(4) 助涨助跌性。当股价突破了MA时,无论是向上突破还是向下突破,股价有继续向突破方面变动的趋势,这就是MA的助涨助跌性。

(5) 充当支撑线和压力线。MA的上述四个特性,使得它在股价走势中起支撑线和压力线的作用。

(二) 移动平均线优缺点

1. 移动平均线优点

(1) 移动平均线可以帮助投资者判断卖出和买入的信号。股价有效跌破移动平均线为卖出信号,股价有效突破移动平均线为买入信号。

(2) 移动平均线可以简单快捷地呈现出股价波动的大体趋向。

2. 移动平均线缺点

(1) 只依靠移动平均线的买入信号和卖出信号,投资者不容易准确地作出卖出或者买入的操作。通常情况下,移动平均线需要与其他的技术指标结合使用。

(2) 当市场行情正处于盘整的局势时,移动平均线所反映的卖出买入信号会频繁出现,投资者此时容易判断失误。

(3) 移动平均线的变动较为缓慢,投资者很难简单方便地把握股价的低谷或者是高峰。尤其是长期移动平均线,此劣势更为明显。

(三) 移动平均线的应用

1. 黄金交叉和死亡交叉

1) 黄金交叉

黄金交叉是指上升中的短期移动平均线由下而上穿过上升的长期移动平均线形成的交叉,如图7-18(a)所示。此时压力线被向上突破,表示股价将继续上涨,行情看涨。

2) 死亡交叉

死亡交叉是指下降中的短期移动平均线由上而下穿过下降的长期移动平均线,如图7-18(b)所示。此时支撑线被向下突破,表示股价将继续下落,行情看跌。

需要注意的是,投资者仅仅依据黄金交叉或死亡交叉来买进或卖出是有片面性的。因为移动平均线只是一种基本趋势线,在反映股价的突变时具有滞后性,黄金交叉或死亡交叉只能作为一种参考。

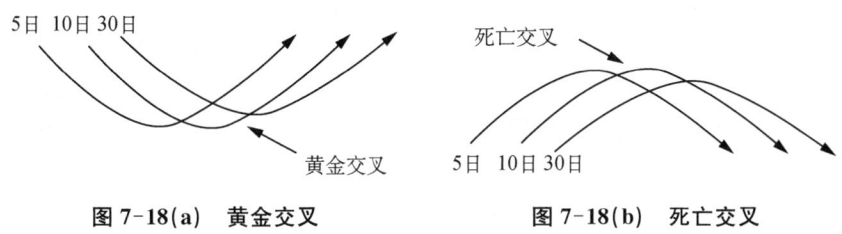

图 7-18(a)　黄金交叉　　　　　图 7-18(b)　死亡交叉

2. 多头排列和空头排列

1) 多头排列

多头排列是指移动平均线自上而下分别是短期线、中期线、长期线,如图 7-19(a)所示。这说明投资者过去买进的成本很低,短线、中线、长线投资都有利可图,市场一片向好,这是典型的牛市。多头排列代表多方(买方)力量强大,后市将由多方主导行情,此时是中线进场的机会。

2) 空头排列

空头排列是指移动平均线自下而上分别是短期线、中期线、长期线,如图 7-19(b)所示。这说明投资者过去买进的成本都比现在高,短线、中线、长线投资此时出现亏损,这是典型的熊市。

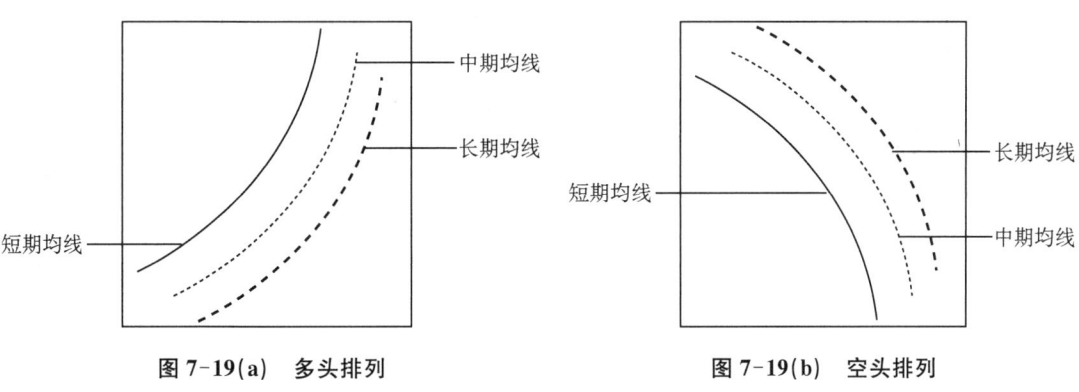

图 7-19(a)　多头排列　　　　　图 7-19(b)　空头排列

相关思考 7-2

如何利用"交叉"和"排列"进行分析?

在移动平均线的应用中,黄金交叉和死亡交叉、多头排列和空头排列都是非常常见的。投资者如何正确利用这些工具呢?分析时一般要注意哪些事项?它们有什么缺陷吗?

二、其他分析指标

1. 指数平滑异同平均线

指数平滑异同平均线(moving average convergence and divergence,MACD)是指利用

收盘价的短期指数移动平均线(常用为12日)与长期指数移动平均线(常用为26日)之间的聚合与分离状况,对买进、卖出时机作出研判的技术指标。

MACD是从双指数移动平均线发展而来的。MACD的意义和双移动平均线基本相同,即由快、慢均线的离散、聚合表现当前的多空状态和股价可能的发展变化趋势,使用起来非常方便。当MACD从负数转向正数,是买的信号;当MACD从正数转向负数,是卖的信号。当MACD表现为大角度变化时,表示快的移动平均线和慢的移动平均线的差距非常迅速地被拉开,代表了一个市场大趋势的转变。

根据移动平均线原理发展出来的MACD,一方面克服了移动平均线假信号频繁的缺陷,另一方面能确保移动平均线最大的分析效果。

2. 趋向指标

趋向指标(directional movement index,DMI)又叫DMI指标或动向指标,由美国技术分析大师威尔斯·威尔德(Wells Wilder)所创造,是一种中长期股市技术分析方法。

DMI指标是通过分析股票价格在涨跌过程中,买卖双方力量均衡点的变化情况,即多空双方力量的变化受价格波动的影响而发生由均衡到失衡的循环过程,从而为投资者提供对趋势判断依据的一种技术指标。

很多技术分析指标都是以每一日的收盘价的走势及涨跌幅来计算分析数据的,这些指标都忽略了每一日的高低价之间的波动幅度。而DMI指标则把每日的高低价波动的幅度因素计算在内,从而更加准确地反映行情走势及更好地预测行情未来的发展变化。

3. 随机指标

随机指标又叫KDJ指标,是一种比较实用的技术分析指标。它是以最高价、最低价及收盘价为基本数据进行计算,得出的K值、D值和J值分别在指标的坐标上形成的一个点,连接无数个这样的点位,就形成一个完整的、能反映价格波动趋势的KDJ指标。它主要是利用价格波动的真实波幅来反映价格走势的强弱和超买超卖现象,在价格尚未上升或下降之前发出买卖信号的一种技术分析工具。

KDJ指标在设计过程中主要是研究最高价、最低价和收盘价之间的关系,同时也融合了移动平均线等指标的一些优点。因此,KDJ指标能够比较迅速、直观地研判行情,被广泛用于股市的中短期趋势分析。

 延伸阅读7-2

人 气 指 标

人气指标(AR)是以分析历史股价为手段的技术指标,其比较重视开盘价格,从而反映市场买卖的人气。人气指标是以当天开市价为基础,即以当天市价分别比较当天最高、最低价,通过一定时期内开市价在股价中的地位,反映市场买卖人气。

其计算公式如下:

$$AR = \sum N 日内(当日最高价 - 当日开市价) \div \sum N 日内(当日开市价 - 当日最低价)$$

N为公式中的设定参数,一般设定为26日。

基本应用法则:

(1) AR值以100为中心,其在80~120波动时,属于盘整行情,股价走势比较平稳,不会出现剧烈波动。

（2）AR值走高时表示行情活跃，人气旺盛，过高则表示股价进入高价，应选择时机退出。AR值的高度没有具体标准，一般情况下，AR值上升至150以上时，股价随时可能回档下跌。

（3）AR值走低时表示人气衰退，需要充实，过低则暗示股价可能跌入低谷，可考虑伺机介入。一般AR值跌至70以下时，股价有可能随时反弹上升。

（4）从AR曲线可以看出一段时期的买卖气势，它具有先于股价到达高峰或跌入谷底的功能，观图时主要凭借经验，需要与其他技术指标配合使用。

资料来源：佚名.人气指标与买卖意愿指标的使用技巧及原则[EB/OL].(2022-03-09)[2022-06-30]. http://www.360doc.com/content/22/0309/08/33884018_1020718996.shtml.

第四节 切线及趋势理论

一、切线和趋势理论概述

股票投资讲究"顺势而为"，这种势就是趋势。而趋势又分为短期趋势、中长期限趋势。怎样判断和把握这些趋势的转变就成为投资者关注的核心。投资者都希望在下降趋势转为上升趋势时买入股票，而又希望在上升趋势转为下降趋势时卖出股票。趋势线是判断和把握市场趋势最为简单和有效的方法之一，而"一条直线闯股市"正是对趋势线重要性和实用性的高度概括。

1. 趋势种类

趋势就是股票价格的波动方向，或者说是股票市场运动的方向。趋势的方向有三个：上升方向、下降方向、水平方向（也就是无趋势方向）。按道氏理论，趋势分为主要趋势、次要趋势和短暂趋势三个类型。

2. 支撑线和压力线

1）支撑线和压力线定义

支撑线（surport line）又称为抵抗线，它表示当股价跌到某个价位附近时，股价停止下跌，甚至有可能回升，如图7-20(a)所示。这个起着阻止股价继续下跌或暂时阻止股价继续下跌的价格就是支撑线所在的位置。

压力线（resistance line）又称为阻力线，它表示当股价上涨到某价位附近时，股价会停止上涨，甚至回落，如图7-20(b)所示。这个起着阻止或暂时阻止股价继续上升的价位就是压力线所在的位置。支撑线和压力线的作用是阻止或暂时阻止股价向一个方向继续运动。同时，支撑线和压力线又有彻底阻止股价按原方向变动的可能。

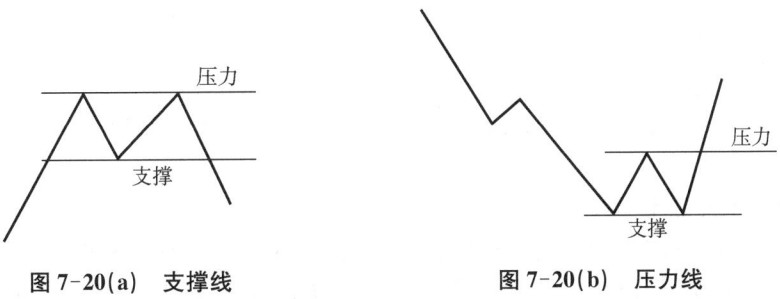

图 7-20(a)　支撑线　　　　　图 7-20(b)　压力线

2) 支撑线和压力线的相互转化

一条支撑线如果被跌破,那么支撑线将成为压力线;同理,一条压力线被突破,压力线将成为支撑线。这说明支撑线和压力线不是一成不变的,而是可以改变的,改变的条件是它被有效的、足够强大的股价变动突破。

3. 趋势线和轨道线

1) 趋势线和轨道线的定义

趋势线是衡量价格波动的方向的一种分析指标,由趋势线的方向可以明确地看出股价的变动趋势。在上升趋势中,将两个低点连成一条直线,就得到上升趋势线,如图7-21(a)所示。在下降趋势中,将两个高点连成一条直线,就得到下降趋势线,如图7-21(b)所示。一条真正起作用的趋势线要经过多方面的验证才能最终确认。首先,必须确实有趋势存在。其次,画出直线后,还应得到第三个点的验证才能确认这条趋势线是有效的。

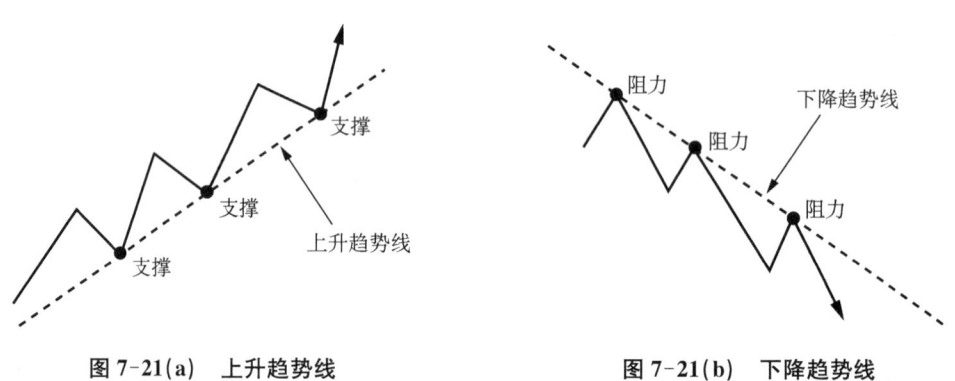

图 7-21(a)　上升趋势线　　　　　　图 7-21(b)　下降趋势线

轨道线又称通道线或管道线,是基于趋势线的一种分析指标。在得到趋势线后,连接各个峰和谷可以作出这条趋势线的平行线,两条平行线组成一个轨道线,这就是常说的上升轨道线[图7-22(a)]和下降轨道线[图7-22(b)]。轨道的作用是限制股价的变动范围。对上面的或下面的直线的突破将意味着股价有一个大的变化。与突破趋势线不同,对轨道线的突破并不是趋势反向的开始,而是趋势加速的开始。

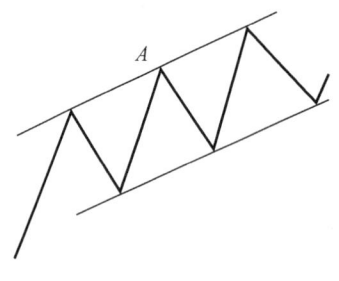　　　　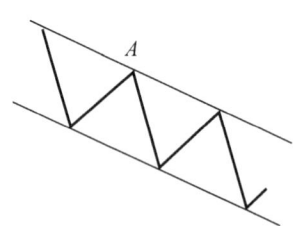

图 7-22(a)　上升轨道线　　　　　　图 7-22(b)　下降轨道线

2) 趋势线和轨道线分析规则

(1) 短期下降趋势线向上突破是短线买入时机。在中期下跌趋势中,股价主要以下跌为主,高点和低点都不断下移。但是,当股市下跌一段之后往往也会产生反弹,如果把握得当,这种反弹也会有可观的收益。如果要把握这种中期下跌趋势中的短线买入时机,可以利用短期下降趋势线分析,股价向上突破短期下降趋势线便是短线的买入时机。

在中期上涨趋势中,股价主要以上涨为主,高点和低点都不断提高。有时,股价在急速上升一段之后,也会进入短期的下调整理,这时股价就会受到一条短期下降趋势线的压制。而当股价向上突破该条短期下降趋势线时,说明短期的调整结束,股价又将进入新的上升阶段,这也成为中期上升趋势中的一个新的买入时机。

股价的中期趋势,除了中期上升和中期下跌趋势,还有一种中期横盘整理趋势,即股价在一定的价格范围内进行中期的箱体波动。此时,我们也可以运用短期趋势线来判断这种箱体波动中短线买入时机。

(2) 中期下降趋势线向上突破是中线最佳买入时机。当一轮中期上升行情结束进入持续下跌行情,且行情跌幅较大和时间较长之后,股价放量向上突破由中期下降趋势中两个明显的高点连成的下降趋势线时,往往预示着该股票中期下跌趋势的结束和中期上涨趋势的开始。这自然成为中线的最佳买入时机,其后股票上涨多久、从哪里跌下来或又涨回哪里,都不确定。任何一只股票我们都可以运用中期下降趋势线寻找到其中期的最佳买入时机。

(3) 长期下降趋势线向上突破是中长线最佳买入时机。股市的运行有其自身的内在规律,既有牛市也有熊市。当一轮牛市结束,股市就会进入下跌时间很长或下跌幅度很深的熊市之中,而且牛市涨得越高,熊市的跌幅就越大、时间也越长。在熊市的长期下跌过程中,也会产生数次中期的反弹或上涨行情而成一些明显的高点,如果将两个重要的中期高点连成一条直线,就会看到每一次的中期反弹或上涨都受到该条长期下降趋势线的反压,可一旦股价放量突破长期下降趋势线,就意味着长期下降趋势或熊市的结束和新一轮大行情的开始,这也成为中长期的最佳买入时机。

(4) 下降扇形线向上突破是中长线最佳买入时机。扇形线是指利用一个重要的高点或低点作为原始点,将该点与其后的各个明显高点或低点互相连线,组成一个类似于扇子的形状的趋势线。由此可知,扇形线分为下降扇形线和上升扇形线两种,这里我们主要讨论下降扇形线。

在一轮较大的上升行情结束之后,股市将进入较长期的下跌之中。而在下跌过程中,一定会产生数次中级反弹。通常,我们将前面上升行情的最高点与第一次中级反弹的高点连成一条直线,它既是下降趋势线也是第一条扇形线。其后,股价再次创新低并大幅下跌而引发第二次中级反弹且向上突破了下降趋势线,此时,我们应将最高点与第二次中级反弹的高点再连成一条线,这既是修正后的下降趋势线又是第二条下降扇形线。股价再次下跌后产生中级反弹,又突破了第三条修正的下降趋势线,但股价上升幅度不大,将最高点与第三次中级反弹的高点连成一条线,成为再次修正的下降趋势线同时也是第三条下降扇形线。当第三条下降扇形线被突破的时候,就意味着长期跌势的结束,股价将进入中长期的上升阶段。

(5) 股价向上突破下降通道是重要买入时机。任何一只股票的上涨或下跌,都在上升或下降通道中运行。在下降趋势中,股价的高点和低点都在不断下移,首先将两个明显的高点连成一条下降趋势线,然后通过一个明显的低点作其平行线,便形成一个向右下方倾斜的下降通道。一般来说,当股价在下跌过程中,跌至下降通道的下轨便会产生支撑而反弹,当反弹至下跌通道上轨时又会遇阻回落。当最终股价放量向上突破下降通道上轨时,便是下降趋势的结束和上升趋势的开始,而这成为重要的买入时机。

(6) 上升趋势中上升趋势线附近是买入时机。在上升趋势中,股价的低点和高点都不断上移,将其不断上移的两个明显低点连成一条向右上方倾斜的直线,便是上升趋势线,它将成为股价回档时的支撑。当股价第三次或更多次在该线止跌回升时,便是上升趋势中的买入时机。

(7) 上升通道向上突破是短线买入时机。在上升趋势中,前期股价沿着一定的上升通道运行,即在上升通道的下轨形成明显的支撑,在上升通道的上轨股价又遇阻回落。但是,到了上升趋势的末期,通常会出现股价放量向上突破上升通道上轨的压力,出现加速上涨,短期内升幅常常可观,把握得当短期内可获丰厚利润。因此,在上升趋势中,当股价放量突破上升通道上轨时是短线买入时机。

二、黄金分割线

黄金分割线是一种古老的数学方法,黄金分割的创始人是古希腊的毕达哥拉斯,他在当时十分有限的科学条件下大胆断言:一条线段的某一部分与另一部分之比,如果正好等于另一部分同整个线段的比即 0.618,那么,这种比例会给人一种美感。后来,这一神奇的比例关系被古希腊著名哲学家、美学家柏拉图誉为"黄金分割律"。黄金分割线的神奇和魔力,在数学界还没有明确定论,但它在实际中发挥着意想不到的作用,尤其被用于股市投资分析。

黄金分割线是股市中最常见、最受欢迎的切线分析工具之一,实际操作中使用者主要运用黄金分割来揭示上涨行情的调整支撑位或下跌行情中的反弹压力位。不过,黄金分割线没有考虑时间变化对股价的影响,所揭示出来的支撑位与压力位较为固定,投资者不知道什么时候会到达支撑位与压力位。因此,如果指数或股价在顶部或底部横盘运行的时间过长,则其参考作用要打一定的折扣,但这丝毫不影响黄金分割线是实用切线工具的地位。

黄金分割线是利用黄金分割比率进行的切线画法,在行情发生转势后,无论是止跌转升或止升转跌,以近期走势中重要的高点和低点之间的涨跌额作为计量的基数,将原涨跌幅按 0.236、0.382、0.5、0.618、0.809 分割为 5 个黄金点,股价在反转后的走势将可能在这些黄金分割点上遇到暂时的阻力或支撑。其中黄金分割线中运用最经典的数字为 0.382、0.618,它们极易产生支撑与压力。

三、形态理论

形态分析是技术分析的重要组成部分,它通过对市场横向运动时形成的各种价格形态进行分析,并且配合成交量的变化,推断出市场现存的趋势。价格形态可分为反转形态和持续形态,反转形态表示市场经过一段时期的酝酿后,决定改变原有趋势,而采取相反的发展方向;持续形态则表示市场将顺着原有趋势的方向发展。

1. 股价的移动规律

股价的移动是由多空双方力量大小决定的。股价移动的规律是完全按照多空双方力量对比大小和所占优势的大小而移动的。

股价的移动应该遵循这样的规律:第一,股价应在多空双方取得均衡的位置上下来回波动。第二,原有的平衡被打破后,股价将寻找新的平衡位置,即持续整理→保持平衡→打破平衡→新的平衡→再打破平衡→再寻找新的平衡→……

股价曲线的形态分成两个大的类型:一是持续整理形态;二是反转突破形态。前者保持平衡,后者打破平衡。

2. 反转形态

1) 双重顶

双重顶又称"双顶"或"M头",是K线图中较为常见的反转形态之一,由两个较为相近的高点构成,其形状类似于英文字母M。在连续上升过程中,当股价上涨至某一价格水平,成交量显著放大,股价开始掉头回落;下跌至某一位置时,股价再度反弹上行,但成交量较第一高峰时略有收缩,反弹至前一高点附近之后再下跌,并跌破第一次回落的低点,股价移动轨迹像M字,双重顶形成。如图7-23所示,股价持续上涨至B点位置形成高点回落,在C点企稳反弹,至D点附近反弹无力掉头向下,随后跌破E点位置颈线支撑,双重顶形态形成。

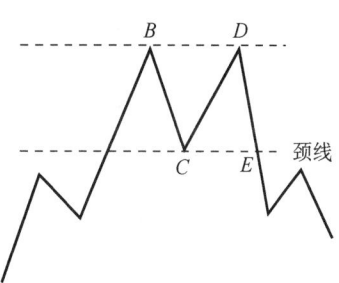

图7-23 双重顶

双重顶形态是在股价上涨至一定阶段之后形成,表现为两个顶峰,分别成为左峰、右峰。理论上,双重顶两个高点应基本相同,但实际K线走势中,左峰一般比右峰稍低一些,相差3%左右比较常见。另外,在第一个高峰(左锋)形成回落的低点位置画水平线,就形成了通常说的颈线,当股价再度冲高回落并跌破这根水平线(颈线)支撑,双重顶形态正式宣告形成。在双重顶形成过程中,左峰成交量较大,右峰成交量次之,成交量呈现递减趋势,说明股价在第二次反弹过程中资金追涨力度越来越弱,股价有上涨到尽头的意味。双重顶形态形成后,股价在下跌过程中往往会出现反抽走势,但是反抽力度不强,颈线位置构成强阻力。

2) 双重底

双重底也称"W底",是指股票的价格在连续两次下跌的低点大致相同时形成的股价走势图形,如图7-24所示。两次跌至最低点的连线叫支撑线。在下跌行情的末期,市场里股票的出售量减少,股价跌到一定程度后,开始不再继续下跌。与此同时,有些投资者见股价较低,开始进入市场,这样,在买方力量的推动下,股价又慢慢地回升,但投资者仍受下跌行情的影响,购买力不强。而卖者觉得价格不理想,在一旁观望。于是股价涨涨停停,到达一定阶段后,市场的股票供应量在增加,价格再次回落。当回落到前一次下跌的低价位后,市场中的买方力量增加,股价开始反弹,反弹到前次的高点后,便完成"双重底"图形。

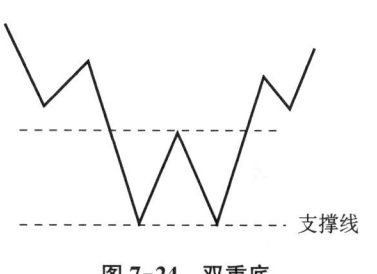

图7-24 双重底

双重底是一只股票持续下跌到某一水平后出现的技术性反弹,但回升幅度不大,时间亦不长,股价会再下跌。当跌至上次低点时却获得支撑,再一次回升,这次回升时成交量要大于前次反弹时的成交量。股价在这段时间的移动轨迹像英文字母W,这就是双重底,又称"W走势"或"W底"。

"双重底"图形的特点是,两个低价支撑点位置相当,而且在整个股价走势中,股价的变动与成交量的变动向同一方向变化。值得注意的是,在双重底形成的过程中,如果股价从第二个支撑点反弹后,出现了第三次回跌,其跌幅没有超过第二次跌幅的1/3,而后立刻反弹,创造新的高点。只有在这种情况下,才能确认"双重底"已经形成,否则股价可能仍处于低价调整期。一旦"双重底"图形形成后,投资者可抓紧时机,大量买进。"双重底"是标准的低价反转型,此后,股价定会不断上升。

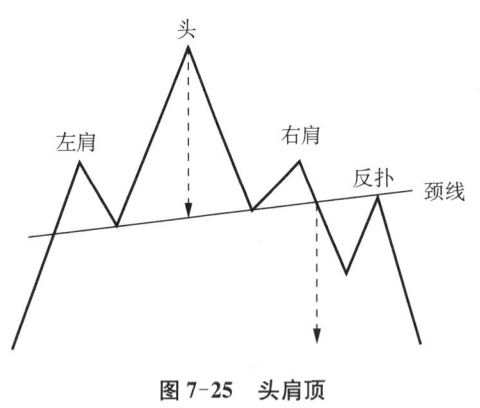

图 7-25 头肩顶

3) 头肩顶

头肩顶是最为常见的倒转形态图之一。头肩顶是在上涨行情接近尾声时的看跌形态,图形以左肩、头部、右肩及颈线构成,如图 7-25 所示。

在头肩顶形成过程中,左肩的成交量最大,头部的成交量略小些,右肩的成交量最小,成交量呈递减趋势。

股票价格从左肩处开始上涨至一定高度后跌回原位,然后重新上涨超过左肩的高度形成头部后再度下跌回原位;经过整理后开始第三次上涨,当涨幅达到左肩高度形成右肩后开始第三次下跌,这次下跌的杀伤力很大,很快跌穿整个形态的底部并不再回头。头肩顶为典型的熊市出货信号。

头肩顶形态呈现三个明显的高峰,其中位于中间的高峰较其他两个高峰的高点略高。成交量方面则出现阶梯式下降。

头肩顶是一个不容忽视的技术性走势,我们从这种形态可以观察到买卖双方的激烈争夺情况,行情上升后下跌,再上升再跌,最后买方完全放弃,卖方完全控制市场。

起初,看好的力量不断推动股价上升,市场投资情绪高涨,出现大量成交。经过一次短期的回落调整后,那些错过上次升势的投资者在调整期间买进,股价继续上升,而且攀越过上次的高点。表面看来市场仍然乐观,但成交量已大不如前,反映出买方的力量在减弱中。部分买家退出市场,于是股价再次回落。

4) 头肩底

头肩底是一种典型的趋势反转形态,是在行情下跌尾声中出现的看涨形态,它由左肩、底部、右肩及颈线组成,如图 7-26 所示。三个波谷成交量逐步放大,有效突破颈线阻力后,头肩底形态形成,股价反转高度一般都大于颈线与最低点之间的垂直高度。

在空头市场中,看空做空的力量不断下压股价连创新低,出现一定的递增成交量。由于已有一定的跌幅,股价出现短期的反弹,但反弹时成交量并未相应放大,主动性买盘不强,形式上还受到下降趋势线的压制,这就形成了"左肩";然后股价增量下跌且跌破左肩的最低点,随着股价继续下挫成交量和左肩相比有所减少,说明下跌动

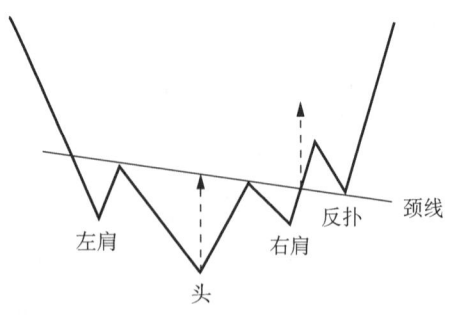

图 7-26 头肩底

力有所减小,之后股价反弹,成交量比左肩反弹阶段时放大,冲破下降趋势线,形成"头部";当股价回升到左肩的反弹高点附近时,出现第三次的回落,这时的成交量很明显少于左肩和头部,股价回跌至左肩的低点水平附近时,跌势便基本稳定下来形成"右肩";最后股价正式发动一次升势,伴随成交量的增加,有效突破颈线阻挡,成交量显著上升,整个头肩底形态形成。

头肩底的分析意义与头肩顶类似,表示过去的长期性趋势已扭转过来,股价一次一次地下跌,第二次的低点(头部)显然较先前的一个低点更低,但很快地掉头弹升,接下来的一次下跌股价,未跌到上次的低点水平已获得支持而回升,反映出买方正逐步改变市场形势。当两次反弹的高点阻力线(颈线)被打破后,表示买方代替卖方完全控制整个市场。

视频:反转形态的应用

3. 整理形态

整理形态是指随着多空双方对峙状态瓦解,在股市上多空双方不会是一方始终占上方,市场必须用一定的时间稳定某一股价,然后向实力强的一方倾斜,股价变化过程中形成的这种过渡图形,即为整理形态。

在实际股市中,一个大的反转形态往往包含了若干小的整理形态,而大的整理形态也可分解出几组反转形态。这种持续整理形态主要有三角形、矩形、旗形和楔形。

1) 三角形形态

三角形是一种重要的整理形态,根据收敛的形状,可分为对称、上升、下降三种形态。三角形由两条收敛的趋势线构成,如果上方趋势线向下倾斜,下方趋势线向上倾斜,此种三角形整理形态称为对称三角形,如图7-27所示;如果上方趋势线呈水平状态,下方趋势线向上倾斜,此种三角形整理形态称为上升三角形;如果下方趋势线呈水平状态,上方趋势线向下倾斜,此种三角形整理形态称为下降三角形。

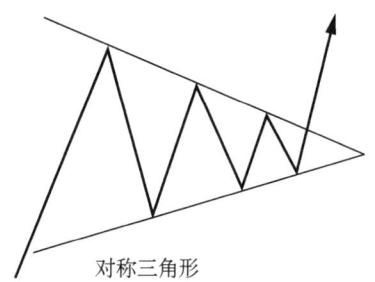
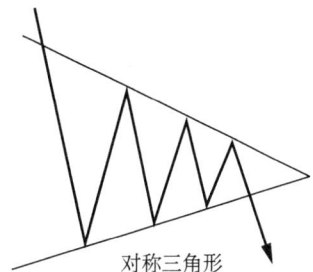

图 7-27 对称三角形

一般认为上升三角形突破必然向上,下降三角形突破必然向下,但实际情况也不尽如此。在很多情况下,三角形态都不能事先确定股价的波动方向,其突破是否有效取决于两点:其一,向上突破必须有成交量的配合,向下突破不一定要有量的配合;其二,三角形态突破只有在从起点至终点(末端)的大约三分之二处发生突破时,才会有效或具有相当的突破力度,股价若运行至末端才出现突破,其突破往往不会有效或缺乏力度。

2) 矩形形态

矩形是股价在上下两条水平界线之间上下起伏所构成的技术形态,如图7-28所示。股价上升到某一水平线时遇到阻力,无法上升调头回落,但回落到某一低点又获支撑而回升。可是回到上次同一价位时又一次受阻,而跌落到上次低点时则再次得到支撑,这种振荡会持续一个阶段,将这些短期高点和低点分别以直线相连,便形成一条非下降平行发展的通道——矩形。矩形表示一种实力相当的拉锯争斗,看好后市者在回落的低点买进,形成股价无法下跌的支撑力量,而不看好后市者则纷纷沽售,而市场主力仍处于观望之中。

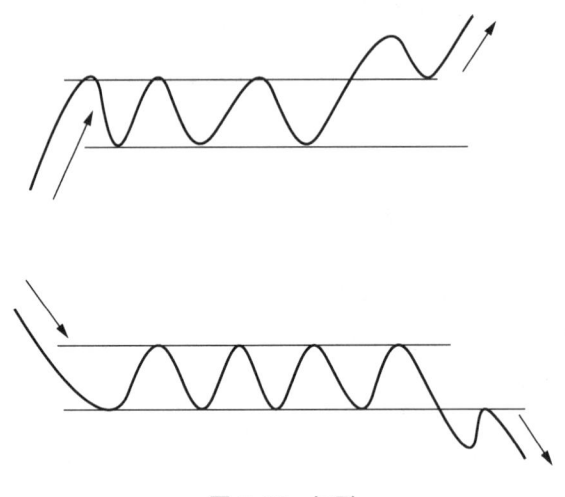

图 7-28 矩形

3) 旗形形态

旗形走势就如同一面挂在旗杆上的旗帜,这种图形经常出现在急速、大幅变动的市况中。股价经过一连串紧密短期波动后,形成一个略与原走势呈反方向倾斜的平行四边形,这种图形又可再分为上升旗形与下降旗形。

经过一段陡峭的上升行情后,股价走势形成了一个成交密集、向下倾斜的股价波动密集区域,把这一区域中的高点与低点分别连接在一起,就可得出一个下倾的平行四边形,称上升旗形,如图 7-29(a)所示。

当股价出现急速下跌行情后,接着形成一个波动区域紧密、稍向上倾的价格密集区域,分别把这一个区域中的高点、低点相连,即形成一个向上倾斜的四边形,称为下降旗形,如图 7-29(b)所示。

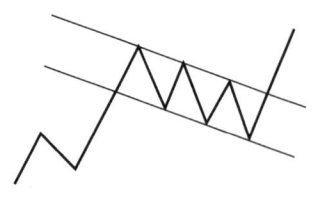 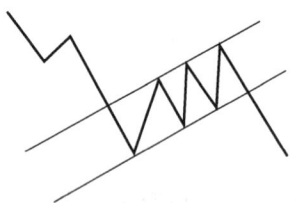

图 7-29(a) 上升旗形　　　　　图 7-29(b) 下降旗形

在上升旗形中,先是投资者共同看好股市,于是出现争购现象,促使股价上升到一个短期中的高点,原先买进股票者因上升产生利润而卖出。上升趋势受到阻力开始回落,但多数投资者依然看好后市,造成回落速度不快,幅度也不十分大,成交量有不断减少之状,反映做空力量不断减弱。经过一段时间的整理,在成交量的配合下,股价又沿着原来上升的方向急速上升,形成了"上升—整理—再上升"的规律。下降旗形则恰恰与上述情形相反。

4）楔形形态

楔形是股价介于两条收敛的直线中变动形成的趋势形态。与三角形形态不同的是,楔形两条界线同时上倾或下斜。成交量变化和三角形形态一样向顶端递减。楔形又分为上升楔形和下降楔形。上升楔形指股价经过一次下跌后有强烈技术性反弹,价格升至一定水平又掉头下落,但回落点较前次为高,又上升至新高点比上次反弹点高,又回落,形成一浪高一浪之势,把短期高点分别相连,短期低点相连形成一条向上倾斜直线,下面一条则较为陡峭,如图7-30所示。下降楔形则相反,高点一个比一个低,低点也是一个比一个低,形成两条同时下倾的斜线。两种楔形成交量都是越接近端部,成交量越少。

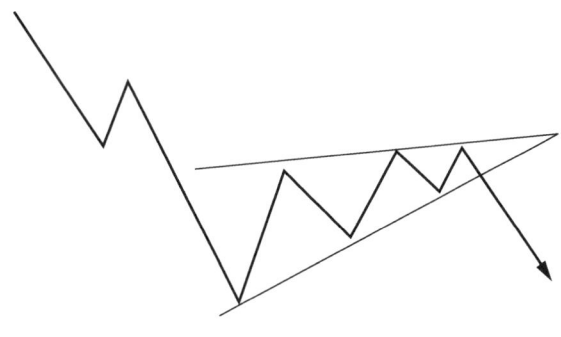

图 7-30　上升楔形

上升楔形是一个整理形态,常在跌市回升阶段出现。上升楔形显示尚未跌见底,只是一次跌后技术性反弹而已,当其下限跌破后,就是卖出信号。上升楔形的下跌幅度,至少将新上升的价格跌掉,而且要跌得更多,因为尚未见底。

下降楔形的市场含义与上升楔形刚刚相反。股价经过一段时间上升后,出现了获利回吐,虽然下降楔形的底线往下倾斜,似乎说明市场的承接力量不强,但新的回落浪较上一个回落浪波幅较小,说明沽售力量正在减弱中,再加上成交量在这阶段中减少,说明市场卖压力量的减弱。

本章小结

本章的主要学习内容是证券投资的技术分析。通过本章的学习,我们认识了技术分析及其作用、基本要素等,掌握了K线的形态、单根K线及K线组合的应用,均线的计算方式及均线在实践中的使用,了解了各种指标如MACD、KDJ等对股票价格的影响。这些内容可为投资者做证券投资技术分析提供帮助。

本章重要概念

技术分析　K线　开盘价　收盘价　最高价　最低价　支撑线　压力线　黄金交叉　死亡交叉　空头排列　多头排列　趋势　移动平均线　MACD　KDJ　黄金分割点　双重顶　双重底　头肩顶　头肩底　整理形态

练一练

练一练答案

第四篇
风险收益篇

第八章 证券投资收益、风险及其衡量

> 内容简介
> 学习目的和要求
> 第一节 证券投资的收益及风险
> 第二节 证券投资收益及风险的衡量
> 本章小结
> 本章重要概念

内容简介

本章主要讲解了证券投资中的收益及风险,重点介绍了证券投资的收益、风险种类,以及引起风险的原因,同时介绍了投资组合理论等相关理论。本章难点是投资收益与风险的关系,以及收益、风险的衡量、计算。

学习目的和要求

通过本章的学习,学生应了解证券投资是一项收益与风险并存的经济活动,能够熟悉投资过程中面临的不同风险,以及可能获得的各种收益,并对引起风险的原因有一定的了解;理解投资收益与风险的关系,能够掌握证券投资的收益、风险的分类,能够借助相关数量公式进行衡量、计算,并对投资组合理论有一定的认识和了解。

引例 股市有风险,投资需谨慎

在股票投资风险中,有一类风险,即行业政策调控风险,有时来得迅猛,让人没有招架之力。政府对某行业的政策进行突然调整,虽然可能在未来的较长一段时间才会对该行业内企业的盈利产生实质影响,但是政策变动在二级证券市场上的反应相当快,通常在公布消息的最近一个交易日便会体现。我们来看以下两个案例:

2018年6月1日国家发展改革委、财政部、国家能源局联合发布《关于2018年光伏发电有关事项的通知》(以下简称《通知》),《通知》提出暂不安排2018年普通光伏电站建设规模,仅安排1 000万千瓦规模用于分布式光伏项目,并自发文之日起对新投运的光伏电站标杆上网电价每千瓦时统一降低0.05元。这一文件被视为史上最严苛的光伏政策,该政策的出台有可能引起光伏产业的洗牌。受该利空消息影响,光伏板块早盘全线重挫,阳光电源、通威股份、林洋能源、隆基股份均封跌停,中环股份大跌,晶盛机电、特变电工、福斯特等个股均跌超7%。虽然,11月2日国家能源局召开会议,会上强调光伏仍是国家重点支持的清洁能源,未来会得到更多支持,相关股票因为利好出现反弹,但是光伏板块上市公司仍在下跌。

2018年11月15日晚上,《国务院关于学前教育深化改革规范发展的若干意见》(以下简称《意见》)公开发布,明确要遏制过度逐利行为,民办幼儿园一律不准单独或作为一部分资产打包上市。上市公司不得通过股票市场融资、投资营利性幼儿园,不得通过发行股份或支付现金等方式购买营利性幼儿园资产。受此消息影响,15日晚间,在美国上市的红黄蓝教育,开盘直接崩盘,暴跌近60%,触发熔断,市值蒸发2.6亿美元(约18亿人民币);港股和A股市场上,多家教育相关股受到波及。11月16日,港股上市公司开盘跳水,天立教育跌32.20%,21世纪教育跌25.23%,宇华教育跌16.88%,睿见教育跌11.64%;A股上市公司中,与学前教育相关的威创股份、秀强股份、电光科技、昂立教育均受到不同程度影响,其中威创股份跌停。

行业政策的突然改变往往猝不及防,一不小心就损失惨重,而且有的根本无法预防。连大家认为无周期、最稳定的教育行业都有风险,更何况其他稳定性相对更弱的行业呢?没有百分百保险的行业,投资者要永远保持对行业风险的敬畏之心。

资料来源：佚名.股票投资风险案例——行业政策［EB/OL］.（2018-11-17）［2021-08-24］.https://zhuanlan.zhihu.com/p/50190837.

第一节 证券投资的收益及风险

一、投资要素及投资者目标

1. 投资要素

投资必须具备三个要素：

（1）收益。投资是为了获得未来报酬而采取的一种经济行为，收益即投资所取得的报酬。

（2）时间。投资是一个行为过程，从投入到可能的未来报酬获得，要经过一定的时间间隔。

（3）风险。获得的报酬是不确定的，即是以风险为代价的。时间间隔越长，不可预测的因素越多，不确定性就越大，即风险性越大。

2. 投资者目标

投资者的目标是什么？有人将其仅仅看作是取得最大的利润或收益，那就过于简单化了。证券投资必然要承担一定的风险。换言之，投资可能得不到收益，甚至有一定的损失。因此，将投资的风险控制在一定的限度内，是投资的一个重要因素。也就是说，投资获利的主要约束是使风险最小化，这称作避险心理。

可以这么假设：若面临两种证券投资选择，其预期收益相同，但是风险有别，那么，一个理性的投资者将选择风险小的证券；如果两种证券投资风险程度相同，理性的投资者将选择预期收益大的证券。因此，理性投资者的目标是：在两个重要的目标之间加以权衡，使收益最大或使风险最小。

二、证券投资收益

（一）证券投资收益的来源及其成本构成

1. 证券投资收益的来源

证券投资收益是指投资者在一定时期内进行投资，其所得与其支出的差额，即证券投资者在从事证券投资活动中所获得的报酬。差额若为正，则数额越大说明收益越高，反之则说明收益越小。差额若为负，则说明该项投资收益为负收益或净亏损。换言之，证券投资收益就是投资者在购买、持有、出售某种有价证券的过程中各种投资回报与投入本金之间的差额。

另外，证券投资收益也可以用投资收益率表示。投资收益率就是投资收益额（即报酬）与投资总额（初始投资额）的比率。通常其计算公式为：

$$y = \frac{I + P_t - P_0}{p_0} \times 100\% \tag{8-1}$$

式(8-1)中，y 为投资收益率，I 为投资期间的红利收入，P_t 为某证券在 t 时刻的价格，P_0 为某证券的初始价格。

公式(8-1)是衡量投资收益率的基础，实际运用时要考虑未来现金流量的变化及其他因素。投资收益率的计算远比该公式复杂，它涉及不同的投资工具、不同的持有期限、通货膨胀等因素。

理论上来说，证券投资收益应包括三部分：一是证券持有收益。这是投资者通过持有某种证券而自动获得发行者分配性回报的收益；二是证券交易收益。它是指投资者通过在证券市场低价买进然后高价卖出某种证券所获得的价差收益。三是派息再投资收益。它是指投资者利用某种证券所派之息，在证券市场上购买更多同种证券，直至期末一同出售而获取的收益。证券投资所获得的收益既可能包括上述全部收益，也可能仅包括其中的两项或一项收益，这取决于投资者选择的投资方式。

证券投资主要是为了获取收益，但其收益来源却大相径庭。由于人们的投资心态、资金实力及风险承受能力等不同，选择的投资对象、投资期限等也各不相同。若投资者进行长期投资，则投资股票的收益主要是获得股息或红利收入，投资者还能获得资本增值收入；选择债券投资的收益主要是获得固定的利息收入。若投资者进行短期投资，则其投资收益主要是差价收入。若投资者采用长、中、短期相结合灵活操作的策略，则其收益可能包括投资股票的股息、红利收入，投资债券的利息收入，买卖证券的差价收入和资本增值收入等。

相关思考 8-1

证券投资收益还有哪些表现形式？

证券投资收益有股息、债息、差价收益等。那么，对于股票投资来说，成为股东后所获得的重大决策表决权、公司的经营管理权、公司的控制权等，是否可以看成是证券投资的收益形式？其实这些都可以视为投资收益，属于非货币收益。当然，这些非货币收益最终也可以通过货币收益进行量化。

2．证券投资的成本

为了获取投资收益，投资者要付出一定的代价，即证券投资成本。只有将收益与成本联系起来进行分析，才能比较准确、客观地评价投资收益的高低，该项分析评价也才能更有价值。

证券投资者的成本包括参与证券交易活动按规定交纳的各种成本费用。

1) 委托手续费

投资者不管买卖是否成交都要向证券商付出该项费用，不同的交易所有不同的收费标准。

2) 交易手续费(佣金)

投资者委托证券商买卖股票，成交后就要按成交额的一定比例向证券商交纳佣金。世界各国基本上已经从固定佣金制转为了浮动佣金制。以股票交易为例，目前我国股票交易的佣金比例在不超过 3‰ 的范围内浮动，基本上在 1.2‰～1.5‰。

3) 证券交易印花税

证券交易印花税是 1990 年为抑制股票交易过热而设立的，它实际上就是证券交易税。印花税是凭证税，我国长期把它用来代替证券交易环节的行为税，无论名实关系、税率设置、法理依据，显然都并不十分科学。

我国证券交易印花税税率几经变更,但这个套用印花税之名、实质应该为证券交易税的特殊税目却一直延续到今天。我国证券交易印花税经过多次变更,从过去的双边征收到现在的单边征收,税率从最初的6‰到现在只对卖方单边征收的1‰。

当然,对于一些理性的证券投资者来说,除了以上主要的成本开支,证券投资者的支出项目还包括:参考书及各种资料开销,经纪人提供各种服务的收费等。因此,进行证券投资时不能只考虑收益而忽略了成本。

(二)股票投资收益

由于现实中主要以股票、债券作为证券投资的对象,本节在分析投资收益时主要分析股票、债券投资的收益。

股票投资收益是指投资者从购入股票开始到出售股票为止整个持有期间的收入,主要表现为股息收入、资本损益、资本增值收益等。

1. 股票投资收益的表现形式

1)股息

股息是指股票持有者依据所持股票从发行公司分取的盈利。通常,股份有限公司在会计年度结算后,将一部分利润作为股息分配给股东。其中,优先股股票的股东按照规定的固定股息率优先取得固定股息,普通股股东则根据余下的利润及公司的股利政策分配股息。股东在取得固定的股息以后又从股份有限公司领取的收益,被称为红利。

股息的来源是公司的税后利润。公司从营业收入中扣减各项成本和费用支出、应偿还的债务及应缴纳的税金后,余下的即为税后利润。股息作为股东的投资收益,用以股份为单位的货币金额表示,但股息的具体形式可以有多种,如现金股息、股票股息、财产股息等。现金股息即以现金形式支付的股息。而股票股息即以股票方式派发的红利。股票股息分配通常是按公司现有股东持股比例进行的,是一种留存收益的资本化现象。财产股息即公司用现金以外的其他财产向股东分派红利。常见的股息主要是前两种。

 延伸阅读 8-1

建 业 股 息

股息收益中,还有一种特殊少见的股息叫建业股息。建业股息又称"建设股息",是指经营铁路、港口、水电、机场等业务的股份公司,由于其建设周期长,不可能在短期内开展业务并获得盈利,为了筹集所需资金,在公司章程中明确规定并获得批准后,公司可以将一部分股本作为股息派发给股东的股息形式。建业股息不同于其他股息,它不是来自公司的盈利,而是对公司未来盈利的预分,实质上是一种负债分配,是无盈利无股息原则的一个例外。建业股息的发放有严格的法律限制,在公司开业后,应在分配盈余前抵扣或逐年抵扣冲销,以补足资本金。

资料来源:秦桂兰.证券投资学[M].北京:中国财政经济出版社,2017.

2)资本损益

上市股票具有流动性,投资者可以在股票交易市场上出售持有的股票收回投资、赚取盈利,也可以利用股票价格的波动低买高卖赚取差价收入。股票买入价与卖出价之间的差额就是资本损益。当股票卖出价大于买入价时为资本收益或资本利得;当卖出价小于买入价时为资本损失。由于上市公司的经营业绩是决定股票价格的重要因素,资本损益的取得取决于股份公司的经营业绩和股票市场的价格变化,同时与投资者的投资心态、投资经验与投资技巧等也有很大关系。

3) 资本增值收益

资本增值收益是股票投资者的另外一项投资收益。股票投资报酬不仅只有股利,股利仅是公司税后利润的一部分。公司税后利润除了支付股息和红利,还留有一部分作为资本公积金和未分配利润,股东对其拥有所有权,作为公司资产的增值部分,它仍应属于股票收益。

股票投资的资本增值收益不是来自当年可分配利润,而是公司提取的公积金,因此又称为公积金转增股本。公积金转增股本通常采取送股的形式,送股又称无偿增资扩股,它是一种投资者不必交纳现金就可获取收益的一种扩股形式。

它有两种类型:一是将盈余公积金中可发放现金红利部分转为股票赠送给股东(也称红利发放);二是将资本公积金(包括盈余结存及资产重估增值等)转入股本金,股东无偿取得新发股票。

另外,公司股本扩张还会采取配股的形式。配股又称为有偿增资扩股,是公司按老股东持股比例配售新股的扩股形式。配售扩股的价格一般低于市场价,以作为对老股东的优惠。经过送配,股价将除权。若除完权后,实际价格回升到理论除权价之上则为填权,投资者获得资本扩张收益;反之为贴权,投资者利益受损。

2. 股票投资收益的影响因素

股息收益是股票投资收益的重要部分,公司派发多少股息是一个未来变量,主要受到以下因素的影响。

1) 股份公司的经营业绩及盈利水平

股份公司的税后利润是公司股息的唯一来源。公司的税后利润并非全部用来发放股息,而是用来弥补亏损或提取公积金和公益金的剩余部分。如果公司经营业绩好,盈利水平高,可发放股息的利润剩余部分就多,股息收益就高;反之,股息收益就低。

2) 股份公司的经营决策

从理论上来讲,公司的税后利润是用于发放股息还是留存下来作为资本积累,对于股东来说都是一样的,因为两者都属于股东权益。但不发放股息有很多优点,如税后利润作为资本,会促进公司股票上涨;当公司需要筹资时,利用公司的留存盈余比外部筹资成本更低,同时节省大量的时间和财力。因此,股息是否发放,还需要看公司的经营决策或股利政策。

3) 股份公司的负债情况

股份公司在日常生产经营过程中会或多或少对外负债,如从银行贷款或其他企业借款,同时公司为了筹集资金可能会发行债券。股份公司会与外界形成各种债权债务关系。股份公司必须按规定在偿还债务之后,才会形成公司的净利润。因此股份公司的债务数额就制约着公司股东分配股息水平的高低。

一般来说,在股份公司盈利一定的情况下,公司债务越多,用于分配股息的净利润就越少;反之,公司债务越少,公司净利润就越多,股东分配的股息就越多。

4) 股东的态度

股东对待股息分配的态度如何,也能左右公司派发股息的多少。从实践情况看,大多数投资者均倾向于到期就发放股息,而且要求尽可能多发。在即时分配与将来分配之间,他们大多宁愿目前收到较少的股息,也不愿意等到未来去获取不确定的较多的股息。不少投资者认为,股息发放越多,就越能增加公司股票对投资者的吸引力,进而支持或提高公司股票的市场价格。

5) 法律的制约

世界各国公司法对股份公司的股息分配一般都有较为严格的限制。较重要的限制条款包括:股份公司当年无盈利时,不得分派股息;公司流动资产不足以抵偿到期应付债务时不得分派股息;公司利润在未扣除各项应交税费、未弥补亏损、未提取法定公积金时,不得分派股息;公司董事会作出的分派股息的决定不得与公司章程相抵触;股息的分派不得影响公司资本的结构等。

总之,股份公司主要根据公司税后利润多寡、公司经营政策、公司债务情况和大多数股东的态度等因素来确定股息的发放水平。在一般情况下,公司既不会把其税后利润全部用于发放股息,也不会完全不发放股息。

以上是影响股息多少的因素。对于资本损益的多少,前面已经提到与投资者操作有关,但同时也与股票自身的价格波动情况有关。

延伸阅读8-2

股票收益分配中的相关概念

股票收益分配会涉及很多重要的概念,对于投资者来说,搞懂这些概念对于掌握自己获取的收益及盈利情况很有帮助:股权登记日,除权、除息日,含权股,含息股;填权和贴权。

上市公司的股份每日在交易市场上流通,上市公司在送股、派息或配股的时候,需要定出某一天,界定哪些股东可以参加分红或参与配股,定出的这一天就是股权登记日。在股权登记日这一天仍持有或买进该公司的股票的投资者,可以享有此次分红或参与此次配股。这部分股东名册由证券登记公司统计在案,届时将应送的红股、现金红利或者配股权划到这部分股东的账上。

股权登记日后的第一天就是除权日或除息日,这一天或以后购入该公司股票的股东,不再享有该公司此次分红、配股。

上市公司在宣布董事会、股东大会的分红、配股方案后,尚未正式进行分红、配股工作,股票未完成除权、除息前就称为"含权"或"含息"股票。

股票在除权后交易,交易市价高于除权价,取得分红或配股者得到市场差价而获利,为填权。交易市价低于除权价,取得分红或配股者没有得到市场差价,造成浮亏,则为贴权。

资料来源:中国证券业协会.金融市场基础知识[M].北京:中国财政经济出版社,2021.

1 351股拟派现,东阿阿胶等4股亏损仍分红

(三) 债券投资收益

债券投资收益是指投资人持有债券而获得的利息报酬等收入。一般来说,债券投资收益主要来自三部分:一是债券的利息收益。这是债券发行时就决定的,除保值贴补债券和浮动利率债券,债券的利息收入不会改变,投资者在购买债券前就可得知。二是资本损益。资本损益受债券市场价格变动的影响。三是投资再收益。由于资本损益和再投资收益具有不确定性,投资者在作投资决策时,计算的到期收益率只是预期的收益率,只有当投资期结束时才能计算实际收益率。

1. 债券投资收益的表现形式

1) 债券利息

债券利息收益取决于债券的票面利率和付息方式。票面利率的高低直接影响着债券发行人的筹资成本和投资者的再投资收益。债券利息一般由债券发行人根据债券本身的性质和对市场条件的分析决定。首先,要考虑投资者的接受程度。其次债券的信用级别是影响债券票面利率的重要因素。再次,利息的支付方式和计息方式也是决定票面利率的因素。最后,还要考虑证券主管部门的管理和指导。

2) 资本损益

债券投资的资本损益是指债券买入价与卖出价或到期偿还额之间的差额。同股票的资本损益一样,债券的资本损益可正可负:当卖出价或到期偿还额大于买入价时,资本损益为正,即为资本收益;当卖出价或到期偿还额小于买入价时,资本损益为负,即为资本损失。投资者可以在债券到期时将持有的债券兑现,或是利用债券市场价格的变动低买高卖,从中取得资本收益,当然也有可能遭受资本损失。

3) 再投资收益

再投资收益是投资债券所获现金流量再投资的利息收入。对于附息债券而言,投资期间的现金流是定期支付的利息,再投资收益是将定期所获得的利息进行再投资而得到的利息收入。决定再投资收益的主要因素是债券的偿还期限、息票收入和市场利率的变化。如果未来的再投资收益率低于购买债券时预期的到期收益率,则投资者将面临再投资风险。对于无息票债券而言,由于投资期间并无利息收入,因而也不存在再投资风险,持有无息票债券直至到期所得到的收益就等于预期的到期收益。

2. 债券投资收益率

债券投资收益的多少可以通过债券投资收益率来衡量。而债券投资收益率与股票收益率不同,股票收益中红利是不固定的,所以股票收益率包括较多的预测因素。债券的利息和偿还期一般是事先确定的,在投资时即可准确计算出收益率。

衡量债券投资收益率的指标主要有:名义收益率、当期收益率、持有期收益率和到期收益率等。这些收益率指标在第三章中已经进行了详细阐述。

(四) 影响证券投资收益的因素

获取投资收益是投资者的最终目标。但是并非所有投资者总会获利,甚至更多的是亏损。那么哪些因素会对证券投资收益产生影响呢?

1. 证券的市场价格

证券的市场价格对投资者来说至关重要。在相对低的价格上,最糟糕的证券也有吸引力;在相对高的价格上,最有魅力的证券也少人问津。

要判断某种证券价格的相对高、低,首先要确定该公司证券的内在价值。证券价格是由证券内在价值决定的,价格是内在价值的外部反映,尽管两者有时发生偏离,但不会长期脱离。

当某种证券以低于其内在价值的价格在市场上交易时,这就是一个很好的投资机会,当越来越多的人认清了这种股票的内在价值而去购买时,该证券价格必然上升,证券价格上升到一定水平时,卖出证券,投资者可赚取买卖差价收入。相反,当人们发现某种证券的内在价值已低于其交易价格,不再具有上升的潜力时,越来越多的人就会抛出该种证券,其证券价格必然下跌。

衡量证券内在价值的关键是公司的盈利,可用市盈率表示。有的投资者喜欢投资市盈率较低的证券,认为市盈率低的证券价格低于其内在价值。市盈率在大多情况下可作为衡量证券价值的准绳,但在某些情况下,其作用是有限的。如当一个公司的业务周期性波动,或因困难时期有暂时下降时,市盈率的变化大于股价的变化,如果公司能尽快恢复,股价还会上升,这时较高的市盈率不预示股价下跌。

投资者应掌握更多的衡量股票价格的方法,如获利能力等,把握证券价格内在价值,从中获利。

2. 证券的投资期限

证券投资追求的收益是未来的,资本证券相对来说是长期性证券,因而证券投资意味着长期投资,但由于投资者可以中途转让手持证券,证券投资也可以是短期投资。

投资期限与预期获得收益的高低存在着正比例关系:期限越长,风险越大,收益越高。这种因投资时间延续伴随的风险有时称期限风险,为了补偿这种风险,在同类证券中,如果期限较长,给予的收益也就较高。

3. 银行利率的升降

利率上升,证券价格一般都会下降;反之亦然。但利率变动对不同证券的影响并不一致。利率变动对普通股收益影响的表现:利率下降,企业经营利息负担减轻,获利能力增强,证券市场上资金供给量增加,普通股票价格上升,利率上升,情形则相反。

而利率变动对债券收益的影响表现在:利率下降时,市场的货币量增加,投资者风险回避倾向减弱,投资债券的利息收入超过市场利率,投资者要买到债券,必须在价格上作出让步,从而导致债券价格上升;利率上升时的情形则相反。

另外,利率对偿还期不同的债券的影响也是不同的,利率对长期债券的影响要大于对短期债券的影响。当利率下降时,由于货币量增加,投资者回避风险倾向减弱,更愿购买利率较高的长期债券,因此,长期债券价格的上升幅度大于短期债券的上升幅度,长期债券将比短期证券获得较高收益;利率上升时的情形则相反。

4. 通货膨胀率的高低

通货膨胀对不同证券收益的影响也是不同的。一般而言,通货膨胀会对证券收益产生不利影响。

发生温和通货膨胀时,物价上涨,公司的产品收入、利润相应增加,而股票红利上升,股价也随之上涨,这使普通股投资者也可获得较大收益。

发生恶性通货膨胀时,经济和社会不稳定,可能会使普通股价暴跌,投资者会蒙受损失。

通货膨胀对优先股和债券的影响:由于优先股和债券的收益是一般是固定的,不随物价上升而上升,当物价水平上升时,其实际收益减少。如果物价水平下降,优先股和债券的收益不下降,投资者就能获得较多的实际收益。例如,某一时期物价普遍上升10%,年收益率为12%的固定收益的优先股和债券的投资人,所获实际收益率仅为2%;如果物价水平普遍下降2%,则实际收益率为14%。

5. 公司盈利水平

公司盈利水平对不同证券收益的影响也是不同的。

1) 对普通股收益的影响

普通股红利不固定,随企业经营状况而定,一般是呈正相关关系。公司盈利水平的变化也会直接影响公司股票价格的上涨或下跌。一般而言,公司的盈利水平高,普通股红利高,股价上涨;反之下跌。投资者所持股票价格的上升或下降会影响投资者的收益率。

2) 公司盈利水平对优先股收益的影响

优先股股息是固定的,在公司盈利水平提高时,其收益水平不会随之增大;当公司盈利水平下降时,其收益不会随之减少。只有当企业财务状况相当困难时,公司才会停止支付优先股股息。另外,公司盈利水平的高低,虽然也同方向地引起优先股价的变动,但变动幅度较普通股要小。

3) 公司盈利水平对公司债券投资收益的影响

公司债券利息也是固定的,如果公司盈利下降,为了公司的信誉,公司也不会减少或停止支付利息,只有当公司财务陷入极大困境或面临倒闭时,债券的还本付息才会成问题。

当公司盈利增加,债券利息的派发更有保障,风险降低,投资者更愿意认购,债券价格上涨;当公司盈利减少,债券利息派发的可能性降低,风险增加,投资者不愿认购,债券价格下跌。

6. 证券投资者支付的佣金及所得税

投资者委托买卖应向证券交易所支付佣金,佣金高会提高投资者的交易成本,投资者收益相对减少;相反,佣金低会减少投资者的交易成本,投资者收益相对较高。

如果证券交易所规定的佣金比例太高,这在一定程度上会打击投资者投资的积极性,从而限制市场交易范围,使市场走向低迷。

证券投资者应依法向税务机关纳税。如果所有的证券都要纳税,那么税率的高低会影响投资者的收益。税率低,会减轻投资者的交易成本,相应地增加了投资者的收益,起到鼓励证券交易和证券投资的作用。否则会限制证券投资和交易,证券市场将趋于冷淡,行市走向低迷。

如果有些证券是可以免税的,有些能部分免税,有些则完全不能免税,会对证券市场价格产生不同影响,进而影响投资者的收益。通常具有免税能力的证券,其市场价格的变动幅度不大,投资所得的差价收益要比一般证券低,而不具备免税能力的证券在市场上价格波动幅度较大,投资所得的差价收益要比具有免税能力的证券大得多。

三、证券投资风险

证券投资是一种高度复杂而又充满风险的金融活动。一方面,它可能给投资者带来一定的收益,另一方面,它也可能给投资者带来一定的风险。

风险是一种不确定性。从狭义角度理解,风险一般是指造成投资者损失的可能性。证券投资风险就是投资者在投资期内不能获得预期的收益或遭受损失的可能性。

从风险的性质角度看,证券投资的所有风险可以分为两大类:系统风险和非系统风险。

(一) 系统风险

系统风险是指由某种全局性的共同因素引起的投资收益的可能变动,这种因素以同样的方式对所有证券的收益产生影响。这类风险来源于宏观方面的变化,而且不能通过证券投资组合加以分散,也称为"不可分散风险"。

1. 系统风险的种类

系统性风险主要包括政策风险、经济周期波动风险、利率变动风险和购买力风险等。

1) 政策风险

政策风险是指有关证券市场的政策发生重大变化或政府有重要的法规、举措出台,引起证券市场的波动,从而给投资者带来的风险。

政府对本国证券市场的发展通常有一定的规划和政策,借以指导市场的发展和加强对市场的管理。在某些特殊情况下,政府有可能会改变证券市场的战略部署,出台一些扶持或抑制市场发展的政策,制定出新的法令或规章,从而改变市场原先的运行轨迹。由于政策是政府指导、管理整个证券市场的手段,一旦出现政策风险,几乎所有的证券都会受到影响,政策风险属于系统风险。

延伸阅读8-3

熔断,史上最短命的股市机制

2016年1月1日,经过几个月的酝酿,A股熔断机制正式推出。熔断机制是一种市场保护机制,即在证券交易过程中,当价格波动幅度达到某一限定目标时,交易将暂停一段时间,类似于电力设备中的保险丝熔断,因此被称为熔断机制。以美国标普500为例,当指数跌幅达到7%时,交易暂停15分钟,指数跌幅达到13%时,交易再次暂停15分钟,当指数跌幅达到20%时,纽交所将在当天关闭交易。

为何我国要实施熔断机制?其实我国的期货市场在沪深300期货推出之前,中金所在仿真交易阶段测试了熔断机制,但期指开市前就没有触发过熔断,同时还有涨跌停的限制,因此股指期货上市时就没有推出熔断机制。但人算不如天算,以前从未出现过的千股跌停2015年频繁出现,甚至股指期货都出现过连续跌停的情况。推出熔断机制可以说是迫在眉睫。恰好8月24日,美国股指期货出现熔断。于是乎,在众多股民的呼声中,中国证监会于9月6日宣布将研究、制订实施指数熔断机制。

经过长期酝酿的A股熔断机制是具有中国特色社会主义的熔断机制。国外实行熔断制度皆因为没有涨跌停制度,而我国在10%涨跌幅的限制下仍然推出了指数熔断机制,可谓极具特色。当沪深300指数日内达到涨跌幅一定阈值时,上海证券交易所和深圳证券交易所上市的全部股票、可转债、可分离债、股票期权等股票相关品种暂停交易,中金所的所有股指期货合约暂停交易。暂停交易时间结束后,视情况恢复交易或直接收盘。

然而熔断机制实施后短短4天,这项机制即被叫停,成为史上最短命的一种机制。1月4日是2016年的第一个交易日,也是中国证券交易史上里程碑式的日子,从这一天开始,A股交易实施股指熔断机制。根据规定,当沪深300指数触发5%熔断阈值时,三家交易所暂停交易15分钟,而如果尾盘阶段触及5%或全天任何时候触发7%则暂停交易,直至收市。

当天的低开似乎不是个好兆头,很快,在2015年损失惨重、期待2016年开门红的投资者们就遭遇了当头一棒:股指在巨大的抛盘打压下不断走低,接连击破3500点和3400点整数关,终于在午后开盘的13:30跌破5%,触发了熔断,15分钟后,重新开盘的股市继续下跌,只用了6分钟便在13:34将跌幅扩大至7%,触发了7%的熔断阈值,三大交易所暂停交易至收盘。

元旦后开盘第一天,股市便遭遇了血洗。然而好戏不算完,在弱势反弹了两天后的1月7日,沪深300指数在9:42便触及5%跌幅造成熔断,9:57重新开盘后,仅用了上次一半的时间便将跌幅扩大至7%。

由于下跌过于迅速,成交量根本来不及放出,深圳某家中小型券商当日全天的佣金收入只有区区900元。比券商更惨的是股民,根据统计,2016年仅仅4个交易日,股民的市值就损失了约5.6万亿元。

损失惨重的投资者和伤心欲绝的券商都把矛头指向了熔断机制。愤怒的股民刷爆了中国证监会的官方微博留言,而券商则纷纷上书,请求立即修正熔断机制。

1月7日晚间,上海证券交易所、深圳证券交易所紧急发布通知:为维护市场稳定运行,经中国证监会同意,自1月8日起暂停实施指数熔断机制。从1月4日始至1月7日止被叫停,熔断机制成了中国证券史上最短命的股市政策。

资料来源:陆澍敏.熔断 史上最短命的股市机制[J].新民周刊,2016(03):38-41.

疫情蔓延、股市熔断,美国经济离衰退还有多远?

2）经济周期波动风险

证券行情变动受多种因素影响,但决定性的因素是经济周期的变动。经济周期是指社会经济阶段性的循环和波动,是经济发展的客观规律。经济周期的变化决定了企业的景气和效益,从而从根本上决定了证券行情,特别是股票行情的变动趋势。这种行情变动不是指证券价格的日常波动和中期波动,而是指证券行情长期趋势的改变。

经济周期变动是国民经济活动依次经过高涨、衰退、萧条和复苏四个阶段所形成的。它决定了企业的景气和效益,从根本上决定了证券行市。证券行情随经济周期的循环而起伏变化,总的趋势可分为看涨市场(多头市场)和看跌市场(空头市场)两大类型。

证券价格指数呈现出持续上升的趋势就是看涨市场,呈现出持续下跌的趋势就是看跌市场。

看涨市场从萧条开始,经复苏到高涨;而看跌市场则从高涨开始,经衰退到萧条。看涨市场的证券行情并非直线上升,而是大涨小跌,不断出现盘整和回档,在看跌市场中,证券行情也非直线下降,而是大跌小涨,不断出现反弹。

在这两大变动趋势中,一个重要的特征是,在整个看涨行市中,几乎所有的证券价格都会上涨,在整个看跌行情中,几乎所有证券的价格都会下跌,只是涨跌的程度不同而已。例如2008年的金融危机,全球股市遭遇了极大的冲击,各国股市行情无一幸免。

3）利率变动风险

利率变动风险是指市场利率变动引起证券市场变动的可能性。市场利率的变化会引起证券价格变动,并进一步影响证券收益的确定性。

市场利率与证券价格呈反向变化,即利率提高,证券价格水平下跌;利率下跌,证券价格水平上涨。利率从两方面影响证券价格:一是改变资金流向。当市场利率提高时,会吸引一部分资金流向银行储蓄、商业票据等金融资产,减少对证券的需求,使证券价格下降;市场利率下降则会刺激证券价格上涨。二是影响公司的盈利。利率提高,公司融资成本提高,在其他条件不变的情况下净盈利下降,派发股息减少,引起股票价格下跌;利率下降,融资成本下降,净盈利和股息相应增加,股票价格上涨。

市场利率风险对债券等固定收益证券的影响较大,对于债券投资者来说,最主要的风险就是利率变动风险。而利率风险对优先股票和普通股票的影响依次减少,对长期证券的影响较大,对短期证券的影响较小。

4）购买力风险

购买力风险又称为通货膨胀风险,是由于通货膨胀、货币贬值给投资者带来实际收益水平下降的风险。在通货膨胀条件下,随着商品价格的上涨,证券价格也会上涨,投资者的货币收入有所增加,这会使他们忽视购买力风险的存在并产生一种货币幻觉。其实,由于货币贬值,货币购买力水平下降,投资者的实际收益不仅没有增加,反而有所减少。投资者应通过计算实际收益率来分析购买力风险。一般情况下,实际收益率=名义收益率-通货膨胀率。只有当名义收益率大于通货膨胀率时,投资者才有实际收益。

购买力风险对不同证券的影响是不相同的,最容易受其损害的是固定收益证券,如优先股、债券。因为它们的名义收益率是固定的,当通货膨胀率上升时,实际收益率将会明显下降。相比之下,浮动利率债券或者保值贴补债券的购买力风险较小。

普通股股票的购买力风险相对较小。股票代表拥有公司财产的权利,其名义收益率是可变的,当发生通货膨胀时,通常能增加公司的利润;存货、机器设备等其他固定资产均随物价上涨而增值;公司的名义股息率也会随之上升,从而在某种程度上会减轻通货膨胀带来的损失。当出现严重通货膨胀时,社会经济秩序紊乱,企业承受力下降,此时物价上涨幅度远远大于股息增加、股价上涨幅度,普通股也就很难抵偿购买力下降的风险。

2. 系统风险的特征

(1) 由共同因素引起。例如,经济方面的利息率、汇率、消费者需求等,政治方面的战争冲突,政权更迭等,都属于对投资者的收益会产生普遍影响的共同性因素。

(2) 影响所有证券的收益,只是不同证券受它影响的敏感程度不同。原材料行业等受其影响较大,系统性风险较高。

(3) 不可能通过投资多样化来回避和消除。由于系统性风险是经济、政治等因素所带来的,它影响着大多数的个人、企业和产业,投资者无论如何分散投资都不会发生作用。

(4) 系统性风险与证券投资收益正相关。投资者承担较高的系统性风险,可以获得与之相适应的较高的投资收益。

 相关思考 8-2

证券交易过程会面临风险吗?

在证券投资的现实生活中,系统风险和非系统风险使投资者每天都要面对股价的涨跌变化等情况。而股票投资运作的复杂性实际上还会使投资者面临另一种风险,即投资者由于自己不慎或券商失责而遭受股票被盗卖、资金被冒提、保证金被挪用等风险。因此,投资者面临的风险是相当多的,一定要学会自我保护,尽可能降低交易过程中的风险。

(二) 非系统风险

非系统风险是指只对某个行业或个别公司的证券产生影响的风险,它通常由某一特殊因素引起,与整个证券市场的价格不存在系统的、全面的联系,而只对个别或少数证券的收益产生影响。这种风险不会影响其他证券的收益,可以通过分散投资来抵销,因此也称为"可分散风险"。

1. 非系统风险的种类

非系统风险主要包括信用风险、经营风险和财务风险。

1) 信用风险

信用风险又称"违约风险",是指证券发行人在证券到期时无法偿还本息而使投资者遭受损失的风险。信用风险实际上揭示了证券发行人在财务状况不佳时出现违约和破产的可能,它主要受证券发行人的经营能力、盈利水平、事业稳定程度及规模大小等因素影响。

债券、优先股、普通股都可能有信用风险,但程度各有不同。信用风险是债券的主要风险,因为债券是需要按时还本付息的要约证券。股票没有还本要求,普通股票的股息也不固定,但仍有信用风险,不仅优先股股息有缓付、少付甚至不付的可能,而且如公司不能按期偿还债务,立即会影响股票的市场价格,更不用说当公司破产时,该公司股票价格会接近于零,无信用可言。

2) 经营风险

经营风险是指公司的决策人员与管理人员在经营管理过程中出现失误而导致公司盈利

水平变化,从而使投资者预期收益下降的可能。

经营风险来自内部因素和外部因素两个方面。内部因素主要有:项目投资决策失误;不注重技术更新,产品缺乏竞争能力,企业在行业中的竞争地位下降;不注重市场调查,不开发新产品;销售决策失误,没有开拓新市场,过分依靠少数大客户、老客户,产品销售困难,销量下降。另外,由于管理不善使企业组织与运筹失当,考核与控制制度不健全,制造成本和管理费用偏高,产品质量下降,影响公司的收益,导致股价下跌。

外部因素是公司以外的客观因素,如政府产业政策的调整(税收保护、政府补贴等变化)、竞争对手的实力变化使公司处于相对劣势的地位等,引起公司盈利水平的相对下降。但经营风险主要还是来自公司内部的决策失误或管理不善。

经营风险是普通股的主要风险,公司盈利的变化既会影响股息收入,又会影响股票价格。经营风险对优先股的影响要小些,因为优先股的股息率是固定的,盈利水平的变化对于价格的影响是有限的。公司债券的还本付息受法律保护,除非公司破产清理,一般情况下不受企业经营状况的影响,但公司盈利的变化同样可能使公司债券的价格呈同方向变动,因为盈利增加使公司的债务偿还更有保障,信用提高,债券价格也相应上升。

3) 财务风险

财务风险是指公司财务结构不合理、融资不当而导致投资者预期收益下降的风险。股份公司在营运中所需要的资金一般都来自发行股票和债务两个方面,其中债务的利息负担是固定的,如果公司资金总量中债务比重过大,或是公司的资金利润率低于利息率,就会使股东的可分配盈利减少,股息下降,使股票投资的财务风险增加。

对股票投资来说,财务风险中最大的风险是公司亏损风险。股票的风险将直接取决于公司的经营效益。一般来说,只要公司经营不发生亏损,投资股票就始终有收益。但投资者也可能遭遇公司亏损。一旦公司发生亏损,投资者将在两方面产生风险:一是投资者将失去股息收入,二是投资者将损失资本利得。

2. 非系统风险的特征

(1) 由特殊因素引起。例如,管理能力,劳工问题,消费者偏好等。

(2) 影响某一证券或某一类证券的收益。它是某一企业或某一行业特有的那部分风险,生产非耐用消费品的行业,如公用事业、通信行业和食品行业等,都具有较高的非系统性风险。

(3) 可通过投资多样化消除或回避。由于非系统性风险是由企业和产业的管理能力、技术水平等可控因素带来的,它只影响少数的人、企业和产业,投资者可通过投资多样化分散风险,有效地进行防范。

第二节 证券投资收益及风险的衡量

证券投资决策的实质是投资收益与风险的权衡问题。因此,合理地衡量投资的收益和风险是一个至关重要的问题。

在购买证券之前,投资者会通过某种方法对证券未来收益做一个估计,这个估计值就是证券的预期收益。但投资者也清楚事后的实际收益不一定刚好等于该项期望值,即收益的实际值与预期值存在偏差。我们把实际收益偏离预期收益的可能性称为投资风险。

一、单个证券的收益和风险

证券投资的收益是未来的可能性收益,面临许多的不确定性,这也是证券组合的风险。构建投资组合的目的就在于如何降低风险和实现收益最大化,即风险一定,收益最大;或者收益一定,风险最小。需要强调的是,理性投资者的基本假设是:投资者是厌恶风险者。从这一假设出发,首先要解决的是如何量化单个证券的收益和风险。

1. 收益的衡量:期望收益

证券的收益是一个不确定性收益,这个不确定性基于未来可能发生的各种情况,特别是经济运行状况的不确定性。证券收益会因为不同的经济运行状况而产生不同的收益,因此首先要确定的问题是判断未来经济运行状况,如经济面临衰退的可能性、经济复苏的可能性、经济繁荣的可能性等,把每一种状况发生的概率作为权数,对对应状况的收益率进行加权平均计算,得出未来收益的平均水平。对证券这一未来可能的收益率有了一个综合的估计,这得到该证券的预期收益率。因此,预期收益是证券未来收益的数学期望,预期收益率也称为期望收益率。其计算公式为:

$$E(r) = P_1 r_1 + P_2 r_2 + \cdots + P_n r_n = \sum_{i=1}^{n} P_i r_i \tag{8-2}$$

式(8-2)中,$E(r)$ 表示预期收益率,r_i 表示第 i 种情况的收益,P_i 表示 r_i 可能发生的概率。

【例8-1】 假设股票A和股票B未来某一时期的投资收益率主要受宏观经济变化的影响。经过分析,未来经济状态的三种情况及三种情况下股票A和股票B的收益率,如表8-1所示。求两只股票各自的收益率。

表8-1　　　　　　　　　　　股票A和股票B的收益率

经济状态	出现概率	收益率 A	收益率 B
繁荣	0.15	69%	11%
正常	0.60	12%	10%
衰退	0.25	-4%	7%

解析:根据预期收益率计算公式,两只股票的预期收益率为:

$$E(r_A) = 0.15 \times 69\% + 0.60 \times 12\% + 0.25 \times (-4\%) = 16.55\%$$
$$E(r_B) = 0.15 \times 11\% + 0.60 \times 10\% + 0.25 \times 7\% = 9.4\%$$

由计算结果得知,股票A和股票B的预期收益率分别为16.55%和9.4%,前者大于后者。

【例8-2】 某投资者购买了某公司的股票,其预测结果如表8-2所示,求该股票的预期收益率。

表8-2　　　　　　　　　　　不同经济状态下股票的收益率

经济状态	出现概率	收益率
经济衰退	1/3	-6%
正常增长	1/3	12%
高速增长	1/3	18%

解析：根据预期收益率计算公式，该证券的预期收益率为：

$$E(r) = \frac{1}{3} \times (-6\%) + \frac{1}{3} \times 12\% + \frac{1}{3} \times 18\% = 8\%$$

上述讨论假定只有三种经济状态，但实际上经济状态远不止这三种，从经济的繁荣到萧条，这中间有无数种可能的状态。如果对每一种经济状态都赋予一个概率，并且在各种经济状态下预测投资证券的收益率，则可通过类似的方法得到证券的预期收益率。

2. 风险的衡量：方差及标准差

一般认为，证券投资风险是指证券投资收益率偏离预期收益率的可能性。衡量投资风险的方法很多，但最常见的方法是方差和标准差。这是因为：第一，这种方法比较直观；第二，这种方法已经得到广泛认可，并被大多数理论资产定价模型所采用。

方差是表示不确定变量的可能值的分散程度，也就是变量取值的不确定程度，因此也就表示了风险的大小。而标准差是方差的算术平方根，两者都可以用于衡量数据的波动情况，也就是可以衡量证券投资风险的大小。如果投资者以预期收益率为依据进行投资决策，就必须意识到不能达到预期的可能。可能的收益率越分散，它与预期收益的偏离程度就越大，投资者所承担的风险就越大。

投资收益率方差和标准差的计算公式如下：

$$\sigma^2 = \sum_{i=1}^{n} P_i [r_i - E(r)]^2 \tag{8-3}$$

$$\sigma = \sqrt{\sum_{i=1}^{n} P_i [r_i - E(r)]^2} \tag{8-4}$$

式中，σ^2 表示证券收益率的方差，σ 表示证券收益率的标准差，$E(r)$ 表示预期收益率，r_i 表示第 i 种情况的收益，P_i 表示 r_i 可能发生的概率。

【例 8-3】 承接[例 8-1]资料，计算股票 A 和股票 B 收益率的方差和标准差。

解析：$\sigma_A^2 = 0.15 \times (69\% - 16.55\%)^2 + 0.60 \times (12\% - 16.55\%)^2 + 0.25 \times (-4\% - 16.55\%)^2 = 0.053\ 1$

$\sigma_A = \sqrt{0.053\ 1} = 23.04\%$

$\sigma_B^2 = 0.15 \times (11\% - 9.4\%)^2 + 0.60 \times (10\% - 9.4\%)^2 + 0.25 \times (7\% - 9.4\%)^2 = 0.000\ 2$

$\sigma_B = \sqrt{0.000\ 2} = 1.43\%$

由上述计算可知，股票 A 的收益率比股票 B 的收益率高，但同时股票 A 的投资风险比股票 B 的投资风险也大，其收益率的标准差分别为 23.04% 和 1.43%。

需要注意的是，在实际经济活动中，计算单个证券收益和风险的关键在于了解未来各种可能情况的概率分布，因为无法对未来影响收益的各种因素及其影响程度作出合理的定量化的判断，这成为运用该方法的障碍。解决这一问题的基本方法是利用历史数据来推断未来趋势，即利用回归分析法。

在利用回归分析法对期望和方差进行分析时，要选取一定的样本。假设第 i 个时期的收益率为 r_i，用样本估计出平均期望值的计算公式为：

$$\bar{r} = \frac{1}{n}\sum_{i=1}^{n} r_i \qquad (8-5)$$

而样本方差计算公式为：

$$\sigma^2 = \frac{1}{n-1}\sum_{i=1}^{n}(r_i - \bar{r})^2 \qquad (8-6)$$

式中的 n 表示计算预期收益率的样本均值及样本方差所用样本的期数。

这样用样本的平均期望和方差来替代对未来情况的期望和方差的估计，也就解决了对未来情况判断的问题。而在计算样本均值、样本方差时，需要选择合适的数据频率和样本期。通常，随着样本期的增加，样本误差减少。但与此同时，估计期和样本期证券收益率概率分布不变，假设的可靠性也在降低。可接受的做法是，在概率不会发生巨大变化的限度内，增加样本观测值。

实证研究表明，在相对稳定的市场环境下，从长期看，利用历史数据估算的证券收益率、方差和协方差具有较好的连续性。

二、证券组合的收益和风险

在现实经济生活中，投资者一般都同时持有若干种实物资产或金融资产，如个人或家庭同时拥有房地产、银行存款和有价证券等资产；公司同时拥有厂房、机器设备、银行存款和应收票据等资产。换句话说，这些实物资产和金融资产一般都是作为一个投资组合的一部分被投资者所持有的。

投资组合就是指投资者将投资资金在不同的资产上进行配置所得投资结果的集合。证券组合是按照一定比例投资于不同品种的证券，是一个证券投资整体。前文介绍的是单项资产投资决策，但是现实中的专业投资者通常把资金分散投资到多种股票、债券和无风险资产上，即以构建证券组合的方式来投资。构建证券组合的分散化投资方式有利于降低风险。合理构建的证券组合，在风险相同的情况下具有比单个资产更高的期望收益；或者说，在期望收益相同的情况下具有比单个资产更低的风险，因而更有效率。前面已介绍过如何计算单个证券的收益和风险，下面分析证券组合的收益与风险。

1. 证券组合中各种证券的权重

一般以构成证券组合的各种证券的权重表示某个投资组合，如组合 P 由 A 和 B 两种证券构成，其权重分别为 0.4 和 0.6，则该组合可以表示为 P(0.4,0.6)。投资组合中各种证券权重 x_i 的计算公式为：

$$x_i = \frac{购买（卖空）证券\ i\ 的金额}{投资者投资于某组合的自有资金金额} \qquad (8-7)$$

$$\sum_{i=1}^{n} x_i = 1 \qquad (8-8)$$

式(8-7)中卖空就是负的投资，因此权重可以是正数，也可以是负数。若权重为正数，投资者在该证券上处于多头部位；相反，若权重为负数，表示投资者卖空该证券，处于空头部位。无论组合中各种证券的权重是正的还是负的，整个组合的所有证券的权重之和等于1。

【例 8-4】 已知 A、B、C 三只股票的每股现价分别是 5 元、10 元和 20 元。投资者张三卖空股票 A 2 000 股,将所得资金 10 000 元与其自有资金 50 000 元(共 60 000 元),再买入 2 000 股股票 B 和 2 000 股股票 C,得到证券组合 P。求组合 P 中股票 A、B、C 的权重分别是多少?

解析：　　　　股票 A 的权重 $x_A = \dfrac{-10\,000}{50\,000} = -20\%$

　　　　　　　股票 B 的权重 $x_B = \dfrac{10 \times 2\,000}{50\,000} = 40\%$

　　　　　　　股票 C 的权重 $x_C = \dfrac{20 \times 2\,000}{50\,000} = 80\%$

 延伸阅读 8-4

资产组合中的权重会变动吗?

投资组合中的各项资产都会有一定的权重,该权重通常是资产组合中的初始权重。但是各项资产的权重并非一直不变。随着资产组合的价值变动,各项资产的权重也会发生变动。

例如,投资者以 10 万元的初始总投资额,购买了 3 万元的宝钢股票、5 万元的万科股票和 2 万元的宁波银行股票,构成了一个资产组合。那么每种资产的初始投资权重分别为:宝钢股票 30%、万科股票 50%、宁波银行股票 20%,所有资产的权重之和为 1。投资者持有投资组合的过程中,随着各资产价格的变动,投资组合中各项资产的权重也会发生变动。如宝钢股票上涨了 50%,市值达到 4.5 万元,假设其他两只股票价格没有变动,此时宝钢股票的权重即宝钢股票的市值占总市值的比例为 39.13%[4.5÷(4.5+5+2)],万科股票权重为 43.38%[5÷(4.5+5+2)],宁波银行股票权重为 17.39%[2÷(4.5+5+2)],所有资产的权重之和还是 1。可见,资产组合中的权重是会变动的。一般而言,所谓的资产权重,不加特别说明一般都是指构建组合时的初始权重。

资料来源:秦桂兰.证券投资学[M].北京:中国财政经济出版社,2017.

2. 证券组合的收益和风险

1) 证券组合的收益

证券组合是由两种及两种以上的证券品种组成的一个整体。已知证券组合中各种证券的权重及其收益率,则证券组合的收益也能通过公式计算出来。

证券组合 P 由 n 种证券构成,其权重分别为 $x_1, x_2, x_3, \cdots, x_n$,其收益率分别为 $r_1, r_2, r_3, \cdots, r_n$,则证券组合 P 的收益计算公式为：

$$E(r_p) = E\left(\sum_{i=1}^{n} x_i r_i\right) = \sum_{i=1}^{n} x_i E(r_i) \tag{8-9}$$

因此,证券组合的预期收益率不是组合内所有证券收益的简单相加,而是构成组合的各种证券预期收益率的加权平均数,权重为各种证券在组合中的市场价值比重。

【例 8-5】　某投资者拥有资金 100 万元,投资于三只股票,投资资金分别为 30 万元、30 万元和 40 万元,三只股票的预期收益率分别为 10%、15% 和 20%,求该投资组合的预期收益率。

解析：$E(r_p) = \sum\limits_{i=1}^{n} x_i E(r_i) = \dfrac{30}{100} \times 10\% + \dfrac{30}{100} \times 15\% + \dfrac{40}{100} \times 20\% = 15.5\%$

2) 证券组合的风险

前文所述风险通常由方差、标准差进行衡量。因此,证券组合的风险也可以通过计算证券组合的方差或标准差等进行衡量。而根据方差的定义,证券组合的方差就是该组合的收益与预期收益偏离数的平方。其计算公式如下:

$$\sigma_p^2 = \sum_{i=1}^{n}\sum_{j=1}^{n}[x_i x_j Cov(r_i, r_j)] = \sum_{i=1}^{n} x_i^2 \sigma_i^2 + \sum_{i=1}^{n}\sum_{j=1, i \neq j}^{n}[x_i x_j \sigma_{ij}] \quad (8-10)$$

$$\sigma_p = \sqrt{\sigma_p^2} \quad (8-11)$$

从式(8-10)可见,投资组合收益率的方差等于构成组合的各种证券两两之间的协方差的加权平均数。这说明证券组合的风险取决于三个因素:一是各种证券在组合中的比例;二是各种证券的风险(标准差);三是各种证券之间的相关关系。投资者无法改变单个证券的风险,但是可以通过证券组合选择不同证券品种以及各证券的投资比例,来改变该证券组合的总风险。

3) 证券间的相互关系:协方差和相关系数

投资组合需要研究不同证券之间的相互关系。协方差可以反映两种证券投资的收益率相对于其预期收益率的变动是否同向,而相关系数是一种标准化的协方差。两者计算公式如下:

$$\sigma_{ij} = Cov(r_i, r_j) = \sum_{k=1}^{m}[r_{ik} - E(r_i)][r_{jk} - E(r_j)]P_k \quad (8-12)$$

$$\rho_{ij} = \frac{\sigma_{ij}}{\sigma_i \sigma_j} \quad (8-13)$$

$$\sigma_{ij} = \rho_{ij} \times \sigma_i \sigma_j \quad (8-14)$$

式(8-14)中,σ_{ij} 表示证券 i 与证券 j 收益率的协方差;ρ_{ij} 表示证券 i 与证券 j 收益率的相关系数;σ_i 表示证券 i 收益率的标准差;σ_j 表示证券 j 收益率的标准差。

【例 8-6】 承接[例 8-1]和[例 8-3]资料,计算股票 A 和股票 B 收益率的协方差和相关系数。

解析: $\sigma_{AB} = (69\% - 16.55\%) \times (11\% - 9.4\%) \times 0.15 + (12\% - 16.55\%) \times (10\% - 9.4\%) \times 0.60 + (-4\% - 16.55\%) \times (7\% - 9.4\%) \times 0.25$
$= 0.002\ 328$

$$\rho_{AB} = \frac{0.002\ 328}{0.230\ 4 \times 0.014\ 3} = 0.71$$

由此可见,股票 A 和股票 B 的收益率之间存在正相关关系,但是不完全正相关,这在证券市场上是一种普遍情况。

3. 两种证券组合的预期收益和风险

为了便于我们的计算与分析,可以将上述公式简化为两种证券的组合,即投资证券 1 和证券 2 的一个组合。由于两种证券投资组合仅仅由两种证券组成,是最简单的证券投资组合,计算相对简单。而且针对两种证券组合的许多计算方法,可以直接类推至一般的多种证券组合。

由式(8-9)和式(8-10),可以推导出两种证券组合的预期收益率和方差的计算公式。具体计算公式为:

$$E(r_p) = x_1 E(r_1) + x_2 E(r_2) \tag{8-15}$$

$$\sigma_p^2 = x_1^2 \sigma_1^2 + x_2^2 \sigma_2^2 + 2x_1 x_2 \sigma_1 \sigma_2 (\text{其中}, x_1 + x_2 = 1) \tag{8-16}$$

从式(8-15)和式(8-16)来看,组合的期望收益率是各资产的期望收益率简单加权平均,但是组合方差不是各资产方差的简单加权平均,除非任意两个资产之间的相关系数 ρ_{ij} 都等于1,即任意两个资产的收益率完全正相关。

【例 8-7】 股票A和股票B的预期收益率和标准差如表8-3所示,两种股票的相关系数是0.6。计算:股票A和股票B按0.2:0.8的权重所构成的组合P的预期收益率与标准差。

表 8-3　　股票A和股票B的预期收益率及标准差

股票	预期收益率	标准差
A	8%	5%
B	20%	30%

解析: 根据两种证券组合的预期收益率及标准差计算公式得:

$$E(r_p) = 0.2 \times 8\% + 0.8 \times 20\% = 17.6\%$$

$$\sigma_p^2 = 0.2^2 \times 5\%^2 + 0.8^2 \times 30\%^2 + 2 \times 0.2 \times 0.8 \times 5\% \times 30\% \times 0.6 = 0.0606$$

$$\sigma_p = \sqrt{\sigma_p^2} = \sqrt{0.0606} = 24.61\%$$

4. 相关系数对投资组合风险的影响

通过式(8-14)看到,协方差是重要的影响因素。而协方差的大小主要受各种证券在组合中的比例、各种证券的标准差及各种证券之间的相关系数这三方面影响。尤其是相关系数 ρ 对投资组合风险的影响较大。

相关系数 ρ 是用以反映变量之间相关关系密切程度的统计指标。在证券组合中,ρ 反映的是两项资产收益率的相关程度。一般来说,ρ 总是在 -1 和 $+1$ 之间的范围内变动。-1 代表完全负相关,$+1$ 代表完全正相关。当 $\rho = 1$ 时,表示两项资产收益率的变化方向和变化幅度完全相同;当 $\rho = -1$ 时,表示两项资产收益率的变化方向和变化幅度完全相反;当 $\rho = 0$ 时,表明两项资产之间不相关。当证券组合所含证券的收益是完全正相关的,这时证券组合并未达到组合效应的目的。当证券组合所含证券的收益是负相关的,这时证券组合通过其合理的结构可以消除风险,但仅限于非系统风险。

构建证券组合的目的就是分散风险。为了便于分析,并且不失一般性,前面我们构建了两种证券组合来对组合的收益和风险进行了分析。而相关系数是影响证券组合风险的重要因素。相关系数越大,方差越大,风险就越大。如果我们假设证券A和证券B的标准差分别为 σ_1 和 σ_2,其相关系数为 ρ,组合中证券A的权重为 x,则有:

$$\begin{aligned}\sigma_p &= \sqrt{x^2 \sigma_1^2 + (1-x)^2 \sigma_2^2 + 2x(1-x)\sigma_{12}} = \sqrt{x^2 \sigma_1^2 + (1-x)^2 \sigma_2^2 + 2x(1-x)\sigma_1 \sigma_2 \rho} \\ &\leqslant \sqrt{x^2 \sigma_1^2 + (1-x)^2 \sigma_2^2 + 2x(1-x)\sigma_1 \sigma_2} = x\sigma_1 + (1-x)\sigma_2\end{aligned} \tag{8-17}$$

除了证券收益率之间完全正相关的特殊情形,投资组合的风险要小于构成组合的各种证券风险的加权平均数。也就是说,投资组合具有分散风险的功能。而且,构成组合的各种证券收益率的相关程度越低,降低风险的程度越大。因此,选择互不相关或负相关的证券构成组合,可以降低风险。在实际经济生活中,由于各种股票、债券对宏观经济信息都会作出类似的反应(即系统风险),绝对负相关或不相关的证券很难找到,只能尽可能选择相关系数偏低的证券。投资者可以选择不同的证券的组合比例,得到不同的证券组合,达到分散风险的目的。另外,投资者可以将衍生品加入组合,引入股指期货或认沽权证等做空品种,可在一定程度上降低总风险。

5. 资产组合中资产数量与资产组合风险的关系

分散化的组合投资可以降低风险,但不可能将风险完全消除。一般来讲,随着证券资产组合中资产个数的增加,证券资产组合的风险会逐渐降低。当资产的个数增加到一定程度时,证券资产组合的风险程度将趋于平稳,这时组合风险的降低将非常缓慢直到不再降低。也就是说资产组合的方差随着组合中证券数量的增加而下降,但降至零却几乎不可能。

如图 8-1 所示,随着资产组合中资产数量的增加,组合的风险开始以较快速度下降。但是当组合中资产数量增加到一定程度,组合风险下降就慢了。实证研究表明,资产增加到 30 个左右时,通过分散化继续降低组合风险的效应就非常小了。

分散化效应为什么会递减呢?原因是证券资产组合即使是在充分分散条件下还是存在无法分散的风险——市场风险,它来源于与市场有关的因素。这种不能随着资产种类、数量增加而分散的风险就是前面介绍的系统风险或不可分散风险。例如,宏观经济萧条导致证券市场处于熊市,绝大部分股票的市场表现都会比较糟糕,这种风险是无法通过分散化消除的。而能够随着资产种类、数量增加而降低直至消除的风险为非系统风险,也就是可分散风险。因此,在风险分散的过程中,不应当过分夸大资产多样性和资产个数的作用。

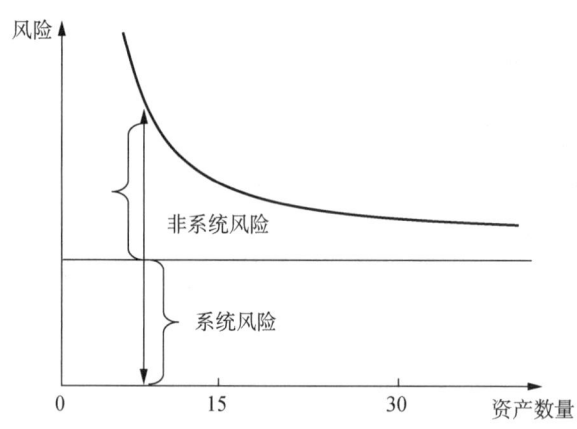

图 8-1 资产数量与风险的关系

 延伸阅读 8-5

投资组合理论

投资组合理论有狭义和广义之分。狭义的投资组合理论指的是马科维茨投资组合理论;而广义的投资组合理论除了经典的投资组合理论以及该理论的各种替代投资组合理论,还包括由资本资产定价模型和证券市场有效理论构成的资本市场理论。同时,由于传统的有效市场假说(EMH)不能解释市场异常现象,投资组合理论又受到行为金融理论的挑战。

美国经济学家马科维茨(Markowitz)1952 年首次提出投资组合理论,并对其进行了系统、深入和卓有成效的研究,他因此获得了诺贝尔经济学奖。

该理论包含两个重要内容:均值—方差分析方法和投资组合有效边界模型。在发达的证券市场中,马科维茨投资组合理论早已在实践中被证明是行之有效的,并且被广泛应用于组合选择和资产配置。但是,我国的证券理论界和实务界对于该理论是否适合于我国股票市场一直存有较大争议。从狭义的角度来说,投资组合是规定了投资比例的一揽子有价证券,当然,单只证券也可以被当作特殊的投资组合。

人们进行投资,本质上是在不确定性的收益和风险中进行选择。投资组合理论用均值—方差来刻画这两个关键因素。均值是指投资组合的期望收益率,它是单只证券的期望收益率的加权平均,权重为相应的投资比例。当然,股票的收益包括分红派息和资本增值两部分。方差是指投资组合的收益率的方差。我们把收益率的标准差称为波动率,它刻画了投资组合的风险。

人们在证券投资决策中应该怎样选择收益和风险的组合呢?这正是投资组合理论研究的中心问题。投资组合理论研究"理性投资者"如何选择优化投资组合。理性投资者是指:他们在给定期望风险水平下对期望收益进行最大化,或者在给定期望收益水平下对期望风险进行最小化。

投资组合理论为有效投资组合的构建和投资组合的分析提供了重要的思想基础和一整套分析体系,它对现代投资管理实践的影响主要表现在以下4个方面。

(1) 马科威茨首次对风险和收益这两个投资管理中的基础性概念进行了准确的定义,从此,风险和收益就作为描述合理投资目标缺一不可的两个要件(参数)。在马科威茨之前,投资顾问和基金经理尽管也会顾及风险因素,但由于不能对风险加以有效的衡量,也就只能将注意力放在投资的收益方面。马科威茨用投资回报的期望值(均值)表示投资收益(率),用方差(或标准差)表示收益的风险,解决了对资产的风险衡量问题,并认为典型的投资者是风险回避者,他们在追求高预期收益的同时会尽量回避风险。据此马科威茨提供了以均值—方差分析为基础的最大化效用的一整套组合投资理论。

(2) 投资组合理论关于分散投资的合理性的阐述为基金管理业的存在提供了重要的理论依据。在马科威茨之前,尽管人们很早就对分散投资能够降低风险有一定的认识,但从未在理论上形成系统化的认识。投资组合的方差公式说明投资组合的方差并不是组合中各个证券方差的简单线性组合,而是证券之间的相关关系。单个证券本身的收益和标准差指标对投资者可能并不具有吸引力,但如果它与投资组合中的证券相关性小甚至是负相关,它就会被纳入组合。当组合中的证券数量较多时,投资组合的方差的大小在很大程度上更多地取决于证券之间的协方差,单个证券的方差则会居于次要地位。因此投资组合的方差公式对分散投资的合理性不但提供了理论上的解释,而且提供了有效分散投资的实际指引。

(3) 马科威茨提出的"有效投资组合"的概念,使基金经理从过去一直关注于对单个证券的分析转向了对构建有效投资组合的重视。20世纪50年代初,马科威茨发表其著名的论文以来,投资管理已从过去专注于选股转为对分散投资和组合中资产之间的相互关系上来。事实上投资组合理论已将投资管理的概念扩展为组合管理,从而也就使投资管理的实践发生了革命性的变化。

(4) 马科威茨的投资组合理论已被广泛应用到了投资组合中各主要资产类型的最优配置的活动中,并被实践证明是行之有效的。

资料来源:佚名.投资组合理论[EB/OL].(2022-07-06)[2022-07-09].https://baike.so.com/doc/6153185-6366396.html.

三、证券投资风险与收益的关系

收益和风险是证券投资的核心问题。投资者投资证券的直接目的在于获取收益,因而投资决策的目标是使收益最大化,但又不可避免地面临着风险,证券投资的理论和实战技巧都是围绕着如何处理两者的关系而展开的。风险与收益同在,收益是风险的补偿,风险是收益的代价,两者在证券投资中总是形影相随,无法分离。证券投资者要想获取一定收益就必须承担一定的风险。

由于收益与投资之间存在时间上的滞后,这种滞后导致收益受许多未来不确定因素的影响,从而使得收益成为一个未知量。投资者在进行决策时只能根据经验和所掌握的资料对未来形势进行判断和预测,形成对收益的预期。未来的收益会受到不确定性因素的影响而偏离预期,导致投资者可能得不到预期收益甚至亏损的可能,这便是投资者的风险。

风险与收益是相对称的。一般情况下,风险大收益大,风险小收益小,无风险无收益。当风险不发生时,高风险肯定带来高收益;然而当风险发生后,高风险意味着高损失。但是,绝对不能盲目地认为风险越大,收益就一定越大。

风险与收益正相关,其原因在于一般投资者总是力求避免风险。由于大家都不愿投资高风险的证券,结果高风险的证券就必须提供较高的收益报酬才能诱使投资者购买。现实中,综合考虑收益和风险水平,按照收益及风险从高到低排列看,一般为普通股、优先股、公司债券、政府债券(长期国债、短期国库券)等。在美国一般将美国联邦政府发行的短期债券视为无风险债券。但现实不可能存在没有任何风险的理想证券。

总之,证券投资是一项收益与风险并存的活动。投资者既要重视收益的获取也不能忽略风险的规避。

本章小结

本章的主要学习内容是证券投资中的收益、风险及其衡量。通过本章的学习,我们认识了证券投资是一项收益与风险并存的经济活动,能够熟悉投资过程中面临的不同风险,以及可能获得的各种收益,并对引起风险的原因有一定的了解。另外,我们熟悉了投资收益与风险的关系,能够借助相关数量公式计算证券投资的收益和风险。

本章重要概念

证券投资收益　证券投资风险　系统风险　非系统风险　政策风险　利率风险　经济周期变动风险　购买力风险　信用风险　经营风险　财务风险　期望收益　方差　标准差　协方差　相关系数　投资组合理论

练一练

练一练答案

第五篇
市场监管篇

第九章 证券市场监管

> 内容简介
> 学习目的和要求
> 第一节 证券市场监管概述
> 第二节 证券市场监管实施
> 本章小结
> 本章重要概念

内容简介

本章主要讲解了证券市场监管的含义、目标、原则、手段,证券市场监管的主体、模式、对象和内容,以及我国证券市场监管现状。本章重点为证券市场监管的目标、对象与内容,证券市场监管的手段,证券市场监管的主体等;本章难点为证券市场监管模式及证券市场监管的实施。

学习目的和要求

通过本章学习,学生应掌握证券市场监管含义、证券市场监管的目标、证券市场监管的对象与内容,尤其是我国对证券市场监管的措施,了解我国证券市场监管现状,了解证券市场监管的原则,熟悉各国证券市场监管模式。

引例 康美药业财务造假被罚案

康美药业,是一家在A股上市的公司。2019年年末,媒体质疑康美药业货币现金高、存货双高等问题,康美药业对此澄清,迫于中国证监会压力,该公司发布的《关于前期会计差错更正的公告》,引来多方关注。2019年8月,中国证监会披露康美药业涉嫌财务造假:康美药业2016年至2018年,涉嫌通过仿造、变造增值税发票等方式虚增营业收入,通过伪造、变造大额定期存单等方式虚增货币资金886亿元,将不满足会计确认和计量条件的工程项目纳入报表,虚增固定资产等,该公司还未按规定披露期间控股股东及其关联方累计非经营性占用116.19亿元的关联交易,同时,涉嫌未在相关年度报告中披露控股股东及关联方非经营性占用资金情况。上述行为致使康美药业披露的相关年度报告存在虚假记载和重大遗漏。

2021年11月12日,康美药业证券集体诉讼一审宣判,广州中院一审判决责令康美药业因年报虚假陈述侵权赔偿证券投资者24.59亿元,原董事长、总经理马兴田及5名直接责任人,正中珠江会计师事务所及其直接责任人承担全部连带责任,13名相关责任人按过错程度承担部分连带赔偿责任。

康美药业证券纠纷案是我国首单特别代表人诉讼案件。康美药业公司连续3年财务造假,涉案金额巨大,持续时间长,性质特别严重,社会影响恶劣,严重损害了投资者的合法权益。作为投资者保护机构,中证中小投资者服务中心有限责任公司(简称"投服中心")响应市场呼声,依法接受投资者委托,作为代表人参加康美药业代表人诉讼,为投资者争取最大权益。此次法院依法作出一审判决,示范意义重大,是落实新修订的《证券法》和《关于依法从严打击证券违法活动的意见》的有力举措,也是资本市场史上具有开创意义的标志性案件,对促进我国资本市场深化改革和健康发展,切实维护投资者合法权益具有里程碑意义。

资料来源:周冠南,杜渐.康美药业违约复盘:存贷双高问题解析[EB/OL].(2020-2-14)[2021-07-26]. http://stock.finance.sina.com.cn/stock/go.php/vReport_Show/kind/lastest/rptid/635021734485/index.phtml.

第一节 证券市场监管概述

一、证券市场监管含义

证券市场监管是指证券监管机构运用法律、经济和行政的手段,对证券的发行与交易等业务进行调节、监督和控制。每个国家和地区对其证券市场的监管都是在一定的证券监管体系法律框架内,由相应的证券监管机构在一定的监管模式下完成的。

二、证券市场监管目标与原则

(一)证券市场监管目标

证券市场监管的目标是保护广大投资者的利益,减少或避免证券市场由于信息不对称或一些违法、违规行为给投资者造成损失,避免不良竞争,促使证券市场有序、高效、良性运行。证券市场监管可以降低交易成本,防止价格垄断、操纵市场和欺诈行为的发生,减少市场风险,维护市场秩序。证券市场监管有利于促进全社会金融资源的配置与政府的政策目标相一致,从而提高整个社会资金的配置效率;消除证券市场和证券产品给某些参与者带来的信息收集和处理能力的不对称性,避免因信息的不对称造成的交易不公平;克服超出个别机构承受能力的、涉及整个证券业或者宏观经济的系统性风险;促进整个证券业的公平竞争。

证券市场监管目标的确定取决于两个方面:一是进行证券监管的原因;二是证券产品和证券市场的特殊性。对证券市场进行干预,是因为如果不对其实施必要的干预,证券市场自身的发展可能会偏离其预定的目标。但是由于市场失灵的存在,以及证券产品本身的特征和证券市场所特有的结构,证券市场在运行过程中会出现诸如无法实现社会资金优先配置这一预定目标、不能实现产权的复合与重组、不能合理引导资金流向、不能优化资源配置、不能配合政府宏观调控政策的目标等偏离现象,从而造成社会资金配置的不经济或无效率,证券业的竞争过度或者竞争不足,最终导致整个经济的无效率和福利水平的下降。为了消除或者减少这些负面影响,必须对证券市场实施监督,约束每个个体的行为,尽可能地消除或避免证券市场失灵所带来的资金配置不经济、不公平竞争以及由此带来的整个金融市场和宏观经济不稳定的后果,以确保市场机制能够在证券领域更好地发挥应有的作用。

(二)证券市场监管原则

各国在确定证券市场监管制度时,都要遵循一定的原则。

1. 依法监管原则

依法监管原则是指证券市场监管部门必须加强法制建设,必须依法办事,明确划分各方面的权利和义务,保护市场参与者的合法权益,即证券市场管理必须有充分的法律依据和法律保障。2020年3月1日《证券法》正式实施,《公司法》于1994年7月1日起实施,2018年进行了第四次修订,这两部法律是我国证券市场监管的核心和基础。其他相应的行政法规、部门规章和规范性文件总数超过300件。证券市场法律法规涵盖证券、期货、证券投资基金等领域,为保护投资者利益、维护证券市场秩序发挥了重要作用。

2. 保护投资者利益原则

投资者是证券市场的主体,是资金的供给者,是证券市场存在和发展的基石,各国证券市场监管的制度设计都把保护投资者利益放在了重要地位。

3. 公开、公平、公正原则

(1) 公开性原则。证券市场监管组织通过制定和实施相应的办法来保证证券市场的信息公开。例如,证券市场监管组织对证券发行核准程序进行公开,对上市公司的经营情况进行公开,同时对公开信息的真实性、可靠性、及时性、完整性进行监管,以维护证券市场参与者的合法权益。

(2) 公平性原则。证券监管措施的实施都以保证证券市场参与者的平等法律地位、维护交易双方的合法权益为目标。

(3) 公正性原则。证券市场监管主体对证券市场中的违纪、违法现象依法处理,杜绝欺诈,防止操纵市场、内幕交易、虚假陈述等行为的发生。

4. 监管和自律相结合原则

监管和自律相结合的原则是指在加强政府、证券主管机构对证券市场监管的同时,也要加强从业者的自我约束、自我教育和自我管理。国家对证券市场的监管是管理好证券市场的基础。监督与自律相结合的原则是世界各国共同奉行的原则。

三、证券市场监管手段

一般证券市场监管均采取政府管理与自我管理相结合的形式,其中政府管理通常采用三种手段,即法律手段、经济手段和行政手段。

1. 法律手段

法律手段即国家通过立法和执法,以法律规范形式将证券市场运行中的各种行为纳入法制轨道,证券发行与交易过程中的各参与主体按法律要求规范其行为。运用法律手段管理证券市场,主要是指国家通过立法和执法抑制和消除欺诈、垄断、操纵、内幕交易和恶性投机现象等,维护证券市场的良好运行秩序。

涉及证券市场管理的法律、法规范围很广,大致可分为两类。一类是证券监管的直接法规,如《证券法》《公司法》等基本法律以及在上市审查、会计准则、证券投资信托、证券保管和代理买卖、证券清算与交割、证券交易所管理、证券管理机构、证券自律组织、外国人投资证券等方面的专门法规。另一类是涉及证券发行与交易方面,与证券市场、上市公司密切相关的其他法律、法规,如《上市公司证券发行管理办法》《中华人民共和国票据法》《中华人民共和国企业破产法》《中华人民共和国反垄断法》等。这样,一个以证券基本法为核心,专门证券管理法规或规则相补充,其他相关法律相配套的证券法律体系形成了。

2. 经济手段

经济手段是指政府以管理和调控证券市场(而不是其他经济目标)为主要目的,采用间接调控方式影响证券市场和参与主体的行为。在证券监管实践中,常见的经济调控手段有以下两种:

(1) 金融信贷手段。金融政策对证券市场的影响颇为显著,在股市低迷之际放松银根、降低贴现率和存款准备金率,可增加市场货币供应量从而刺激股市回升;反之则可抑制股市暴涨。中央银行运用"平准基金"开展证券市场上的公开操作可直接调节证券供求与价格。

金融信贷手段可以有效地平抑股市的非理性波动和过度投机,有助于实现稳定证券市场的预期管理目标。

(2) 税收政策。由于以证券交易税(即印花税)为主的证券市场税收直接计入交易成本,税率和税收结构的调整直接造成交易成本的增减,从而可产生抑制或刺激市场的效应并可为监管者所利用。

3. 行政手段

行政手段是指政府监管部门采用计划、政策、制度、办法等对证券市场进行直接的行政干预和管理。与经济手段相比较,行政手段对证券市场的监管具有强制性和直接性的特点。例如,在证券发行方面采取的上市审批制度,行政控制上市种类和市场规模;对证券交易所、证券经营机构、证券咨询机构、证券清算和存管机构等实行严格的市场准入和许可证制度;交易过程中的紧急闭市等。

行政手段存在于任何国家证券市场的监管历史之中,在市场发育早期使用行政方式管理多些,至成熟阶段则行政方式用得少些。早期证券市场受社会、经济诸多条件制约,法律手段不健全、经济手段低效率,造成监管不足,故需行政手段积极补充。然而,证券市场毕竟是市场经济高度发达的伴生物,其充分的市场经济特性必然要求伴随市场的成熟与完善逐步减少行政干预,因为过多的行政干预容易形成监管过度,扭曲市场机制。

4. 自我管理

自我管理(或称自律管理)之所以在证券市场管理中占重要一席,相当程度上是西方证券市场发展的结果。在政府全面介入之前,自我管理成为市场管理的主要形式。此外,证券交易的高专业化程度、证券公司之间的利益相关性、证券市场运作本身的庞杂性决定了对自律管理的客观需要。应该看到,政府管理与自律管理之间存在主从关系,自律管理是政府管理的有效补充,自律管理机构本身也是政府监管框架中的一个监管对象。近年来,集中化证券监管和强化政府监管地位正成为各国尤其西方证券市场管理的发展趋势。

 延伸阅读9-1

《证券法》的修订要点

2019年12月28日,第十三届全国人大常委会第十五次会议审议通过了修订后的《中华人民共和国证券法》,已于2020年3月1日起施行。本次《证券法》修订,按照顶层制度设计要求,进一步完善了证券市场基础制度,体现了市场化、法治化、国际化方向,为证券市场全面深化改革落实落地,有效防控市场风险,提高上市公司质量,切实维护投资者合法权益,促进证券市场服务实体经济功能发挥,打造一个规范、透明、开放、有活力、有韧性的资本市场,提供了坚强的法治保障,具有非常重要而深远的意义。

本次《证券法》修订,系统总结了多年来我国证券市场改革发展、监管执法、风险防控的实践经验,在深入分析证券市场运行规律和发展阶段性特点的基础上,作出了一系列新的制度改革。

一是全面推行证券发行注册制度。在总结上海证券交易所设立科创板并试点注册制的经验基础上,修订的《证券法》贯彻落实十八届三中全会关于注册制改革的有关要求和十九届四中全会完善资本市场基础制度要求,按照全面推行注册制的基本定位,对证券发行制度做了系统的修改完善,充分体现了注册制改革的决心与方向。同时,考虑到注册制改革是一个渐进的过程,修订的《证券法》也授权国务院对证券发行注册制的具体范围、实施步骤进行规定,为有关板块和证券品种分步实施注册制留出了必要的法律空间。

二是显著提高证券违法违规成本。修订的《证券法》大幅提高对证券违法行为的处罚力度。例如,对于欺诈发行行为,从原来最高可处募集资金5%的罚款,提高至募集资金的1倍;对于上市公司信息披露违法行为,从原来最高可处以60万元罚款,提高至1 000万元;对于发行人的控股股东、实际控制人组织指使从事虚假陈述行为,或者隐瞒相关事项导致虚假陈述的,规定最高可处以1 000万元罚款等。同时,修订的《证券法》对证券违法民事赔偿责任也做了完善。例如,《证券法》规定了发行人等不履行公开承诺的民事赔偿责任,明确了发行人的控股股东、实际控制人在欺诈发行、信息披露违法中的过错推定、连带赔偿责任等。

三是完善投资者保护制度。修订的《证券法》设专章规定投资者保护制度,作出了许多颇有亮点的安排。具体安排包括区分普通投资者和专业投资者,有针对性地作出投资者权益保护安排;建立上市公司股东权利代为行使征集制度;规定债券持有人会议和债券受托管理人制度;建立普通投资者与证券公司纠纷的强制调解制度;完善上市公司现金分红制度。尤其值得关注的是,为适应证券发行注册制改革的需要,《证券法》探索了适应我国国情的证券民事诉讼制度,规定投资者保护机构可以作为诉讼代表人,按照"明示退出""默示加入"的诉讼原则,依法为受害投资者提起民事损害赔偿诉讼。

四是进一步强化信息披露要求。修订的《证券法》设专章规定信息披露制度,系统完善了信息披露制度。具体内容包括扩大信息披露义务人的范围,完善信息披露的内容,强调应当充分披露投资者作出价值判断和投资决策所必需的信息,规范信息披露义务人的自愿披露行为,明确上市公司收购人应当披露增持股份的资金来源,确立发行人及其控股股东、实际控制人、董事、监事、高级管理人员公开承诺的信息披露制度等。

五是完善证券交易制度。优化有关上市条件和退市情形的规定;完善有关内幕交易、操纵市场、利用未公开信息的法律禁止性规定;强化证券交易实名制要求,任何单位和个人不得违反规定,出借证券账户或者借用他人证券账户从事证券交易;完善上市公司股东减持制度;规定证券交易停复牌制度和程序化交易制度;完善证券交易所防控市场风险、维护交易秩序的手段措施等。

六是落实"放管服"要求,取消相关行政许可。具体内容包括取消证券公司董事、监事、高级管理人员任职资格核准;调整会计师事务所等证券服务机构从事证券业务的监管方式,将资格审批改为备案;将协议收购下的要约收购义务豁免由经中国证监会免除,调整为按照中国证监会的规定免除发出要约等。

七是压实中介机构市场"看门人"法律职责。修订的《证券法》规定证券公司不得允许他人以其名义直接参与证券的集中交易;明确保荐人、承销的证券公司及其直接责任人员未履行职责时对受害投资者所应承担的过错推定、连带赔偿责任;提高证券服务机构未履行勤勉尽责义务的违法处罚幅度,由原来最高可处以业务收入5倍的罚款,提高到10倍,情节严重的,并处暂停或者禁止从事证券服务业务等。

八是建立健全多层次资本市场体系。修订的《证券法》将证券交易场所划分为证券交易所、国务院批准的其他全国性证券交易场所、按照国务院规定设立的区域性股权市场等三个层次;规定证券交易所、国务院批准的其他全国性证券交易场所可以依法设立不同的市场层次;明确非公开发行的证券,可以在上述证券交易场所转让;授权国务院制定有关全国性证券交易场所、区域性股权市场的管理办法等。

九是强化监管执法和风险防控。修订的《证券法》明确了中国证监会依法监测并防范、处置证券市场风险的职责;延长了中国证监会在执法中对违法资金、证券的冻结、查封期限;规定了中国证监会为防范市场风险、维护市场秩序,采取监管措施的制度;增加了行政和解制度,证券市场诚信档案制度;完善了证券市场禁入制度,规定被市场禁入的主体在一定期限内不得从事证券交易等。

十是扩大《证券法》的适用范围。修订的《证券法》将存托凭证明确规定为法定证券;将资产支持证券和资产管理产品写入《证券法》,授权国务院按照《证券法》的原则规定资产支持证券、资产管理产品发行、交易的管理办法。同时,考虑到证券领域跨境监管的现实需要,明确在我国境外的证券发行和交易活动,对扰乱我国境内市场秩序、损害境内投资者合法权益的,依照《证券法》追究法律责任等。此外,此次《证券法》修订还对上市公司收购制度、证券公司业务管理制度、证券登记结算制度、跨境监管协作制度等作了完善。

资料来源:中国证监会. 完善证券市场基础制度,保障资本市场改革发展[EB/OL]. (2019-12-29) [2021-07-24]. http://www.csrc.gov.cn/csrc/c100028/c1000854/content.shtml.

视频:《证券法》实施 加大证券违法行为处罚

第二节 证券市场监管实施

一、证券市场监管的主体

从金融监管的实践来看,实行证券监管活动的主体是多元化的,可以是国家,可以是证券业协会或者证券交易商协会等自律机构,也可以是证券交易所或者其他机构。选择什么机构作为证券监管主体,不完全是从经济学角度考虑的结果,而是政治、经济、历史、传统等各个方面共同作用的产物,因此,各个国家都有自己的特色,几乎所有国家的证券监管活动都是由政府部门、行业协会和证券交易所共同完成的。在绝大多数国家,政府部门承担了较多的职责,有些国家的政府部门承担的职责较少,部门监管职责交由行业协会和证券交易所承担。

我国证券市场政府监管体系由国务院证券监督管理机构及自律管理机构组成,即由中国证券监督管理委员会及其派出机构、证券交易所、国务院批准的其他全国性证券交易场所、证券业协会组成。

1. 国务院证券监督管理机构

我国证券市场监管机构是国务院证券监督管理机构。国务院证券监督管理机构依法对证券市场实行监督管理,维护证券市场秩序,保障其合法运行。国务院证券监督管理机构由中国证券监督管理委员会及其派出机构组成。

中国证券监督管理委员会(简称"中国证监会")是国务院直属事业单位,是全国证券、期货市场的主管部门,依照法律、法规和国务院授权,统一监督管理全国证券市场,维护证券市场秩序,保障其合法运行。中国证监会的核心职责为"两维护、一促进",即维护证券市场公开、公平、公正,维护投资者特别是中小投资者的合法权益,促进资本市场健康发展。中国证监会成立于1992年10月。

中国证监会在省、自治区、直辖市和计划单列市设立了36个证券监管局,以及上海、深圳证券监管专员办事处。派出机构受中国证监会垂直领导,依法以自己的名义履行监管职责,负责辖区内的一线监管工作,其主要职责是:根据法律、行政法规规定及中国证监会的授权开展行政许可相关工作,对辖区内上市公司,证券期货经营机构,证券期货投资咨询机构和从事证券业务的律师事务所、会计师事务所、资产评估机构等中介机构的证券期货业务活动进行监督管理,负责辖区内风险防范与处置;查处辖区内的违法违规案件,开展辖区内投资者教育与保护工作以及中国证监会授予的其他职责。

根据《证券法》,国务院证券监督管理机构对证券市场实施监督管理应当履行下列职责:

(1) 依法制定有关证券市场监督管理的规章、规则,并依法进行审批、核准、注册,办理备案。

(2) 依法对证券的发行、上市、交易、登记、存管、结算等行为,进行监督管理。

(3) 依法对证券发行人、证券公司、证券服务机构、证券交易场所、证券登记结算机构的证券业务活动,进行监督管理。

(4) 依法制定从事证券业务人员的行为准则,并监督实施。

(5) 依法监督检查证券发行、上市和交易的信息披露。

(6)依法对证券业协会的自律管理活动进行指导和监督。

(7)依法监测并防范、处置证券市场风险。

(8)依法开展投资者教育。

(9)依法对证券违法行为进行查处。

(10)法律、行政法规规定的其他职责。

2. 证券交易所

证券交易所的监管职责主要包括对证券发行、证券交易活动进行监管,对会员进行监管,对上市公司进行监管。

3. 中国证券业协会

中国证券业协会正式成立于1991年8月28日,是具有独立法人地位的、由经营证券业务的金融机构自愿组成的行业性自律组织,是非营利性社会团体法人。它的设立是为了加强证券业之间的联系、协调、合作和自我控制,以利于证券市场的健康发展。中国证券业协会采取会员制的组织形式,证券公司应当加入中国证券业协会。中国证券业协会的权力机构为全体会员组成的会员大会。中国证券业协会章程由会员大会制定,并报中国证监会备案。中国证券业协会接受业务主管单位中国证监会和社团登记管理机关(中华人民共和国民政部)的业务指导和监督管理。

延伸阅读9-2

中国证券业协会主要职责

中国证券业协会会员由单位会员构成,证券公司、证券投资咨询机构、证券交易场所、证券登记结算机构等都可成为其会员。协会的宗旨是:在国家对证券市场实行集中统一监督管理的前提下,进行证券业自律管理;发挥政府与证券行业间的桥梁和纽带作用;为会员服务,维护会员的合法权益;维护证券业的正当竞争秩序,促进证券市场的公开、公平、公正,推动证券市场的健康稳定发展。其主要行使下列职责:

(1)教育和组织会员及其从业人员遵守证券法律、行政法规,组织开展证券行业诚信建设和行业文化建设,督促证券行业履行社会责任。

(2)依法维护会员的合法权益,向中国证监会等部门反映会员的建议和要求。

(3)督促会员开展投资者教育和保护活动,维护投资者合法权益。

(4)制定和实施证券行业自律规则和业务规范,监督、检查会员、从业人员行为,对违反法律、行政法规、协会章程、自律规则、业务规范的,按照规定给予纪律处分或者实施其他自律管理措施。

(5)制定证券从业人员道德品行、专业能力水平标准,开展从业人员执业登记,实施从业人员分类分层自律管理。制定非准入类证券从业人员专业能力水平评价测试并组织实施,组织从业人员的业务培训。

(6)组织会员就证券行业的发展、运作及有关内容进行研究,收集整理、发布证券相关信息,提供会员服务,组织行业交流,引导行业创新发展。

(7)对会员之间、会员与客户之间发生的证券业务纠纷进行调解。

(8)对网下投资者、非公开发行公司债券、场外市场及场外衍生品业务进行自律管理等。

资料来源:中国证券业协会.金融市场基本知识[M].北京:中国财政经济出版社,2021.

二、证券市场监管模式

1. 集中型监管模式

集中型监管模式由政府下属的部门,或由直接隶属于立法机关的国家证券监管机构对证券市场进行集中统一监管,而各种自律性组织,如证券交易所、证券行业协会的自律管理起协助作用。

美国证券监管主体属于极强独立型。1934年美国《证券交易法》设立了证券交易管理委员会(SEC),它直接隶属于国会,独立于政府,对全国的证券发行、证券交易、券商、投资公司等依法实施全面监管。其他国家的证券监管机构都由附属于某一政府部门的一个独立的机构,统一对证券市场进行监管。日本、法国和巴西等国是集中型监管的代表。

集中型监管模式有如下优点:可以防止重复监管和监管真空,能公平、公正、高效、严格地发挥其监管作用,并能协调全国各证券市场,防止出现过度投机的混乱局面;可以使监管机构统一实施证券法律,使证券市场行为有合理预期,提升证券市场监管的权威性;可以使监管者地位保持独立,更注重保护投资者的利益。

集中型监管模式的不足之处如下:证券法规的制定者和监管者远离市场,缺乏市场一线监管实践经验,从而使市场监管可能脱离实际,缺乏效率;若不辅之以自律监管,集中监管模式下中央监管机关对市场发生的意外行为反应较慢,可能处理不及时。

2. 自律型监管模式

自律型监管模式有两个特点:①通常没有制定直接的证券市场管理法规,而是通过一些间接的法规来制约证券市场的活动;②没有设立全国性的证券管理机构,而是依靠证券市场的参与者,如证券交易所、证券商协会等进行自我监管。英国、德国、意大利、荷兰等国曾经是自律型监管模式的代表。以英国为例,英国没有《证券法》或《证券交易法》,只有一些间接的、分散的法规;英国虽然设立了专门的证券管理机构,称为证券投资委员会,依据法律享有极大的监管权力,但它既不属于立法机关,也不属于政府内阁。英国实际监管工作主要通过以证券业理事会和证券交易所协会为核心的非政府机构进行自我监管。

自律型监管模式具有如下优点:能充分发挥市场的创新和竞争意识,有利于活跃市场;允许证券商参与制定证券市场监管规则,从而使市场监管更切合实际;制定的监管法规具有更大的灵活性,效率较高;对市场发生的违规行为能作出迅速而有效的反应。

自律型监管模式也存在缺陷,主要表现在:通常把重点放在市场的有效运转和保护证券交易所会员的经济利益上,对投资者利益往往没有提供充分的保障;由于没有立法和强制手段做后盾,监管手段较软弱;由于没有统一的监管机构,难以实现全国证券市场的协调发展,容易造成混乱。

由于这些缺陷,不少原来实行自律型监管模式的国家,开始逐渐向集中型监管模式转变。例如,2001年英国政府改变了证券市场的传统监管方式,加强了政府监管力量。其他一些实行自律模式的国家,如意大利、约旦等,也开始走向集中型监管模式。

3. 中间型监管模式

中间型监管模式既强调立法管理又强调自律管理,是集中型管理模式和自律型管理模式的融合。中间型管理模式又可称为分级管理模式,包括二级监管和三级监管两种模式。二级监管是中央政府和自律型机构相结合的监管;三级监管是指中央、地方政府和自律机构相结合的监管。

最早实行中间型监管模式的国家有德国、泰国等。目前,由于集中型监管模式和自律型监管模式都存在一定的缺陷,有些以前实行集中型监管模式或者自律型监管模式的国家开始向中间型监管模式过渡。这种监管模式取长补短,能够发挥各自的优势,从而使得证券监管更加有效,现在大多数国家都实行这种管理模式。

三、证券市场监管的对象与内容

证券市场监管对象是指参与证券市场活动的机构与个人及其相关行为。监管对象包括证券交易所、证券投资者(个人或机构)、证券公司、证券登记结算机构、证券交易服务机构以及证券业协会、证券发行人,它们对证券发行程序、流通过程进行审查、管理和监督。

(一) 对证券发行的监管

证券发行监管是指证券监管部门对证券发行的审查、核准和监控。这是保证上市公司质量的第一道关卡,大多数国家对证券发行实行严格监管。按照审核制度划分,世界各国证券发行监管主要有两种制度:核准制和注册制。

1. 核准制

核准制是指证券发行者必须公开有关发行证券的真实情况,而且所发行的证券必须符合《公司法》和《证券法》的规定,证券监管部门有权否决不符合相关法律细则的发行申请。

证券发行核准制的特点是:证券主管部门对证券发行既要进行形式审查,又要进行实质审查,除了审查所提交的文件的完全性及真实性,还要审查该证券是否符合法律、法规规定的条件。实行核准制的主要是一些欧陆国家,如法国、瑞士等。

核准制的优点是:对要发行的证券进行形式上和实质上的双重审查,对证券的投资价值提供一定的保障;有助于防止不优证券进入证券市场。但也有其缺点:主管机关负荷过重,在证券发行种类和数量增多的情况下,难免出现把关不严或不准的现象;容易造成投资者的依赖心理,不利于培育成熟的投资者;不利于发展新兴事业,因为有一定潜力和风险性的企业可能因一时不具备发行条件而被排斥在外。

2. 注册制

注册制是指证券发行者在公开募集和发行证券之前,需要向证券监管部门按照法定程序申请注册登记,同时依法提供与发行证券有关的一切资料并对所提供资料的真实性、可靠性承担法律责任。

注册制的主要特点是:主管机关的审核强调公开原则和形式审查原则,要求发行人依靠法律、法规的规定,全面、真实、准确地提供一切与发行有关的资料,对其投资价值不作判断;在申报文件提交的一定时期内,主管机关提出补充或修订意见或未以停止命令阻止注册的,视为已经依法注册,发行人即可正式进行证券发行工作。

注册制的优点是:可以简化审核程序,减轻主管机关的负担;有利于具有发展潜力和风险性的企业通过证券市场募集资金,获得发展机会;可以提高投资者的投资判断力,减少对政府的依赖性。最具有代表性的实行注册制的国家是美国和日本等国。

延伸阅读9-3

从审批制到注册制:改革正改写资本市场的未来

1991—1999年为我国的审批制阶段。其中1991—1996年,我国实行的是"总量控制",即由国务院有关主管部门制定每年的股票发行额度,再将额度进行分割,分到各省市和中央产业部委。1997—1999年,我国开始废弃这种股票发行额度管理,实行家数指标管理,即国务院确定发行总规模后,证监会给各省市和各部委下达发行家数指标,由地方政府和中央企业主管部门负责选择股票发行企业,数量不得超过下达的家数。不难看出,无论是额度管理还是家数管理,都带有浓厚的计划经济色彩,政府的行政干预非常强烈。

1999年,根据《证券法》规定,中国证监会为了实现对上市公司数量乃至扩容节奏的控制,于2001年推出"通道制",将推荐发行人的权利移转给了承销商。但这种核准制仍是建立在以政府干预为特点的集中性管理体制上,是计划经济的表现形式。"通道制"抑制了券商之间的有效竞争,但缺乏对券商责任的追究机制,导致券商和发行人联合造假的违法事件时有发生。2004年2月起施行的《证券发行上市保荐制度暂行办法》推出名为"保荐制"的核准制度,取代了"通道制",其宗旨在于建立市场力量对证券发行上市进行约束的机制。2004年8月修订的《证券法》对股票发行方式进行重大改革,取消了新股发行价格须经监管部门核准的规定,于2005年初推出国际上新股发行采用的主要方式:累计投标询价。2009年6月,中国证监会发布《关于进一步改革和完善新股发行体制的指导意见》,力图通过完善制度进一步强化市场约束。2012年4月28日,中国证监会发布《关于进一步深化新股发行体制改革的指导意见》,推进以信息披露为中心的发行制度建设。

中国境内资本市场对于注册制的探索,在2013年十八届三中全会审议通过的《中共中央关于全面深化改革若干重大问题的决定》中已提及。2015年,"实施股票发行注册制改革"被写进当年的政府工作报告。然而,市场"风浪"让注册制改革的步伐按下了暂停键。直至2018年进博会,注册制才再度以万众瞩目之姿,出现于资本市场深化改革的最中心。

2019年7月22日,黄浦江畔一记响亮的锣声,宣告中国资本市场正式进入"科创板时间"。科创板新股发行价格、规模、节奏主要通过市场化方式决定,强化市场约束,加强对定价承销的事中事后监管,约束非理性定价,践行"把新股定价权真正交给市场"的承诺。"符合预期,基本平稳"——这是中国证监会主席对科创板平稳开局的肯定,传达出监管部门对科创板试点注册制的信心、包容和耐心。试点注册制逐步凝聚了广泛的改革共识。2020年实施的《证券法》确立了股票发行注册制的法律地位。各类市场主体积极支持并适应注册制改革,市场活力不断激发。

2020年4月27日,创业板改革并试点注册制启幕。对中国资本市场而言,推进创业板改革并试点注册制的功能之一,正是资本市场建承上启下的重要环节,它首次将增量与存量市场改革同步推进,进一步为全市场注册制改革探索路径、积累经验,为全市场注册制改革作好准备,分阶段稳步实现注册制改革目标。

经过科创板、创业板两个板块的试点,全市场推行注册制的条件逐步具备。2020年10月31日,国务院金融稳定发展委员会召开专题会议指出,要增强资本市场枢纽功能,全面实行股票发行注册制。中国证监会表示,将坚持以注册制改革为引领,补齐制度短板,稳步推进发行承销、交易、持续监管、退市、投资者保护等各环节关键制度创新,加快建立更加成熟更加定型的基础制度体系。

新征程凝聚新力量,新生态培育新视角,注册制改革是一个系统工程,制度机制的磨合、市场主体间的有效制衡,是一个渐进的过程,也需要逐步调试,持续优化。注册制改革乘风破浪,更需市场各方群策群力,共同推进资本市场走向高质量发展。

资料来源:佚名. 从科创板到创业板,全面注册制改革稳步推进[EB/OL]. (2021-12-31)[2022-02-23]. https://m.gmw.cn/baijia/2021-12/31/35420368.html.

(二)对证券市场交易的监管

1. 对操纵市场的监管

2020年实施的《证券法》第55条规定,禁止任何人以下列手段操纵证券市场,影响或者意图影响证券交易价格或者证券交易量:①单独或者通过合谋,集中资金优势、持股优势或者利用信息优势联合或者连续买卖;②与他人串通,以事先约定的时间、价格和方式相互进行证券交易;③在自己实际控制的账户之间进行证券交易;④不以成交为目的,频繁或者大量申报并撤销申报;⑤利用虚假或者不确定的重大信息,诱导投资者进行证券交易;⑥对证券、发行人公开作出评价、预测或者投资建议,并进行反向证券交易;⑦利用在其他相关市场的活动操纵证券市场;⑧操纵证券市场的其他手段。

操纵证券市场行为给投资者造成损失的,应当依法承担赔偿责任。《证券法》大幅提高了违法操纵证券市场的成本,其中第192条将操纵证券市场的罚款的上限提高:因操纵市场获利超过100万元的,没收违法所得,并处以违法所得1倍以上10倍以下的罚款(原1~5倍);没有违法所得或者违法所得不足100万元的,处以100万元以上1000万元以下的罚款(原30万~300万元);单位操纵证券市场的,对直接负责的主管人员和其他直接责任人员处以50万元以上500万元以下的罚款(原10万~60万元)。

 延伸阅读9-4

廖某强操纵证券市场案

廖某强系上海广播电视台第一财经频道某知名节目和某周播节目嘉宾主持人,上述两档节目在上海地区的收视率均高于同时段其他频道财经类节目在上海地区的平均收视率。2015年3月至11月,廖某强利用其知名证券节目主持人的影响力,在其微博、博客上公开评价、推荐股票,在推荐前控制、使用包括其本人账户在内的13个证券账户先行买入相关股票,并在荐股后的当日或次日集中卖出,牟取短期价差。涉案期间,廖某强实施上述操纵行为46次,涉及39只股票,违法所得共计43 104 773.84元。

当事人廖某强认为其没有控制涉案账户进行证券交易,其推荐股票是基于对相关股票的技术分析研究,荐股行为具有合理性和准确性,相关账户的盈利归属于其亲属、公司员工及朋友,其本人并未获利,无力承担罚款,请求从轻处罚。中国证监会认为:基于资金关系、MAC地址重合、身份关系及相关人员询问笔录等多个方面,足以认定当事人在2015年3月至11月间实际控制涉案账户组,当事人操纵市场行为由先行建仓、公开荐股、反向卖出等系列行为构成,中国证监会处罚的是其操纵证券市场行为,而非处罚其荐股行为。当事人控制涉案账户组实施操纵市场行为所产生的违法所得应予没收,其与他人之间关于盈利的分配并不影响本案的处罚,当事人不具有法定的从轻情节。

2018年4月,中国证监会作出行政处罚决定,认定廖某强的上述行为违反2014年《证券法》第77条的规定,构成2014年《证券法》第203条所述操纵证券市场情形。中国证监会决定,没收廖某强违法所得43 104 773.84元,并处86 209 547.68元罚款。

资料来源:中国证监会.中国证监会行政处罚决定书(廖英强)[EB/OL].(2018-04-3)[2021-07-18]. http://www.csrc.gov.cn/csrc/c101928/c1042622/content.shtml.

2. 对证券欺诈行为的监管

2020年实施的《证券法》第57条规定,禁止证券公司及其从业人员从事下列损害客户利益的行为:①违背客户的委托为其买卖证券;②不在规定时间内向客户提供交易的确认文件;③未经客户的委托,擅自为客户买卖证券,或者假借客户的名义买卖证券;④为牟取佣金收入,诱使客户进行不必要的证券买卖;⑤其他违背客户真实意思表示,损害客户利益的行为。违反前款规定给客户造成损失的,应当依法承担赔偿责任。

同时,2020年实施的《证券法》大大提升了对欺诈发行各方的处罚力度。例如,对"尚未发行证券的",对发行人的罚款标准由原来的"30万元以上60万元以下"提升到"200万元以上2 000万元以下",对于"已经发行证券的",对发行人的罚款标准由"非法所募资金金额1%以上5%以下"提升为"非法所募资金金额10%以上1倍以下"。

2020年实施的《证券法》不仅是对发行人,针对相关责任个人的处罚也全面升级。关于欺诈发行,旧的《证券法》中规定,对直接负责的主管人员和其他直接责任人员处以"3万元以上30万元以下"的罚款,发行人的控股股东、实际控制人指使从事前款违法行为的,依照前款的规定处罚。修订的《证券法》则明确,发行人的控股股东、实际控制人组织、指使从事前款违法行为的,没收违法所得,并处以违法所得10%以上1倍以下的罚款;没有违法所得或者违法所得不足2 000万元的,处以200万元以上2 000万元以下的罚款,对直接负责的主管人员和其他直接责任人员,处以100万元以上1 000万元以下的罚款。

这意味着,如果责任做实,发行人的控股股东、实际控制人不仅要被没收自己企业上市所得的全部收益,还可能要付出最高达到违法所得1倍的罚款。今后,欺诈发行者很可能被罚得倾家荡产了。

延伸阅读9-5

连续上涨有蹊跷　交易活跃含假象

2015年7月10日至8月28日某上市公司股票一个多月时间内连续上涨,是公司价值被发现还是另有原因?中国证监会的处罚决定书揭示了该股上涨的原因:甲公司是一家私募基金管理公司,作为投资顾问,运营"某信托——宏赢206号"等11个证券账户,实际投资决策由李某某负责。吴某控制"某信托——凤凰花香二号"等18个信托账户和4个个人账户,甲公司和吴某合谋一起交易股票"X"谋利。在7月10日至8月28日的35个交易日内,甲公司和吴某控制的账户每日并未明显触发拉抬、打压、虚假申报等短线操纵行为的指标,但通过相关交易行为竟分别盈利1.47亿元和1.74亿元。中国证监会认定甲公司和吴某控制账户进行交易的违法行为包括:①连续交易。买入数量占市场成交量超过10%的有25个交易日,超过20%的有18个交易日,超过30%的有6个交易日,买入金额超过1 000万元的有29个交易日,超过5 000万元的有12个交易日,超过10 000万元的有6个交易日;卖出数量占市场成交量超过10%的有13个交易日,超过20%的有7个交易日,超过60%的有2个交易日;持有股票"X"占其流通股超过10%的有13个交易日。②在实际控制的账户间交易。在其实际控制的证券账户之间交易股票"X"71 290万股,占市场成交量比例超过5%的有5个交易日。

"单独或者通过合谋集中资金优势、持股优势或者利用信息优势联合或者连续买卖"以及"在自己实际控制的账户之间进行证券交易"影响证券交易价格或者证券交易量的行为都属于操纵市场行为,甲公司和吴某同时实施了该两类行为。连续交易操纵实施的期限一般较长,在自己实际控制的账户间交易实际并未转移股票的所有权,仅制造交易活跃的假象。与拉抬打压等短线操纵行为相比,连续交易操纵和在实际控制的账户间交易操纵的行为隐蔽性更强,需要仔细分析判断才能识别出其违法行为。

资料来源:深交所投资者教育中心."市场操纵"主题(二):连续上涨有蹊跷,交易活跃含假象[EB/OL].(2017-07-13)[2021-07-25]. http: //investor. szse. cn/warning/activities/risk/P020180630326988808329. pdf.

3. 对内幕交易的监管

内幕交易是指公司董事、监事、经理、职员、主要股东、证券市场内部人员和市场管理人员,以获取利益或减少经济损失为目的,利用地位、职务等便利,获取发行人未公开的、可以影响证券价格的重要信息,进行证券交易,或泄露该信息的行为。

2020年实施的《证券法》第50条规定,禁止证券交易内幕信息的知情人和非法获取内幕信息的人利用内幕信息从事证券交易活动。证券交易内幕信息的知情人包括:①发行人及其董事、监事、高级管理人员;②持有公司5%以上股份的股东及其董事、监事、高级管理人员,公司的实际控制人及其董事、监事、高级管理人员;③发行人控股或者实际控制的公司及其董事、监事、高级管理人员;④由于所任公司职务或者与公司业务往来可以获取公司有关内幕信息的人员;⑤上市公司收购人或者重大资产交易方及其控股股东、实际控制人、董事、监事和高级管理人员;⑥因职务、工作可以获取内幕信息的证券交易场所、证券公司、证券登记结算机构、证券服务机构的有关人员;⑦因职责、工作可以获取内幕信息的证券监督管理机构工作人员;⑧因法定职责对证券的发行、交易或者对上市公司及其收购、重大资产交易进行管理可以获取内幕信息的有关主管部门、监管机构的工作人员;⑨国务院证券监督管理机构规定的可以获取内幕信息的其他人员。

证券交易活动中,涉及发行人的经营、财务或者对该发行人证券的市场价格有重大影响的尚未公开的信息,为内幕信息。2020年实施的《证券法》第53条规定,证券交易内幕信息的知情人和非法获取内幕信息的人,在内幕信息公开前,不得买卖该公司的证券,或者泄露该信息,或者建议他人买卖该证券。持有或者通过协议、其他安排与他人共同持有公司5%以上股份的自然人、法人、非法人组织收购上市公司的股份,《证券法》另有规定的,适用其规定。内幕交易行为给投资者造成损失的,应当依法承担赔偿责任。

2020年实施的《证券法》第191条规定,证券交易内幕信息的知情人或者非法获取内幕信息的人违反本法第53条的规定从事内幕交易的,责令依法处理非法持有的证券,没收违法所得,并处以违法所得1倍以上10倍以下的罚款;没有违法所得或者违法所得不足50万元的,处以50万元以上500万元以下的罚款。单位从事内幕交易的,还应当对直接负责的主管人员和其他直接责任人员给予警告,并处以20万元以上200万元以下的罚款。国务院证券监督管理机构工作人员从事内幕交易的,从重处罚。违反本法第54条的规定,利用未公开信息进行交易的,依照前款的规定处罚。

2020年实施的《证券法》加大了违法违规处罚力度,提升了内幕交易等行为的违法成本,使资本市场各参与方不敢违规违法,有利于减少内幕交易等行为,构建透明、公开、健康的资本市场环境。

 延伸阅读9-6

内幕信息引贪欲　赔了夫人又折兵

小晖与某上市公司的总经理小明是恋人关系,两人在一起后感情甜蜜,但小晖和小明不满足于现状,在憧憬未来生活的同时,总希望能够找到快速赚钱的"捷径"。

终于,两人等来了一次这样的"机会"。上市公司准备筹划重大资产重组项目,男友小明担任此次项目的主要负责人。在项目的筹备阶段,小晖便从小明口中得知了这个内幕消息,小明确信这是赚大钱的好机会,告诉小晖可于停牌前低价位买入该公司股票,并于股票复牌大涨后卖出获得巨额收益。小晖笃信男友的判断,与男友一起先后找多人开设了数个股票账户,并为扩大收益从校友处以15%～20%的年息借来4 000万元用于股票投资。在内幕信息公开之前,小晖和男友合伙利用多人账户合计买入该公司股票200余万股,买入金额4 500余万元。不久该公司股票因筹划重大资产重组停牌,一个多月后该公司股票复牌并连续涨停。小晖内心狂喜,认为男友的判断果然是正确的,两人在连续几个涨停板后陆续卖出持有股票,实际获利1 800余万元。可就在复牌后几天中国证监会即找到了小晖和小明,二人因涉嫌内幕交易被立案调查。随后,中国证监会将该案移送司法机关,最终小明因犯内幕交易罪被判处有期徒刑7年,追缴违法所得并处罚金1 900万元,小晖也因犯内幕交易罪被判处有期徒刑3年,缓刑5年并处罚金50万元。

资料来源:深交所投资者教育中心."内幕交易"主题(一):内幕信息引贪欲　赔了夫人又折兵[EB/OL].(2017-06-09)[2021-07-25]. http://investor.szse.cn/warning/activities/risk/t20170609_553330.html.

视频:内幕交易

4. 对证券公司的监管

证券公司作为资本市场重要的参与者、服务者,新《证券法》从多角度对证券公司提出更高要求,强化证券公司的责任,为证券市场的全面深化改革提供了有力的法治保障。2020年实施的《证券法》对证券公司的监管主要体现在以下几方面：

1）压实承销保荐"看门人"责任，对证券公司的核查把关义务提出更高要求

《证券法》完善了连带赔偿责任制度和过错推定原则的适用，使得证券公司在保荐、承销业务中承担民事责任的法律风险明显上升。在发生虚假陈述情形时，证券公司必须"自证清白"，如举证不足则认定存在过错，将承担连带责任。

《证券法》赋予投资者保护机构代表人地位，给投资者提供了一条简便有效的维权途径，也使得证券公司不得不面临越来越多的诉讼和更加专业的诉讼对手。《证券法》规定，投资者提起虚假陈述等证券民事赔偿诉讼时，可以依法推选代表人进行诉讼，投资者保护机构可以接受投资者委托作为代表人参加诉讼，该条被业内称为"中国式的集团诉讼"的规定对证券公司的服务水平提出更高要求。

《证券法》首次建立了先行赔付制度和强制调解制度。发行人因欺诈发行、虚假陈述或者其他重大违法行为给投资者造成损失的，证券公司可以委托投资者保护机构，就赔偿事宜与受到损失的投资者达成协议，予以先行赔付。普通投资者与证券公司发生证券业务纠纷，普通投资者提出调解请求的，证券公司不得拒绝。以上规定不仅树立了投资者保护机构在投资者维权和纠纷解决中的核心地位，也更加有利于维护投资者的权益。

2）完善投资者保护制度，对证券公司的适当性管理义务提出更高要求

《证券法》规定，证券公司向投资者销售证券、提供服务时，应当按照规定充分了解投资者相关信息；如实说明证券、服务的重要内容，充分揭示投资风险；销售、提供与投资者上述状况相匹配的证券、服务。证券公司违反上述规定导致投资者损失的，应当承担相应的赔偿责任。同时，就普通投资者与证券公司纠纷，《证券法》规定举证责任在证券公司，即明确证券公司过错推定责任。随着投资者保护制度的健全，证券公司的适当性义务也具备了法律、行政法规、司法解释和司法政策等一整套法律依据，司法审查标准更加清晰细致。

3）明确受托管理人诉讼主体资格，对证券公司履行受托管理职责提出更高要求

《证券法》规定，债券发行人未能按期兑付债券本息的，债券受托管理人可以接受债券持有人的委托，以自己名义代表债券持有人提起、参加民事诉讼或者清算程序。该项规定以法律形式确立了受托管理人的诉讼主体资格地位，结合债券会议纪要的规定，将根本改变目前债券纠纷个别、分散管辖和审理的格局。此后的债券投资者维权诉讼主要通过债券受托管理人或者代表人起诉。

4）大幅提升行政处罚力度，证券公司违法违规成本大幅增加

《证券法》对证券公司涉及虚假陈述、欺诈发行、内幕交易、操纵市场、未履行投资者适当性义务等各类违规经营、损害客户利益的行为，都大幅加大了处罚力度，极大地提高了证券公司的违法违规成本。

证券公司要做好证券市场"看门人"，严格履行承销保荐义务、核查把关审慎尽职；为专业投资者和普通投资者，提供差别化服务，充分揭示风险；做好履职尽责的证据保留工作，按照监管规则做好工作底稿，以书面、录音录像、电子证据等形式，留存适当性义务的履行证据；为债券承销业务配备诉讼和破产领域的专业人才，保障债券违约后及时、妥善地进行诉讼，参与破产程序，履行受托管理人的职责。

5. 对信息披露的监管

信息披露制度也称公示制度、公开披露制度，是上市公司为保障投资者利益、接受社会

公众的监督而依照法律规定必须将其自身的财务变化、经营状况等信息和资料向证券管理部门和证券交易所报告,并向社会公开或公告,以便投资者充分了解情况的制度。它既包括发行前的披露,也包括上市后的持续信息公开,它主要由招股说明书制度、定期报告制度和临时报告(包括重大事件报告、收购报告书、公司合并公告)制度组成。

2020年实施的《证券法》进一步强化信息披露要求,完善信息披露制度,以保障证券发行注册制的实施。2020年实施的《证券法》关于信息披露制度的完善主要体现在以下几方面:

(1) 扩大信息披露的义务主体。《证券法》第78条第1款规定,发行人及法律、行政法规和国务院证券监督管理机构规定的其他信息披露义务人,应当及时依法履行信息披露义务。该条用"发行人、其他信息披露义务人"代替了旧法中的"发行人、上市公司"。除了上市公司和发行人,控股股东、实际控制人等相关责任主体也被纳入信息披露义务人的范围,进一步扩大了对信息披露主体的覆盖范围,说明我国证券市场信息披露监管开始进入"大一统、无死角"的时代。

(2) 完善信息披露的原则和要求。《证券法》第78条第2款和第82条第3款规定,信息披露义务人披露的信息,应当真实、准确、完整、简明清晰、通俗易懂、及时、公平。与旧法相比,新增了信息披露"及时性"以及"简明清晰,通俗易懂"的要求,这对信息披露主体提出了更高的信息披露质量要求。《证券法》信息披露的总体原则是充分披露投资者做出价值判断和投资决策所必需的信息,体现实质有效的原则。

(3) 增加境内外同步披露的要求。《证券法》第78条第3款规定,证券同时在境内境外公开发行、交易的,其信息披露义务人在境外披露的信息,应当在境内同时披露。理论上,境内外同时披露体现了前述公平披露原则,能够保证境内外投资者获取的信息质量、数量、时效是一致的。

(4) 扩充界定"重大事件"范围。对于股票上市的公司,《证券法》第80条在整合相关文件的基础上,将公司重大资产变动、提供重大担保或者进行关联交易、董事长或者经理无法履行职责等内容纳入"重大事项"的范畴。对于债券上市的公司,《证券法》增加了第81条,规定公司应当对影响债券交易价格的重大事项进行临时报告,尤其是第2款列举了公司股权结构或者生产经营状况发生重大变化、债券信用评级发生变化等10项具体表现,提升了债券在资本市场中的地位。

(5) 鼓励自愿披露。《证券法》第84条规定,除了依法需要披露的信息,信息披露义务人可以自愿披露与投资者作出价值判断和投资决策有关的信息。鼓励自愿披露刺激了发行人之间的竞争,信息越充分,越能得到投资者的青睐,在市场检验中脱颖而出的概率越大。同时有助于解决我国上市公司自愿信息披露动力不足和不规范的问题。

(6) 妥善安排董监高和控股股东、实际控制人的信息披露义务。《证券法》第80条规定,控股股东或者实际控制人对重大事件的发生、进展产生较大影响的,应当及时履行告知义务,并配合公司进行信息披露,以避免控股股东或者实际控制人利用股东权利、支配地位指使上市公司向其提供内幕信息,或者令发行人作出虚假陈述、误导性陈述等违法行为。《证券法》第82条规定,董监高对证券发行文件和定期报告的信息质量负有保证责任,并赋予了其提出异议的权利。董监高是指上市公司的董事、监事及高级管理人员。

(7) 提高违法成本,加大处罚力度。一方面,《证券法》加大了违法处罚力度。与旧法相比,对欺诈发行、保荐造假违规、信息披露违规和证券服务机构造假方面的处罚力度都有提高,从旧的《证券法》顶格处罚 60 万元提高至新《证券法》可能高达 1 000 万元的处罚。另一方面,《证券法》规定了先行赔付、支持起诉、代表人诉讼等民事诉讼配套制度,拓宽了投资者维权的途径。

以全面推行注册制为核心的《证券法》本质就是一部信息披露法,信息披露不仅仅体现在一个章节,而是贯穿于整部法律。在核准制向注册制转变的过程中,信息披露制度彰显了政府应对市场变化的态度。从信息披露的制度安排来看,政府已经作好了准备,将承担起为市场有效配置资源保驾护航的角色。政府和市场各自归位、协同合作,分步骤实施的注册制得以平稳落地,使中国证券市场焕发出勃勃生机。

 延伸阅读9-7

证监会严厉打击操纵市场、内幕交易等证券违法活动

2020 年以来,中国证监会严厉打击的操纵市场、内幕交易行为主要表现为:一是上市公司实际控制人与市场掮客、操纵团伙形成利益共同体,内外勾结,合谋"坐庄"炒作本公司股票。例如,实际控制人陈某铭为了高价质押股份,指使上市公司时任总经理谢某、市场操盘手胡某等人操纵中昌数据股价,非法获利 1 100 余万元。二是通过连续交易等手段操纵流通市值较小的股票,恶意"炒小、炒差、炒新",造成相关股票价格在短时间内暴涨暴跌。例如,私募基金实际控制人景某滥用杠杆交易操纵仁东控股,该股价格连续上涨后"闪崩"跌停。三是操纵团伙利用股市"黑嘴"诱骗投资者高价买入股票,同时其反向卖出相关股票非法牟利。例如,郑某等人操纵嘉美包装股价,为短期内迅速出货,伙同股市"黑嘴"利用直播间、微信群诱骗投资者集中买入、借机高价卖出,非法获利数千万元。四是法定内幕信息知情人滥用信息优势从事内幕交易,有的在重大事项公告前突击买入,有的在业绩预亏、商誉减值等利空信息发布前精准减持,还有的非法泄露内幕信息导致窝案、串案发生。例如,被收购公司法定代表人颜某某利用相关信息内幕交易 1 700 余万元,非法获利 300 余万元;上市公司独立董事胡某等人在朋友圈、同事圈内泄露内幕信息并多层传递,11 人因内幕交易被处罚。

2020 年以来,中国证监会依法启动操纵市场案件调查 90 起、内幕交易 160 起,合计占同期新增案件的 52%;作出操纵市场、内幕交易案件行政处罚 176 件,罚没金额累计超过 50 亿元;向公安机关移送涉嫌操纵市场犯罪案件线索 41 起、内幕交易 123 起,合计占移送案件总数 76%,移送犯罪嫌疑人 330 名。操纵市场、内幕交易的涉案主体多、违法链条长、危害后果重,且手段隐蔽,对投资者欺骗误导性强,对市场交易秩序破坏性大,必须予以严厉惩治。

资料来源:中国证监会.严厉打击操纵市场、内幕交易等证券违法活动[EB/OL].(2021-07-09)[2021-11-13]. http://www.csrc.gov.cn/csrc/c100200/c05e21eaef5f648f58865797e491dd3a6/content.shtml.

视频:川财证券连收3张罚单

四、我国证券市场监管

法律监管是"市场经济就是法治经济"的逻辑归属,健康有序的市场应该是在法律约束下运行的市场,而不是权力约束下的市场。2020 年 3 月 1 日起实施的《证券法》,是对我国证券市场法律监管的不断完善,实际上就是对法治经济的完善。

虽然《证券法》的修改已经取得较大进步,但我国证券市场监管仍存在需要改进的方面:首先,应当拓展中国证监会信息共享渠道。《证券法》第 175 条提出建立信息共享机制,然而这里只是与"国务院其他金融监督管理机构",范围并不十分广泛,若有相关信息不适用于共享,则可以建立临时的信息共享渠道,由此保证中国证监会可以及时了解证券市场相关动态,不至于由于滞后性而浪费资源,中国证监会也应建立机制,确立工作人员去主动积极了解证券市场相关行情变动的机制,这种方式在一定程度上还会加强中国证监会的积极性;其次,证券市场监管虽以政府监督监管机构为主,为保护证券市场主体的相关利益,相关证券纠纷解决机制,譬如诉讼、调解也应当发展和完善。现行《证券法》并未对证券纠纷的解决作出规定,政府对证券市场的监管并不能涵盖所有的证券市场问题,不能发挥证券市场主体的自主性,在面对证券市场的纠纷中,政府监管机构可以适当放手,由市场主体自行解决;最后,改变监管观念,公众在证券市场监管中可以起到巨大的作用,其中投资者对证券市场的关心程度相当高,在互联网时代,证券市场进行监管应当善于利用互联网思维,公众可通过互联网参与到证券市场的监管中去,同时,证券监督管理机构也可以利用数据加工或者相关算法进行预判,从而更加高效地进行监督。

修订的《证券法》

本章小结

本章的主要学习内容是证券市场监管,包括证券市场监管概述及如何实施。通过本章的学习,我们掌握了证券市场监管的目标、手段、主体、模式等,了解了当前我国证券市场监管的现状,存在的问题及改进建议。

本章重要概念

证券市场监管　中国证监会　集中型监管模式　自律型监管模式　中间型监管模式　核准制　注册制　内幕交易　信息披露　证券欺诈　操纵市场　财务造假

练一练

练一练答案

主要参考文献

［1］吴晓求.证券投资学[M].5版,北京:中国人民大学出版社,2020.
［2］李英,姜司原.证券投资学[M].3版,北京:中国人民大学出版社,2020.
［3］赵文君.证券投资学[M].北京:中国财政经济出版社,2019.
［4］胡金焱.证券投资学[M].3版,北京:高等教育出版社,2017.
［5］杨德勇,葛红玲.证券投资学[M].3版,北京:中国金融出版社,2016.
［6］张维.证券投资学[M].3版,北京:高等教育出版社,2020.
［7］陈文汉.证券投资学[M].2版,北京:人民邮电出版社,2019.
［8］中国证券业协会.金融市场基础知识[M].北京:中国财政经济出版社,2021.
［9］邢天才,王玉霞.证券投资学[M].大连:东北财经大学出版社,2020.
［10］霍文文.证券投资学[M].5版,北京:高等教育出版社,2019.
［11］陈善昂.金融市场学[M].4版,大连:东北财经大学出版社,2019.
［12］郭红,孟昊.金融市场[M].3版,大连:东北财经大学出版社,2020.
［13］李向科.证券投资技术分析[M].6版,北京:中国人民大学出版社,2019.
［14］李义龙,徐伟川,吕重犁.证券投资分析[M].北京:清华大学出版社,2018.
［15］田文斌.证券投资分析[M].3版,北京:中国人民大学出版社,2020.
［16］张亦春等.金融市场学[M].北京:高等教育出版社,2020.
［17］秦桂兰.金融学[M].2版,上海:立信会计出版社,2021.
［18］陈文汉.证券投资学[M].北京:机械工业出版社,2011.
［19］李刚.证券投资实务[M].北京:高等教育出版社,2014.
［20］林茂.证券投资学[M].北京:中国人民大学出版社,2010.
［21］杨兆廷,刘颖.证券投资学[M].2版,北京:人民邮电出版社,2014.
［22］杨宜.证券投资学[M].2版,北京:机械工业出版社,2010.
［23］证券考试命题研究组.金融市场基础知识[M].成都:西南财经大学出版社,2020.
［22］韩德宗.证券投资学原理[M]北京:机械工业出版社,2015.
［23］李志国.证券投资学[M].北京:化学工业出版社,2011.
［24］秦桂兰.证券投资学[M].北京:中国财政经济出版社,2017.
［25］吴晓求,等.中国资本市场三十年:探索与变革[M].北京:中国人民大学出版社,2021.